선진유학과 인권

선진유학과 인권
先秦儒學과 人權

채형복

경북대학교출판부

채형복 蔡炯福

계명대학교 법학과(법학사)
계명대학교 일반대학원(국제법, 법학석사)
프랑스 엑스마르세유3대학(EU법, 법학박사)
시인(詩人)
대구인권연구소 소장
경북대학교 법학전문대학원 교수

경북대학교 학술총서 17

선진유학과 인권 先秦儒學과 人權

찍은 날 2025년 8월 14일 · **펴낸 날** 2025년 8월 19일
지은이 채형복 · **펴낸이** 허영우 · **펴낸 곳** 경북대학교출판부
출판등록 1973년 10월 10일 ㉸97호 · **주소** 대구광역시 북구 대학로 80 · **전화** 053-950-3830
팩스 053-953-4692 · **이메일** press@knu.ac.kr · **홈페이지** www.knupress.com
ISBN 978-89-7180-663-0 93360

정가는 뒤표지에 있습니다. 파본은 바꾸어 드립니다.

이 저서는 〈2023년 경북대학교 학술총서 집필 및 출간지원사업〉의 재원으로 출간되었습니다.

머리말

한국인들은 법과 법치에 대해 어떤 감정(법감정)을 가지고 있을까? 한마디로 요약하면, '양가적'이라고 할 수 있다. 한국인들은 법과 법치가 사회질서를 유지하고 개인의 권리를 보호하는 데 필수적이라고 여기면서도 다른 한편으로는 법과 법치가 불합리하거나 불공정하다는 부정적 인식이 강하다.

법과 법치에 대한 감정과 마찬가지로 한국인들은 유학이나 유교에 대해서도 다분히 양가적인 태도를 보인다. 이러한 태도는 학문으로서의 유학보다는 종교화한 제례 중심의 유교에 대한 관념에서 더 분명하게 드러난다. 일부는 유교가 한국사회의 전통문화를 지키는 데 중요한 역할을 한다고 생각한다. 그들은 효, 예, 충, 신 등 예의도덕에 바탕을 둔 가치관이 한국인의 삶의 방식에 긍정적 영향을 미친다는 강한 믿음을 가지고 있다. 반대로 유교가 한국의 발전을 가로막는 요인이라고 생각하는 사람들은 유교가 한국인의 창의성과 혁신을 가로막는다고 주장한다. 유교는 전통과 규범을 중시하고, 혁신과 창의적 사고를 받아들이는 데 소극적이라 한국사회의 발전을 가로막는 요인이 될 수 있다는 것이다. 또한 이들은 유교가 남성 위주의 가부장제 중심 사회체제이자 정치담론으로서 특히 여성의 권리를 비롯한 인권에 관한 의식이나 제도가 결여되어 있거나 혹은 부재하다고 비판한다. 유교를 찬성하는 이들이 내세우는 한국인들의 교육열도 종국적으로는 임금에 충성하고 개인의 입신양명과 가문의 영광을 이룩하기 위한 공부라는 한계를 벗어나지 못하였다는 것이다. 그 폐해는 오늘날까지 이어져 한국사회는 아직도 학벌 중심의 수직적·위계적 서열관계에서 벗어나지 못하고 있다고 지적한다.

법학자로서 평생 법을 가르치고 연구하면서 한국인의 내면에 깊숙이 자리하고 있는 법감정이 무엇일까에 대해 고민하지 않은 날이 없었다. 법학 중에서도 인권법을 공부하는 학자로 살다 보니 국가의 권한 행사와 사법부의 판단에 대해 일반인과 언론이 가지고 있는 법감정에 보다 예민할 수밖에 없기도 했다. 오랜 세월 지켜본 바로는 법학자·법률가·정치인·공무원·일반인을 불문하고 한국 사람들이라면 누구나 법과 법치를 대하면서 '인권'과 '인륜'의 양대 이념과 가치 사이에서 여전히 갈등하고 번민하고 있는 듯하다.

사실 '인간의 권리와 윤리'를 뜻하는 인권과 인륜은 일맥상통하는 측면이 적지 않다. 둘 다 안정된 사회질서를 유지하고 자유롭고 평화로운 삶을 사는 데 필수불가결한 가치덕목이기 때문이다. '인간의 권리'에 중점을 두는 인권은 유럽의 전통과 사상에 바탕을 두고 있고, 그 연원도 길지 않다. 그에 반하여 인륜은 '인간의 윤리'를 확립함으로써 인간사회가 마땅히 지향해야 할 도리와 이치를 밝히는 데 중점을 두고 있다. 인륜을 대표하는 학문이자 동양의 독자적 사상이 바로 유학이다. 유학은 공자를 기점으로 잡더라도 그 연원이 2,500년 전으로 거슬러 올라간다. 그럼에도 왜 우리는 유학을 비판하는 것을 넘어 이토록 경원시하고 있을까?

어느 학자가 쓴 책의 제목처럼 공자가 죽어야 나라가 살까? 유학을 긍정하든 부정하든 한국인의 의식 저변에는 유학의 강이 도도하게 흐르고 있다는 사실은 부정할 수 없다. 공자를 죽이지 않고 그를 되살려 나라를 구할 수는 없을까? 그 방법은 바로 '인권과 유학의 새로운 만남'에 있다고 본다. 인권의 시각에서 유학을 재해석하고 현실에서 실천적으로 적용하는 학문적 방법론을 모색하면, 굳이 공자를 죽이지 않고도 유학을 되살릴 수 있다. 이러한 시도를 하나의 독자적 학문체계인 '인권유학'으로 명명하였다.

위와 같은 문제의식을 바탕으로 지난 몇 년 동안 유학에 관한 문헌과 자료를 읽고 공부하였다. 그리고 대구 용학도서관에 제안하여 〈유학과 인권의 만남〉이란 주제로 대중을 위한 강연을 기획하였다. 유학자, 시인, 목사, 변호사, 법학자 등 전문가를 초청하여 각자의 전문 분야에서 인권과 유학을 어떻게 바라보는가에 대해 강연을 진행하였다. 그런데 그 과정에서 본질적인 한계가 있다는 사실을 알았다. 유학자를 비롯한 전문가는 인권을, 반대로 법학자를 비롯한 전문가는 유학을 몰랐다. 강연자의 상황이 이러하니 강의를 듣는 대중들의 고충은 얼마나 컸을까? 기획자이자 강연자로서 못내 미안하고 아쉬운 마음을 감출 수 없었다. 이 문제를 어떻게 해결할까? 고심 끝에 내가 직접 나설 수밖에 없다는 결론을 내렸다.

유학의 방대한 영역 중에서 원시유학(原始儒學) 또는 선진유학(先秦儒學)으로 불리는 춘추전국시대 제자백가의 유학에 주목하였다. 이 시기는 유학이 형성되던 초기로 제자백가의 '원형 사상'을 파악하는 데 아주 유용하다. 제자백가 중에서 유가(儒家)의 공자·맹자·순자, 묵가(墨家)의 묵자, 도가(道家)의 노자·장자, 법가(法家)의 한비자가 쓴 경전을 중심으로 유학의 핵심 사상을 분석하고, 인권적 관점에서 평가하기로 했다. 제자백가의 다양한 분파 가운데 유묵도법(儒墨道法)의 사상을 현대 인권의 시각에서 분석하면, 유교제도의 허와 실을 간파할 수 있을 뿐 아니라 유학과 인권이 상호 대립적이지 않고 보완적인 관계에 있다는 사실을 알 수 있다고 보았다.

조선 후기의 실학자 담헌(湛軒) 홍대용(洪大容, 1731-1783)은 주자의 해석을 맹목적으로 믿고 따르는 세태를 비판하면서 유학(성리학)에 대한 새로운 접근이 필요하다며 이렇게 말한다.

> 주자가 만든 것이라고 해서 반드시 수족이 두목을 보호하듯 한마디 말도 감히 논평하지 못한다면 지나친 것이다.*

만일 조선이 홍대용의 비판을 수용하여 성리학이 가진 한계를 극복하고 시대의 새로운 가치와 이념에 맞게 해석하고 적용했다면 역사는 어떻게 전개되었을까? 역사에 가정은 없다. 하지만 그의 비판을 수용했다면 한국의 근현대사는 확연히 달라졌을지도 모른다.

굳이 홍대용의 말을 인용하지 않더라도 『논어』를 비롯한 경전에는 유학과 인권이 만날 수 있는 근거가 적지 않다. 공자는 『논어』 위정편에서 '옛것을 익히고 새것을 안다'는 뜻에서 온고이지신(溫故而知新)을 강조한다. 이 말은 옛것을 익히고 그 바탕 위에서 새로운 것을 배우면 더 많은 것을 알 수 있다는 뜻이다. '옛것'이 전통이라면, '새

---

* 『담헌서(湛軒書)』 외집(外集) 권3 항전척독(杭傳尺牘) 건정동필담(乾淨衕筆談). 기세춘, 『묵점 기세춘 선생과 함께하는 실학사상: 조선 사회의 사상적 패러다임을 바꾼 철학』, 바이북스, 2012, 292쪽에서 재인용함.

것'은 혁신이다. 하지만 '옛것'이 전통이란 이유로 무조건 지키고 따를 것을 강요하는 것도, 반대로 고루하고 따분하다며 무조건 배척하고 도외시하는 것도 문제다. 공자의 말처럼 우리의 생각을 조금만 수정하고 옛것을 익히면 새로운 것을 이해하는 데 도움이 되고, 옛것을 통해 새로운 것을 창조할 수 있다.

또한 법고창신(法古創新)도 온고이지신과 같은 말이다. 『주역』 계사상전(繫辭上傳)에서 말한다.

> 옛것을 본받아 새롭게 창조하면 폐단이 없다(法古創新 則無弊).

이 말은 옛것(전통)과 새것(창조)을 조화롭게 받아들이는 자세를 가질 것을 요구한다. 전통이 좋다고 옛것에만 머물다 보면 세상의 변화에 적응하지 못하고 뒤처질 수 있다. 옛것을 본받아 배움으로써 옛 사람들의 지혜와 경험에서 새것을 배우고 얻을 수 있다. 전통을 본받아 배우되 옛것에서 새로운 것을 창조하여 세상의 변화에 적응하고 적용할 수 있어야 한다. 『장자』 천지편에서 장자는 말한다.

> 낡은 북을 두드려 소리를 내고, 그 소리를 바탕으로 새로운 음악을 만든다(鼓無常韶, 以其貴聲).

장자의 이 말처럼 오랜 세월 유학이 세운 전통을 존중하면서도 이를 바탕으로 시대가 요구하는 새로운 가치와 이념을 창조해야 한다는 사실을 잊지 말아야 한다. 물론 옛것을 무시하고 무조건 새로운 것을 추구하는 자세는 바람직하지 않다. 반대로 전통이 좋다는 이유로 옛것에만 머문 채 새로운 것을 받아들이지 않는 고지식한 자세도 버려야 한다. 요컨대 전통과 창조의 조화, 즉 옛것과 새것을 조화롭게 받아들여 세상의 변화를 수용하고 적응하며 발전해야 한다.

이 관점은 인권과 유학에도 그대로 적용할 수 있다. 우리는 '인권유학'이란 새로운 학문의 체계를 확립함으로써 유학의 전통을 존중하면서도 시대의 새로운 가치인 인권의 결합을 시도해야 한다. 유학이 인권과 만나 새롭게 태어날 수 있다면 유학은 과학물질문명으로 길을 잃고 헤매는 현대의 인류에게 시대가 요구하는 인륜을 제시하면서 미래의 세상을 여는 새로운 학문으로 다시 태어날 수 있을 것이다. 이 책이 그런 역할을 할 수 있다면 학자로서는 더 바랄 것이 없다.

이제는 익숙해질 법도 한데 새로운 주제로 책을 쓸 때마다 두려운 마음이 앞선다. 선진유학과 인권을 결합시키는 이번 연구도 그랬다. 무척 힘들고 두려웠다. 그런 마음에 사로잡히지 않으려면 묵묵히 문헌을 읽고 글을 쓰는 것 외에 달리 방법이 없다. 선비-학자로 사는 삶은 영광스럽지만 외로운 길이다. 고독을 견딜 수 없다면 자신의 소신과 절개를 지키는 올곧은 학자로 살아갈 수 없다. 선비-학자는 고독을 도반으로 삼고 배우는 기쁨을 스승으로 삼아 흔들림 없이 뚜벅뚜벅 학문의 길을 걸어가야 한다.

하지만 아무리 굳은 마음을 가진들 선배와 동료학자들의 선행 연구가 없었다면 이 책을 쓸 용기를 낼 수 없었을 것이다. 그분들의 저서와 논문을 읽으며 '옛것'을 본받아(법고) 인권의 시각에서 유학을 새롭게 창조(창신)하려 했다. 그 깊은 학은(學恩)과 학연(學緣)에 고개 숙여 감사드린다. 선학자들의 번역과 해석은 그대로 인용하기도 하고, 더러는 수정하기도 했다. 그 과정에서 오역이나 실수가 있다면 그것은 오로지 저자의 책임이다. 동도제현의 질정을 받아들여 인권유학이란 새로운 학문을 정립하는 데 밑거름으로 삼을 것을 약속한다.

2024년 2월

팔공산 우거 소선재(素線齋)에서

저자 再拜

목차

제4장 순자의 예(禮)와 인권 _ 193

일러두기

1. 이 책 본문에서 인용한 유교 경서는 겹낫표를 사용하여 표기하였다.(예: 『논어』, 『맹자』, 『순자』, 『묵자』, 『도덕경』, 『장자』, 『한비자』) 다만 각주에서는 겹낫표를 사용하지 않았다. 각주의 출처 표기 방식과 그 의미는 다음과 같다.

   예) 논어 이인 4:10. → 『논어』 제4(第四) 이인(里仁) 열 번째 단락
   맹자 등문공장구 상 5:4. → 『맹자』 권5(卷五) 등문공장구(滕文公章句) 상(上) 네 번째 단락

2. 이 책에서 인용한 유교 경서의 주 텍스트(저본)는 다음과 같다. 이 외의 문헌을 참고한 경우 해당 부분 각주에 별도로 출처를 표기하였다.

   『논어』: 성백효, 『논어집주(論語集註)』, 한국인문고전연구소, 2017.
   『맹자』: 맹자(우재호 옮김), 『맹자』, 을유문화사, 2007.
   『순자』: 순자(김학주 옮김), 『순자』, 을유문화사, 2020.
   『묵자』: 묵자(최환 옮김), 『묵자』, 을유문화사, 2019.
   『도덕경』: 노자(조수행 풀어씀), 『도덕경』, 풀빛, 2018.
   『장자』: 장자(기세춘 옮김), 『장자』, 바이북스, 2020.
   『한비자』: 한비자(신동준 옮김), 『한비자 상·하』, 인간사랑, 2020.

제 1 장

인권유학: 인권과 유학의 결합

I. 인권유학이란 무엇인가?

인권유학(人權儒學)이란 "유학(또는 유교)을 현대인권적 관점에서 재해석하여 유학이 가진 전근대적 관념을 해소·철폐·극복하려는 학문적 경향"을 말한다.[1] 국내에서 '인권유학'이란 신조어를 처음 만든 이는 신정근이다. 그는 이 말을 만든 이유를 이렇게 설명한다.

> 나는 이 책에서 '인권 유학'의 신조어를 통해 오늘날 유학이 나아갈 미래의 방향을 제시하고자 한다.[2]

인권과 유학은 독자적인 학문체계를 이루고 있다. 최근 필자를 비롯한 여러 학자들은 '인권유학'이란 주제 아래 인권의 시각에서 유학을 새롭게 해석하고 적용하려는 시도를 하고 있다.[3] 이러한 시도는 유학이 새로운 시대를 여는 가치와 이념이 될 수 있는 가능성을 모색하고, 유학이 나아갈 미래의 방향성을 새롭게 제시할 학문적 및 현실적 요구에 따른 것이다.

인권은 현대사회를 규정짓는 사상과 법제도의 기본이념이고, 유학은 조선시대는 물론 오늘날에도 한국인의 의식을 지배하고, 사회를 규율하고 있는 도덕윤리규범으로 자리 잡고 있다. 그럼에도 그동

---

1 '인권유학'에 대한 위 개념은 필자가 정의한 것이다.

2 이에 대한 자세한 분석은, 신정근, 『인권 유학』(유교문화연구총서 19), 성균관대학교 출판부, 2017(이하, 신정근, 『인권 유학』), 48쪽.

3 신정근은 '인권 유학'을 말하면서도 정작 그 개념 정의는 하고 있지 않다. 또한 그는 '인권 유학'으로 두 단어를 띄어 쓰고 있다. 하지만 인권과 유학을 하나의 독자적 학문체계로 정립하고자 한다면, '인권유학'과 같이 한 단어로 붙여 쓰는 것이 적절하다.

안 '인권'과 '유학'은 서로 접목·결합되지 못하고, 시대에 부합하는 합리적인 대안이념으로 간주되고 있지 못하고 있다. 만일 유학이 시대정신에 따라 새롭게 해석·적용되지 못하고, 새로운 사상의 흐름을 수용하지 못한다면, 결국 도태되거나 사라지고 말지도 모른다. 유학의 쇠태와 도태는 우리 민족의 정신적·사상적 및 도덕·윤리적 근간의 상실을 뜻한다.

인권과 유학을 결합하려는 이러한 시도는 비교적 최근의 일이다. 그동안 유학은 전근대적 사상이자 이념으로 간주되었으며, 특히 인간의 기본적 권리로서 인권의 보장 관념이 부재하다는 등의 이유로 많은 비판을 받아 왔다. "엄밀히 말해서 유교 사상에는 서구 근대 사상에서 말하는 '인권'이란 개념은 없다"[4]고 보는 시각이 국내 학계의 중론이었다. 문병도에 따르면, 유교가 오늘날 비판받는 이유는 크게 네 가지가 있다.

① 권위주의와 그 억압성: 효 문화에 기인하는 수직적 명령과 복종, 의사결정의 경직성
② 가족주의와 그 억압성: 여성에 대한 억압과 남성중심주의, 그리고 혈연중심주의 및 배타적 집단주의
③ 도덕적 이상주의와 그 억압성: 도덕과 무관한 다양한 욕구의 자유로운 추구를 억압하는 도덕적 엄숙주의와 이상의 강조로부터 나타나는 위선적 현실

4 함재봉, "유교 전통과 인권사상", 계간 사상, 1996년 겨울호.

④ 정치, 학술계의 무오류주의와 배타성: 자신만이 절대적으로 옳다는 근본주의로부터 나타나는 토론과 비판에 대한 억압, 당쟁에서 나타나는 바와 같은 타방에 대한 정치적 폭력 등[5]

이러한 비판에도 불구하고 유학과 인권의 유사성과 동일성을 찾으려는 시도가 없었던 것은 아니다. 그동안 양자는 주로 유학 사상의 인치(仁治)와 덕치(德治)와 같은 인본주의와 인권 사이의 유사성을 찾거나 또는 상호보완적인 관계로 파악되고 있었다. 하지만 인권과 유학이 탄생한 시대적 배경과 시기가 다르다는 이유로 양자의 결합을 부담스러워하는 분위기도 감지되고 있다. 유학은 기원전 중국 춘추전국시대를 배경으로 형성된 반면, 인권은 근대 유럽 사상의 산물이므로 양자의 관계를 형식적·기계적으로 결합하는 것은 합리적이지 않다는 것이다.[6]

학자들의 다양한 의견을 떠나 유학이나 유교란 말을 들으면 '전근대적·봉건적·교조적·반인권적'과 같은 부정적 관념이 먼저 떠오르는 점은 부인할 수 없다. 조선을 통치하는 정치사상적 이념이자 통치원리로 활용된 유학이 오늘날 왜 이토록 낮은 평가를 받고 있을까? 그 이유는 여러 가지가 있겠지만 유교가 시대의 변화를 수용하고, 그 가치와 정신에 걸맞게 적응하려는 노력을 거부했기 때문이다. 특히 20세기 이후 시대정신의 중심에는 인권이 굳건히 자리하고 있다. 만일 유학이 인권의 가치를 부정하고 개인과 사회의 자유와

---

5 문병도, "전통적 유교와 다원성의 억압", 중국학보 제48권(2003), 한국중국학회, 560쪽.
6 이에 대한 자세한 분석은, 신정근, 『인권 유학』, 49-51쪽.

평등, 그리고 연대에 기반한 시대정신을 담아내지 못한다면, 유학은 서서히 사라져 버릴지도 모른다. 이러한 현실을 부정하고 인권과 결합하지 않고는 유학은 시대를 이끄는 사상으로 거듭날 수 없다.

물론 유학에 근대 유럽에서 형성·발전되어 온 인권의 가치와 사상이 결여되어 있다고 하여 비난할 수는 없다. 그러나 어떤 학문이나 사상도 시대에 맞게 끊임없이 재해석되고 적용되지 않으면 결국 도태되고 만다. 우리가 고전문학이나 경전을 읽는 이유는 그 속에서 동시대인이 겪고 있는 아픔과 슬픔, 그리고 행복과 기쁨을 현재 시점에서도 공감할 수 있기 때문이다. 이를 통해 개인 혹은 사회가 당면한 문제를 해결하고 극복할 수 있는 지혜를 얻을 수 있다. 이 말은 유학과 인권의 관계에도 그대로 적용할 수 있다.

인권이 '인간의 권리'의 줄임말이라면 유학은 '인간의 윤리', 즉 '인륜(人倫)'을 일컫는 말이다. 양자 모두 그 중심에 '사람'이 있다. 전자가 사람의 권리에 중점을 두고 있다면, 후자는 사람이 마땅히 지키고 갖추어야 할 윤리(도리)를 중시한다. 이러한 측면에서 후자의 예(禮)와 전자의 법(法), 즉 예법(禮法)은 사회공동체를 유지·존속시키는 기제로 작용하고 있다.

유교의 최고덕목인 인(仁)은 '사람 인(人)' 자와 '두 이(二)' 자를 합친 것이다. 인(仁)은 두 사람이 가지런히 서 있는 모습이나 상태로 해석할 수도 있고, 두 이(二) 자를 하늘과 땅으로 보고 양쪽을 잇는 주체인 사람으로 해석할 수도 있다. 어떤 식으로 해석하든 인(仁)은 사람에 중점을 두고 있으며, 또한 '사람을 사랑함'이라는 애인(愛人)이 그 핵심임을 알 수 있다. 이처럼 인=애인(仁=愛人)이라는 공자의 생각은 현대 인권이 지향하는 가치와 부합한다.

하지만 조선이 성리학을 받아들이고 사회질서 유지와 통치의 근간으로 삼으면서 유교적 전통과 사상은 변질된다. 조선이 군왕과 양반 중심의 봉건체제이자 신분제 사회라는 점은 별론으로 하더라도 이 시대에는 나이(연령)와 성(性)을 차별하고, 사농공상에 치중하고 제사를 비롯한 각종 제례를 통하여 개인과 집단을 억압함으로써 유교적 논리가 점차 지배층의 권력 기반을 공고히 만드는 도구 내지는 수단으로 악용되었다. 특히 남성 중심의 철저한 가부장제는 여성을 독립적 주체로 인정하지 않고 차별의 대상으로 파악하고 통제하였다. 삼종지도(三從之道)와 칠거지악(七去之惡)은 여성의 권리를 철저하게 제한하고 통제한 대표적 사례라고 할 수 있다.

오늘날 우리 사회의 젊은 세대, 특히 여성들이 가지는 유교에 대한 부정적 인식을 그저 전통적 가치와 제도를 무조건 배격하고 무시한다고 일방적으로 비난할 수가 있을까? 아무리 남성 유학자들이 '유교는 그런 것이 아니다', '공자는 그런 사람이 아니다' 강변해도 가부장적 체제에서 남성에 비하여 불리한 대우를 받은 역사적 경험이 있는 이 땅의 여성들에게 이 말은 피부에 와 닿지 않을지도 모른다. 환향녀와 일본군 위안부의 사례에서 보듯이 유교가 지배하는 남성 중심의 정치체제는 여성의 권리 보호에는 무능하거나 무력했기 때문이다. 요컨대 핵심은 유학에 기반한 전통적인 가치와 사상을 존중하고 계승하되 시대가 요구하는 가치와 이념에 비추어 성찰과 비판하는 과정을 거쳐야 한다는 사실이다. 이를 통해 유학을 새롭게 해석하고 창조해야만 한다. 학문에서 비판 없는 창조는 없는 까닭이다.

컴퓨터 인공지능(AI)과 같은 최첨단의 과학기술문명이 일상화된 현실임에도 한국사회는 여전히 유교의 전통을 존중하며 이어 가려는 경향이 강하다. 그러나 그 전통이 아무리 훌륭하다고 할지라도 시대의 조류를 수용하지 않고 전근대성에 머물러 있어서는 아니 된다. 새 술은 새 부대에 부어야 한다. 이 말대로 유학은 오늘날 시대정신과 가치에 비추어 비판하고 새롭게 해석하여야 한다. 그리하여 유학은 현대사회의 인권적 가치에 부합하는 '인권유학'으로 새롭게 태어나야 한다.

Ⅱ. 인권과 유학의 결합을 위한 이론적 기초

1. 인권의 개념과 성질[7]

(1) 인권의 개념

인권 혹은 인간의 권리(human rights, Menschenrechte, droits de l'homme)란 "인간이 인간이기 때문에 당연히 갖는다고 생각되는 생래적이며 기본적 권리"이다.[8] 이를 좀 더 부연 설명하면, 인권이란 사람이라면 누구에게나 국적, 인종, 종교, 언어, 문화, 성별, 출신, 신체적·정신적 조건 등에 상관없이 태어나면서부터 평등하게 인정되는 법적 지위를 말한다.

---

7 이 내용은 졸저, 『국제인권법』, 높이깊이, 2020, 23-40쪽을 재인용하고, 수정·보완하였다.
8 김철수, 『헌법학신론(제18전정판)』, 박영사, 2008, 259쪽.

이와 같은 인권의 개념은 오늘날에는 보편적(universal)인 것이며, 어떠한 경우에도 침해될 수 없는 불가침(imprescriptible or inviolable)의 것으로 인정되고 있다. 인권에 대한 이와 같은 개념은 자연권 사상에 바탕을 두고 있는데, "인류 가족 모든 구성원의 고유한 존엄성과 평등하고 양도할 수 없는 권리를 인정하는 것이 세계의 자유, 정의, 평화의 기초가 됨을 인정하며…"라고 규정하는 「세계인권선언(Universal Declaration of Human Rights)」 전문에서도 수용되고 있다. 또한 「국제인권규약」도 「세계인권선언」의 정신을 계승하여 「사회권규약」과 「자유권규약」의 전문에서 "이러한 권리는 인간의 고유한 존엄성으로부터 유래함을 인정하며…"라고 하여 인권이 천부적 권리라는 것을 선언하고 있다.

(2) 인권의 성질

인권은 천부적 권리이므로 그 권리는 국가에 의해 부여된 것이 아니라 인간의 존엄과 가치에서 당연히 유래하는 것으로 '전국가적·초국가적 권리(前國家的·超國家的 權利)'이다. 따라서 인권이라는 관념은 국가가 국법(國法)으로 인권의 본질을 침해하는 것을 허용하지 않는다는 의미를 갖는다.[9] 이러한 의미에서 기본적 인권의 일반적인 특징으로는 다음과 같은 것을 들 수 있다.

① 보편성: 인권은 인종·성별·사회적 신분 등에 구애받지 아니하

9 육종수, "현대 인권제도와 자연법사상", 헌법학연구 Vol. 1, No. 1(한국헌법학회, 1995), 221쪽.

고, 국민 모두가 보편적으로 누릴 수 있는 권리이다. 특히 현대에 와서는 인권의 보장이 국제적인 관심사가 됨으로써 인권의 국제화 현상이 두드러지게 나타나고 있다.

② 고유성: 인권은 인간이 인간으로서 생존하기 위하여 당연히 누려야 할 인간 고유의 권리이지 헌법이나 국가에 의해서 창설된 권리가 아니다. 인권의 전국가성·초국가성(前國家性·超國家性)을 주장하는 이유도 그 고유성에 기인한다.

③ 항구성: 인권은 현재의 국민은 물론 장래의 국민에게도 인정되는 항구적인 권리이며, 영구히 박탈당하지 않을 권리로서 혁명에 의해서도 박탈될 수 없다는 것[10]을 의미한다. 따라서 그것은 헌법개정절차에 의해서도 '박탈'[11]될 수 없다.

④ 불가침성: 모든 국가권력은 인권을 최대한으로 존중하고 보장할 의무가 있으며, 인권의 본질적 내용은 행정권과 사법권은 물론 입법권에 의해서도 침해될 수 없다.[12]

⑤ 평등성: 인권은 모든 사람에게 인종, 민족, 성, 언어, 종교, 사상, 출신, 재산 등에 관계없이 평등하게 배분되고 보장되어야 한다.

⑥ 불가양성: 인권은 다른 사람으로부터 침해되어서는 안 되며 다른 사람에게 양도하거나 방기해서도 안 된다. 이를 위반하

---

10 육종수 교수는 "他面에 있어서 혁명에 대한 금지를 의미하고 있다"고 기술하고 있다. 하지만 이 표현은 "혁명에 의해서도 인권은 박탈될 수 없다"는 의미로 해석해야 하며, 인권의 관념이 '혁명의 금지'를 포함하고 있다고 해석되어서는 안 될 것이다.

11 또한 육종수 교수는 위 논문에서 '폐제(廢除)'라는 용어를 사용하고 있으나 이는 '박탈'이라는 용어로 대체하는 것이 낫다고 판단된다.

12 이상 ①~④에 대해서는, 육종수, 앞의 논문, 221-222쪽.

는 계약이나 거래는 무효이다.

⑦ 역사성: 인권의 향유 조건, 대상, 범위 및 정도 등은 이제까지 역사적으로 변화 내지 발전해 왔으며, 앞으로도 비슷하게 변화 내지 발전해 나갈 가능성이 있다.

⑧ 상호연관성: 자유권과 사회권은 별개의 인권이 아니다. 양자 관계는 상호연결(interrelated)되어 있어 분리할 수 없으며, 완전히 독자성을 띨 수 없다. 그런 의미에서 상호의존적(interdependent)이라고도 할 수 있다.[13]

2. 인권의 탄생과 발전

개인에 대한 기본적 인권의 관념의 맹아가 싹튼 계기는 십자군전쟁이라고 할 수 있다. 11세기 말부터 13세기 말까지 8차례에 걸쳐 치러진 십자군전쟁은 중세봉건사회 해체의 직접적 계기가 되었다. 그동안 절대적 특권을 누리던 귀족과 교황권이 몰락하였고, 산업과 도시가 발달하고, 신대륙이 발견됨으로써 신흥 부르주아 계급이 형성되었다. 이러한 사회체제의 급격한 변화는 정치와 문화영역은 물론 종교적 가치관에도 많은 변화를 가져왔다. 이를테면, 교황권의 몰락 이후 왕권이 강화되어 절대주의 국가가 형성되었고, 르네상스로 문예와 예술의 부흥운동이 일어났다. 또한 마틴 루터를 중심으로 종교분야에도 개혁이 일어나 성직자들의 권위를 주장하는 구교(가톨

13 이상 ⑤~⑧에 대해서는, 박찬운, 『인권법』, 한울아카데미, 2008, 51쪽.

릭)에 맞서 개인의 종교적 믿음을 중시하는 신교(프로테스탄티즘)가 급격히 부상하였다. 그리하여 신과 인간, 인간(교황와 성직자, 귀족 계급 등)과 인간(평민)을 수직적 관계로 바라보던 시민들의 가치관도 변하여, "모든 인간은 자유롭고 평등하다"는 근대적 수평적 인간관이 형성되게 되었다. 이와 같은 근대적 인간관의 이면에는 '자연권'과 '자연법'에 대한 사상적 논쟁이 자리하고 있다.

그러나 인권이 정치이론으로서 주장되고, 실제로 법적인 개념으로 인정되게 된 것은 18세기 후반의 영국과 프랑스에서였다.[14] 이미 17세기 그로티우스를 비롯한 초기 국제법학자들은 '인도적 간섭(humanitarian intervention)' 이론을 전개하여 한 국가의 자국민 학대가 야만적이고 대규모적이어서 국제사회에 충격을 줄 때에는 이를 저지하기 위해 다른 국가들은 무력을 행사할 수 있다고 하였다.[15] 하지만 전통 국제법은 기본적으로 국제사회를 국가 간의 관계로 보았으므로 개인과 인권은 무시하고 오직 국가주권만을 중요시하였다.[16] 물론 '30년 전쟁'(1618-1648)의 종결과 종교적 화해를 위해 체결된 베스트팔렌조약의 결과, 비로소 종교의 자유가 기본적으로 성립하게 되었지만, 개인은 여전히 국제법의 객체이며, 개인의 권리는 국가주권의 부산물이라는 인식에 기초해 있었다.[17]

17-18세기부터 프랑스와 영국의 토마스 홉스, 존 로크, 장 자크 루소 등의 정치사상가가 왕정의 독재에 대하여 시민의 자유와 정치적

---

14 橫田洋三 編, 『國際人權入門』, 法律文化社, 2008, 1쪽.
15 이석용, "국제인권법의 역사와 발전", 이석용 외, 『국제인권법』, 세창출판사, 2005, 8쪽.
16 *Ibid*.
17 *Ibid*.

참가의 권리를 주장했다. 홉스는 그의 저서 『리바이어던』에서 '자연권'을 "모든 인간이 가지는 본질적 자유"로 보았다. 개인이 가지는 이 자유는 사회가 성립되기 이전, 또한 사회 계약 이전에 존재하는 것이므로, 개인은 모든 수단과 방법을 사용하여 자신의 생명을 보호할 수 있고, 자신이 원하는 일을 할 수 있다고 주장하였다. 홉스의 이 주장은 '만인 대 만인의 투쟁(the war of all against all)'으로 나타나며, 당연히 각 개인은 자신의 자유를 지키기 위해 투쟁하지 않을 수 없다. 문제는 각 개인이 자신의 자유를 누리기 위해 투쟁을 하게 되면, 사회는 혼란과 무질서에 빠지게 되어 결국 계약에 의해 정치제도를 도입하지 않을 수 없다는 것이다. 홉스는 자연권에 근거하여 자신의 논리를 전개하고 있지만, 결국은 자연권에 반하는 결론에 이르고 만다. 그의 주장은 근대 인권사상의 토대를 이루지만 '리바이어던'이라는 정치제도(국가)를 통해 인간의 자유가 보장되지 않을 수 없는 결과에 이르고 말았다.

홉스가 주장한 자연권은 '자연스럽게' 실현될 수 있는 것이 아니라 '국가'를 통해, 또 그 국가에 의해 제정된 법제도에 의해 실현될 수밖에 없다. 이 말이 의미하는 바는, 자연권을 바탕으로 전개된 논의가 결국 자연법으로 귀결되어 버렸다는 것이다. 이와 같은 홉스의 주장에 대해, 로크는 홉스의 주장이 '리바이어던'에 의한 전제주의(專制主義)에 빠질 수 있다고 경고하였다. 로크는 절대자인 신이 창조한 자연과 인간은 근본적으로 선하며, 또 이성적으로 작동할 수밖에 없다고 주장하였다. 곧 자연과 인간은 신의 의지의 표상인 자연법에 의해 규율되며, 자연법에 위배되는 자연권은 아무런 효과도 발휘할 수 없게 되는 것이다. 그의 사상은 종교적 관용에 바탕을 두고 있지만, 신이 아닌 이상 어느 누구도 다른 사람의 생명을 박탈할 수 없다는 자유권 사상은 근대인권의 형성에 있어 지대한 영향을 미쳤다. 하지만 자연법에 의거한 로크의 사상은 자연권에 바탕을 둔 보편적 인권의 보장으로 귀결되어, 또다시 자연권으로 회귀하는 결과를 초래하였다.

홉스와 로크의 사상을 종합하여 체계화시킨 이는 루소이다. 그는 1762년 발간한 『사회계약론(Du contrat social)』에서 홉스의 사회계약의 내용을 보충하여 독자적 이론으로 정립하였다. 루소는 인간의 불평등 원인을 사유재산에서 찾고, 사회계약을 통하여 각 개인이 자유와 평등을 누릴 수 있는 자연상태로서의 정치체제가 구축되어야 한다고 주장하였다. 하지만 정치체제로서의 국가는 인민들의 '일반의지(la volonté générale)'에 따라 운영되어야 한다. 즉, 개인은 자신의 자유와 평등을 누리기 위하여 '일반의지'에 따라 그 권리를 국가에 양도하지만 반대로 국가는 개인의 생존과 자유 및 평등을 보장하기 위하여 역할을 충실히 이행해야 할 의무를 진다. 루소는 개인이 국가에 대해 가지는 이 권리는 저절로 주어지는 것이 아니며, 인민의 일반의지로 국가와의 계약을 통해 실현된다고 보고 있다. 인민의 일반의지에 따라 국가와 계약을 체결한다는 루소의 사회계약론은 저항권 사상으로 이어져 프랑스대혁명의 기폭제로 작용하였다.

홉스, 로크 및 루소와 같은 사상가들의 주장이 이념적 기초가 되어 영국 국왕의 지배로부터 미국이 독립(1776년)하였고, 루이 왕조의 억압으로부터의 해방을 의도한 프랑스대혁명(1789년)이 일어나게 되었다.

1789년 발발한 프랑스대혁명은 근대적 의미의 인권이 시민들에게 보장된 역사적 사건으로서 시민혁명의 전형(典型)이다. 대혁명 이전 시민들의 사회적 지위는 개인의 능력이 아니라 신분에 의해 결정되었다. 그러나 대혁명을 통하여 모든 시민은 자유로운 개인이자 법적 권리의 주체로서 자기를 확립하고 평등한 권리를 보유하게 되었다. 혁명의 이념은 몽테스키외를 비롯한 여러 계몽주의 사상가 등에 의해 배양되었다. 그중에서도 특히 루소의 사회계약론은 혁명사상의 기초이자 기폭제 역할을 하였다.

프랑스는 루이 14세가 확립한 절대주의 체제 아래 국왕은 신권이론(神權理論)인 '왕권신수설'을 바탕으로 국가와 인민 위에 군림하였다. 신권왕정체제 아래 국가는 물론 국민도 단순히 국왕의 신하에 불과하였고, 소수의 귀족과 성직자계급만이 특권신분을 구성하고 온갖 특혜를 향유하고 있었다. 왕실의 향락과 특권신분계급의 방탕한 생활로 인해 국고는 비어 갔다. 그러는 과정에서 루이 16세가 미국독립혁명에 막대한 재정지원을 함으로써 정부는 극도의 재정궁핍에 빠져 버렸다. 이에 정부는 특권신분에게도 과세하고자 하는 정책을 마련하였다. 이 과세안(課稅案)에 저항하는 과정에서 루이 16세 정부와 특권계급은 극도의 대립을 하였다. 이 상황 속에서 루이 16세는 1614년 이래 열리지 않던 전국 삼부회를 소집하였다.

전국 삼부회는 제1부 사제, 제2부 귀족, 제3부 평민의 대표들로 구성된 국민의회이다. 이는 1302년 필리프 4세가 최초로 소집하였으며, 국왕을 견제하는 대의회(代議會)가 아니라 왕권의 주도로 국민대표에 협력을 요청하는 자문기관의 성격을 가지고 있다. 루이 13세가 재임하던 1614년 이래 170년간 한 번도 소집되지 않던 전국 삼부회를 루이 16세가 재정문제를 타결하기 위하여 1789년 5월 재소집한 것이다. 그러나 의제의 토의형식과 투표방식 때문에 제3부 의원과 특권신분 사이에 심각한 의견 대립이 발생하였다. 이에 같은 해 6월 17일, 미라보·시이예스 등은 전국 삼부회와 별도로 국민의회(國民議會)를 발족시켰다. 국왕 및 특권신분계급은 이들을 탄압하기 위해 군대를 집결시켰다. 그 과정에서 프랑스혁명이 일어났고, 신분제 의회인 전국 삼부회 체제는 종식되었다.

왕권신수설에 의하면, 국민들의 권리는 주권자인 국왕에 의해 결정된다. 그러나 프랑스대혁명에 의해 종전에 국왕에 전적으로 속해 있던 주권이 국민에게서 나온다고 하는 '주권재민'사상이 확립되었다. 이 사상은 프랑스 국민의회에 의해 채택된 1789년의 「인간과 시민의 권리선언」 전문(前文)과 본문에 잘 나타나 있다. 특히 제3조는 "모든 주권 원칙은 국민에게 있다. 어떤 단체나 어떤 개인도 명백하게 국민으로부터 나오지 않는 그 어떤 권력도 행사할 수 없다"고 규정하여 '주권재민'을 선언하고 있다. 이 선언이 공표됨으로써 시민권과 관련된 법과 제도가 활발하게 제정되었고, 프랑스공화국의 시민은 물론 공화국 내에 거주하는 모든 사람의 인권이 보장되게 되었다. 1789년 선언은 전문 포함 총 17개조의 본문으로 구성되어 있는데, 자유권, 평등권, 재산권뿐 아니라 저항권에 관한 조항도 담고 있다. 이 선언은 프랑스는 물론 유럽 각국의 헌법에 지대한 영향을 미쳤다.

'자유, 평등, 박애'라는 3대 정신에서 알 수 있는 바와 같이, 프랑스

대혁명은 인권의 보편성을 확립하는 데 기여하였으며, "인간과 시민의 권리를 보장하려면 공권력이 요구된다."(선언 제12조)라는 규정에서 알 수 있듯이 인권의 보장을 위해서는 국가체제, 즉 '국민국가'체제가 필요하다는 인식을 그 바탕에 두고 있다. 이렇듯 프랑스대혁명은 추상적 개념인 인권을 구체화시키고, 또 보편화시키는 데는 성공했다. 반면, 대혁명은 국가라는 체제가 인권의 보장 주체이자 제한 주체로 기능할 수 있는 법적 토대를 제공하기도 했다.

프랑스대혁명의 결과, 「버지니아권리장전」(1776년 6월 12일), 「미국독립선언」(1776년 7월 4일) 및 「프랑스 인권선언」(1789년) 등 각국의 자국 내 정치적·법적 문서에서 기본적 자유와 정치적 참가의 권리가 명확하게 규정되게 되었다. 이와 같은 운동은 그 후 서서히 유럽 전역으로 확대되었다.

18세기 말부터 19세기에 걸쳐 자본주의가 급속하게 발전하게 됨에 따라 사회적 모순이 나타나게 되었다. 우선, 산업혁명의 진전에 수반하여 대량생산양식의 보급과 더불어 생산수단을 갖지 못한 공장노동자의 수가 증대하였다. 이와 같은 무산계급자(無産階級者)들에게 있어 헌법이 보장하는 재산권이나 자유권은 별다른 의미가 없었다. 다른 한편으로는 자유주의 이념에 의거한 자유방임경제가 현저한 부의 편재와 무산계급의 궁핍화를 초래했다. 재력을 가진 자본가와 사회적 강자의 경제 활동을 규제하고, 사회적 정의를 실현하기 위하여 국가 기능을 전환하려는 요구가 증대되기 시작했다. 그동안 사인 간의 문제에 개입하기를 꺼리던 국가가 사회적 약자를 보호하기 위하여 더 적극적으로 관여하려고 하는 경향이 나타났다. 여기에 인권의 관념도 변화하여 생존권, 노동자의 권리 등 사회적 인권 등의 관념이 생겨났다. 「바이마르헌법(Weimarer Verfassung)」[18]은 이와 같은 인권을 보장한 최초의 헌법이다.[19]

이 헌법은 민주주의 원리의 바탕 위에서 독일국민의 통일을 지도이념으로 하고, 다시 사회국가적 이념을 가미한 특색을 가진 헌법이다. 즉, 19세기적인 자유민주주의를 기본으로 20세기적 사회국가의 이념을 취하여 근대 헌법상 처음으로 소유권의 의무성(사회성)과 재산권행사의 공공복리 적합성을 규정하고, 인간다운 생존(생존권)을 보장하면서 경제조항(經濟條項)을 규정함으로써 20세기 현대 헌법의 전형(典型)이 되었다. 「바이마르헌법」은 1933년의 히틀러 정권에 의한 수권법(授權法, Ermaechtigungsgesetz)[20]을 비롯한 일련의 입법에 의하여 사실상 폐지되었으나, 그 후 세계 여러 국가의 민주주의에 영향을 끼쳤다.

3. 인권의 국제적 보장

인권문제를 국제법상의 일반적 과제로 등장시키는 것에 결정적으로 공헌한 것은 제2차 세계 대전이라고 할 수 있으나 제1차 세계 대

18 제1차 세계 대전 뒤 독일혁명으로 독일 제정(帝政)이 붕괴된 후, 보통·평등·비례선거에 의하여 선출된 국민의회가 7월 31일에 의결하고, 8월 11일 공포한 헌법이다.

19 畑 博行·水上千之 編, 『국제인권법개론』(제4판), 有信堂, 2006, 11쪽.

20 비상사태에 입법부가 행정부에 법률을 정립할 수 있는 권한(입법권)을 위임하는 법률이다. 정식 명칭은 「민족과 국가의 위난을 제거하기 위한 법률(Gesetz zur Behebung der Not von Volk und Reich)」인데, 「전권위임법」이라고도 한다. 특히 광범위하고 포괄적인 법률을 정립할 수 있는 권한을 위임하는 경우에 이와 같은 명칭이 사용된다. 그 예로는 1933년 3월 24일 나치가 제정한 수권법을 들 수 있다.

전을 거치면서 인류는 인권의 국제적 보장에 대해 더욱 발전적인 생각을 하게 되었다. 제2차 세계 대전 이전에는 인권의 보호가 국가의 관할권 내에 속하는 사항으로 간주되었다. 따라서 국내법은 인권보장에 관한 규정을 두고 있었지만 국제조약 가운데는 인권보장규정을 포함하고 있는 사례가 그다지 많지 않았다.[21]

제한적이나마 국제적 차원의 인권보호에 관한 규정을 두기 시작한 것은 「국제연맹규약」[22]에서였다. 동 규약은 분쟁의 평화적 해결 외에 경제·사회·문화적 국제협력에 대해 규정하였다. 즉, 식민지 상태에 있던 아랍, 아프리카, 남태평양 제도(諸島)를 국제연맹의 후견 감시 아래 선진국의 위임통치하에 둠으로써 그 지역 인민의 복지 및 발달을 촉진시키고, 아프리카에서의 노예 매매와 같은 폐습의 금지도 도모하였다(「국제연맹규약」 제22조). 또한 연맹국은 기존의 또는 장래에 체결되는 국제조약에 따라, 자국 내 및 그 통상산업관계가 미치는 모든 국가에 대하여 남녀 및 어린이를 위한 공평하고 인도적인 노동조건을 확보하며, 그를 위하여 필요한 국제기구를 설치할 것과 자국 관할지역 내의 토착주민을 공정하게 대우할 것, 여성과 어린이의 매매, 아편 및 기타 유해약물의 거래에 관한 감시를 연맹에 위탁할 것을 약속했다(「국제연맹규약」 제23조).

---

21 하지만 이 당시에도 인권과 인도에 관한 조약이 전혀 체결되지 않은 것은 아니었다. 노예매매의 금지에 대한 조약, 여성·아동매매의 금지에 대한 조약, 난민의 보호에 관한 조약, 아편·마약의 거래에 관한 조약, 위생에 관한 조약 등이 이 당시 체결되었다.

22 「국제연맹규약」은 1919년 6월 28일 베르사유에서 서명되어 1920년 1월 10일에 발효되었으며, 그 후 1921년 10월 21일에 한 차례 개정되었다. 그러나 동 연맹이 1946년 4월 18일 마지막 총회에서 해산을 결의하고 해산됨에 따라 동 규약의 효력도 정지되었다. 해산 시의 당사국은 50개국이었다.

또한 「베르사유평화조약」 제13편에 의해, 제국(諸國)의 노동조건을 개선하여 노동자의 지위를 향상시키고, 사회불안을 제거하는 것이 세계평화의 중요한 조건이라는 취지에서 국제노동기구(ILO)가 제네바에 설립되었다. 그 후 ILO 총회는 이를 위하여 노동조건과 노동문제에 관한 다수의 국제조약과 권고를 채택하였다. 체약국 정부는 「ILO 헌장」 제19조 내지 제22조에 의하여 각 조약의 규정내용과 합치되도록 국내법이 정비 내지 개정되지 못할 경우에는 그 사유와 전망 등에 관하여 ILO 총회(전문가위원회와 총회위원회)에 매년 정기적으로 보고하여야 하며, 총회는 그 심사를 통하여 체약국이 ILO 제(諸) 협약상 규정된 수준으로 노동자의 권리를 보호하고 있는가에 대해 감독을 하고 있다.

위와 같은 조약상의 규정과는 별도로 학계에서는 개인의 인권보호를 국제적으로 규정해야 한다는 의견이 계속 주장되었다. 그리하여 국제법학회(Institut de Droit International)는 1929년의 뉴욕회기에서 6개조의 「국제인권선언(Déclaration des droits internationaux de l'homme)」을 가결하고, 국제외교학회도 1928년 파리에서 인권의 보호와 존중을 확보하는 세계적인 조약을 국제연맹의 주최로 체결해야 한다는 희망을 표명하였다. 하지만 국제법상 범세계적인 인권문서를 채택함으로써 인권의 국제적 기준을 설정하고 인권의 국제적 보장을 위한 실시조치를 마련한 것은 국제연합(UN)이다.

유엔은 헌장의 전문 및 본문에서 여러 번에 걸쳐 인간의 기본권, 인간의 가치와 존엄성을 강조하고 있다. 인류에 있어 가장 큰 비극인 전쟁의 원인이 인간의 기본권을 경시한 데서 유래한다고 보았기 때문에 국제평화와 안전을 그 목적으로 하는 유엔으로서는 이와 같은 규정은 당연한 것이라고 할 수 있다.

「유엔 헌장」은 그 전문에서 "기본적 인권, 인간의 존엄 및 가치, 남녀 및 대소 각국의 평등권에 대한 신념을 재확인"하고 있다. 또한 제1조 3항은 "경제적·사회적·문화적 또는 인도적 성격의 국제문제를 해결하고, 또한 인종·성별·언어 또는 종교에 따른 차별 없이 모든 사람의 인권 및 기본적 자유에 대한 존중을 촉진하고 장려함에 있어 국제적 협력을 달성한다"고 함으로써 유엔의 기본적 인권의 보편적 존중에 대해 규정하고 있다.

그리고 「유엔 헌장」 제68조는 경제사회이사회(Economic and Social Council: ECOSOC)에 경제, 사회 분야 및 인권증진을 위한 위원회를 설치할 권한을 부여하고 있다. 이에 의거하여 경제사회이사회는 1964년에 인권위원회(Commission on Human Rights: CHR)를 설치하였다. 하지만 이 인권위원회는 그 운영과정에서 쿠바 등 비동맹 측으로부터는 국가별 결의안 제도 운용의 선별성, 정치화 경향, 비효율성 문제로, 미국 등으로부터는 소위 인권불량국가의 위원국 진출 문제로 강한 비판에 직면하게 되었다. 이에 코피 아난(Kofi A. Annan) 유엔사무총장은 유엔 개혁의 일환으로 2005년도부터 기존의 인권위원회를 대체하는 인권이사회 설립을 위해 유엔 회원국 간 적극적 교섭을 진행하였다. 그리하여 2006년 3월 15일, 총회 본회의에서 '인권이사회(Human Rights Council: HRC) 설립에 관한 결의'(A/60/L.48)가 통과되었고, 이 결의를 근거로 인권이사회가 설립되었다.

인권이사회의 설립은 '안보, 개발, 인권'이라는 유엔 설립의 3대

핵심축의 하나인 인권의 중요성이 제도적인 측면에서 확립되었다는 의미와 동시에 유엔 개혁이 한 단계 진전되는 계기가 되었다는 의미를 가진다. 인권이사회는 총 47개 유엔 회원국으로 구성되며, 유엔 총회에서 회원국 절대 과반수로 선출된다. 인권이사회 이사국의 지역그룹별 의석수는 아시아 및 아프리카 각각 13석, 동구 6석, 중남미 8석 및 서구 7석이다(인권이사회 결의 60/251 제7호).

하지만 유엔 체제하의 인권의 보장에서 가장 획기적인 사건은 「세계인권선언」과 「국제인권규약」으로 이루어진 소위 국제인권장전(International Bill of Human Rights)을 채택한 것이다.

「유엔 헌장」은 기본적 인권의 존중을 일반적으로 규정하였으나 보호해야 할 인권을 구체적으로 규정하지 않고 있다. 인권에 관한 유엔 헌장의 규정을 구체화할 목적으로, 유엔총회는 1948년 12월 10일에 「세계인권선언(Universal Declaration of Human Rights)」을 채택하였다. 정치, 경제, 사회, 문화 등의 인권을 담고 있는 이 선언은 보편적인 국제기구에 의해서 주창된 최초의 포괄적인 인권문서이다. 「세계인권선언」은 전문과 본문 30개조로 구성되어 있다. 전문에서 "인류 가족 모든 구성원의 고유한 존엄성과 평등하고 양도할 수 없는 권리를 인정하는 것이 세계의 자유, 정의, 평화의 기초가 됨을 인정"하고, 본문에서는 구체적으로 개별 권리에 관한 상세한 규정을 두고 있다.

그리고 「세계인권선언」의 선언적 원칙들을 구속력 있는 일반조약으로 만들기 위하여 인권위원회, 경제사회이사회, 총회에서 18년간의 심의를 거친 후 1966년 12월 16일 유엔총회에서 두 개의 인권규약, 즉 「경제적·사회적 ·문화적 권리에 대한 국제규약(ICESCR, A규약 혹은 사회권규약)」과 「시민적 ·정치적 권리에 관한 국제규약(ICCPR, B규약 혹은 자유권규약)」 및 「자유권규약에 대한 선택의정서」의 3개 조약이 채택되었다. 「사회권규약」과 「자유권규약」은 35개국이 비준하여 1976년에 발효하였다. 그리고 1989년 12월 15일 「사형폐지를 위한 시민적 및 정치적 권리에 관한 국제규약 제2선택의정서」가 채택되어 1991년 7월 11일 발효함으로써 「자유권규약」은 2개의 부속의정서를 갖게 되었다.

이후에도 유엔은 주요한 인권조약을 꾸준히 채택하였다. 차별의 일반적 철폐, 특히 「인종차별철폐협약(CERD)」(1965)과 「여성차별철폐협약(CEDAW)」(1979)이 채택되었으며, 1984년에는 범세계적으로 행해지는 고문을 금지하기 위하여 「고문 및 그 밖의 잔혹한·비인도적인 또는 굴욕적인 대우나 처벌의 방지에 관한 협약(CAT, 고문방지협약)」이 채택되었다. 또한 소수자의 인권보호를 위한 조약으로서 특히, 「아동권리협약(CRC)」(1989)과 「이주노동자권리협약(ICRMW)」(1990), 「장애인권리협약(CRPD)」(2006) 및 「강제실종협약(CPED)」(2006)이 마련되었다. 이 외에도 다수의 국제조약이 채택되었으나 위에서 언급한 핵심 조약들을 흔히 '유엔 9대인권조약'이라고 한다.

4. 유학의 개념과 성질

(1) 유학의 개념

유학(儒學)과 유교(儒敎)는 통상 같은 의미로 사용되거나 혹은 혼용되고 있다. 어떤 의미로 사용되든 둘 다 '공자를 시조로 한다'는 사실은 같다. 하지만 유학과 유교라는 용어는 의미에 따라 구별하여 사용할 필요가 있다. 이렇게 하는 것이 학문 연구나 현실생활에서도 여러모로 도움이 되고, 양자의 오남용에 따른 혼란도 피할 수 있기 때문이다.

사전적 의미로 유학은 "공자의 가르침인 경전을 연구하는 학문"인 반면,[23] 유교는 유학을 종교적인 관점에서 이르는 말이다.[24] 따라서 유교와 달리 유학은 공자와 그 제자들의 가르침을 담은 경전을 교육하고 학문으로 성립시키는 교학적 의미가 강하다.[25] 하지만 사전적 정의만으로는 유학의 개념이 명확하지 않고, 통일적인 개념이 부재하다. 현재까지도 유학의 개념이 부재하다는 것은 명확하게 개념을 정의하기가 그만큼 쉽지 않다는 반증이기도 하다.

춘추전국시대 제자백가가 활동하던 당시 유학과 유교는 학문적·이론적 영역과 교화적·실천적 영역으로 분명하게 구분되거나 분화되지 않았다. 본래 유학은 공자 학도의 교학(教學) 내용을 의미함으로써 유교(儒教)·유도(儒道)·유술(儒術)과 같은 말로 쓰였으며, 때로는 유교를 공부하는 사람의 의미로 쓰여 유가(儒家)·유문(儒門)·유림(儒林) 등과 통용하여 사용되기도 하였다. 전통적 의미에서 보면 유학과 유교 양자는 서로 배제하는 관계에 있다기보다는 서로 영역이 겹치는 유의어로서 혼용되었다고 할 수 있다.[26]

---

23 네이버지식백과: 유학.
24 네이버사전: 유교.
25 두산백과 두피디아: 유학.
26 네이버지식백과: 유학.

춘추전국시대는 지배계급인 군주를 중심으로 제후, 대부, 사(士)와 피지배계급인 사농공상(士農工商)의 사민(四民)으로 이뤄진 철저한 신분제사회였다. 이때 학문으로 유학을 배우고 가르칠 수 있는 계급은 사민 중의 선비인 사(士) 이상의 신분에 해당되었으며, 최하층 피지배계층인 농민, 공인, 상인(농공상)은 배움의 기회를 갖지 못하였다. 흔히 유학을 공부하는 선비를 유자(儒者) 혹은 유생(儒生)이라 부르는데, 오늘날의 지식인들이 이에 해당한다.

이와는 달리 백성들은 지배계층이 정립한 통치와 지도이념인 유학을 생활규범으로 받아들였다. 그 규범은 인간으로서 행동하거나 판단할 때 마땅히 따르고 지켜야 할 가치 판단의 기준일 뿐만 아니라 조상을 모시는 제사의 의식 등도 포함하게 되었다. 한마디로 유학 혹은 유교는 백성의 의식과 가치판단을 규정짓는 철학규범이자 실생활을 규율하고 통제하는 정치도덕윤리규범이기도 하였다.

모든 학문이나 사상이 그러하듯 유학도 역사적 관행이나 배경, 또는 시대의 인식과 가치를 바탕으로 하여 발전해 왔다. 이에 대한 엄밀한 고증과 검토 없는 유학과 유교에 대한 성급한 일반화는 지양되어야 한다. 하지만 중요한 것은 조선 후기 실학자 박지원(朴趾源)이 설파한 바와 같이 유학도 "옛것을 본받아 새로운 것을 창조한다"는 법고창신(法古創新)의 정신이 필요하다는 것이다. 만일 유학이 전통을 앞세워 옛것에만 매달리고 집착하여 새것을 외면함으로써 변화하지 못하고 새로운 것을 만들어 내는 창조성을 발휘하지 못한다면 결국 도태되고 말 것이다. 최근 이러한 노력의 일환으로 여러 학자들은 유학의 개념을 새롭게 정의하기 위한 나름의 노력을 하고 있다. 그

일례로 신정근의 시도를 들고자 한다.

신정근은 유학의 개념 정의를 시도한 한·일·중의 대표적 사례를 들어 평석하고는 자신의 관점에서 아래와 같이 유학을 개념 정의한다.

> 유학은 사람이 전승 문화를 평생 학습하여 삶의 제도로 습관화시키고 내재적 역량을 바탕으로 자신의 기질을 통제하고 부족하고 과도한 부분을 변화시켜 일상과 정치 영역 그리고 국제관계에서 상생과 평화의 가치를 극대화시키는 거룩한 사람이 되고자 하는 가치 체계이다.[27]

그가 유학에 관한 '총체적 정의'를 내린 이유는, 지금까지 공자를 비롯하여 숱한 인물들이 수기치인(修己治人)·인의(仁義)·이기(理氣)·예악(禮樂) 등 전문 용어를 통해 유학을 설명함으로써 일반인들이 유학을 이해하거나 공감하기 쉽지 않기 때문이다. 이 문제를 해결하기 위해 그는 "인물과 전문 용어를 하나도 사용하지 않고 현대 언어로 재해석하여 유학의 정체성을 규명하고자 한다"는 뜻을 밝히고 있다.[28] 그리고는 부연하기를, "유학에 대한 나의 정의가 절대적으로 옳다고 주장하려고 하지 않는다"며 "유학에 대한 다양한 정의가 시도되어 단순하면서도 우아하고 효율적인 '유학'이 탄생되었으면 좋겠다"는 개인적 바람을 피력하고 있다.[29]

27 신정근, 『인권 유학』, 35쪽.
28 신정근, 『인권 유학』, 33쪽.
29 신정근, 『인권 유학』, 37쪽.

유학에 대한 신정근의 개념 정의는 유학에 대한 일반인의 접근과 이해를 보다 쉽게 하고, 또한 시대의 가치와 변화를 담아내려는 측면에서는 긍정적인 면이 있다. 하지만 유학의 개념을 너무 쉽고 평이한 내용으로 정의하려는 그의 시도는 유학의 개념을 오히려 지나치게 추상화하거나 모호하게 만들어 버린 느낌이다. 학문적 용어는 가급적 구체적이고 명확해야 한다. 이 관점에서 아래 기세춘의 일목요연한 개념 정의가 바람직하다. 그는 유학과 유교의 개념을 구분하여 사용하겠다며 아래와 같이 양자를 개념 정의하고 있다.

> '유학'은 공맹(公孟: 공자·맹자)의 경세치학(經世治學), 즉 세상을 경륜하고 나라를 다스리는 학문을 말하고, '유교'는 한 무제(武帝, B.C. 156-B.C. 87) 이후 동중서(董仲舒, B.C. 170?-B.C. 120?)에 의해 공맹 유학을 참위설(讖緯說)로 해석하여 종교로 만든 것을 지칭한다.[30]

기세춘은 경세치학인가, 아니면 종교인가를 중심으로 유학과 유교의 개념을 명확하게 구분한다. 유학은 공맹을 대표로 하는 유사(儒士)들의 통치철학, 즉 유사들의 경세치학이므로 경학(經學)이고, 그 유학이 한(漢) 대에 종교가 됐으므로 이를 유교라고 하는 것이 타당하다는 것이다. 따라서 유교는 경학인 유학에 참위설을 끌어들인 것이므로 위학(僞學)이라고 불러야 한다고 주장한다.[31]

기세춘의 주장은 유학을 경학, 즉 전통성을 가진 학문으로 보는

30 기세춘, 『성리학개론 상』, 바이북스, 2007(이하, 기세춘, 『성리학개론 상』), 24쪽.
31 기세춘, 『성리학개론 상』, 30-31쪽.

반면, 유교는 위학, 즉 이단(異端) 혹은 이학(異學)으로 보고 있어 논란의 여지가 없지는 않다. 그러나 이러한 문제점에도 불구하고, 유학과 유교의 개념을 명확히 정의함으로써 양자의 관계를 정립할 필요가 있다는 점에서 그의 개념 정의는 상당히 효율적이라고 할 수 있다. 실제 현실에서 양자는 혼용되고 있어 유학과 유교에 대한 일반인들의 접근과 이해를 어렵게 하는 요인으로 작용하고 있기 때문이다. 따라서 본 서에서도 공자 이후 제자백가의 사상과 이념을 뜻하는 일반적인 의미에서 유학이란 용어를 원칙으로 하고, 문맥에 따라 필요한 경우에 한하여 유교를 사용하기로 한다.

(2) 유학의 성질

춘추전국시대(春秋戰國時代)는 주 왕조의 수도인 낙읍이 견융의 침입을 받아 동쪽으로 천도한 기원전 770년부터 기원전 221년까지 약 550년간 지속된 중국의 역사시대이다. 기원전 770년, 주(周)왕조가 낙양(洛陽)으로 천도하기 이전의 시대를 서주시대, 이후를 동주시대라고 한다. 즉, 주나라가 동으로 천도한 후의 동주시대를 중심으로 춘추시대와 전국시대로 나뉜다.

이 시대는 제후국들 사이에 치열한 세력 다툼이 벌어져 100여 개의 제후국이 존재했지만 진, 초, 위, 조, 연, 한, 제 7개국이 강대국으로 부상했다. 이 7개국을 '전국 칠웅'이라 부른다.

이 시기는 제후국들 간 끊이지 않는 전쟁으로 혼란스러웠지만 정신사적인 측면에서는 가장 발전적인 시대이기도 했다. 하지만 학문과 종교, 이성과 감성, 과학과 미신이 체계적으로 분화되어 있지 못한 시대이기도 했다. 비록 인문적 시대가 열렸다 해서 완전히 이성이 지배하는 사회라고 볼 수는 없다고 평가하는 이유이다.[32] 이러한 현상은 공자의 태도에서도 여실히 드러난다. 공자는 불가사의한 현상이나 존재를 뜻하는 괴력난신(怪力亂神)이나 사후세계에 대한 질문에 "삶도 모르는데 어찌 죽음을 알겠느냐?"며 영적 세계에 대해서는 가급적 말을 아꼈다. 반면 그런 공자도 조상신에 대한 제사를 숭배하고 예의를 다하는 제의(祭儀)에 대해서는 상당히 까다로운 규범을 마련하였다. 따라서 유학 혹은 유교는 태생적으로 종교적 특성과 인문적 특성을 함께 가지고 있다고 보아야 한다. 이로 인해 오늘날에도 종교로서 유교를 바라보는 입장과 교학에 바탕을 둔 학문으로 유학을 바라보는 입장이 공존하고 있는 것도 그 태생에 기인하고 있다.[33]

어느 입장을 취하든 약 2,500년 전에 태어난 유학은 오늘날에도 한중일 삼국은 물론 아시아의 문화와 사회에 상당한 영향을 미치고 있다. 오랜 세월 아시아의 지배담론으로 발전해 온 유학에 대한 평가는 다양할 수밖에 없다. 빛이 있으면 그림자가 있듯이 유학도 장점과 단점을 아울러 가지고 있다. 이를 중심으로 유학의 성질을 살펴본다.

먼저 장점의 측면에서 유학은 다음과 같은 성질을 가지고 있다.

첫째, 유학은 기본적으로 교학, 즉 가르침(教)과 배움(學)을 중시한다.

---

32 한성구, 『원시유교: 동아시아 문명의 축』, 살림, 2020(이하, 한성구, 『원시유교』), 31쪽.
33 한성구, 『원시유교』, 31쪽.

> 배우고 그것을 때때로(항상) 익히면 기쁘지 않겠는가(學而時習之 不亦說乎).

『논어』는 책의 첫머리를 배움을 강조하는 공자의 이 말로 시작한다. 말년에 공자는 주유를 마치고 고향으로 돌아와 자신이 배우고 깨우친 바를 제자들을 가르치고 양성하는 데 진력한다. 이 사례는 공자가 평생 배우고 가르치는 일을 게을리하지 않았다는 사실을 보여 준다. 이렇듯 유학은 개인의 성장이 사회발전으로 이어진다는 믿음 아래 교학과 자기수양을 강조한다.

둘째, 유학이 자기수양을 강조하는 이유는 기본적으로 자신의 몸과 마음을 닦은 후에 남을 다스린다는 수기치인(修己治人)의 학문이기 때문이다. 유학은 진리 실현을 위한 방식으로 수기치인을 기본으로 삼고 있다. 이때 수기는 수신(修身)과, 치인은 치국평천하(治國平天下)와 관련된다. 수기를 통한 자신의 인격적 완성을 지향하는 공부를 위기지학(爲己之學), 세상을 다스리는 치인에 관심을 두고 학문을 하는 것을 위인지학(爲人之學)이라고 한다. 위기지학과 위인지학을 고르게 추구하면 이상적이지만 사람마다 학문을 하는 목적이 다르다. 그러므로 개인이 추구하는 목적에 따라 유학은 수기의 학문과 치인의 학문으로 나뉜다고 할 수 있다.

셋째, 유학은 가족을 강조한다. 유학은 사회의 기초를 가족관계에 두고 가족의 중요성을 강조한다. 공자는 주나라의 종법(宗法)을 가족 및 사회질서의 기본모델로 삼았다. 이를 바탕으로 국가와 사회도 천자를 중심으로 엄격한 신분제에 기반한 가부장적 질서로 재편되었다.

넷째, 유학은 연장자에 대한 존경을 강조한다. 연장자의 지혜와 경험을 소중히 여기며, 연장자를 존중하고 돌보는 효(孝)는 상하 수직관계와 서열을 중시하는 제(悌)와 결합하여 독특한 유교적 인간관계를 정립하였다. 효제는 유학의 장점이자 단점으로 평가받고 있다.

다섯째, 위에서 살펴본 유학의 성질은 결국 사회적 질서와 안정을 유지하기 위한 것이다. 춘추전국시대는 전쟁이 끊이지 않는 난세였다. 약육강식에 빠진 혼란한 세상을 어떻게 하면 잘 다스려 안정된 사회질서를 유지할까는 공자를 위시한 제자백가의 한결같은 바람이었다. 공자가 내세우는 정명(正名)이나 인의예지(仁義禮智)의 네 가지 덕(四德)을 비롯한 유학의 사상과 이론은 모두 도덕적 가치를 증진함으로써 정치와 경제가 안정되고 분란이 없는 사회의 안정과 조화를 도모하기 위함이었다.

다음은 단점의 측면에서 살펴본 유학의 성질인데, 주로 유학에 가해지는 비판이다.

첫째, 유학은 기본적으로 수직 상하적 위계와 서열을 중시한다. 이로 인해 개인이 권위 혹은 권력 있는 위치에 있는 사람에게 절대적으로 복종해야 한다는 믿음이 강하여 계층적 사회 질서를 조장하는 경향이 강하다.

둘째, 유학은 개인의 자유와 창의성을 제한하고, 사회 질서와 체제에 순응하도록 강요하는 문제가 있다. 유교적 사회질서에서 개인은 주체성을 가진 독립된 자아를 가지지 못하고 집단에 부속한 종속적 개체로 간주된다.

셋째, 민족중심주의는 유학이 가진 또 하나의 문제점이다. 유학은 역사적으로 한족 중심의 중국 문화와 깊은 관련을 맺고 있고, 종국적으로는 민족중심주의를 내세워 이민족 문화의 종속을 정당화하는 데 사용되었다. 동북공정(東北工程)에서 알 수 있듯이 중국 정부가 한국과 대만 등 인접국의 역사를 모두 자국의 역사로 규정하여 역사왜곡을 시도하는 것도 유교가 가진 민족중심주의의 폐해에서 기인하는 것으로 볼 수 있다.

넷째, 유학의 보수적 성역할과 고정관념도 극복해야 할 문제다. 유학은 역사적으로 남성을 사회의 지배적 주체로 보고, 여성을 종속자로 하는 전통적인 성역할을 장려해 왔다. 북송 때부터 20세기 초반까지 1,000년 이상 지속된 전족(纏足 혹은 纒足)은 여성의 인권을 유린하는 전형적인 사례이다. 전족은 어린 여자아이의 발가락을 꺾어 발바닥에 붙여 하나로 뭉친 뒤, 발을 천으로 꽁꽁 동여매 일정 크기 이상으로 자라는 것을 막는 중국의 풍습, 혹은 그 풍습으로 인해 만들어진 작은 발을 일컫는 말이다. 전족의 풍습은 잔혹한 아동학대이자 여성의 몸을 남성의 성노리개나 성적 유희의 대상으로 삼은 전근대적 남성중심주의의 폐습이라고 할 수 있다.

5. 유학의 탄생과 발전

춘추전국시대는 주 왕실의 종주권 약화로 제후들의 세력이 강성해지자 이를 계기로 시작되었다. 이 시기는 전쟁의 빈발로 민생은 파탄하고 정국은 불안하였으며, 제후국은 모두 부국강병책을 도모하여 힘이 약한 이웃나라를 정벌하고 복속시키는 등 자국의 이익만을 추구하는 야만의 시대였다. 춘추전국시대는 기원전 221년 진시황에 의해 중국이 통일됨으로써 종식되었다. 진나라 이전의 춘추전국시대를 선진시대(先秦時代)라고 한다.

춘추전국시대는 정치적으로는 혼란하였지만 학문과 사상적인 면에서는 중국사상의 개화기였다. 공자를 비롯한 여러 사상가와 학파가 나타나 나름의 독창적 사상과 이론을 다투었다. 이 시대의 사상가들을 제자(諸子)라 하며, 그 학파들을 백가(百家)라 부른다. 제자백가들이 소리 높여 나름의 이론을 주창하고 다투었다는 뜻에서 백가쟁명(百家爭鳴)이라고도 한다.

『한서(漢書)』의 「예문지(藝文志)」에 따르면, 제자백가 중 대표적인 10개 학파를 구류십가(九流十家)로 부르고 있다. 유가(儒家)·도가(道家)·음양가(陰陽家)·법가(法家)·명가(名家: 논리학파)·묵가(墨家)·종횡가(縱橫家: 외교술파)·잡가(雜家)·농가(農家)의 구류(九流)에 소설가(小說家)를 더한 것이다. 하지만 이 외에도 강병책을 주장한 손무(孫武)·오기(吳起)·손빈(孫臏)·범려(范蠡) 등의 병가(兵家)도 유명한데, 이 분류에는 빠져 있다. 이 사실에서 알 수 있듯이 춘추전국시대는 다양한 학파들이 자신의 이론을 다투는 백가쟁명의 시대이자 중국 사상의 황금시대라고 할 수 있다.

제자백가의 다양한 학파 중에서 유가·묵가·도가·법가·명가 등이 특히 큰 세력권을 형성하고 있었던 듯하다. 이 가운데 명가는 사회현상과 명칭의 실체를 정확히 밝히려는 명실(名實)의 논의를 주도하였으나 결국 스스로 궤변적 논리학에 빠져 신망을 잃고 말았다. 하지만 명가의 명실론은 묵가와 순자(荀子) 등이 받아들여 유학의 논리학의 기초가 되었다. 진나라 이전 춘추전국시대의 유학을 원시유교(原始儒敎)[34] 또는 선진유학(先秦儒學)이라 한다. 그리고 명가를 제외한 유가·묵가·도가·법가를 이 시기를 대표하는 네 개의 학파인 유묵도법(儒墨道法)이라 부른다.

그 후 유학은 한나라와 당나라 시대의 훈고학(訓詁學)과 경학(經學),[35] 송나라 시대의 성리학(性理學) 및 명나라 시대의 양명학(陽明學),[36] 청나라 시대의 고증학(考證學) 및 현대 신유학 등의 여러 단계를 거치며 발전하였다.[37] 그 발전과정에서 알 수 있듯이 유학은 춘추전국시대부터 중세와 근대에 이르기까지 중국의 대표적인 사상이자 정치지도이념이었다.

공자를 비롯한 제자백가에 의해 확립된 유학은 한나라와 당나라에 이르러 분실된 경서를 정리·복원하고, 경전의 문자나 어구를 해석하는 방법으로 연구하는 학문인 훈고학과 경학으로 전개되었다. 하지만 경전의 어구 등의 해석에만 치중하다 보니 유학이 가지는 철학적 및 실천적 측면이 간과되는 문제가 있었다. 이러한 문제를 극복하기 위한 대안으로 송나라·명나라 때에 주돈이(周敦頤), 정호, 정이 등에 의해 성리학이 성립되어 주희가 집대성하였다. 성리학은 이기설(理氣說)과 심성론(心性論)에 입각하여 격물치지(格物致知)를 중시하는 실천 도덕과 인격과 학문의 성취를 역설하였다. 우리나라에는 고려 말기에 들어와 조선의 통치 이념이 되었고, 길재·정도전·권근·

34 한성구, 『원시유교』, 32쪽.
35 훈고학과 경학 양자를 한당유학(漢唐儒學)이라 한다.
36 성리학과 양명학 양자를 송명신유학(松明新儒學)이라 한다.
37 한성구, 『원시유교』, 32쪽.

김종직에 이어 이이·이황에 이르러 조선 성리학으로 체계화되었다.

그리고 명나라 때에 왕양명(王陽明)은 새로운 유교 학설로 양명학을 주창한다. 양명학에 따르면, 마음 밖에 사리(事理)가 따로 없으며 사람마다 양지(良知)를 타고났으나 물욕이 있는 탓에 성인과 범인(凡人)이 구별되는 것이므로 물욕의 장애를 물리칠 때 비로소 지행합일이 된다고 한다. 양명학은 조선 후기 북학파와 실학에 큰 영향을 주었으며, 강화도를 중심으로 한 강화학파의 학문이기도 하였다.

청나라 때에 이르러 유학은 한 번 더 변화를 겪는다. 고서 연구의 방법으로 일어난 학문인 고증학이 크게 흥기한 것이다. 고증학은 객관적인 증거에 의한 실증적이고 귀납적인 연구를 강조하였다. 이 연구방법에 따라 유학자들은 옛 문헌에서 확실한 증거를 찾아 실증적으로 경서(經書)를 설명하려고 갖은 노력을 하였다. 하지만 신해혁명으로 청나라가 멸망하고 국민당과 공산당이 대립하면서 유학은 또 한 번 큰 변혁을 겪는다.

1911년 쑨원(孫文)은 민족주의(民族主義), 민권주의(民權主義), 민생주의(民生主義)의 삼민주의(三民主義)를 정치강령으로 내세워 신해혁명(辛亥革命)으로 청나라를 멸망시키고 혁명에 성공한다. 그 결과 중화민국이 설립되었다. 혁명세력은 쑨원을 임시 대총통으로 하는 임시 정부를 수립하였으나, 세력이 약한 탓에 위안스카이(袁世凱)가 대총통에 취임하여 군벌 정치를 폈다.

이즈음 중국 밖 국제사회에서는 1914년 7월 28일부터 유럽대륙에서 시작된 제1차 세계 대전이 거의 끝나가고 있었다(1918년 11월 11일 종전). 세계는 불안한 가운데서도 새로운 시대에 대한 열망으로 가득

차 있었다. 미국과 유럽에서는 민주주의가 발전·성숙하는 계기가 되었으며, 우드로 윌슨 미국 대통령은 민족자결주의를 제창하고, 전쟁 방지와 세계평화질서의 구축을 위해 국제기구의 설립을 제안하여 1920년에 국제연맹이 설립되었다.

이러한 국제사회의 분위기는 중국에도 큰 영향을 미친다. 1919년 5월 4일 베이징에서 일어난 학생 시위를 계기로 중국의 반제국주의·반봉건주의 혁명 운동인 5·4 운동(五四運動)이 전개되었다. 신해혁명 이후 크게 성장한 지식인과 청년·학생들을 중심으로 여러 계층의 광범한 대중들이 참가한 5·4 운동은 중국에서 반제국주의 운동 전개의 중요한 전환점이 되었다. 이때 중국 전통 사상과 봉건적 관습에 대한 비판, 민주주의와 근대 사회 이념과 체제, 더 나아가 사회주의와 사회 혁명에 이르기까지 다양한 내용들이 논의되었다. 5·4 운동을 통한 대중의 성장과 청년·학생 운동의 확산, 사상의 해방 분위기는 중국에서 사회주의 사상 및 운동이 확산되는 계기가 되기도 했다.[38]

하지만 5·4 운동으로 고무된 개혁 열망도 잠시 1925년 3월 2일 신해혁명의 중심인물이던 쑨원이 죽자 국민당과 공산당 계열이 대립하면서 중국의 국내정치상황은 급변한다. 그리고 쑨원의 삼민주의를 각자의 정치적 입장에서 달리 해석하고 수용한다.

국민당은 장제스(蔣介石)를 중심으로 군벌이 권력을 장악하여 혁명의 새로운 기운은 사라지고 유교 중심의 전근대적 정치와 사회분

38 우리역사넷: 5·4 운동.

위기가 지속되었다. 군벌을 대표하는 장제스는 삼민주의에서 공산주의에 관한 내용을 삭제하고, 오히려 반공에 관한 내용을 강화하는 보수적이며 유교적인 해석을 추구하였다. 반면, 공산당의 마오쩌둥은 민생주의에서 "경작지는 경작자가 토지를 소유한다"는 내용을 적극 수용하였다. 그 후 마오쩌둥은 "권력은 인민을 위해 사용하고 감정은 인민과 연결되며 이익은 인민을 위해 추구한다"는 신삼민주의(新三民主義)로 발전시켰다. 마오쩌둥을 위시한 공산주의자들은 5·4 운동의 결과로 1921년 7월 상하이에서 반제국주의, 반봉건주의, 인민민주독재 등의 계급투쟁 강령을 중심으로 중국공산당을 창당한다. 창당 후 급격히 세력을 키운 중국공산당은 국민당 정부와 중국 대륙의 주도권을 두고 지속적으로 내전을 벌인다. 1946년 제2차 국공내전이 발발하였고, 그 결과 중국공산당은 타이완 등 일부 지역을 제외한 중국의 모든 영역을 장악한다. 1948년 마오쩌둥을 초대 국가주석으로 베이징에서 중화인민공화국의 성립이 선포되었다.

1966년 5월부터 1976년 12월까지 중국인민공화국에서 거대한 정치사회적 격변인 문화대혁명(文化大革命, 약칭 '문혁')이 일어난다. 문혁은 마오쩌둥이 주도하여 중국 공산당 내부에서 부르주아 요소를 제거하고 사회주의 이상을 회복하기 위해 시작되었다. 그러나 문혁은 중국사회에 파괴적인 영향을 미쳤으며, 수백만 명의 사람들이 죽거나 투옥되었고, 경제는 황폐화되었다. 또한 수많은 문화유산과 교육기관 등이 파괴되는 등 문혁은 중국 사회에 큰 상처를 남겼다. 특히 마오쩌둥은 유교를 중국 사회를 억압하는 '봉건 유물'로 보았다. 문혁 기간 동안 유교 사상과 유물에 대한 무자비한 공격으로 유교 사상가들은 투옥되거나 처형되었고, 유교 서적과 사원들은 파괴되었다. 그 결과 문혁 이후 중국 사회에서 유교사상을 회복하는 데 수십 년의 세월이 걸렸고, 그 상처는 현재도 완전히 치유되지 못한 상태에 있다. 문혁은 진시황의 분서갱유를 능가하는 중국 현대사에서 가장 어두운 시기라고 할 수 있다.

신해혁명 이후 정치사회의 급격한 변화를 겪으면서 중국에서는 유학을 새롭게 해석하려는 경향이 높아졌다. 이러한 경향은 특히 5·4 운동 이후 두드러졌는데, 이를 현대 신유학운동이라 한다. 현대 신유학은 서양철학을 수용하여 기존의 유학사상을 새로운 시대적 상황에 알맞게 재해석함으로써 동서양의 사상을 융합하고 유학의 현대화 내지는 유학의 부흥을 시도하였던 일종의 문화사조이다. 이러한 시도는 1949년 이후 현대 신유가들의 이주와 더불어 대만이나 홍콩에서 발전하였고, 1980년대 중기 이후 전통문화와 현대화의 관계에 대한 모색과 더불어 중국 대륙에서도 다시 주목받게 되었으며 지금까지 발전을 거듭하고 있다.[39]

6. 인권의 부재와 유학: 인권유학의 정립을 위하여

유학이 공자에 의해 처음으로 체계화되고 통일적인 성격을 띤 학문체계라는 점은 분명하다. 공자가 사망한 기원전 479년을 기산점

39 고성애, 『박종홍의 현대 신유학 연구』, 철학박사 학위논문, 2014년 8월, 서울대학교 대학원, 195쪽.

으로 잡더라도 유학이 하나의 학문으로 성립된 지 벌써 약 2,500년이다. 그럼에도 그토록 오랜 세월 동안 유학에 관한 보편적 및 통일적 개념이 부재한 것은 아이러니한 현상이 아닐 수 없다.

그동안 대다수의 학자들은 유학을 유가 중심의 사상체계로 좁게 보는 시각을 가지고 있었다. 유학을 "중국의 공자를 시조(始祖)로 하는 전통적인 학문"으로 보는 개념이 이 입장을 대변한다. 만일 유학을 이렇게 좁게 이해하면 유가만 살아남고 다양한 학파를 포섭하지 못하여 그 확장성은 제한되고 만다. 제자백가를 중심으로 형성된 다양한 학파와 그 이후 변천·발전된 학문을 유학이라고 보고, 현시대에 맞게 재해석함으로써 유학의 변신을 도모하는 것이 바람직한 태도라고 할 수 있다.

그런데 재밌는 것은 비록 유학의 개념이 부재하다고 할지라도 유학이 지향하는 바는 아주 분명하다는 사실이다. 유학은 인의예지(仁義禮智)를 근본 개념으로 먼저 자신의 몸을 닦고(修身) 집안을 안정시킨 후(齊家) 나라를 다스리며(治國) 천하를 평정함(平天下)을 선비가 걸어가야 할 올바른 길이라고 본다. 또한 이 길을 걸어가면서 선비가 도달해야 할 이상적 경지는 요(堯)·순(舜)으로부터 주공(周公)에 이르는 성인(聖人)이다. 선비는 성인을 본받아 평생토록 쉼 없이 공부하고 배운 바를 현실에서 실천하도록 노력하여야 한다.

선비가 유학을 배우거나 가르칠 때 사용하는 가장 핵심이 되는 경전이 바로 사서삼경(四書三經)이다. 사서란 『논어(論語)』, 『맹자(孟子)』, 『대학(大學)』, 『중용(中庸)』의 네 가지 경전을 말하며, 삼경은 『시경(詩經)』, 『서경(書經)』, 『주역(周易)』의 세 경서를 말한다. 삼경에 『예기(禮

記)』, 『춘추(春秋)』를 더한 것이 오경(五經)이다. 사서삼경 혹은 사서오경은 유학 교육의 가장 핵심적이고 기본적인 경전이자 교과서라고 할 수 있다.

오늘날 유학을 전근대적인 학문이라는 이유로 비판할 때 드는 주된 사유는 사서오경을 위시한 기본경전은 물론 유교사상에 현대 유럽사회에서 이해하는 방식의 인권에 대한 개념이 부재하다는 사실이다. 유학은 여전히 가문이나 혈연, 지연 등 전근대적인 신분과 계급제에서 완전히 탈피하지 못했으며, 특히 남성과의 관계에서 여성을 평등한 관계로 보지 않는 등 인권친화적이지 않다는 비판에서 자유롭지 못하다. 『논어』 양화편에서 공자가 말한다.

> 오직 여자와 소인은 기르기가(대하기가) 어려우니 가까이하면 불손하고 멀리하면 원망한다.[40]

『논어』에서 공자가 여자를 직접적으로 언급한 것은 이 한마디뿐이다. 공자의 제자 중에 여성은 거의 나타나지 않으며, 상의도 없이 일방적으로 시집보냈다는 딸들의 이름에 대한 언급은 없다. 적어도 공자가 여성을 혐오했다는 직접적 증거는 없지만 그가 남성중심의 가부장적인 가치관을 가지고 있었다는 점은 분명해 보인다.[41] 물론 유학에 인권 개념이 없는 모든 책임을 공자에게 돌릴 수는 없다. 하지만 그가 추구하고 만들고자 하는 세상은 '남성의, 남성에 의한, 남

---

40 논어 양화 17:25.
41 마이클 슈먼(김태성 옮김), 『공자가 만든 세상』, 지식의날개, 2016, 231쪽.

성을 위한' 것이었으며, 그 자리에 여성 몫은 거의 없었다고 봐도 무방하다. 이러한 현실은 근대에 들어서도 크게 변하지 않았다.

19세기 말부터 20세기 초 서구열강에 의해 중국 청나라에도 유럽의 민주주의사상이 유입된다. 심지어 1911년 쑨원을 중심으로 새로운 사상으로 무장된 개혁세력이 봉기하여 청나라를 무너뜨리고 중화민국을 세우는 신해혁명에 성공한다. 혁명으로 정치제도도 바뀌고 '중화민국'이 성립했으나 중국인들의 가치관이나 사회분위기는 전혀 변한 것이 없고 기존의 관습이 되풀이되고 있었다. 이런 현실을 가만히 지켜보며 절망하고 있던 한 젊은이가 있었으니 바로 루쉰(魯迅)이다. 1918년 4월 그는 단편소설 『광인일기(狂人日記)』를 발표한다. 이 소설에서 루쉰은 유교에 바탕을 둔 중국의 봉건제도와 사회가족제도를 '식인(食人)'에 빗대어 신랄하게 비판한다.

'피해망상증'에 시달리는 주인공은 어느 날 '대단한 발견'을 한다. 다름 아닌 "나를 먹으려는 사람이 바로 나의 형이다!"라는 사실이었다.

> 식인을 하는 사람이 바로 나의 형이다.
> 나는 식인을 하는 사람의 형제다.
> 내가 다른 사람에게 잡아먹혀도 나는 식인하는 사람의 형제다.[42]

주인공은 그들이 한패이고 다들 식인을 하는 사람이라는 것을 알

42 루쉰(자오옌녠 판화/이욱연 옮김), 『광인일기』, 문학동네, 2020(이하, 루쉰, 『광인일기』), 18쪽.

았다. 하지만 그들의 생각이 다 같지 않다는 것도 알았다.

> 옛날부터 그래 왔으니까 먹어야 한다고 생각하는 부류가 있는가 하면, 먹지 말아야 한다는 것을 알면서도 먹으려 하는 부류가 있다.[43]

주인공의 말을 통해 루쉰은 유교의 기본적 윤리관인 부모에 대한 효도와 형제에 대한 우애를 일컫는 효제(孝悌)의 가치관이 '식인풍습'에 의해 몰락해 버렸다는 사실을 적나라하게 폭로한다. 심지어 주인공은 여동생이 죽었을 때 자신의 형이 여동생의 고기를 음식에 섞어 자신에게 몰래 먹이지 않았다고 장담할 수 없다고 믿고 있다. 그것은 달리 말하면 비록 주인공이 몰랐다고 해도 자신이 여동생의 고기를 몇 점 먹은 것을 반증하는 것이다. 주인공은 한탄한다.

> 사천 년 식인의 이력을 지닌 나. 처음에는 몰랐지만 이제는 알았다. 진정한 인간을 만나기가 어렵다는 것을![44]

이제 주인공에게 남은 마지막 과제이자 희망은 '식인을 해 보지 않은 아이'를 찾는 것이다. "아이들을 구하라…." 이 말로 소설은 끝맺는다.

루쉰은 '유교문화=식인풍습'으로 본다. 너도 나도 식인의 이력을 지니고 있으니 이 고약한 풍습에 물들지 않은 '진정한 인간'을 만날

---

43 루쉰, 『광인일기』, 26쪽.
44 루쉰, 『광인일기』, 32쪽.

수 있을까에 대해 지극히 회의적이다. 그의 간절한 소망은 '식인을 해 보지 않은 아이'를 찾는 것이다. "아이들을 구하라!" 주인공의 입을 통해 외치는 이 절규가 상징하듯 당시 중국의 지식인과 청년들이 바라보는 사회는 전근대적 유교사상과 봉건제로 인해 절망하고 있었다. 물론 루쉰이 찾는 '아이들'이 곧 유럽 중심의 인권인지는 분명치 않다. 유교 혹은 유학의 관계는 그만큼 복잡하기 때문이다.[45]

개인의 주체성이라는 관점에서 볼 때 유학은 개인보다는 가족, 공동체, 국가에 대한 의무에 중점을 두는 전통 사상인 반면 인권은 개인의 자유와 권리에 중점을 두는 현대적 개념이다. 이 차이점은 유학이 종종 개인의 권리를 희생시키면서 공동체의 이익을 우선시한다고 비판받는 이유이다.

유학과 인권이 개인을 대하는 관점이 어떻게 다른가에 대해 근대 인권을 낳은 이론의 하나인 사회계약론을 통해 살펴보면 양자의 차이점을 보다 확연하게 이해할 수 있다.

사회계약론에 따르면, 개인과 국가의 관계는 계약에 기반한다. 개인과 개인집단은 국가의 통치에 동의함으로써 국가의 보호를 받는다는 사고가 사회계약론의 전제조건이다. 상호계약에 따라 국가는 개인의 권리를 보호하고, 법과 질서를 유지하며, 공동체의 이익을 위해 일할 책임이 있다. 이를 위해 개인은 세금을 납부하고, 법을 준수하며, 국가를 방어할 의무를 진다.

---

45 루쉰은 이 소설에서 유학 또는 유교가 가진 교조적 성질에 주목하고, 그 부정적 영향에 대해 비판을 서슴지 않는다. 이런 이유로 그는 유학보다는 유교를 직접 비판의 대상으로 삼고 있는 점은 주의를 요한다.

사회계약론은 상호 이익의 원칙에 기반하고 있다. 개인은 안전, 평화, 번영을 위해 국가를 필요로 하고, 국가는 지배와 통치에 대한 개인의 동의 없이는 존재할 수 없다. 사회계약론은 국가의 기원과 정당성에 대한 강력한 이론이지만 완벽하지는 않다. 사회계약이 항상 존중되는 것도 아니고, 개인이 정부의 지배와 통치에 항상 동의하는 것도 아니기 때문이다.

천자를 중심으로 한 봉건적 신분제에 기반하여 강력한 국가권력의 행사를 지향하고 있는 유학의 입장에서 보면, 국가와 동등한 지위에서 개인이 계약을 맺는다는 사회계약론은 인정되기 어렵다. 하지만 이러한 차이점에도 불구하고 유학과 인권에는 공통점이 적지 않다.

무엇보다 유학과 인권 모두 인간의 존엄성과 가치를 강조한다. 또한 양자 모두 인간은 도덕적 존재이며, 다른 사람을 존중해야 한다고 가르치고 있다. 이 점은 만일 유학사상가들의 주장과 경전을 인권의 관점에서 재해석하여 현실에 적용한다면, 유학이 인권 이념을 발전시키는 데 도움이 될 수 있음을 시사한다.

인권과 유학의 차이점

인권	유학
인간의 권리 중시	인간의 윤리 중시
개인-나의 권리	독립적 개인<공동체의 유기적 구성원으로서 개인-나
개인-나의 이익=인간의 존엄성 추구	공동체의 이익=공동선 추구
개인-나의 권리 중심	개인-나의 공동체에 대한 의무 중심
자연법(자연권)+실정법의 결합	자연법(자연권) 우선 법가의 경우, 실정법 만능주의
개인-나(甲) vs. 국가(乙)= 계약관계(甲>乙)	개인-나(甲) vs. 국가(乙)= 지배와 피지배의 종속관계(甲<乙)

유학과 인권이 가지는 동질성과 차이점을 제대로 파악하고 이를 '인권유학'으로 재정립하기 위해서는 양자가 형성, 발전해 온 배경의 차이를 이해해야 한다. 유학은 현대유럽사회와는 매우 다른 역사적 및 문화적 맥락에서 발전해 왔기 때문에 유럽 중심의 인권에 대한 관점 및 그 개념과는 완전히 일치하지 않을 수 있다는 점에 유의해야 한다.

19세기 독일을 대표하는 공법학자의 한 사람인 게오르크 옐리네크(Georg Jellinek, 1851-1911)는 "법은 도덕의 최소한"이라고 말했다. 이 말은 법은 도덕적 이상을 모두 반영할 수 없기 때문에 도덕의 최소한만을 규율한다는 의미이다. 법은 강제력이 필요한 반면 도덕은 그렇지 않기 때문이다. 법은 강제력을 통해 사람들이 도덕적으로 행동하도록 권장할 수 있지만, 사람들을 강제로 도덕적으로 만들 수는 없다는 말이기도 하다. 여기서 '강제력의 유무'는 법과 도덕의 성질과 그 한계를 규정짓는 잣대이다. 하지만 비록 도덕이 법이 가지는 정도의 강제력은 없다고 해도 법만으로는 사회질서를 유지할 수 없다. 옐리네크의 말대로 법은 도덕적 이상을 모두 반영할 수 없기 때문에 도덕의 최소한만을 규율할 수 있기 때문이다. 법과 도덕은 개별적·독자적으로 성립하고 있지만 상호보완적인 관계에 있는 것이다.

따라서 법과 도덕이 가지는 관계는 인권과 유학에도 그대로 적용할 수 있다. 인권이 '사람(인간)의 권리'를 보장하는 관념이라면 유학은 '사람(인간)의 도덕윤리'인 인륜(人倫)을 중시한다. 유학에 인권의 개념이 부재하다고 하여 이를 무시하고 배척한다면 '사람의 마땅한 도리'를 추구하면서 발전해 온 유학이 가지는 역사와 전통을 전적으로 사장시키는 역효과를 불러일으킬 위험이 있다. 오히려 인권의 가치와 관념에 비춰 보아 유학을 재정립하기 위한 인식과 사고의 방향성에 대해 논의하고 새로운 담론을 만들어 내야 한다. 그중에 가장 시급한 과제가 바로 유교주의가 가진 거석문화(巨石文化) 혹은 남근주의(男根主義)를 해체·극복하는 것이다.

『논어』 위정편에서 공자는 말한다.

> 유(由: 자로)야! 내 너에게 안다고 하는 것을 가르쳐 주겠다. 아는 것을 안다 하고, 모르는 것을 모른다 하는 것, 이것이 곧 아는 것이다.[46]

공자의 이 말처럼 우리는 유학에 인권의 개념이 부재하고, 인권에 대해 '몰랐다'고 솔직히 인정해야 한다. '아는 것을 안다 하고, 모르는 것을 모른다' 하는 것이 '곧 아는 것'이라는 공자의 솔직한 태도가 필요하다. 중요한 것은 지금부터라도 인권을 유학에 수용하고, 결합을 적극 시도함으로써 현대사회에 합당한 유학을 정립하는 것이다.

필자는 유학자가 아니라 인권을 연구하고 가르치는 법학자이다. 유학에 대한 지식이 부족함에도 불구하고 인권과 유학을 결합시킴으로써 '인권유학'을 하나의 학문체계로 수립하려는 용기를 낼 수 있었던 것은 '앎과 모름'에 대한 공자의 솔직하고도 담백한 마음가

46 논어 위정 2:17.

짐에 감화를 받은 까닭이다. 또한 유학자가 인권을 새롭게 공부하기보다는 법학자인 필자가 유학을 배우고 익혀 인권을 결합시키는 것이 더 쉽다고 보았다.

불행인지 다행인지 필자 세대는 태어나면서부터 유학의 가치관과 도덕규범에 따라 교육받았으니 유학의 세례를 받으면서 성장했다고 할 수 있다. 하지만 우리나라 교육제도의 영향 때문이겠지만 초등학교에 입학하여 공교육을 받고부터는 주로 유럽에서 발전해 온 지식을 배우고 익혔다. 실생활은 유학의 도덕윤리규범이, 교육은 유럽의 지식이 공존했다고나 할까. 개인적인 특별한 경우이겠지만 법학부를 졸업하고 대학원 석사과정에서는 국제인권법을, 그리고 박사과정은 프랑스에 유학하여 '유럽연합(EU)법'을 전공하였다. 외견상으로 유학과는 전혀 상관이 없는 국제적 보편규범과 유럽의 독특한 법체계를 공부한 셈이다. 초(楚)나라의 시인이자 정치가인 굴원(屈原)은 말한다.

> 새는 날아서 고향으로 돌아가고, 여우는 죽으면 머리를 언덕으로 향한다.

평생 타향에서 배운 지식을 가르치다가 나이가 드니 절로 고향을 그리워하는 수구초심(首丘初心)이 생기는 모양이다. 그동안 체득한 전문지식을 바탕으로 타향과 본향의 학문인 인권과 유학을 결합하여 '인권유학'이란 독자적인 학문의 체계를 세우고 싶은 마음이 간절하다.

인권유학에 관한 전문학술서를 기획하면서 유학의 방대한 영역 중에서 특히 진(秦)나라 성립 이전의 유학, 곧 선진유학(先秦儒學)에 관심을 가졌다. 선진유학에는 공자를 비롯하여 제자백가를 대표하는 초기 유학 사상가들의 생각이 가감 없이 그대로 드러나 있다. 사고의 원형이 왜곡되지 않고 잘 보존되어 있으므로 유학의 근본사상을 보다 용이하게 파악할 수 있다.[47] 이런 이유로 본서에서는 유묵도법을 대표하는 공자·맹자·순자(유가), 묵자(묵가), 노자·장자(도가), 한비자(법가)의 일곱 명의 사상가들이 쓴 저술을 바탕으로 현대 인권의 관점에서 유학자별로 사고의 체계를 재구성하고, 그 의미와 내용을 분석하고 평가하기로 한다.

47 같은 견해로는, 이동인, "先秦儒學의 '學'과 인성", 유학연구 제23집, 2010. 12., 충남대학교 유학연구소, 228쪽.

제2장

공자의 인(仁)과 인권

Ⅰ. 현대 인권에서 공자의 인(仁)이 가지는 의미

공자(孔子)는 기원전 551년에 태어나 기원전 479년에 사망하였다. 공자가 생존한 시기는 기원전 770년 주(周) 왕조가 천도하면서 시작된 춘추시대로 7개 내외의 크고 작은 국가들이 천하를 두고 다투었다. 그 혼란은 수습되지 못하고 전국시대로 이어졌고, 기원전 221년 진나라 시황제(始皇帝)가 천하를 통일하면서 정치적 무질서가 정리되었다. 중국 역사에서 춘추전국시대 혹은 선진시대(先秦時代)라 불리는 이 기간 동안 유묵도법을 비롯한 제자백가로 불리는 다양한 학파가 형성되어 있었다. 그러나 선진유학은 공자의 사상을 담은 『논어』를 핵심 경전으로 삼고 있는 유가에서 파생, 발전되어 왔다.

『사기(史記)』의 「공자세가(孔子世家)」에 의하면, "공자는 이름이 구(丘)요 자(字)가 중니(仲尼)이고, 그 선대는 송(宋)나라 사람"이라고 기록하고 있다. 공자는 어려서 장난할 때에 항상 나무로 만든 제기(祭器)인 조두(俎豆)를 진설하고, 예(禮)를 행하곤 했다고 한다. 어려서부터 공자는 어린아이답지 않게 성숙하고 배우는 것을 좋아하였던 것 같다.

공자의 아버지 숙량흘(叔梁紇)은 노(魯)나라 하급 무관이었다. 숙량흘은 슬하에 딸 여럿과 아들 하나를 둔 기혼자였다. 당시는 전쟁이 끊이지 않던 혼란한 시기라 대가 끊길 것을 염려한 숙량흘은 70세가 되던 해 16세의 처녀 안징재(顔徵在)와 다시 혼인한다. 얼마 후 안씨(顔氏)는 아들을 낳았는데, 그가 바로 공자다.

이처럼 통상적이지 않은 부부 사이에서 태어난 공자의 어릴 적 삶은 불운하였다. 그의 아버지는 공자가 세 살 때, 그리고 어머니는 스물네 살 때 세상을 떠났다. 어린 나이에 부모를 여의고 제대로 배우지 못한 공자의 삶은 순탄치 못했다. 장성한 공자는 변변한 직업을 갖지 못했지만 맡은 직분에는 최선을 다했고, 성과를 냈다. 창고관리지기인 위리(委吏)와 가축을 돌보는 사직리(司職吏)와 같은 하급관리를 맡은 공자는 양곡을 엄정하게 관리했으며, 가축을 번식시키는 등 능력을 발휘했다.

공자가 세상에 이름을 드러내기 시작한 것은 주(周)나라에 가서 노자(老子)에게 예(禮)를 묻고 돌아온 다음부터인 것 같다. 그가 돌아오자 제자들이 더욱 많이 찾아왔다. 하지만 공자가 본격적으로 자신의 정치사상을 펼친 것은 그의 나이 35세부터다. 소공(昭公)이 제(齊)나라로 달아나 노나라가 혼란에 빠지자 공자는 제나라로 가서 경공(景公)을 만나 그의 신임을 얻지만 중용되지는 못한다. 이에 공자는 제나라를 떠나 다시 노나라로 돌아와 학문을 닦으니 제자가 더욱 많아졌다.

공자 나이 51세 때 노나라 정공(定公)은 그를 중도(中都)의 읍재(邑宰: 수령)로 삼는다. 중도를 다스린 지 1년 만에 사방에서 본받으니 마침내 사공(司空)[1]이 되었다가 이내 대사구(大司寇)[2]가 되었다.

공자 나이 56세 때 정승의 일을 섭정(대행)한다. 이때 공자는 정치를 문란하게 한 죄를 물어 대부(大夫) 소정묘(少正卯)를 죽여 그 시체를 사흘 동안 궁정에 내걸었다. 공자가 소정묘를 관궐 옆에서 베어 죽인 이 일은 부정한 신하를 단칼에 죽임을 의미하는 관궐지주(觀闕之誅)라는 고사를 낳았다.

---

1 토지와 민사에 관한 일을 맡아보던 벼슬.

2 형법과 법금(法禁)을 맡아보던 벼슬로 형조판서에 해당함.

공자와 소정묘는 같은 시기에 학문을 닦고 배웠는데, 소정묘가 여러 차례 공자의 제자들을 자기 문하로 끌어들여 공자의 문하가 세 번 찼다가 세 번 비었다고 한다. 만일 이것이 사실이라면 둘은 정적(政敵) 내지는 경쟁관계에 있었던 듯하다. 하지만 공자가 그를 주살(誅殺)한 공식 이유는 '천하의 5대악(大惡)'을 저질렀기 때문이다. 공자는 소정묘가 '마음이 거슬려서 위험하고, 간사함을 행하며 고체(固滯)[3]하고, 거짓말을 하면서 변명하고, 추악한 것을 기억하면서 박식하다 하고, 그른 것을 좇아서 번드르르하게 꾸며 나라 정치를 어지럽히는 등'의 5대악을 범했다는 이유로 그를 죽였다.[4] 하지만 공자가 소정묘를 죽인 것이 사적인 보복인지, 아니면 법의 정당한 집행인지를 두고 계속 논란이 되었다.

공자가 정승의 섭정을 맡아 국정에 직접 참여하니 3개월 만에 노나라가 크게 다스려졌다. 이때 제나라 사람들이 미녀 악공(樂工)을 보내니 계환자(季桓子)가 이들을 받았으며, 교제(郊祭)[5]에 제사 지낸 고기를 대부들에게 나누어 주지 않자 공자는 노나라를 떠난다. 이때부터 공자는 제자들과 함께 '상갓집 개'가 되어 14년간 천하를 떠돌았는데, 이를 주유천하(周遊天下) 또는 철환주유(轍環周遊)라 한다. 후자의 철(轍)은 '수레바퀴'를 뜻하며, 곧 "수레를 타고 두루 돌아다닌다"는 의미다.

세상을 떠돌면서 공자와 제자들이 겪은 고초와 수모는 이루 말할

---

3 성질이 편협하고 고집스러워 너그럽지 못하다는 뜻임.
4 중국역대인명사전: 소정묘(少正卯).
5 황제가 하늘 또는 땅을 받드는 제사를 말하며 교사(郊祀)라고도 함.

수조차 없다. 공자 무리가 광(匡) 땅을 지날 때는 사람들이 공자를 양호(陽虎)[6]라고 여겨 억류하였고, 송(宋)나라에서는 사마(司馬)인 환퇴(桓魋)[7]가 죽이려 하였다. 그리고는 진(陳)나라로 가서 3년 동안 머물다가 위(衛)나라로 갔지만 이번에는 영공(靈公)이 등용하지 않았다. 그 후에도 여러 나라를 떠돌며 자신의 뜻을 펼치려 했으나 모두 실패한다. 하지만 공자가 양성한 제자들은 서서히 관직에 등용되어 능력을 발휘한다. 제자 염구(冉求)가 노나라 계강자(季康子)의 장수가 되어 제나라와 싸워 전공을 세우자 계씨(季氏)가 마침내 공자를 불러 노나라로 돌아온다. 공자 나이 69세였다.

이때부터 공자는 벼슬을 구하거나 정치의 뜻을 접고 『예기(禮記)』와 『주역(周易)』을 편찬하거나 시(詩)와 악(樂)을 바로잡으면서 제자 양성에 집중하였다. 제자가 3천 명이었는데, 몸소 육예(六藝)을 통달한 자가 72명이었다. 그러다 노나라 애공(哀公) 16년(기원전 479년)에 세상을 떠났는데, 공자 나이 73세였다.

공자는 슬하에 몇 명의 자녀가 있었는지는 명확하지 않다. 『논어』를 읽어 보면, 적어도 아들과 딸이 각 한 명 있었던 것은 분명하다. 아들 리(鯉)는 자(字)가 백어(伯魚)였다. 백어가 아들 급(伋)을 낳으니

---

6 『좌전(左傳)』에 의하면, 양호는 노나라 제후인 정공 5년에 출사하여 애공 2년까지 활약한다. 그는 노나라 세도가의 가신으로 많은 재물과 인력을 모아 자신이 모시던 계손씨 가문까지 장악했다. 양호의 이런 행태는 정명(正名)을 내세우는 공자의 사상과 충돌했다. 출처: brunchstory: [인물 연구: 양호 陽虎] https://brunch.co.kr/@hhjo/187 (방문일: 2023. 11. 21.)

7 환퇴(桓魋)는 송나라의 군정을 주관하는 사마(司馬)의 관직에 있었다. 그가 공자를 죽일 만큼 미워한 정확한 사유는 알 수 없다. 다만, 공자가 송나라에 머물고 있을 때 환퇴 자신이 죽으면 쓸 석곽을 만들면서 3년이 되도록 완성하지 못하는 것을 보았다. 공자가 “이렇게 사치할 바에야 죽으면 속히 썩는 것이 낫다”고 힐난하였다. 만일 공자의 말이 환퇴의 귀에 들어갔다면 죽일 만큼의 미움을 샀을 것이라 추측할 수 있다. 출처: brunchstory: [논어풀어읽기] https://brunch.co.kr/@ahura/701 (방문일: 2023. 11. 21.)

자(字)가 자사(子思)로 『중용(中庸)』을 지었다.

『논어』는 사서삼경(四書三經)의 하나로 공자와 그 제자들이 나눈 대화를 엮은 책이다. 『논어』의 편찬자에 대해서는 여러 설이 있으나 공자 자신이 직접 쓴 것이 아니라 여러 명이 나누어 썼다는 것이 정설이다. 현재 전해지고 있는 『논어』는 20편, 482장, 600여 문장으로 이뤄져 있다.[8] 『논어』에 대한 평가는 다양하나 그중에서도 정자(程子)가 한 말이 가장 잘 알려져 있다.

> 『논어』를 읽을 적에 다 읽은 뒤에 전혀 아무런 일이 없는 자도 있으며, 다 읽은 뒤에 그 가운데 한두 구(句)를 얻고 기뻐하는 자도 있으며, 다 읽은 뒤에 좋아하는 자도 있으며, 다 읽은 뒤에 (너무 즐거워) 곧바로 자기도 모르게 손으로 춤을 추고 발로 뛰는 자도 있다.
> 지금 사람들은 책을 읽을 줄 모른다. 예를 들면 『논어』를 읽었을 적에 읽기 전에도 이러한 사람이요(즉, 변화가 없고), 다 읽고 난 뒤에도 또 다만 이러한 사람이라면(즉, 변화가 없다면), 이것은 곧 읽지 않은 것이다.
> 나는 나이 17, 8세 때부터 『논어』를 읽었는데 당시에도 이미 글뜻을 알고 있었지만 읽기를 더욱 오래함에 다만 의미가 심장(深長)함을 느꼈노라.[9]

---

8 『한서』에 의하면, 한나라 때에는 세 가지 종류의 『논어』가 전해 오고 있었다 한다. 제(齊)나라 사람들이 전해 온 제논어, 노(魯)나라에서 전해 온 노논어, 그리고 공자의 옛집 벽 속에서 나온 고문(古文)의 논어가 그것이다. 지금 전해지는 『논어』는 전한 말의 장우(張禹)가 노논어를 중심으로 편찬한 교정본(校定本)이다. 한국민족문화대백과사전: 논어(論語).

9 주자, 『논어집주(論語集註)』 서설(序說). 성백효, 『논어집주(論語集註)』, 16쪽에서 재인용함.

유교의 대표적인 경전인 『논어』에서 공자는 사람이 살아가면서 지켜야 할 도리로 인륜(人倫)을 내세우며, 인(仁)을 그 궁극적인 지향점으로 삼고 있다. 한마디로 인(仁)은 『논어』 전편을 관통하는 핵심 주제이며, 그 실천 주체는 군자라고 할 수 있다.[10]

하지만 『논어』에는 정작 인(仁)의 개념이 명료하게 드러나 있지 않다. 공자도 인(仁)에 대해 한 번도 직접적으로 언급하지 않았다. 상황이 이러함에도 인(仁)은 유가가 지향하는 인륜과 그 실천주체인 군자가 갖춰야 할 기본덕목임은 분명하다.

존군(尊君)을 앞세운 한비자나 귀민(貴民)을 앞세운 맹자와는 달리 공자는 봉건체제하의 고정된 신분질서를 옹호한 적도 없고, 위민(爲民)보다 존군을 앞세운 적도 없다. 그는 군주와 백성 모두가 자신의 직분에 따른 소임을 다하여 나라와 사회를 위하여 힘써 일해야 한다는 것을 역설했을 뿐이다. 그는 명분을 바로잡아야 한다는 정명(正名)과 주나라의 종법(宗法)에 따라 인간관계와 사회질서를 정립하려는 생각에 깊이 사로잡혀 있었다고 할 수 있다.[11] 따라서 공자의 사상을 인권적 관점에서 재조명함으로써 현대사회에 던지는 시사점을 도출할 필요가 있다고 본다.

---

10 임헌규, 『3대 주석과 함께 읽는 논어 III: 고주, 주자 집주, 다산 고금주』, 도서출판 모시는사람들, 2020(이하, 임헌규 III), 202쪽.

11 신동준, 『덕치 인치 법치』: 노자, 공자, 한비자의 정치 사상(이하, 신동준, 『덕치 인치 법치』), 예문서원, 2003, 62-63쪽.

II. 인(仁)의 인권적 개념

1. 서설

현대 인권이 천부적 권리로서 인간의 '권리'를 내세우는 반면, 유학은 하늘이 인간에게 부여한 사명을 인식한 바탕 위에서 인간의 '윤리'로써 인륜을 지향하고 있다. 이에 대해 다산 정약용은, "우리 인간이 일생 동안 행하는 일은 인(仁)이라는 한 글자를 벗어나지 않는다"고 하면서 "인(仁)이란 인륜을 사랑하는 일인데, 천하의 일 가운데 인륜을 벗어나는 것이 있겠는가?"라고 반문한다. 그러면서 그는, "인(仁)이란 한 글자는 논어 전체의 주재이다(仁之一字二十編主宰)"라고 말한다.[12] 이를 현대적 관점에서 적극적으로 해석하면, 유학은 인(仁)의 학문인 인학(仁學)이자 사람을 위한 학문인 인학(人學)이다. 또한 인(仁)에 의거한 권리의 보장이라는 측면에서 인권(人權)은 인권(仁權), 인권법(人權法)은 인권법(仁權法)으로 불러도 무방하다고 생각한다.

공자는 인륜에 바탕을 두고 인(仁)이 실현되는 이상사회를 대동(大同)이라 불렀다. 공자가 꿈꾸는 대동세상이란 모든 사람이 사리사욕을 극복하여 도덕과 예를 회복함으로써 현실에서 인(仁)이 실현되는 사회이다. 그 인(仁)을 실천하는 주체가 바로 군자(君子)이다. 하지만 아래에서 살펴보는 것처럼 비록 공자는 대동세상을 꿈꾸었지만 그가 현실에서 실현할 수 있다고 본 것은 소강사회(小康社會)였다.

---

12 임헌규 III, 221-222쪽.

공자도 『논어』에서 인(仁)과 군자의 개념을 정립하기 위해 많은 노력을 기울였다. 공자는 인(仁)의 개념이 무엇인가에 대해서는 명확하게 언급하고 있지 않지만, 『논어』에서 인(仁)은 약 60장에 걸쳐 약 109회나 언급되고 있다. 『논어』가 총 12,700여 자로 이뤄져 있음에 비춰 볼 때 인(仁)은 출현 횟수는 물론 여러 용어 가운데 가장 큰 비중을 차지하고 있다.[13] 따라서 아래에서는 현대적 의미의 인권과 유학을 결합할 수 있는 핵심연결고리라고 할 수 있는 인(仁)이 가지는 의미에 대해 살펴본다.

2. 인(仁)은 애인(愛人)이다

인(仁)은 애인, 즉 "사람을 사랑하는 것"이다. 추상적이고 다양한 의미를 가지는 인(仁)을 체계화하고, 공자의 사상을 일관되게 관통하는 표현이 바로 애인이다. 흔히 공자의 사상을 '인(仁)의 철학'으로 부르는데, 그 중심에 애인이 있다. 이 관점에서 인(仁)은 곧 '애인의 철학'이다. 그 만큼 인(仁)의 모든 덕목은 사람을 사랑하는 애인에 포함되고 귀결된다.[14] 번지가 인(仁)을 묻자 공자가 답한다.

> 사람을 사랑하는 것이다.[15]

---

13 임헌규 III, 202쪽.
14 김지수, 『선진법사상사』, 전남대학교출판부, 2014, 33쪽.
15 논어 안연 12:22-1.

인(仁)이란 인간 마음이 지니고 태어난 보편적인 덕이므로 사람을 사랑하는 것은 보편적인 덕인 인(仁)을 베푸는 것이다.[16] 따라서 국적이나 신분 등에 따라 사람을 직접적 혹은 간접적으로 차별하는 것은 인(仁)과 애인이 아니다. 이 해석은 차별을 금지하는 현대인권의 가치이념과도 전적으로 부합한다. 이에 대해 「세계인권선언」 제2조는 "모든 사람은 인종, 피부색, 성, 언어, 종교, 정치적 또는 기타의 견해, 민족적 또는 사회적 출신, 재산, 출생 또는 기타의 신분과 같은 어떠한 종류의 차별이 없이, 이 선언에 규정된 모든 권리와 자유를 향유할 자격이 있다"고 명시하고 있다. 이후 인간에 대한 차별금지는 「국제인권규약」을 비롯한 대부분의 인권문서에 수용되었으며, 인권에 관한 보편적 원칙으로 확립되었다.

이 관점에서 볼 때 애인은 사람을 중시하는 공자의 인본사상으로 연결된다. 『논어』 향당편에 보면 이런 일화가 실려 있다. 공자가 퇴정하여 돌아와 보니 집안의 마구간이 불탔다. 공자는, "사람이 상했느냐?" 하고는 말(馬)에 대해서는 묻지 않았다.[17] 이 일화에는 사람을 중시하는 공자의 생각이 여실히 드러나 있다. 비록 공자가 현대적 의미의 인권사상은 가지지 못했다고 할지라도 그의 인본주의를 인권과 결합시켜 해석할 수 있는 근거로 활용할 수 있을 것이다.

『논어』의 이 구절에 대해 주자는, "공자가 말을 아끼지 않은 것은 아니나 사람이 상했을까 염려하는 마음이 컸기 때문에 말에 대해 물

16 임헌규, 『3대 주석과 함께 읽는 논어 II: 고주, 주자 집주, 다산 고금주』, 도서출판 모시는사람들, 2020(이하, 임헌규 II), 247쪽.

17 논어 향당 10:12.

어볼 겨를이 없었다"고 주해하고 있다. 그리고는 "대개 사람을 귀하게 여기고 가축을 천하게 여기는 도리는 마땅히 이와 같아야 한다"고 부연한다. 또한 "백성을 사랑하는 일과 사물을 사랑하는 일에는 분명히 차이가 있다. 막 조정에서 일을 마치고 돌아와 처음 일을 듣고는 오로지 사람이 다쳤을까 두려워하였다. 그러므로 말까지 물을 겨를이 없었다"[18]는 장식(張栻)의 말도 이와 같은 맥락이다. 대부분의 유학자들은 위 견해를 따르고 있다.

춘추시대는 전쟁이 끊이지 않은 시대로 당시 말은 전차(戰車)를 끌 수 있는 주요 동력이었으므로 사람의 생명과도 같은 소중한 재산이었다.[19] 이러한 현실이니 사람들은 사람보다도 말(물질)을 더 중요하게 여기는 풍조에 길들여져 있었다. 공자는 사람들로 하여금 물질만능주의에 빠지는 것을 경계하고, 사람의 생명을 존중하도록 경고하고 있는 것이다. 이에 대해 왕필(王弼)은, 공자가 "말에 대해 묻지 않은 것은 당시 말을 중히 여기던 폐단을 바로잡으려는 것이었다"[20]고 지적하고 있다. 왕필의 풀이는 물건보다 사람을 중히 여기는 공자의 인본사상을 드러내는 대표적 예화라는 기존의 통설적 견해와는 다른 시각을 제시한다. 왕필에 따르면, 이 예화는 당시 사람들이 사람의 생명보다는 재산이나 물질을 지나치게 중시하는 풍조를 비판하고 경계하는 사례로 보아야 한다는 것이다.

위 두 가지 해석에 대해 평가하면, 어느 입장에서 이 일화를 풀이

18 이토 진사이(최경열 옮김), 『논어고의』, 그린비, 2016, 361쪽.
19 김용옥, 『논어 한글역주 3』, 통나무, 2019, 216쪽.
20 이한우, 『논어로 논어를 풀다』, 해냄, 2021, 700쪽.

하더라도 공자가 물질보다는 사람을 중시하는 관념을 가지고 있었다는 점은 분명하다. 또한 마구간 화재와 같은 사고나 재난상황에서 인명구조를 우선함으로써 말(馬)로 대변되는 동물의 생명을 경시하거나 차별해야 하는 식으로 이해하는 것은 곤란하다. 동물권과 동물복지가 인권의 새로운 영역으로 간주되기 시작한 것은 아주 최근이다. 그런 만큼 오늘날의 시각으로 공자 당시의 현실과 현재를 단순비교하여 공자가 사람에 비하여 동물의 생명을 경시하거나 차별하고 있다고 해석할 수는 없다.

3. 인(仁)은 사람과 사람의 상호관계이다

인(仁)은 사람과 사람의 상호관계를 전제로 한 개념이다. 본래 인(仁)은 두 명(二)의 사람(人)으로 이뤄진 혹은 두 명의 사람이 서로 기대어 있는(人人) 형상이다. 이처럼 인(仁)이라는 글자는 처음부터 사람과 사람의 관계를 중시한다는 뜻을 담고 있다.

하지만 공자가 내세우는 인(仁)은 상호 호혜적 내지는 평등한 인간관계가 아니라 가족을 중심으로 한 수직적 인간관계를 전제로 한 봉건적·전근대적 가치 이념이다. 공자는 주나라 군주였던 주공을 흠모하고, 봉건제가 가장 이상적인 정치구조라고 생각했다. 봉건제는 왕을 중심으로 지배층인 제후, 대부 및 사(士)가 피지배층인 백성(인민)을 통치하는 체제를 말한다. 문왕은 봉건제 중심의 지배체제를 구축하면서 주나라 고유의 종법(宗法)을 모델로 삼았다.

종법은 중국 고대에 형성된 적장자(嫡長子) 중심의 가족 질서를 사회 운영과 국가 통치의 기본으로 삼던 제도이다. 이 법에 따르면, 왕의 적장자만이 왕위를 계승하고, 적장자 아닌 아들은 제후나 대부가 된다. 주왕이나 제후 또는 대부가 되는 맏아들을 종(宗) 혹은 대종(大宗)이라 부른다. 적장자인 종자(宗子)와 구별하여 다른 아들은 별자(別子) 혹은 소종(小宗)이라 한다.[21] 소종에 비하여 대종은 왕위와 가문을 계승하는 독점적 지위와 배타적 특권을 누렸다.[22]

문제는 공자가 봉건제도의 해체와 함께 사라져 가고 있던 종법에 의거하여 자신의 주요 사상인 인(仁)을 현실에서 실현하기 위한 이론적 논거로 삼은 것이다. 『논어』 안연편에서 제나라 경공이 정치에 대해 묻자 공자는, "군군신신부부자자(君君臣臣父父子子)", 즉 "군주는 군주 노릇 하고, 신하는 신하 노릇 하며, 아버지는 아버지 노릇 하고, 자식은 자식 노릇 하는 것이다"[23]라고 대답한다. 한마디로 개별 인간에게는 각자에 어울리는 사명과 역할이 있으므로 그에 충실함으로써 국가와 사회질서를 바로잡을 수 있다는 말이다. 공자의 이 생각은 정명(正名)론으로 정립된다.

『논어』 자로편에서 공자는 "위나라 군주가 선생님을 기다려 정사

---

21 한국민족문화대백과사전: 종법(宗法).

22 공자의 이 생각은 중용에도 잘 나타나 있다. "그러므로 정치의 성패는 사람에 달려 있다. 사람을 취함은 몸으로서 할 것이요, 몸을 닦음은 도(道)로서 할 것이요, 도를 닦음은 인(仁)으로서 할 것이다. 인(仁)은 인(人)이니 친족을 친애함이 크고, 의(義)란 의(宜)이니 어진 이를 높임이 크다. 친족에 대한 친애의 강살(降殺)과 어진 이에 대한 높임의 등차(等差)가 예(禮)의 발생근거이다."(중용 4:2)

23 논어 안연 12:11-2. 일반인에게 이 말은, "임금은 임금답게 신하는 신하답게 부모는 부모답게 자식은 자식답게 행동하라"로 잘 알려져 있다. 다시 말해, 이 말은 임금과 신하와 부모와 자식이 각자 제구실을 다하는 것을 뜻한다. 이경무, "공자의 정명사상 연구", 인문논총, 20권, 1990. 12., 전북대학교 인문학연구소, 208쪽. 마찬가지로 "자식이 어버이를 사랑하고, 신하가 인군을 사랑하고, 목민관이 백성을 사랑하는 것이 모두 인(仁)이다"라고 주해하고 있는 다산의 말도 같은 의미이다.

를 하려고 하시니, 선생께서는 장차 무엇을 먼저 하시렵니까?"라는 자로의 질문에 이렇게 말한다.

> 반드시 명칭(이름)을 바로잡겠다(必也正名乎).[24]

자로의 물음에 공자가 이렇게 대답한 이유는 무엇일까? 주자는 그 이유를, "위나라 출공은 그 아버지를 아버지로 여기지 않고, 그 할아버지를 아버지로 모셔 이름(名)과 실제(實)가 문란했다. 그래서 공자께서 정명을 우선하였다"고 밝히고 있다.

주자는 호씨(胡氏)의 말을 인용하여 공자가 자로에게 정명을 강조한 까닭을 이렇게 설명한다.

> 위나라 세자 괴외(蒯聵)는 그 어머니 남자(南子)의 음란함을 부끄러워하여 죽이려 했으나 성공하지 못하고 국외로 도망갔다. 영공(靈公)은 공자 영(郢: 둘째 아들)을 세우려 했으나 영이 사양했다. 영공이 죽자 부인이 영을 세웠지만, 또 사양했다. 이에 괴외의 아들인 첩(輒)을 세워 괴외를 막았다. 저 괴외는 어머니를 죽이려 해 아버지에게 죄를 얻었고, 첩은 나라를 점거하고 아버지를 막았으니 모두 아버지가 없는 사람이니 이들은 나라를 가질 수 없음이 명백하다.[25]

---

24 논어 자로 13:3.
25 임헌규 II, 268쪽.

이처럼 공자는 군군신신부부자자(君君臣臣父父子子)로 대표되는 정명에 기반한 인간관계는 인륜에서 나오고, 그 인륜은 예(禮)에 의거한 도덕적 실천을 통해 실현될 수 있다고 보고 있다.[26]

공자사상에서 예(禮)는 사회질서의 원리이면서 도덕적 실천이다. 그리고 그 예(禮)는 현실에서 정치(爲政)를 목표로 사회질서의 원리인 정명사상(正名思想)과 도덕적 실천론인 인(仁)사상으로 나타난다.[27] 정명과 인(仁)은 사회질서의 원리이자 도덕적 실천인 예(禮)가 현실에서 작동하기 위한 양대 기둥을 구성하고 있는 셈이다. 하지만 예(禮)의 원리와 실천은 정명을 전제로 하나로 일치되어야 한다.[28] 명분(이름)을 바르게 세워 실질(본질)을 추구하지 않고서는 공자가 추구하는 사회는 성립할 수 없다. 정명이 도덕적 실천인 인(仁)과 조응할 때 비로소 예(禮)가 실현될 수 있다. "이름이 그 실제와 합당하지 않으면 말(言: 주의·주장)이 순조롭지 않고, 말이 순조롭지 않으면 그 실제를 고칠 수 없어 일이 이루어지지 않는다"라는 양씨(楊氏)의 풀이[29]는 공자의 생각을 정확하게 반영하고 있다.

후대로 가면서 공자의 군군신신부부자자(君君臣臣父父子子)로 대변되는 정명은 지배 권력의 기득권을 강화·고착화시키고 피치자인 백성(개인)을 억압하고 구속하는 논리로 변질된다. 즉, 정명론은 군주와

---

26 논어 안연편에 언급된 "군군신신부부자자"는 공자의 '정명' 사상의 구체적 사례로 드는 것이 일반적이다. 하지만 최근에는 공자의 사회 정치적 관심을 '정명'의 관점에서 그의 자아수양론이나 현실 지향적 성격과 관련지어 검토해야 한다는 주장이 제기되고 있다. 이에 대한 상세한 논의는, 오상현, "『논어』 '정명'의 현실 지향적 독해", 양명학, 54, 2019. 9., 301-326쪽.

27 이경무, 앞의 논문, 212쪽.

28 이경무, 위의 논문, 212쪽.

29 임헌규 Ⅱ, 267쪽.

신하, 부모와 자식 각자에게 '다움(혹은 답게)'을 내세워 형식에 얽매인 신분질서를 확립하는 데 기여하는 등 기성권력의 지배구조를 위한 지배이론으로 활용되는 부작용을 낳았다.

III. 인(仁)의 인권적 실천 주체

1. 군자와 소인

공자가 이상적 국가의 모델로 삼은 주나라는 엄격한 신분계급사회이자 봉건농노제사회였다. 주나라의 통치헌장인 「주례(周禮)」에 의하면, 왕(王)·공경(公卿)·제후(諸侯)·경대부(卿大夫) 등 귀족계급과 그들을 보좌하는 하대부(下大夫)·상사(上士)·중사(中士)·하사(下士) 등 사관(士官)이 지배계층이고, 서인(庶人: 몰락귀족)·사민(四民: 사농공상)·천민(賤民)·노예(奴隸)가 피지배계층이었다. 이들 신분은 엄격히 차별되고 세습되었다.[30] 공자는 「주례」에 따라 주나라의 종법에 의거한 엄격한 신분차별적인 사회질서로의 복귀를 지향하였다. 공자는 군신·부자·빈부·귀천 등 엄격한 신분에 따라 그 명칭과 직제를 바로잡는다는 의미에서 이를 정명(正名)이라 하였다. 유교(儒敎)를 예교(禮敎)·명교(名敎)라고 부르는 이유이다.[31]

공자는 사람은 자기의 몸을 희생하는 한이 있어도 반드시 인(仁)을

30 기세춘, 『동양고전산책 1』, 바이북스, 2008(이하, 기세춘, 『동양고전산책 1』), 20쪽.
31 기세춘, 『동양고전산책 1』, 22쪽.

이뤄야 한다고 말한다. 이 말은 옳은 일(대의)을 위해서는 자신의 목숨을 버려야 한다는 살신성인(殺身成仁)으로 널리 알려져 있다. 『논어』 위령공편에서 공자는 이렇게 말한다.

> 지사(志士)와 인인(仁人)은 삶을 구하여 인(仁)을 해침은 없고, 몸을 죽여 인(仁)을 이룸은 있다.[32]

지사는 자신이 생각하는 도덕적 신념에 따라 대의명분을 지키기 위해 제 몸을 바쳐 일하려는 뜻을 가진 의로운 사람이고, 인인은 인(仁)의 가치와 덕목에 따라 사는 사람이다. 그러니 지사와 인인은 공자가 지향하는 인(仁)을 해쳐서는 아니 되고, 설령 자신의 목숨을 던져서라도 이뤄야 하는 것이 인(仁)이다. 이처럼 공자는 인(仁)을 실천하려고 끊임없이 노력하는 도덕적인 인간상[33]으로 군자를 설정하고 있다. 이에 대해 공자는, "군자로서 인(仁)하지 못한 자는 있지만 소인(小人)으로서 인(仁)한 자는 있지 않다"[34]고 하면서 인(仁)을 중심으로 그 실천 주체로 군자와 소인을 언급하고 있다.[35] 이 관점에서 『논어』에 나오는 공자의 말을 중심으로 인(仁)의 실천적 주체의 관점에서 바라보면, 군자는 아래와 같은 사람이라고 할 수 있다.[36]

---

32 논어 위령공 15:8.

33 임헌규 III, 202쪽.

34 논어 헌문 14:7.

35 임헌규 III, 207쪽. 임헌규는 인(仁)의 실천주체로 군자만을 언급하고 있다. 하지만 아래에서 살펴보는 바와 같이 소인도 인(仁)의 실천주체로 보아야 한다.

36 본 서에서 분석하는 군자의 개념은 진함, "공자의 '군자': 최선의 마음 상태를 가진 자", 동양철학 제52권 1호, 2019. 12., 7-8쪽을 참고하여 필자가 보충한 것이다.

첫째, 군자는 물질적 삶의 여유보다 공부 속에서 도를 추구하는 사람이다. 이에 대해 공자는, "군자는 도(道)를 도모하고 밥(부유함)을 도모하지 않는다. 밭을 갊에 굶주림이 이 가운데에 있고 학문을 함에 녹(祿)이 이 가운데 있으니, 군자는 도(道)를 걱정하고 가난함을 걱정하지 않는다"[37]고 말한다. 공자의 이 말에 대해 윤돈은, "군자는 그 근본을 다스리지 그 말단을 걱정하지는 않으니, 어찌 밖에 있는 것으로 근심하거나 즐거워하겠는가?"라고 설명한다. "도(道)란 대체(大體: 마음)가 따르는 것이고, 먹을 것(食=밥)은 소체(小體, 耳目=몸)가 누리는 것이다"라는 고금주의 뜻도 이와 같다. 군자에게도 밥(食)이 중요하지 않은 것이 아니다. 다만, 군자는 배부름이나 거처할 때 편안함을 구하기보다는 배우기를 즐기고 도(道)을 중시하여야 한다는 취지라고 보아야 한다.[38]

둘째, 군자는 말과 행동의 일치를 중요시 하는 사람이다. 『논어』 이인편에서 공자는, "군자는 말은 어눌하고자 하고, 행실은 민첩하고자 한다"[39]고 하였고, 헌문편에서도 "말하는 것을 부끄러워하지 않으면 실천하기 어렵다"[40]고 말하였다. 이 말은 "(군자는) 말은 신중하게 하고, 행동은 충분하게 한다"와 같은 뜻이다. 공자가 말은 '어눌' 또는 '신중'하게 하면서도 행동은 '민첩' 또는 '충분'하게 하도록 요구하는 이유는 군자라 할지라도 말을 내뱉기는 쉬워도 힘써 행하

37 논어 위령공 15:31.
38 논어 학이: 14; 이인: 2; 이인: 9; 이인: 15; 위정: 18 등에서도 공자는 같은 취지의 말을 하고 있다.
39 논어 이인 4:24.
40 논어 헌문 14:21.

기가 어렵기 때문이다. 이에 대해 주자는, "(허탄한 말을 해 놓고) 그 말을 부끄러워하지 않는 사람은 (그 말을 실천할 의지도 없고, 실천할 능력 또한 헤아리지 않기 때문에) 실천하기 어렵다"고 설명하고 있다.[41] 언행일치는 군자가 반드시 갖춰야 할 덕목임을 알 수 있다.

셋째, 군자는 자신의 도덕적 발전에 힘쓸 뿐 아니라 다른 사람까지 편안하게 해 주는 사회적 책임감을 가지고 있는 사람이다. 자로가 군자에 대하여 묻자, 공자는 "경(敬)으로써 자신을 닦는 것이다"고 했다. 자로가 "이와 같을 뿐입니까?"라고 되묻자, 공자는 "자기를 닦아서 사람을 편안하게 하는 것이다"라고 했다. 공자는 이어 말하기를, "자기를 닦아서 백성을 편안하게 하는 것이니, 자신을 닦아서 백성을 편안하게 함은 요순(堯舜)께서도 오히려 부족하게 여기셨다"고 부연하고 있다.[42] 자기 자신을 닦아(修己) 경건함을 갖는 것(以敬) 또는 모든 사람을 평안하게 하는 것(以安人, 以安百姓)은 성군으로 추앙받는 요임금과 순임금에게도 어려운 일이다.

공자는 『논어』에서 경건(敬)이 어떤 의미인지는 말하고 있지 않다. 오규 소라이는, "경은 하늘을 공경하는 것(敬天)이다. 자기를 닦아 하늘을 공경한다"고 주해하고 있다. 그리고 이어서 말하기를, "남을 편안하게 한다(安人)는 것은 효제(孝悌)와 돈목(敦睦)으로 구족(九族)을 친애하는 것이다. 백성은 백관과 만인을 말한다. 병통으로 여긴다는 어렵게 여긴다"는 뜻이라고 풀이하고 있다.[43] 여기서 알 수 있듯이

---

41 임헌규 II, 451쪽.
42 논어 헌문 14:45.
43 임헌규 II, 524쪽.

공자는 자기를 닦는 것을 군자의 기본자세로 보고 있다. 군자에게 수기(修己) 혹은 수신(修身)은 공사적(公私的) 활동의 판단기준이고, 평생 지켜야 할 가치덕목이라고 할 수 있다. 그러므로 비록 치국평천하(治國平天下)의 큰일을 이루었다고 할지라도 군자는 모든 사람을 편안하게 해 주는 공익적 역할에 충실해야 하는 사회적 책임을 져야한다는 사실을 잊어서는 아니 된다.

넷째, 군자는 의로움을 추구하는 사람이다. 공자는 자하에게, "너는 군자(君子)의 학자(學者)가 되고 소인(小人)의 학자가 되지 말라"[44]고 말한다. 그리고는 "군자는 천하(天下)의 〈일에 있어〉 오로지 주장함도 없고 그렇지 않음도 없어서 의(義)를 따른다"[45]고 부연한다.

이때 유(儒)는 유자(儒者)를 말한다. 공자는 유학을 공부하는 선비인 유자를 군자 유(君子儒)와 소인 유(小人儒)로 나누고, 그 판단 기준은 의로움(義)이라고 단언한다. 공자의 이 기준에 대해 주자는 사량좌의 말을 인용하여 "군자와 소인의 구분은 의(義)와 리(利)의 차이일 뿐이다"라고 주석하고 있다. 또한 다산은, "도를 배우고 시·서·예·악·전장·법도를 익히면서 도를 지향하면" 군자 유이고, "도를 배우거나 시·서·예·악·전장·법도를 익히지만 자신의 명성을 지향하면" 소인 유라고 말한다.[46] 그러므로 『주자집주』에서 정자(程子)가 말하듯이 군자 유는 자기를 닦는 공부인 위기지학(爲己之學)을 하는 반면, 소인 유는 자기의 이익이나 명성을 위한 공부인 위인지학(爲人之學)을 하는

44 논어 옹야 6:11.
45 논어 이인 4:10.
46 임헌규 III, 623쪽.

유자를 일컫는다고 할 수 있다.

결론적으로, 군자는 인(仁)의 세계에 들어온 사람이다. 또는 군자는 이미 그 세계에 들어왔으나 다만 공자가 원하는 도덕의 수준에는 이르지 못한 사람이다. 그래도 군자는 큰 덕과 두루 적용되는 법을 생각한다. 이에 반하여, 소인은 도덕, 즉 인(仁)의 세계에 들어오지 못한 사람이다.[47] 도덕의 세계에 발을 들이지 못한 사람인 소인은 현실에서의 안온한 삶과 작은 혜택을 추구하는 사람이다. 『논어』 이인편에서 공자는 말한다.

> 군자는 덕(德)을 생각하고 소인은 처한 바의 편안함을 생각하며,
> 군자는 형(刑)을 생각하고 소인은 이익을 생각한다.[48]

이때 형(刑)은 세상에 두루 적용되는 법(法)을 말하고, 회(懷)는 생각함이다. 군자는 큰 덕을 생각하고(懷德), 법을 두려워(懷刑)하지만 소인은 자신이 머물고 있는 안온한 현실에 안주하고(懷土), 작은 이익이나 혜택만을 생각한다(懷惠). 이처럼 공과 사에서 군자와 소인은 그 생각에서 크나큰 차이를 보인다. 공자는 군자가 지향해야 할 절대적 도덕가치기준으로 인(仁)을 내세워 모든 사람이 마땅히 가져야 할 마음가짐과 태도가 무엇인가를 제시하고 있다.

---

47 진함, 앞의 논문, 8쪽.
48 논어 이인 4:11.

2. 군자와 소인의 관계

공자는 인(仁)을 중심으로 군자와 소인을 구별하고, 인(仁)의 실천 여부는 자기 자신(=개인)에게 달려 있음을 분명히 밝히고 있다. 봉건적 신분제 사회에서 개인의 노력에 따라 누구나 인(仁)의 세계에 도달할 수 있다는 공자의 주장은 근대 유럽에서 개인의 주체성 주장에 버금가는 가히 혁명적 선언이라고 할 수 있다. 그렇다면 공자가 말하는 군자와 소인 양자의 관계는 어떻게 이해해야 할 것인가?

첫째, 군자와 소인의 관계에 대한 전통적 해석은 도덕적 수양의 정도를 기준으로 양자를 주종의 관계로 파악하고 다분히 이분법적 접근 방식을 취하고 있다. 이를테면, 소인은 도덕적 수양의 정도가 가장 낮은 사람이다. 소인과 대비되는 인물이 대인(大人)이다. 군자는 대인이 되기에는 아직 도덕적 수양의 상태가 부족하거나 완성되지 못한 인물이다. 따라서 도덕 수양의 완성 상태를 기준으로 사람을 나누면, 소인＜군자＜성인＜대인＜천명의 순이다. 공자에게 성인은 만나 볼 수 없는 높은 경지의 사람이고, 대인과 천명은 더욱 바라보기 어려운 사람이다. 공자는 '성인-대인-천명'을 인간이 바라볼 수 없는 영역의 인물이자 군자가 두려워하는 인물로 보고 있다.[49]

둘째, 에도시대의 유학자 소라이는 군자와 소인의 관계는 정치제도적 측면에서 이해해야 한다고 본다. 즉, 군자는 지배자·권력자·통

---

49 진함, 앞의 논문, 8쪽.

치자이고, 소인은 피지배자며 권력이 없는 민초이자 피치자라는 것이다. 소라이의 이 주장은 군자와 소인의 관계를 철저하게 정치권력상의 위계관계로 보고, 양자를 수직적·계층적 관계로 파악하고 있다. 그의 주장은 양자를 지배자와 피지배자, 통치자와 피치자로 파악함으로써 춘추전국시대의 봉건적 지배구조의 시대상황을 충실히 반영한 입장이라고 할 수 있다.[50]

셋째, 위 두 가지의 견해에 대해 군자와 소인은 동일한 차원의 인간에 대한 가치평가를 나타내는 것[51]으로 양자 모두 같은 위계서열 속에서 단지 다른 도덕적 가치관을 가지고 살아가는 사람들이라는 입장이 제기되고 있다.[52] 『논어』 이인편에서 군자란 큰 덕과 두루 적용되는 법을 생각하는 사람인 반면, 소인은 안온한 삶의 터와 작은 혜택을 생각하는 사람이라는 공자의 말과 전적으로 일치하는 인물상이다. 공자가 군자와 소인을 대비시켜 사람의 유형을 나누어 강조하는 이유는, 지극히 개인적인 이익을 추구함으로써 현실의 안온한 삶을 추구하는 '소인배'들을 경계하기 위함이다. 이를 위해 공자는 군자를 내세워 사리사욕보다는 인륜도덕의 보편적 가치이념을 추구하고, 인간관계와 사회질서의 안정성을 확보하기 위해 공정하고 형평한 법이 적용되는 대동세상을 꿈꾼 것이다.

위 견해 가운데 세 번째 주장이 모든 사람은 평등하다는 현대인권의 기본원칙과 가장 부합한다. 하지만 이 주장을 하고 있는 김용옥

50 김용옥, 『논어 한글역주 2』, 통나무, 2019, 166-168쪽.
51 김용옥, 『논어 한글역주 3』, 383쪽.
52 김용옥, 『논어 한글역주 2』, 168쪽.

의 견해도 비판의 여지가 있다. 김용옥이 공자가 말하는 군자와 소인은 모두 같은 위계서열 속에서 다른 도덕적 가치관을 가지고 살아가고 있는 사람으로 본다는 점에 대해서는 기술한 바와 같다.

김용옥에 따르면, 군자와 소인이 이런 사람들이 되어야만, 소인의 개념이 진정한 경멸이나 증오의 대상이 될 수 있고, 군자의 개념이 진정한 존경이나 선망의 대상이 될 수 있다. 그의 주장은 '다른 도덕 가치관'을 중심으로 살아가는 군자와 소인을 대비시켜 양자가 지향하는 삶의 가치관의 차이를 부각시키는 점에서는 적절하다.

하지만 소인의 개념을 '진정한 경멸'이나 '증오의 대상'으로 삼고, 군자의 개념을 '진정한 존경'이나 '선망의 대상'으로 보는 것은 또 다른 차별을 야기할 수 있다. 인권의 관점에서 볼 때 그의 '이분법적' 접근 방식은 적절하지 못하다. 다만 군자와 소인은 도덕적 가치관이 다른 동일한 차원의 인간에 대한 가치평가를 나타내는 말이라는 그의 해석은 주목할 만하다.

공자에게 군자와 소인은 도덕적으로 지향하는 가치관이 다를 뿐 모두 자유롭고 평등한 존재이다. 비록 근현대법에서 말하는 개인의 주체성에 비할 바는 아니지만 공자는 분명 군자와 소인 모두 차별없이 대우받고 인간의 존엄성을 존중받으면서 행복하게 살 권리가 있다는 관념을 가지고 있었던 것 같다. 당시 신분차별적 제도에 비춰 볼 때 공자의 이러한 사상은 현대 인권적 관점에서 보아도 가히 혁명적이라고 하지 않을 수 없다.

IV. 인(仁)의 인권적 실천방법

1. 수기이경(修己以敬)·수기안인(修己安人)

군자가 가져야 할 바람직한 자세에 대한 자로의 물음에 공자는 '군자는 수기이경하고 수기안인해야 한다'고 대답한다. 수기이경이란 경건한 자세로 자신을 닦는 것을 말하고, 수기안인이란 나를 닦은 후 다른 이들을 편안하게 해 준다는 뜻이다. 공자는 군자 혹은 위정자가 갖춰야 할 덕목으로 먼저 '수기', 즉 "자신의 몸과 마음을 닦음"에 중점을 두고 있다. '수기'는 곧 '수신(修身)'이니 자신의 수양이 된 연후에야 집안을 안정시키고(齊家), 나라를 다스리며(治國), 천하를 평정한다(平天下).

이처럼 유학은 자신의 몸과 마음을 닦은 후에 남을 다스려야 한다는 수기치인(修己治人)의 학문이라고 할 수 있다. 그러므로 '수기'는 군자가 갖춰야 할 마음가짐이자 유학이 지향하는 진리를 추구하고 이를 현실에서 실천하기 위한 출발점이기도 하다. 공자와 자로의 대화를 통해 그 세 가지 단계별로 구체적인 내용을 살펴본다.

첫 번째 단계는 경건한 자세로 자신을 닦는 것이다(修己以敬).[53] '경건한 자세' 혹은 '경건함', 즉 경(敬)은 자신을 닦는 자세(修己)의 기본이다. 경의 대상은 하늘(天)로 대변되는 천지만물이고, 효제(孝悌)로 대변되는 가족은 물론 종국적으로는 백성, 즉 모든 사람이다. 군

53 논어 헌문 14:45.

자가 '경'의 대상을 그저 자기 자신이나 부모형제를 비롯한 가족에게 국한시키는 것은 바람직하지 못하다. 공자가 자신을 닦는 기본을 '경'으로 삼은 이유는 군자 혹은 위정자가 자기중심적·이기적이고 가족중심적인 사고에서 벗어나 백성을 포함한 모든 사람을 존중의 대상으로 삼아 헌신해야 한다는 점을 강조하기 위한 것이다.

두 번째 단계는 자신을 닦아 사람을 편안하게 하는 것이다(修己以安人).[54] '군자란 수기이경하는 사람이다'라고 말했지만 자로가 제대로 이해하지 못한다. 그리고는 다시 "이와 같을 뿐입니까?"라고 묻자 공자는 자로가 좀 더 이해하기 쉽게 '군자는 수기안인하는 사람'이라고 답한다. 이때의 사람을 다산은 부모와 가족을 포함한 구족(九族)을 일컫는다고 해석한다. 구족이란 고조·증조·조부·부친·자기·아들·손자·증손·현손까지의 동종(同宗) 친족을 통틀어 이르는 말이다. 다시 말하여, 자기를 본위로 직계친은 위로 4대 고조, 아래로 4대 현손에 이르기까지이며, 방계친은 고조의 4대손이 되는 형제·종형제·재종형제·삼종형제를 포함한다. 또한 어머니 쪽인 외조부, 외조모, 이모의 자녀와 처족(妻族)인 장인·장모, 아버지 쪽인 고모의 자녀, 자매의 자녀, 딸의 자녀와 자기의 동족(同族)을 통틀어 이르는 말이기도 하다.[55]

하지만 공자가 이 말을 한 본래의 의도는 자신을 닦는 이유가 출세하여 내 가족과 친족만 잘 먹고 잘사는 데 있다는 것은 아니라고 보아야 한다. 적어도 가족과 친족은 물론 나와 관계를 맺고 있는 모

---

54 논어 헌문 14:45.
55 네이버국어사전: 구족(九族).

든 사람이고, 자신을 닦아서 그들을 편안하게 하는 것을 목표로 삼아야 한다. 공부하는 학생이든 정치를 하는 위정자든 수기 혹은 수신의 목적이 사람을 편안하게 하는 '안인'에 두어야 한다는 공자의 말을 명심해야 한다.

세 번째 단계는 자신을 닦아서 백성을 편안하게 하는 것이다(修己以安百姓). 『논어』에 나오는 자로는 그리 똑똑하지 못한 제자였던 모양이다. 아니면 호기심이 많아서 스스로 납득될 때까지 다시 묻고 따지는 성격을 가진 인물이다. 공자가 거듭하여 군자에 대해 말했지만 자로는 또다시 "이와 같을 뿐입니까?"라고 묻는다. 그 질문에 공자는 군자가 자신을 닦는 이유는 '백성을 편안하게 하는 데 있다'며 '수기이안백성하라'고 말한다. 그래도 미덥지 못했던지 공자는 "자신을 닦아서 백성을 편안하게 함은 요순께서도 오히려 부족하게 여기셨다"고 부연하여 설명했다.

자로의 질문에 대한 공자의 대답을 요약해 보면, 경건함(敬)을 바탕으로 자신을 닦아야(修己) 사람을 편안하게 하고(以安人), 백성을 편안하게 할 수 있다(以安百姓)는 것이다. 이 접근방식은 수기(修己)-수신(修身), 이안인(以安人)-제가(齊家), 이안백성(以安百姓)-치국평천하(治國平天下)에 정확하게 대응하는 것으로 유학의 지향점이 수기치인에 있음을 알 수 있다. 그런데 공자와 자로의 대화에서 주목해야 할 핵심적인 내용이 있다. 바로 "자신을 닦아서 백성을 편안하게 함은 요순께서도 오히려 부족하게 여기셨다"는 대목이다. 이 말을 손월봉(孫月峰)은 이렇게 해석한다.

> 요순은 백성의 불안함을 병통으로 여긴 것이 아니라 자기 자신을 닦지 못하여 백성을 평안하게 해 주지 못한 것을 병통으로 여겼다. 백성이 평안하지 못한 데가 있다는 것은 곧 자신이 닦이지 않은 데서 온다.

다산은 손월봉의 말을 "심히 정통하다"고 평가한다.[56] 그러나 손월봉의 해석도 치인의 전제조건이자 출발점을 수기에 두고 있는 것은 주자 이후의 대부분의 유가들의 입장과 다르지 않다. 그 역시 요순이 느끼는 불안감의 이유를 '자신을 닦지 못함'에서 찾는다. 요순과 같이 세상의 모든 군주가 백성을 아끼는 이와 같은 마음가짐을 가지는 것은 아주 바람직하다. 백성이 느끼는 불안감의 원인을 '너의 잘못'이나 '네 탓'이 아니라 '내 잘못' '내 탓'으로 보는 군주가 어디 흔하던가. 그러나 보다 현명하고 유능한 군주라면 백성들이 느끼는 불안감의 원인을 처음에는 자신의 부족에서 찾되 그에 머물지 말고 불합리한 법제도와 사회의 모순된 구조 등에서 찾아야 한다. 수기와 치인은 전제와 결론의 관계가 아니라 상호보완적이며, 상호 대립하고 견제하면서 적정한 균형을 유지하는 관계라고 보아야 한다.

2. 효제(孝悌)

『논어』 학이편에서 유자(有子)[57]는 "그 사람됨이 효도하고 공경하면

---

56 임헌규 III, 525쪽.
57 제자 유약(有若)을 말한다.

서 윗사람을 범하기를 좋아하는 자는 드무니, 윗사람을 범하기를 좋아하지 않고서 란(亂)을 일으키기를 좋아하는 자는 있지 않다"[58]고 하였다. 유자(有子)가 말하는 "그 사람됨이 효도하고 공경한다"는 말은 곧 '효제(孝弟 혹은 孝悌)'를 일컫는다. '효제는 인(仁)을 실천하는 근본'이라는 말과 같은 뜻이다. 공자도 위정편에서 『서경(書經)』을 인용하면서, "『서경』에 효(孝)에 대해 말하였다. '효(孝)하며 형제간에 우애(友愛)하여 정사에 베푼다'고 하였으니 이 또한 정사를 하는 것이니, 어찌 〈지위에 있어야만〉 정사를 하는 것이 되겠는가"라고 하였다.[59] 이처럼 공자도 유자와 같은 취지의 주장을 하고 있다. 공자는 효제를 가정생활에 필요한 기본적 가족윤리 혹은 도덕의무로 보고 있다.[60]

공자의 말에서 알 수 있듯이 정치와 사회질서의 근간은 부모에게 효도하고 형을 공경하는 효제이다. 이때 부모와 형은 좁게는 혈연으로 맺은 직계존속과 형제뿐 아니라 넓게는 자신보다 나이 많은 윗사람과 웃어른을 포함하는 의미로 새겨야 한다. 이렇게 보면, 『논어』에서 효제는 가족관계에 필요한 모든 수직적·수평적 질서를 총망라하는 핵심 원리로 제시하고 있다. 가족 간의 자연스런 사랑의 감정인 효제가 가정을 넘어 사회·국가·천하로 확산되면, 마침내 천하가 인(仁)으로 되돌아간다는 것이다. "효제는 인(仁)을 실천하는 근본"이라는 유자의 말에는 그 뜻이 잘 드러나 있다. 따라서 유교는 효제에 기반한 인간의 가장 자연스런 감정에 도덕의 기초를 두고, 그 감정

58 논어 학이 1:2-1.
59 논어 위정 2:21-2.
60 최문기, "'효제'의 확장과 보편윤리: 공맹사상을 중심으로", 효학연구, 14, 2011. 12., 3쪽.

을 자발적·자율적으로 확산시켜 나아가야 한다는 실천방식을 제시하고 있다고 할 수 있다.[61]

공자가 인의(仁義)정치의 기본모델로 삼고 있는 주나라 종법의 시작은 가족 혹은 가정이다. 국가(國家)라는 낱말에서 보듯이 유교에서 나라(國)는 가족 혹은 가정(家)과 긴밀한 관련을 맺고 있으며, 양자는 엄밀하게 분리되지 않는다. 한마디로 국가는 가족의 확장형[62]인 셈이다. 이런 면에서 공자는 직접 정권을 잡아 한 나라의 정사를 전담하는 위정(爲政)과 효제를 통하여 일상의 정치를 행하는 유정(有政)을 구별하고 있지 않다.

하지만 효제는 가족 간의 관계에 기초하여 인(仁)을 실천하는 것으로 다분히 사적·개인적 차원의 윤리이다. 만일 인(仁)의 현실적 실천이 효제에 머물고 말면 개인과 사회질서는 사적 윤리에 의해 규율되고 만다. 이에 공자는 극기복례(克己復禮)와 선난후득(先難後得)를 내세워 자칫 사적 윤리로 머물 수 있는 인(仁)을 공적 차원으로 전환하고 있다.[63]

3. 극기복례(克己復禮)·선난후득(先難後得)

(1) 극기복례

인(仁)을 인권적으로 실천하는 또 다른 방법의 하나는 자기의 욕심

---

61 임헌규 III, 208쪽.
62 임헌규, 『3대 주석과 함께 읽는 논어 I: 고주, 주자 집주, 다산 고금주』, 도서출판 모시는사람들, 2020(이하, 임헌규 I), 241쪽.
63 임헌규 III, 208쪽.

을 누르고 예(禮)로 돌아가야 한다는 극기복례(克己復禮)이다. 『논어』 안연편에서 인(仁)이 무엇이냐는 제자 안연의 물음에 공자는 아래와 같이 대답한다.

> 안연이 인(仁)을 묻자 공자가 말하였다. "자기의 사욕(私慾)을 이겨 예(禮)에 돌아감이 인(仁)을 하는 것이니, 하루라도 사욕(私慾)을 이겨 예(禮)에 돌아가면 천하(天下)가 인(仁)을 허여한다. 인(仁)을 하는 것은 자신에게 달려 있으니 남에게 달려 있겠는가."[64]
>
> 안연이 "그 조목(條目)을 묻습니다" 하자, 공자가 말하였다. "예(禮)가 아니면 보지 말며, 예(禮)가 아니면 듣지 말며, 예(禮)가 아니면 말하지 말며, 예(禮)가 아니면 권(勸)하지 말아야 한다."' 안연이 말하였다. "제(回)가 비록 불민(不敏)하나 청컨대 이 말씀에 종사하겠습니다."[65]

예(禮)란 사람이 마땅히 지켜야 할 도리 혹은 규범을 말한다. 공자는 보다 구체적으로 인간의 도덕성에 근거하는 사회적 질서의 규범과 행동의 표준적 절차의 의미로 예(禮)를 사용하고 있다.[66] 인(仁)을 실천하기 위해 인간은 우선 자신의 내면에 잠재해 있는 사적인 욕망(私慾)을 자제하고 극복해야 한다. 그 욕망을 자제하는 도덕적 기준이 바로 예(禮)라고 할 수 있다.

---

64 논어 안연 12:1-1.

65 논어 안연 12:1-2.

66 한국민족문화대백과: 예(禮).

공자는 인(仁)을 실천하는 여부는 자기 자신에게 달려 있다며 남탓을 하지 말라고 단언한다. 그리고는 그 구체적 및 세부적 실천목록을 묻는 안연에게 말한다.

> 예(禮)가 아니면 보지 말며, 예(禮)가 아니면 듣지 말며, 예(禮)가 아니면 말하지 말며, 예(禮)가 아니면 권(勸)하지 말아야 한다.

후대로 가면서 예(禮)는 종교적·제례적 의식과 결합하고, 인민을 지배하고 통제하는 형식적 지배논리로 변질한다. 하지만 자신의 개인적 욕망 추구가 능력주의로 포장되어 정당화되는 현실에서 사욕을 극복하고(克己) 예로 돌아가라(復禮)는 공자의 준엄한 가르침은 인권유학이 나아가야 할 길이 무엇인가를 분명하게 가리키고 있다.

(2) 선난후득

선난후득 혹은 선난후획(先難後獲)은 극기복례와 함께 인(仁)을 공적 윤리 차원에서 실천하는 방법이다. 이에 대해 공자는 말한다.

> 번지(樊遲)가 다시 인(仁)에 대하여 묻자, 공자께서 말씀하셨다. "인자(仁者)는 어려운 일을 먼저 하고 얻는 것을 뒤에 하니, 이렇게 한다면 인(仁)이라고 말할 수 있다."[67]

---

67 논어 옹야 6:20.

인자(仁者)는 남보다 앞장서 어려운 일을 처리하고(先難), 그 공로로 생기는 이익을 얻는 것은 뒤로 제쳐 놓는(後獲) 사람이다. 이때 획(獲)은 얻음(得)을 말하니 선난후획을 선난후득이라 하기도 한다.[68] 이 점에서 선난은 극기이고, 후득은 복례이다.

따라서 "개인의 사사로운 욕심을 이기고 혹은 극복한다"는 극기(克己)와 "어려운 것을 먼저 한다"는 선난(先難)은 모두 인(仁)을 사적 윤리의 차원을 넘어 공적 윤리의 가치로 간주하는 것을 의미한다. 공자는 이와 같은 마음가짐과 태도를 바탕으로 예(禮)로 되돌아가고(즉, 회복하고; 復禮), 얻는 것을 뒤로 미루는 것(後得)이야말로 인(仁)을 실천하는(爲仁) 바람직한 방법이라고 보고 있다. 따라서 공자는 공적인 도덕규범 혹은 마땅히 해야 할 의무를 먼저 고려하는 것이 인(仁)이 된다고 말하여, 인(仁)이 사적·개인적 윤리로 전락하는 것을 경계했다.[69]

4. 서(恕)

효제가 인(仁)의 사적 윤리이고, 극기복례와 선난후득이 인(仁)의 공적 윤리라면, 서는 인(仁)을 실천하는 황금률이라고 할 수 있다. 공자는 인(仁)의 최종적 실천원리로 서(恕)를 제시한다.[70] 서(恕)는 충(忠)과 함께 충서(忠恕)라 부르기도 한다. 이때 충(忠)이란 마음(心) 혹은

68 임헌규 III, 656쪽.
69 임헌규 III, 209쪽.
70 임헌규 III, 209쪽.

마음의 본바탕(心地)이 올곧고 굳어 한쪽으로 치우치지 않고 공평하다(中)는 뜻이고, 서(恕)란 남의 처지에 서서 연민하는 마음을 가지는 것을 말한다. 충(忠)과 서(恕)는 『논어』의 여러 곳에서 언급되고 있지만 공자는 충(忠)보다는 서(恕)를 보다 많이 강조하고 있다. 한마디로 서(恕)란 서로의 입장이나 처지를 바꾸어 생각해 본다는 역지사지(易地思之)와 관용의 마음가짐이라고 할 수 있다. 서(恕)를 중시하는 공자의 이 생각은 여러 곳에서 확연히 드러나 있다.

『논어』 위령공편에서 자공(子貢)이 "한 말씀으로서 종신토록 행할 만한 것이 있습니까?" 하고 묻자, 공자는 말한다.

> 서(恕)일 것이다. 자기가 하고자 하지 않는 것을 남에게 베풀지 말라는 것이다.[71]

서(恕)란 사람이 자신과 상대방의 입장과 처지를 바꾸어 생각하는 마음가짐과 태도를 말한다. 만일 '자기가 원하지 않는 것을 남에게 베풀지 말아야 한다'는 입장을 견지한다면, 공자가 말하는 바른 깨달음인 도(道)와 멀지 않다. 이에 대해 공자가 말한다.

> 삼(參)[72]아! 나의 도(道)는 한 가지 이(理)가 만 가지를 꿰뚫고 있다.[73]

71 논어 위령공 15:23. 己所不欲 勿施於人.
72 공자의 제자로 훗날 증자(曾子)로 존숭됨.
73 논어 이인 4:15-1.

공자의 이 말에 증자가 "예" 하고 대답했다. 공자가 나가자 문인(門人)들이 "무슨 말씀입니까?"하고 물으니, 증자가 대답했다.

> 부자(夫子)의 도(道)는 충(忠)과 서(恕)일 뿐이다.[74]

공자 자신도 『대학(大學)』에서 "충서는 도에서 멀지 않으니 나에게 베풀어짐을 원하지 않는 것은 남에게 베풀지 말라"고 단언하고 있다.[75] 이처럼 공자에게 충서는 곧 자신이 지향하는 '한 가지 이치로 만 가지 일을 꿰뚫는 도(吾道一以貫之)'로 간주될 만큼 인도(仁道)의 실천 여부를 가늠하는 잣대와 같다.

5. 혈구지도(絜矩之道)·능근취비(能近取譬)

그렇다면 서(恕)를 현실적으로 실행하는 구체적 방법론은 무엇일까. 그것은 바로 혈구지도와 능근취비다. 전자는 "나의 마음을 척도로 하여 남의 마음을 미루어 헤아린다"는 뜻이고,[76] 후자는 "자기 자신 가까운 데서 일어나는 사실에 비추어 남의 입장과 처지를 고려하여 깨달음을 얻는다"는 뜻이다.[77] 공자는 말한다.

---

74 논어 이인 4:15-2.

75 중용 13:3. 忠恕違道不遠, 施諸己而不願, 亦勿施於人.
송명신언행록(宋名臣言行錄)에서 범순인(范純仁)은 말한다. "평생 배운 것 중에서 오직 충서(忠恕) 이 두 글자만을 얻었다. 이 충서의 도는 일평생 두고두고 쓰면 쓸수록 깊은 맛이 있다."

76 대학 제10장.

77 논어 옹야 6:28-2.

인자(仁者)는 자신이 서고자 함에 남도 서게 하며, 자신이 통달하고자 함에 남도 통달하게 하는 것이다.[78]

충서는 혈구지도라고 하면서 공자는 군자가 남을 이해하고 연민하는 마음 없이 인(仁)을 내세우지 말라고 경계한다.[79] 그리고는 남에게 무엇을 하도록 권하기 전에 먼저 자기 자신이 실행해야 한다며 공자는 이렇게 말한다.

군자는 자기에게 책임을 추궁하고, 소인은 남에게 추궁한다.[80]

이를 달리 말하면, 군자는 자기 스스로가 인(仁)을 실행함으로써 비로소 남에게도 인(仁)을 행할 것을 요구한다는 뜻이다. 이처럼 공자는 소인(小人)이 하는 짓은 곧잘 군자와 반대되는 경우가 많다고 비판하면서 군자에게 인(仁)을 실행해야 하는 무거운 책임을 부과하고 있다. 이에 대해 범순인(范純仁)은 군자가 가져야 할 마음가짐으로 충서를 가져야 한다며 이렇게 제자를 훈계한다.

남을 질책함에 있어 엄중한 것처럼 남을 질책하는 그런 마음을 가지고 자기 자신을 질책할 일이다. 또 자기에게 대해서는 관대하나 그와 같은 충서의 마음을 가지고 남을 대할 일이다. 만일 그

---

78 논어 옹야 6:28-2.
79 맹자는 공자의 이 충서(忠恕)를 계승하여 "사람은 누구나 차마 하지 못하는 그런 마음이 있다"는 불인지심(不忍之心)으로 표현하고(맹자 공손추 上: 6), 사단(四端)으로 발전시킨다.
80 대학 제9장 4. 君子有諸己 而後求諸人.

렇게 할 수 있다면 무릇 성현의 지위에 도달하기는 어렵지 않다. 세상 사람들은 자기는 어리석으면서도 사람을 질책할 때는 매우 자세한 데까지 밝히려 한다. 반대로 총명한 사람은 자기의 과실에 대해선 어떻게 해서든지 모른 체하려 한다. 이것이 인정(人情)의 결점이기도 하다.[81]

마찬가지로 다산 정약용도 고금주에서 "어렵고 고된 일을 남보다 먼저 하고, 이익을 얻는 일은 남보다 뒤에 하는 것은 서(恕)이다. 힘써 서(恕)를 행하면, 인(仁)을 구함이 이보다 더 가까운 것은 없다"고 설파하고 있다.[82]

서(恕)의 마음가짐을 가져야 한다는 공자의 이 사고를 현대적 의미에서 바라보면, 군자는 소인에 비하여 노블레스 오블리주(noblesse oblige)를 가져야 한다는 의미로 이해할 수 있다. 군자는 높은 사회적 신분 혹은 지도층 인사이므로 소인에 비하여 상대적으로 높은 수준의 도덕적 의무를 져야 한다. 한마디로 군자는 군자다워야 하고, 또는 군자는 군자답게 처신해야 한다. 소인에 비하여 상대적으로 높은 지위와 신분 혹은 경제적 혜택을 누리고 있는 만큼 군자는 그에 상응하는 사회적 책임을 다해야 하는 것이다. 이렇게 해석하는 것이 군군신신부부자자(君君臣臣父父子子)를 지향하는 공자의 사상을 수용하고 현실에서 실천하는 군자의 바른 마음가짐과 태도라고 할 수 있다.

---

81 송명신언행록(宋名臣言行錄): 범순인(范純仁).
82 임헌규 III, 656쪽. 다산은 선난후득과 극기복례를 충서(특히 서)와 연결함으로써 주자를 비롯한 기존의 입장보다 훨씬 앞선 해석태도를 보이고 있다.

그리고 『논어』 옹야편에서 제자 자공의 질문에 대답하면서 공자는 인(仁)의 실천 방법으로 능근취비를 강조한다.

> 자공(子貢)이 말하였다. "만일 백성들에게 은혜를 널리 베풀고(博施) 많은 사람을 구제한다면(濟衆) 어떻습니까? 인(仁)하다고 할 만합니까?"
> 공자께서 말씀하셨다. "어찌 인(仁)에만 그치겠는가? 반드시 성인(聖人)일 것이다. 요순(堯舜)도 오히려 이것을 부족하게 여기셨을 것이다."[83]

공자가 말하듯이 현실의 삶에서 인(仁)을 실천하는 방법으로 능근취비와 서(恕)를 제시한다. 즉, '가까이 자기에게서 취하여 깨닫는 것'과 함께 '자신이 하고 싶지 않은 것을 남에게 강요하지 않는 것'이 인(仁)을 실천하는 가장 바람직한 방법이라는 것이다.

인(仁)이 지향하는 대상은 백성, 즉 사회적 소수자와 약자이다. 그들의 입장과 처지에 대해 연민의 마음으로 대중을 구제하는 정치를 하는 것이 곧 인(仁)을 실천하는 것이다. 공자는 그런 정치는 인(仁)을 넘어선 성(聖)이라고 단언한다. 인자(仁者)는 자신을 낮추고 남을 위해 헌신하는 사람이다.

> 군자(君子)는 남의 아름다움을 이루어 주고 남의 악함을 이루어

83 논어 옹야 6:28-1.

주지 않으니, 소인(小人)은 이와 반대이다.[84]

위의 번역은 다소 문학적인 표현으로 풀어쓰고 있지만 "군자는 자기가 입신하고 싶음에도 남도 입신할 수 있도록 하고, 자기가 영달하고 싶음에도 남도 영달할 수 있도록 해야 한다"는 뜻이다. 공자의 이 말은 인(仁)이 현대적으로 지향해야 할 올바른 방향을 제시하고 있다. 이와 같은 관념이야말로 유학이 인권과 사상이념적으로 합치할 수 있는 지점이라고 생각한다.

Ⅴ. 인(仁)에 바탕을 둔 인권국가: 소강사회(小康社會)

이상향 또는 이상사회를 뜻하는 유토피아는 인간이 바람직하다고 생각하는 모습의 사회다. 인간은 궁핍과 억압에 시달리는 현실을 벗어난 완전한 사회를 꿈꾸고 추구해 왔지만 그러한 사회가 현실에서 이뤄진 적은 없다. 유토피아(utopia)라는 말은 1516년 토마스 모어가 자신의 저서 『유토피아』에서 처음 사용했다. 그리스어의 '없는(ou-)'과 '장소(toppos)'라는 두 말을 결합하여 만든 것에서 알 수 있듯이 유토피아는 현실적으로는 아무데도 존재하지 않는 이상의 나라 또는 이상향이다.[85]

---

84 논어 안연 12:16. 마찬가지로 "군자는 다른 사람이 좋은 일을 이루게 도와주고, 다른 사람이 나쁜 일을 이루지 않게 도와주지만 소인은 이와 반대이다(君子成人之美, 不成人之惡. 小人反是)"와도 같은 뜻이다. 모두 공자의 말을 풀어쓴 것이다.

85 졸저, 『나는 태양 때문에 그를 죽였다』, 학이사, 2022(이하, 채형복, 『나는 태양 때문에 그를

하지만 토마스 모어에 훨씬 앞서 공자는 『예기』 예운편(禮運篇)에서 이상사회의 두 가지 모델로 대동사회(大同社會)와 소강사회(小康社會)를 제시하고 있다. 제자 자유(子遊)가 "선생님께서는 무엇을 탄식하십니까?"라고 묻자 공자는 "대도가 행해진 일과 삼대의 어진 인물들을 내가 직접 보지 못했으나 그에 관한 기록은 남아 있다"며 대동과 소강에 대해 자세하게 설명한다.

대동과 소강은 공자가 지향하는 유가적 이상사회다. 하지만 공자가 꿈꾸는 이상사회가 대동인지, 아니면 소강인지에 대해서는 의견이 나뉜다.

공자는 모든 사람이 사리사욕을 극복하여 도덕과 예(禮)를 회복함으로써 현실에서 인(仁)이 실현되는 이상사회를 대동(大同)이라 불렀다는 것이 일반적인 의견이다. 이에 반하여 공자가 지향하는 이상사회는 대동사회가 아니라 소강사회라는 주장도 있다. 이 의견에 따르면, 소강사회도 공동체를 지향하지만 대동사회와는 달리 평등 공동체가 아니라 혈연을 중심으로 하는 가부장적 차별 공동체라는 점에서 두 사회는 다른 모델이라는 것을 주된 이유로 들고 있다.[86] 이 두 가지 의견 중에서 어느 것이 타당할까?

춘추전국시대의 혼란한 정치상황에 비추어 생각해 보면, 대동은 유가만의 전유물이 아니라 당대의 사회적 함의를 담고 있는 지향으로 이해하는 것이 타당하다.[87] 실제로 대동이란 말은 공자의 전유

죽였다』), 123쪽.

86 기세춘, 『묵자』, 바이북스, 2021(이하, 기세춘, 『묵자』), 286쪽.

87 김경호, "봉기의 동력에 대한 철학적 성찰 -이상사회와 유토피아를 향한 분노와 분투", 감성연구, 제7권, 2013. 8., 전남대학교 호남학연구원, 50쪽.

물이 아니며, 『장자』 재유편[88]이나 『여씨춘추』[89]에도 나오고, 『도덕경』이나 『묵자』에도 현동(玄同)이나 상동(尙同)과 같은 유사한 개념이 사용되고 있다.[90] 대동이란 말은 당대 사람들이 꿈꾸는 이상향 내지는 이상사회에 대한 일반적 가치관 혹은 열망을 담고 있다고 할 수 있다.

위 논의를 공자가 그리는 이상사회에 적용해 보면 어떤 주장이 타당할까?

공자는 대동사회를 유가가 꿈꾸는 바람직한 이상사회로 보고 있다. 그러나 공자는 기본적으로 혈연에 바탕을 둔 종법 중심의 가부장적 가족공동체를 실현하고자 한다. 그의 주장에 비춰 보면, 비록 공자는 대동사회를 꿈꾸었다고 할지라도 그가 지향하는 이상사회는 인치(仁治)로 다스리는 소강사회라고 보는 견해가 타당하다.[91]

『예기』 예운편에는 소강사회에 대해 이렇게 적고 있다.

> 오늘날은 대도가 쇠미해지니 천하는 가문의 사유물이 되었다. 저마다 자기 부모만을 사랑하고 자기 자식만을 어여삐 여기며 재물과 노동은 자기만을 위한 것이 되었다. 대인은 세습을 예(禮)로 삼았으며, 성곽과 못을 만들어 굳게 지키고, 예의를 만들어 기강을 세웠다. 이로써 군신은 바르고, 부자(父子)가 돈독하고 형제가 화목하고, 부부가 화락했다. 용감하고 지혜 있는 자를 어질다 칭송

88 莊子, 在宥. “頌論形軀, 合乎大同, 大同而无己.”
89 呂氏春秋 卷13, 有始覽. “天地萬物, 一人之身也, 此之謂大同.”
90 김경호, 앞의 논문, 49쪽.
91 조기빈, 『공자의 논어 반논어』, 예문서원, 1996; 기세춘, 『묵자』, 286쪽.

하니 모두가 자기만을 위하여 공을 세우려 했다. 예(禮)로써 제도를 설정하고 정전제가 수립됐다. 이에 세상에는 간특한 모의가 일어나니 전쟁이 일어났다. 우·탕·문·무와 성왕과 주공 등이 이 어지러움을 수습했으므로 천자로 선출됐다. 이들 여섯 군자들은 몸소 예(禮)를 실천하고 예(禮)로써 다스렸다. 즉 마땅함을 드러내고(義), 믿음을 쌓고(信), 허물을 밝히고(知), 어진 마음을 본받아(仁) 겸양토록(禮) 가르쳐 백성들에게 오상(五常)의 도를 보여 준 것이다. 만약 이러한 도를 어기는 자가 세력을 가지면 모두에게 큰 재앙이 될 것이므로 제거했다. 이것을 일러 소강이라 한다.[92]

첫째, 소강사회는 대도(大道)가 쇠미해지고 천하가 가문의 사유물이 된 봉건제사회다. 그 결과 저마다 자기 부모만을 사랑하고 자기 자식만을 어여삐 여기며 재물과 노동은 자기만을 위한 것이 되는 등 가족과 가문 중심의 지극히 이기적인 사회질서가 확립되었다. 이런 문제를 해결하기 위해 대인은 세습을 예(禮)로 삼고, 성곽과 못을 만들어 굳게 지키고, 예의를 만들어 기강을 세우기 위해 애를 썼다. 이로써 군신은 바르고, 부자(父子)가 돈독하고, 형제가 화목하고, 부부가 화락하는 등 인간관계의 상하위계가 바로잡히게 되었다. 하지만 용감하고 지혜 있는 자를 어질다 칭송하니 모두가 자기만을 위하여 공을 세우려 하는 위인지학(爲人之學)을 추구하였다. 대인은 예(禮)로써 제도를 설정하고 정전제를 수립하여 실시했지만 세상에는 간특

92 기세춘, 『묵자』, 287-288쪽.

한 모의가 일어나 결국 전쟁이 일어났다. 전쟁으로 사회가 혼란에 빠진 주된 이유는 봉건제의 붕괴라고 할 수 있다.

중국 봉건제는 상나라를 멸망시킨 주나라가 광대한 영토를 효율적으로 다스리기 위한 목적으로 처음 실시하였다. 주나라 왕실은 혈연관계에 있는 친척들과 군신 관계를 맺고, 그들에게 각지의 영토를 분봉해 주고 다스리게 함으로써 봉토 세습을 보장했다. 이후 제후는 주나라 왕실을 종실로 숭배하였다. 이처럼 봉건제는 혈연을 매개로 한 종법(宗法)질서를 통해 성립되었다. 하지만 주나라 후기로 갈수록 혈연의식이 약화되고 주 왕실이 제후국의 정치에 별다른 영향력을 끼치지 못하게 되면서 서서히 붕괴되어 갔다.

봉건제의 붕괴는 여러 가지 요인에 의해 발생했다. 첫째 요인은 주 왕실의 권력 약화다. 주 왕실은 처음에는 제후국들에 대한 강력한 통제력을 가지고 있었지만, 시간이 지남에 따라 제후국들이 점점 강해지면서 주 왕실의 통제력이 약화되었다. 둘째 요인은 혈연의식의 약화다. 봉건제는 혈연을 매개로 한 종법질서를 통해 성립되었지만, 시간이 지남에 따라 혈연의식이 약화되면서 봉건제도가 붕괴되었다. 셋째 요인은 철기의 보급으로 인한 농업 생산력의 향상이다. 철기의 보급으로 인해 농업 생산력이 향상되면서, 제후국들은 더 많은 병력을 양성할 수 있게 되었다. 이로 인해 제후국들은 서로 패권을 다투기 시작했다.

하지만 봉건제의 붕괴가 중국 사회에 부정적으로만 작용하지는 않았다. 물론 제후국들이 서로 패권을 다투면서 전쟁이 빈번하게 발생하여 많은 사람들이 죽고, 사회가 혼란에 빠졌다. 반면, 문학, 예술, 과학이 크게 발전하는 긍정적 효과도 있었다. 제후국들은 앞다투어 문화를 발전시키기 위해 노력했으며, 이로 인해 문학, 예술, 과학이 크게 발전했다. 또한 사상과 학문의 비약적 발전도 이뤄졌다. 그 결과 제자백가로 불리는 많은 학자나 사상가들이 자기의 학설이나 주장을 자유롭게 발표하여 논쟁하고 토론하는 백가쟁명의 시대가 도래하였다.

이처럼 봉건제의 붕괴는 당시 중국사회를 혼란에 빠뜨렸지만, 동시에 새로운 발전의 계기가 되기도 하였다. 하지만 공자는 자신이 추구하는 정치사상과 제도의 모델을 봉건제에 의거한 주나라 종법에 두고 인륜의 대도를 회복함으로써 사회혼란을 수습하고 정치적 안정을 이루고자 의도하였다.

둘째, 전쟁으로 인한 혼란을 수습하고 오상(五常)의 도가 실현되는 소강사회를 유지하기 위해서는 강력한 힘을 가진 정치지도자(천자)가 필요하다. 우·탕·문·무와 성왕과 주공 등이 사회혼란을 수습했으므로 천자로 선출됐다. 이들 여섯 군자들이 가장 먼저 한 일은 몸소 예(禮)를 실천하고 예(禮)로써 다스린 것이다. 그리하여 마땅함을 드러내고(義), 믿음을 쌓고(信), 허물을 밝히고(知), 어진 마음을 본받아(仁) 겸양토록(禮) 가르쳐 백성들에게 오상의 도를 보여 주었다.

인의예지신, 즉 오상은 유교에서 사람이 지켜야 할 가장 중요한 다섯 가지 기본 도리를 일컫는다. 인은 사랑과 자비를, 의는 옳고 그름을, 예는 예의와 도리를, 지는 지혜와 지식을, 신은 믿음과 신뢰를 뜻한다. 오상은 부자유친, 군신유의, 부부유별, 장유유서, 붕우유신을 일컫는 오륜에 대응하는데, 이를 도식화하면 아래와 같다.

오상과 오륜의 상관관계

오상		오륜
인(仁)	↔	부자유친(父子有親)
의(義)		군신유의(君臣有義)
예(禮)		부부유별(夫婦有別)
지(智)		장유유서(長幼有序)
신(信)		붕우유신(朋友有信)

오상은 오륜과 함께 유교에서 이상적인 인간의 모습이자 사회 질서의 기초로 개인관계는 물론 사회 발전에도 중요한 역할을 한다고 본다. 만일 오상을 바탕으로 인의예지신이 실천되면, 유가는 사랑과 자비가 넘치고, 옳고 그름이 분명하며, 예의와 도리가 지켜지고, 지혜와 지식이 공유되며, 믿음과 신뢰가 쌓이는 사회를 만들 수 있다고 생각했다.

셋째, 소강사회는 예의를 인간관계와 사회를 다스리는 근본규범으로 삼는 예치사회(禮治社會)다. 천자는 오상의 도를 어기는 자가 세력을 가지면 모두에게 큰 재앙이 될 것이므로 제거해야 한다는 정치적 판단을 할 수밖에 없다. 하지만 여전히 문제는 남는다. 만일 천자가 재앙의 근원이 되는 '오상의 도를 어기는 자(혹은 세력)'를 모두 제거한다고 할지라도 사회질서의 안정을 위협하는 모든 위험요소를 없앨 수는 없는 노릇이다. 이때 필요한 것이 예(禮)를 통해 나라를 다스리는 예치사회(禮治社會)를 구축하는 것이다.

예치는 유가에서 가장 중요한 개념 중 하나로, 예절과 도리를 통해 사회 질서를 유지하고 사회 구성원 간의 조화를 이루는 통치방식을 의미한다. 한마디로 예치사회란 개인의 도덕적 자각과 사회 규범에 대한 준수를 통해 사회 질서를 유지하고자 하는 사회 질서를 말한다.

예치사회는 중국 역사에서 오랫동안 지배적인 사회 질서였다. 주나라는 예치사회를 바탕으로 세워진 국가였으며, 이후 한(漢)나라, 당(唐)나라, 명(明)나라 등 많은 중국 왕조들도 예치사회를 바탕으로 통치했다.

예치사회에서는 군주가 예(禮)를 통해 사회를 다스리며, 신하와 백성들도 예(禮)를 통해 군주와 사회에 순종한다. 예치사회는 유가가 꿈꾸는 이상적인 사회 질서이지만, 현실적으로는 완벽하게 실현되지 못했다.

마지막으로, 유가들이 지향하는 이상사회는 인예(仁禮)를 통치이념으로 삼고 있는 소강사회이다. 하지만 이 사회는 사람이 마땅히 지켜야 할 기본덕목인 오상을 바탕으로 천자를 중심으로 인간의 서열관계가 분명한 신분제 및 혈연에 의거한 봉건사회라는 한계를 벗어나지 못한다. 유가들은 가장 바람직한 이상사회로 대동사회를 꿈꿨지만 현실적으로 그들이 선택한 것은 소강사회였다. 대동사회는 겸애와 대도를 통치이념으로 삼고 있는 묵가나 도가사상에서 보다 구체화되었다고 할 수 있다.[93]

93 기세춘, 『묵자』, 286쪽.

VI. 공자의 인(仁)에 대한 현대 인권적 평가

공자의 말과 가르침을 모은 『논어』에 현대유럽사회에서 말하는 인권 개념이 부재하다는 점은 누누이 강조한 바와 같다. 인권은 다분히 근대 유럽 정치사상의 산물이고, 또한 시대와 지역의 상황이 다르다고 할지라도 왜 유독 유학이 비판받고 있는 것일까? 그 주된 이유는 가부장제에 있다고 생각한다.

춘추전국시대는 중국 사회와 문화에서 큰 변화를 가져왔는데, 특히 가부장제가 급부상하였다. 가부장제는 남성이 여성보다 우월하다고 믿는 사회제도로 가부장이 가족에 대한 지배권을 행사하는 가족 형태 또는 그런 지배 형태를 말한다. 이 제도는 여성이 남성의 보호와 지원을 받는 대가로 남성에게 복종해야 한다는 생각에 기반을 두고 있다. 춘추전국시대에 가부장제는 이전 시기보다 더 강력해졌는데, 여러 가지 요인 때문이다.

첫 번째 요인은 전쟁의 빈발이다. 전쟁은 많은 남성의 죽음으로 이어졌고, 이는 여성이 남성보다 더 많은 책임을 져야 함을 의미했다. 전쟁으로 인해 많은 남성들이 죽자 여성들은 가정에서뿐만 아니라 사회에서도 더 많은 책임을 져야 했다. 전쟁으로 인해 남편을 잃은 경우, 여성들은 자녀를 키우고 집안일을 혼자서 해야 했다. 또한, 전쟁으로 인해 농지가 황폐화되자 농사를 지어 가족을 부양하는 것도 여성이 부담해야 했다. 심지어 일부 여성들은 전쟁터에 나가 군인으로 싸우기도 했다.

두 번째 요인은 철기의 발달이다. 철기는 농업과 무기 생산을 위한 더 강력한 재료였다. 철기문화의 발달로 남성이 더 많은 권력을 갖게 하여 가부장제를 강화하는 데 도움이 되었다.

세 번째 요인으로 유교의 부상을 들 수 있다. 유교는 효제(孝悌)를 앞세워 가족과 부모에 대한 존경의 중요성을 강조함으로써 여성이 남성에게 복종해야 한다는 가부장제를 정당화하는 데 사용되었다.

이리하여 가부장제는 춘추전국시대 중국 사회에서 이미 지배적인 사회제도로 자리 잡았으며, 당시는 물론 오늘날까지 여성의 삶에 큰 영향을 미치고 있다.

하지만 어떤 사상과 이념이든 완벽할 수는 없고 일정한 한계가 있기 마련이다. 만일 유교가 가부장적이고, 여성의 권리를 보장하지 못하고 억압하는 등 장점보다 단점이 컸다면, 그 오랜 세월 동안 살아남을 수 있었을까? 또한 공자의 말과 가르침을 담은 유교의 기본 경전인 『논어』도 같은 맥락에서 그 중요성을 파악할 수 있다. 비록 『논어』가 여러 문제점을 내포하고 있다고 할지라도 오늘날까지 전승될 수 있었던 것은 무엇 때문일까. 적어도 이 책은 시대를 거슬러 삶에 유용한 지식과 지혜를 담고 있으며, 인권의 관점에서도 긍정적으로 평가하고 현대적 의미에서 재해석할 수 있는 많은 내용이 포함되어 있기 때문이다.

1. 인권의 관점에서 공자의 가장 큰 업적은 비로소 개인을 자신의 삶의 주체로 보고 있다는 점이다

공자가 활동하던 춘추시대는 잦은 전쟁으로 정치가 혼란하고 사회는 불안정하였다. 이런 현실에서 당시 사람들은 자신의 삶을 통제할 수 없으며, 운명에 의해 조종된다고 믿었다.

유가에서 운명관은 하늘(天)에 대한 관념과 직접 관계하고 있다. 하지만 공자는 하늘을 신이나 창조주로 보지 않았다. 이 점은 상당히 중요한데, 그는 하늘을 자연의 법칙과 질서로 파악함으로써 보다 보편적인 개념으로 받아들이고 있다. 이 관점에서 공자는 하늘이 인간에게 선과 악을 구별할 수 있는 능력을 부여했으며, 그것을 본성이라고 보았다. 나아가 그는 하늘을 인격적 주재자로 보고, 하늘은 인간이 도덕적이고 올바른 삶을 살기를 원한다고 간주했다.

개인을 삶의 주체로 보는 공자의 생각은 근대유럽 철학에서 말하는 주체성과 전적으로 부합하지는 않는다. 후자는 인간이 어떤 일을 실천할 때 나타나는 자유롭고 자주적인 성질을 말한다. 이때 개인에게는 '자유의지'로 '이성'에 의하여 자신의 삶을 선택하고, 그로 인한 결과에 책임을 지는 자세가 요구된다. 한마디로 주체성은 자신의 삶을 결정하고 자신의 행동에 대한 책임을 지는 능력이다. 이 능력에 따라 개인은 자신의 생각, 감정, 신념을 갖고 자신의 가치와 신념에 따라 행동한다. 그러므로 개인의 주체성은 "타인 혹은 외부의 간섭 없이 개인 삶의 사적 영역에 관하여 스스로 결정할 수 있는 자의적 권리"를 의미하는 자기결정권(自己決定權, the right to self-determination)과 직접 관련된다.

현대 헌법이나 인권법에서 말하는 자기결정권에 비하면 공자의 철학은 그 범위가 아주 제한된다. 봉건제에 의거하여 철저한 신분제에 얽매여 살고 있는 개인이 자기 삶의 주체로서 독자적으로 어떤 선택과 결정을 내리기란 사실 불가능한 현실이었기 때문이다. 공자의 사상을 자기결정권을 비롯한 현대 인권의 핵심 이슈와 연결하여 해석하고 적용하기에는 여전히 넘어야 할 장벽이 많다. 그러나 중요한 것은, 그러한 한계에도 불구하고 공자는 사람은 본질적으로 선하며, 교육을 통해 변화하고 발전할 수 있다고 가르쳤다는 사실이다. 가르치고 배우는 과정에서 스승과 제자가 함께 성장한다는 교학상장(教學上長)을 통해 유학의 변화와 성장가능성을 기대했다고 볼 수 있다.

2. 공자는 개인이 교육과 자기 수양을 통해 변화하고 성장할 수 있는 가능성을 가진 존재라고 가르쳤다

여기서 핵심은 바로 앎(지식, 知)을 배우고(學) 익히는(習) '학습'에 있다. 이는 『논어』 제1편이 「학이(學而)」로 시작되는 것과 무관하지 않다. 『논어』를 시작하는 첫머리에서 공자는 말한다.

> 배우고 그것을 때때로(항상) 익히면 기쁘지 않겠는가(學而時習之 不亦說乎).

공자의 이 말은 여러 의미로 해석할 수 있으나 그 중심에 '개인으로서 나'가 있다.

공자에게 배우고 익히는 것은 일상과 동떨어진 것이 아니라 밥 먹고 잠자는 것처럼 자연스럽고 당연한 일이다. 그 모든 행위의 중심에 다른 누구도 아닌 '개인=나'가 있다. 비록 춘추시대는 봉건신분제가 강고한 사회였지만 공자를 통하여 비로소 개인은 지식을 추구함으로써 내면적으로 성장하고 사회적으로 변화할 수 있는 가능성이 있는 존재라는 사실을 자각할 수 있게 되었다.

1882년 프리드리히 니체는 그의 책 『즐거운 지식』에서 "신(神)은 죽었다!"고 선언하였다. 그의 선언은 유럽사회를 지배하고 있던 종교적·도덕적 가치체계의 붕괴를 선언함으로써 기존의 질서에 정면으로 도전했다. 또한 그의 선언은 개인의 주체성에도 큰 영향을 미쳤다. 신(神)이 죽었다는 것은 개인이 의지하고 믿어야 할 절대적인 가치가 사라지고 없다는 것을 의미한다. 이제 개인은 자신의 삶에서 의미와 목적을 찾기 위해 스스로 책임을 져야 했다.

신(神)으로 대표되는 절대 신앙과 권위 혹은 가치에 자신의 삶을 전적으로 의지하고 있던 개인에게 니체의 선언은 오히려 혼란과 두려움을 불러일으켰다. 니체의 선언과는 달리 다소 완곡하게 에둘러 표현했지만 공자의 말을 보다 적극적이고 실천적인 측면에서 해석하면 그 뜻이 완전히 달라진다.

> (내가 몸소 지식을) 배우고 때때로(항상 또는 적절한 때) 익히며 그것을 현실에서 실천하면 기쁘지 않겠는가.

지식과 신분상승에 목마른 선비(士)들에게 공자의 이 말은 가뭄의 단비와도 같았을 것이다.

누구에게 무엇을 배우고 익히는 과정을 교육이라 한다. 공자는 교육을 통하여 개인이 성장하고 변화할 수 있다는 사실을 알고 이를 실천한 교육자이기도 했다. 또한 공자는 교육이 단순히 지식의 체득에 있지 않고 인격 수양을 통한 실천이 중요하다고 보았다. 비록 그의 교육관은 가족중심주의를 넘어서지 못한 한계가 있지만 현대 인권의 기본 취지와도 부합한다. 인권 혹은 유학이든 교육과 학습은 모든 사람을 대상으로 삼고 있다. 하지만 그중에서도 특히 관심을 두어야 할 대상은 사회의 소외집단에 속하는 사람들이다. 여기에서 인권과 공자사상이 결합할 수 있는 하나의 지점이 있으니 바로 인(仁)이다.

3. 인(仁)은 공자가 주장한 유교의 도덕 또는 정치 이념이다

인(仁)은 기본적으로 사람(타인)을 사랑하는 것이다(愛人). 애인은 사람을 친절하게 대하고 어질게 행동하는 윤리적 자세에서 한걸음 더 나아가 타인이 겪는 고통에 공감하는 연민의 마음이다. 군자라면 마땅히 자신이 배운 지식을 활용하여 타인이 겪는 고통의 원인을 밝히고, 불합리하고 불의한 사회제도와 인식을 개선하기 위한 사회적 및 도덕적 의무를 다해야 한다. 그러므로 공자의 인(仁)사상을 제대로 이해하기 위해서는 "남의 고통을 진정 나의 고통으로 절실하게 느끼는 능력, 즉 공감 능력과 예민한 감수성"을 가져야 한다.[94] 이 능력은 인권을 현실적으로 실천할 때도 절대적으로 요구된다.

94 김기창, 『새롭게 만나는 공자: 결기(仁), 윤리(禮), 배움(學)에 대한 다른 해석』, 이음, 2021, 37쪽.

다른 사람들의 권리를 존중하고 다양한 배경과 경험을 가진 사람들에게 민감하게 반응할 수 있는 능력을 인권에서는 '인권감수성(sensitivity to human rights, human rights sensitivity)'이라고 한다. 한마디로 인권감수성은 인권의 중요성을 인식하고, 인권의 관점에서 세상을 보고 인권이 침해되는 방식을 이해하며, 인권을 보호하기 위해 행동하는 능력이다. 인권감수성을 가지고 있는가 여부에 따라 사람들은 인권 침해를 인식하고 이해하며, 또한 인권을 보호하기 위한 조치를 취하고 연대할 가능성이 더 높다.

인권감수성의 정서적 기초는 무엇일까? 바로 공감, 연민, 존중 등이다. 다른 사람의 감정을 이해하고 공유하는 능력(공감)이 있고, 다른 사람의 고통을 느끼고 그들의 고통을 덜어 주려는 욕구(연민)가 강하며, 또한 다른 사람의 권리와 가치를 인정하고 동등하게 대우하려는 의식(존중)이 높을 때 그 사회의 인권보장 수준은 한결 높을 것이다.

이처럼 인(仁)은 연민·공감·존중으로 남을 대하는 것을 강조한다. 이 점에서 인(仁)의 정서적 기초는 인권감수성과 같은 맥락에 서 있다. 이를 인권의 관점에서 긍정적으로 바라보면, 인(仁) 개념은 모든 사람을 자유롭고 평등하며 존엄성을 가진 존재로 존중으로 대우한다는 생각과 일치한다고 볼 수 있다. 인(仁)이 가진 이 관념이 가장 잘 드러나는 것이 바로 서(恕)이다. 서(恕)는 효제 및 극기복례·선난후득과 함께 인(仁)을 실천하는 덕목이다.

인(仁)을 인권과 결부시켜 해석하면, 공자의 사상을 그저 개인의 수양과 입신양명을 위한 소극적 도덕윤리의 덕목으로 보는 관점을 대폭 수정할 수 있다. 실제 공자도 개인의 내면 성찰을 포함하여 대인관계는 물론 나라를 다스리고 통치하는 삶의 모든 영역에서 인(仁)을 적극적으로 적용하고 실천해야 한다고 생각하였다. 『논어』에서 공자가 혈구지도와 능근취비를 서(恕)를 현실적으로 이행할 수 있는 방법으로 들고 있는 것도 같은 맥락에서 이해할 수 있다.

유학과 인권은 기본적으로 역사와 문화적 배경이 다른 시대와 장소를 배경으로 형성되어 발전되어 왔으므로 양자의 본질적 차이점을 깊이 이해하고 상호 보완할 수 있는 관계를 정립할 필요가 있다. 비록 공자가 인(仁)을 유교의 윤리적 덕목으로 간주하고 있다고 할지라도 유교는 국가와 개인의 관계를 다분히 수직적이고 종속적인 위계와 서열로 보고 있다. 개인은 국가와의 불평등한 관계를 벗어날 수 없고, 국가를 위해 자신이 맡은 역할과 책임을 다해야 한다. 이러한 구조적 한계는 국가가 개인의 자유와 권리를 제약함으로써 개인의 인권이 침해될 우려가 있는 반면, 인권을 제대로 보장하고 있지 못하다고 비판받는 주된 이유이기도 하다.

이와는 달리 인권은 모든 사람의 동등한 가치와 존엄성을 강조한다. 필요하다면, 세계시민은 인류애를 발휘하여 남이 겪는 고통을 낳은 원인을 해소하고, 불합리한 사회구조의 개선을 위해 국내 및 국제적으로 연대하고 싸우기를 마다하지 않는다. 만일 공자의 인(仁) 사상을 인권의 가치와 직접적으로 연결하기 위해서는 유학을 시대의 가치와 이념에 비추어 재해석함으로써 보다 실천적 학문으로 재정립하기 위해 노력해야 한다. 그 전형적인 사례로 여성과 젠더를 들 수 있다.

4. 유학에 내재된 여성차별적 관념은 변화되어야 한다

『논어』에는 공자가 여성에 대해 유일하게 언급한 대목이 나온다. 공자가 말한다.

> 여자(女子)와 소인(小人)은 기르기가(대하기가) 어려우니, 가까이하면 불손하고 멀리하면 원망한다.[95]

공자의 이 말에 주자는, "여기의 소인(小人)은 마부와 노예 등의 하인(下人)을 이른다. 군자(위정자)는 신첩(臣妾)에 대하여 장엄함으로써 임하고 자애로움으로써 기르면 이 두 가지의 병폐가 없을 것이다"라고 주해하고 있다. 이 해석에 따르면, 여자는 하인, 즉 양반이 집에서 부리는 종(노비)과 같은 소인이다. 그러니 여자와 소인은 기르기가 어려운(唯女子與小人 爲難養也) 존재라고 한다. '기르기가 어렵다'는 표현에서 보듯이 여자와 소인은 군자가 기르고 키워야 할 대상이지 대등하게 대할 수 있는 존재가 아니다. 군자가 그런 존재인 여자를 기르는 두 가지 방법이 있으니 바로 장엄함과 자애로움이다.

유학이 여성차별적인 시각이나 편견을 가지고 있는 것은 분명하다. 아무리 춘추전국시대라는 시대적 상황을 전제로 한다고 할지라도 공자의 머릿속에는 여성이 남성과 같은 독립된 주체라는 관념이 없었던 것 같다. 여성은 소인이나 어린아이와 마찬가지로 장엄함과

95 논어 양화 17:25.

자애로움으로 길러야 하는 존재일 뿐 인의(仁義)라는 대의를 추구하는 군자가 될 수는 없는 것이다. 그러니 여성은 너무 가까이하지도, 반대로 너무 멀리해서도 안 되고, 적당한 거리를 두고 대해야 한다. 이것을 유학적인 관점에서 굳이 좋게 해석한다면, 군자는 여성을 대할 때 중도(中道)의 입장에서 어느 한쪽으로 치우지지 않는 태도를 취해야 한다.

그러나 현실은 어떤가. 공자 이래 조선시대에 이르기까지 유가는 남성을 우월적 지위에 두고 여성을 열등한 존재로 보는 남존여비의 사상에 젖어 있었다. 정치권력과 자본, 그리고 교육의 기회마저 박탈당한 여성들은 부당한 차별을 받고 불합리한 대우를 받았지만 그들 스스로 이를 혁파할 능력이 없었다. 삼종사덕(三從四德)[96]을 부녀자가 지녀야 할 미덕으로 알고, 칠거지악(七去之惡)[97]을 범하면 온갖 박해를 받아야 하는 현실에서 조선의 여성들은 오늘날과 같은 성평등은 꿈꾸지도 못했다. 여성의 권리를 중대하게 제약하고 침해하는 유가의 폐습은 오늘날에도 유교에 대한 부정적 인식을 형성하는 데 지대한 영향을 미쳤다고 할 수 있다. 여성으로 대변되는 다양한 층위의 사회적 약자와 소수자의 권리에 대한 이러한 부정적 인식을 어떻게 개선하고 극복할 것인가. 이 문제는 유학이 인권친화적인 학문으로 자리매김했는가를 판단하는 잣대가 될 것이다.

---

96 삼종(三從)이란 여성이 지켜야 하는 세 가지 도리로 집에서는 아버지, 시집가서는 남편, 남편이 죽은 뒤에는 아들을 따라야 하는 것을 말한다. 그리고 사덕(四德)이란 여성이 갖추어야 하는 네 가지 덕성으로 솜씨(工), 맵시(容), 말씨(言), 마음씨(幸)를 일컫는다.

97 칠거지악이란 아내를 내쫓을 수 있는 이유가 되었던 일곱 가지 허물을 말한다. 곧 시부모에게 불손함, 자식이 없음, 행실이 음탕함, 투기함, 몹쓸 병을 지님, 말이 지나치게 많음, 도둑질을 함 따위이다.

제3장

맹자의 의(義)와 인권

I. 현대 인권에서 맹자의 의(義)가 가지는 의미

맹자(孟子)는 기원전 372년에 태어나 기원전 289년에 사망하였다. 그의 생존 시기를 보면 공자(B.C. 551-B.C. 479) 사후 약 백년 후에 태어났다. 맹자의 어머니 장(仉)씨는 아들을 키우기 위해 세 번 이사를 했다. 여기에서 유래한 고사성어가 바로 맹모삼천지교(孟母三遷之教)이다. 이 말은 지금까지도 자식을 훌륭한 인물로 키우기 위한 부모의 강한 교육열을 뜻하는 것으로 회자되고 있다.

스승 공자와 더불어 맹자는 안회 및 증삼과 함께 유학의 4대 성현으로 추앙받고 있다. 이 네 명을 공맹안증(孔孟顔曾)이라 부른다. 맹자를 제외한 안회(顔回, B.C. 521-B.C. 490)와 증삼(曾參, B.C. 506-B.C. 436?)은 공자에게 직접 가르침을 받았다. 안회는 공자의 수제자이고, 증삼은 손자이다. 증삼은 훗날 증자(曾子)로 존숭된다. 반면 맹자는 공자의 손자인 자사(子思, B.C. 483?-B.C. 402?)의 문하에서 배웠다. 그리하여 유가(儒家)의 학맥은 공자를 시조로 증자와 자사, 그리고 맹자로 이어졌다. 공자의 인(仁) 사상을 이어받아 발전시키는 데 큰 기여를 한 공로로 맹자는 유학의 '아성(亞聖)'이라 불린다.

맹자가 저술한 것으로 알려진 『맹자』는 사서삼경(四書三經)의 하나다. 이 책에서 맹자는 인간의 본성은 천성적으로 착하다는 성선설(性善說)을 주장했다. 맹자에 따르면, 인간의 본성에는 인의예지(仁義禮智)의 네 가지 덕(四德)의 싹이 되는 사단(四端)이 갖춰져 있다. 사단 가운데 의(義)에 해당하는 항목은 수오지심(羞惡之心)이다. 맹자는 "옳지 못함을 부끄러워하고 착하지 못함을 미워하는 마음"을 곧 의(義)로 보고 있다.

이때의 의(義)는 사람이라면 마땅히 지키고 행해야 할 바른 도리를 말한다. 사람이 이 도리를 제대로 이행하지 않는 것은 옳지 못하고, 부끄러운 일이다. 또한 사람이 스스로 착하지 못한 것(不善)을 부끄러워하고, 남의 불선도 미워하는 마음을 가져야 한다. 이것이 곧 의로운 마음이 생기는 계기가 된다. 한마디로 의(義)는 맹자의 사상을 이해하는 핵심주제어라고 할 수 있다.

맹자의 의(義)가 가지는 의미는 여러 가지가 있다. 하지만 그중에서도 맹자의 의(義)는 공자의 인(仁)의 구체적 실천방안이라는 점에서 특히 의미가 있다. 즉 맹자에게 "인(仁)은 사람이 사는 가장 편안한 집이요, 의(義)는 사람이 가야 할 가장 바른 길이다."[1] 그 바른 길이 곧 도리이고, 그 도리가 바로 서기 위해서는 삼강오륜에 의거하여 사람 간의 관계가 바르게 정립되어야 한다. 하지만 유학에 인권개념이 부재하다는 비판을 받고 있듯이 맹자의 사상도 동일한 문제가 있다. 맹자가 강조하는 의(義)가 사람 간의 관계를 지나치게 수직적·종속적 지배체제로 설정함으로써 전근대적 신분관계를 고착화시키는 정치적 수단으로 활용되었기 때문이다. 따라서 맹자의 의(義)의 개념을 인권유학의 측면에서 재해석하고 검토함으로써 그 실천적 방법을 모색할 필요가 있다.

1 맹자 이루장구 상 7:10. 仁 人之安宅也 義 人之正路也.

Ⅱ. 의(義)의 인권적 개념

유학이 인학(仁學)이라 불리는 데는 공자의 역할이 절대적이었다. 비록 공자는 『논어』에서 인(仁)의 개념이 무엇인가에 대해서는 언급하지 않았지만 사람을 그 중심에 두고 자신의 정치적 이상을 설파했다. 공자도 의(義)를 말하지 않은 것은 아니다. 『논어』 이인(里仁)편에서 공자는 말한다.

> 군자(君子)는 천하(天下)의 〈일에〉 있어 오로지 주장함도 없고 그렇지 않음도 없어서 의(義)를 따른다.[2]

하지만 인(仁)은 공자 사상의 핵심주제이고, 공자의 주된 관심사는 의(義)보다는 인(仁)에 있었다. 공자와 비교할 때 맹자는 스승보다 한 걸음 더 나아간다. 그는 인(仁)과 의(義)를 병행하여 인의(仁義)를 강조한다. 맹자가 보기에 인(仁)은 사람이 사는 편안한 집과 같은 보편법칙이라면, 의(義)는 사람의 걸어가야 할 바른 길과 같은 도리다. 의(義)에 대한 맹자의 입장은 단호하다. 맹자는 말한다.

> 삶도 내가 원하는 것이고 의(義)도 내가 원하는 것이지만 이 두 가지를 모두 가질 수 없다면 삶을 버리고 의(義)를 취하겠다.[3]

---

2 논어 이인 4:10. 君子之於天下也 無適也 無莫也 義之與比.
3 맹자 고자장구 상 11:10.

맹자의 이 말은 대의를 위해 목숨을 바친다는 뜻의 사생취의(捨生取義)라는 고사를 낳았다. 한마디로 맹자에게 "인(仁)은 사람의 마음이요, 의(義)는 사람의 길이다."[4] 그에게 인의란 선한 본성을 가진 사람이 지켜야 할 보편도덕법칙이자 도덕적 행위의 기준인 셈이다. 따라서 사람의 마음속에 인(仁)이라는 가치이념의 바탕이 마련되어야 비로소 의(義)가 현실적으로 실현될 수 있다. 이런 면에서 양자는 서로 독립적이고 대체불가능하면서도 상호보완적인 관계에 있다고 보아야 한다. 맹자가 주장하는 인의, 특히 의(義)는 다음과 같은 특징이 있다.

1. 공자의 인(仁)에 비하여 맹자가 말하는 의(義)는 보다 현실적이고 구체적이다

공자는 인(仁)을 말하면서 사람의 생명을 중시하였으나 맹자는 인(仁)에 의(義)를 덧붙여 인의를 말하면서 사람들의 생존권을 더욱 중시하였다.[5] 왕도정치의 실현방안의 하나로 정전제(井田制)를 주장한 것이 그 대표적인 사례라고 할 수 있다.

정전제는 중국 고대 은나라와 주나라에서 처음 시행되었다고 전해지는 토지제도이다. 토지를 '정(井)' 자 모양으로 9등분하고, 그 가운데 한 구역은 공전(公田)으로 하여 그 소출로 세금을 충당하고, 나머지 8구역은 사전(私田)으로 하여 각각의 경작자에게 분배하여 생활

4 맹자 고자장구 상 11:11.
5 우재호, "맹자에 대하여", in: 맹자(우재호 옮김), 『맹자』, 을유문화사, 2018. 2., 37-39쪽.

의 기반이 되도록 하였다. 정전제는 유교의 이상적인 정치경제사상인 군민일치(軍民一致)와 균평지권(均平地權)을 실현하기 위한 제도였으나 춘추전국시대에 와서는 제후들이 서로 싸우면서 토지를 빼앗고 합병하는 토지겸병(土地兼倂)의 심화로 인해 실현되기 어려워졌다.

여기서 군민일치는 군대와 인민이 하나가 되는 것을 의미하는데, 군대와 인민이 서로 협력하고 단결하여 나라를 지키는 것을 강조하는 사상이다. 또한 균평지권은 토지가 균등하게 분배되어야 한다는 사상인데, 누구나 토지를 소유할 수 있는 권리가 있으며, 토지는 부의 불평등을 해소하고 사회를 안정시키는 데 필요하다고 주장한다. 따라서 정전제는 군대와 인민이 하나 되어 나라를 지키기 위해서는 토지를 균등하게 배분함으로써 소유의 불평등을 해소해야 한다는 유교의 경제사상이라고 할 수 있다.

유가에서는 정전제를 이상적인 토지제도로 보고 있으며, 맹자도 마찬가지였다. 하지만 정전제를 실행하기 위해서는 강력한 국가권력의 개입이 필요했다. 맹자는 인민들의 생존권 보장을 통한 경제생활의 안정을 확보하기 위해서는 의로움(義)을 바탕으로 인정(仁政)과 덕치(德治)로 다스리는 왕도정치를 펴야 한다고 보았다.

2. 인(仁)과 의(義)는 마음의 바깥이 아니라 내면에 존재한다

인(仁)과 의(義)의 성질과 그 관계를 둘러싸고 맹자와 고자(告子)는 치열하게 논쟁하였다. 고자가 말한다.

인(仁)은 내면에 있는 것이지 외면에 있는 것이 아니며, 의(義)는 외면에 있는 것이지 내면에 있는 것이 아닙니다.

이 말에 맹자가 반문하였다.

어찌하여 인(仁)은 내면에 있는 것이고, 의(義)는 외면에 있는 것이라고 합니까?

이 논쟁에서 고자는 "인은 내재적이고, 의는 외재적이다"라는 인내의외(仁內義外)를, 맹자는 인(仁)과 의(義)의 성질을 내재적 및 외재적인 것으로 나누어 보지 않고, "인의는 내재한다"라는 인의내재(仁義內在)를 주장한다. 이 주장의 논거로 맹자는 다음의 예를 들고 있다.

진나라 사람이 불고기를 좋아하는 것이 내가 불고기를 좋아하는 것과 다를 것이 없으니, 모든 사물에도 이와 같은 상황이 있습니다. 그렇다면 불고기를 좋아하는 마음도 또한 외면에 있는 것이란 말입니까?[6]

고자의 말에서 알 수 있듯이 맹자 이전에는 의(義)가 주로 사물이나 사람과의 관계 속에서 성립되는 외재적인 개념으로 쓰였다. 그러다가 맹자에 이르러 비로소 의(義)는 내재적인 개념으로 발전한다.

---

6 맹자 고자장구 상 11:4.

이 관점에서 맹자는 의(義)를 인간 본성을 구성하는 인의예지 중 하나로 해석한다.[7] 그 결과 인의는 본질적으로 사람의 선한 본성에 내재한다는 맹자의 주장은 자연스레 성선설로 귀결된다.

맹자의 이 사고를 현대 인권에서는 어떻게 바라보고 있을까? 비록 인의는 본성에 내재한다고 할지라도 그것을 밖으로 드러내어 실천할 것인가 여부를 결정하는 것은 개인(=나)의 자유의지이다. 자신의 삶을 스스로 선택하고 결정하는 것은 타인이나 사회 또는 국가가 아니라 주체인 개인(=나)에게 달려 있다. 본성에 내재된 인의는 개인의 선택에 의하여 밖으로 발현되고 실천력을 가질 때 비로소 그 의미가 있다고 보아야 한다.

3. 의(義)는 사사로운 이익(私益 혹은 私利)을 넘어 유가가 추구해야 할 공적인 이익(公益 혹은 公利) 실현을 위한 절대적인 가치기준이다

자신의 방문이 "장차 우리나라에 큰 이익이 되지 않겠는가?"라고 양혜왕이 묻자 맹자는 단호하게 말한다.

> 왕이시여! 하필이면 이익을 말씀하십니까? 다만 (우리에겐 추구해야 할) 인의가 있을 뿐입니다.[8]

『맹자』는 맹자와 양혜왕의 이 대화로 시작된다. 한 나라의 왕으로

7 임종진, 『무엇이 의로움인가』, 글항아리, 2016, 44쪽.
8 맹자 양혜왕장구 상 1:1.

서는 맹자의 방문이 어떤 경제적 이익이 있을까에 대해 관심을 가지는 것은 당연한 일이다. 그러나 맹자는 단호하다. 그는 양혜왕에게 절대 권력과 힘에 의거한 패도(覇道)나 사사로운 이익을 추구하는 이로움(利)보다는 인의에 주목하라고 일갈한다. 왕이 이익을 탐하면 관리와 백성들도 덩달아 사사로운 이익을 추구할 것이니 오히려 나라에 위험이 된다는 것이다. 자신의 말을 적극 수긍하지 못하는 왕이 미덥지 못했던지 맹자는 한 번 더 쐐기를 박는다.

> 왕께서는 단지 인의를 말씀하시면 그만이지 하필이면 이익을 말씀하십니까?[9]

맹자가 생존한 시기는 일곱 개의 제후국이 서로 자국의 이익을 앞세워 패권을 다투던 전국시대였다. 모든 일에 개인의 공명(功名)과 이익만을 추구하는 공리주의적 경향이 팽배한 당시의 현실에서 맹자는 스승 공자가 말한 인(仁)만으로는 사회적 혼란을 극복할 수 없다고 보았다. 그가 공자의 인(仁)에 의(義)를 덧붙여 인의(仁義)을 주장한 이유이다.

서로 자국의 무한 이익을 다투고 싸우는 정치상황에서 왕에게 '단지 인의를 말하라'는 맹자의 주장은 이상주의자의 허황된 언설로 들릴 수도 있다. 그러나 "내가 희망하는 바는 바로 공자를 배우는 것이다"[10]라는 말처럼 맹자는 스스로 공자의 계승자임을 자부하였다. 그

---

9 맹자 양혜왕장구 상 1:1.
10 맹자 공손추장구 상 3:2.

는 의(義)를 바탕으로 스승이 꿈꾼 대동세상을 현실적으로 실현하는 방안으로 왕도정치를 제시한다. 그는 사람의 본성은 천성적으로 선하다는 성선설에 입각하여 민본주의를 강조하고, 인(仁)의 실천 방안이자 인간이 지녀야 할 바른 도리로써 의(義)를 제시한다. 맹자의 의(義)는 인(仁)이 가지는 한계를 극복하고, 또한 인(仁)을 현실적으로 실현할 수 있는 구체적인 수단이자 방안이라고 할 수 있다.

III. 의(義)의 인권이론적 근거

1. 천인합일(天人合一): 하늘(天)과 사람(人)은 하나다

> 선량한 본심을 다하면 사람의 본성을 알게 된다. 사람의 본성을 알면 천명을 알게 된다. 사람의 본심을 보존하여 사람의 본성을 기르는 것이 바로 천명을 대하는 방법이다.[11]

맹자는 마음을 다하면(盡心) 사람의 본성을 알게 되고(知性), 그 본성을 알면 하늘의 뜻을 알 수 있다(知天)는 뜻을 피력한다. 마음과 본성이 하늘과 다르지 않고 같은 성질을 가지고 있다(心=性=天)는 것이 맹자의 생각이다. 본래의 마음을 지키고, 본성의 선함을 기르고 실현해야 한다는 존심양성(存心養性)과 같은 말이다.

---

11 맹자 진심장구 상 13:1.

유가에서 하늘(天)은 다양한 뜻으로 사용된다. 하늘은 우주 운행을 관장하는 자연의 원리이자 인간 삶의 실재(實在) 내지는 존재원리이다. 또한 하늘은 인간의 삶과 운명을 지배하고, 바른 길로 나아가게 지시하고 명령하는 인격적 존재이기도 하다. 이처럼 여러 의미로 사용되고 있던 하늘을 인간사회를 유지하고 존속시키는 도덕윤리의 원리이자 법칙이라는 의미로 확립한 것은 공자였다.

심혜영에 따르면, 공자가 말한 하늘(天)은 다음과 같은 성격과 위상을 가지고 있다고 한다. 첫째, 공자의 '천'은 인간 삶의 절대적·궁극적 준거로서의 '천'이다. 둘째, 공자의 '천'은 공의의 담지자, 사유된 초월자로서의 '천'이다. 셋째, 공자의 '천'은 인간과 소통 가능한 존재로서의 '천'이며, 또한 신앙의 주체인 나와 역동적인 상호작용의 관계 속에 놓여 있는 신앙의 대상으로서의 '천'이다.[12]

그의 설명에서 알 수 있듯이 공자에게 하늘은 인간과 분리되거나 단절된 존재가 아니다. 반면 인간은 하늘과 유기적 관계를 맺으면서 하늘이 인간에게 부여한 사명(명령)에 따라 도덕윤리적으로 바른 삶을 사는 존재다. 따라서 공자에게 하늘은 입법자이자 그 법의 집행자지만, 군자를 포함하여 모든 인간은 결코 스스로 입법자가 될 수는 없다. 인간이 할 수 있는 최대한은 그 법을 깨닫고 그 법에 순응할 것인지를 선택하는 것뿐이다.[13]

하늘에 대한 사유와 관련하여 공자가 절대적으로 기여한 것은 인

---

12 심혜영, "논어를 통해 본 공자의 '천'과 '인'", 중어중문학 31, 2002. 12., 398-403쪽.
13 심혜영, 위의 논문, 403쪽.

간을 '인격적 존재'로 보고자 한 것이다.[14] 하늘의 존엄함을 내세워 인간이 스스로 삶의 주체이자 주인으로 자각할 수 있게 된 것은 공자 덕분이다. 그런데 맹자는 공자의 하늘과 인간의 관념을 보다 적극적으로 발전시켜 전개한다.

맹자에게 하늘과 사람은 다른 존재가 아니라 하나다. 맹자가 보기에 사람의 마음과 본성이 하늘과 본래 일체이므로 마음을 다하고(진심), 그 본성을 알면(지성), 누구나 하늘의 뜻을 알 수 있다(지천). 그의 생각은 천인합일(天人合一)사상으로 발전한다. 사람과 하늘(자연)이 별개의 존재가 아니라 서로 유기적인 관계를 맺고 있으며, 둘의 조화를 추구해야 한다고 주장하는 그 바탕에 성선설이 자리하고 있다.

2. 성선설

맹자의 천인합일설은 『중용(中庸)』 제1장에 나오는 "하늘이 명한 것을 성이라 한다"는 천명지위성(天命之謂性)에 바탕을 두고 있다. 이때의 성(性)은 인간이 본래 타고난 본연의 마음바탕을 말한다. 즉, 성은 후천적인 조작에 의한 결과가 아니라 선천적·생득적으로 하늘이 부여하거나 또는 타고난 인간 고유의 성질이다. 맹자는 인간의 이 마음바탕(본성)이 선천적으로 선하지만 나쁜 환경이나 물욕으로 악하게 된다고 보고 성선설을 주창한다. 이처럼 성선설은 인간 내면의

---

14 심혜영, 위의 논문, 404쪽.

선함을 인정하고, 인간의 발전가능성을 긍정적으로 바라보는 이론이다.

맹자가 성선설을 주장하는 이면에는 선한 본성에서 나오는 인간이 가지는 천부적 능력에 대한 무한신뢰가 바탕에 깔려 있다. 맹자는 양지(良知)와 양능(良能)을 들어 설명한다.

> 사람들이 배우지 않고도 할 수 있는 것은 양능이요, 생각하지 않고도 아는 것은 양지이다.[15]

맹자에 따르면, 태어나자마자 배고프면 우는 것은 양능이고, 갓난아기라도 엄마를 사랑할 줄 아는 것은 양지이다. 이에 반하여 양능이란 갓 태어난 아기가 배고프면 우는 것처럼 배우지 않고도 '할 수 있거나 혹은 할 줄 아는 능력'이다. 아기가 가지고 있는 양능은 선천적 도덕행위능력이다. 이에 반하여 갓난아기가 전혀 배우거나 생각해 본 적이 없어도 엄마를 '사랑할 줄 아는 능력'인 양지는 선천적 도덕판단능력이다. 맹자는 인간이 선천적으로 타고난 능력인 양지양능에 대해 이렇게 말한다.

> 두세 살의 어린아이라도 그 어버이를 사랑할 줄 모르는 이가 없으며, 그가 장성하기에 이르면, 그 형을 공경할 줄 모르는 이가 없다. 어버이를 친애하는 것은 인(仁)이요, 어른을 공경하는 것은

---

15 맹자 진심장구 상 13:15.

의(義)이니, 이는 다른 이유가 있는 것이 아니라 이 두 가지가 온 천하에 공통되기 때문이다.[16]

이 말에서 알 수 있듯이 맹자는 공자의 효(孝)와 제(悌)를 인(仁)과 의(義)로 바꿔 부를 뿐 부모와 자식, 형과 아우의 수직적 서열관계는 그대로 수용하고 있다. 자식이 어버이를 친애하고, 아랫사람(동생)이 윗사람(어른·형)을 공경하는 것은 천부적인 것으로 인간의 착한 본성에 내재되어 있다는 것이다. 이처럼 맹자는 성선설을 뒷받침하는 이론적 논거로 양능과 양지를 들고 있다. 하지만 스승 공자와 마찬가지로 맹자도 상하위계와 수직적 서열을 통해 사회질서를 유지하려는 확고한 관념에는 변함이 없다.

또한 맹자가 성선설을 주장하였다고 해서 인간을 오로지 선하며 완전한 존재로 보지는 않는다. 오히려 맹자는 인간은 누구나 다 선하게 될 수 있는 본연의 마음바탕을 가지고 있는 존재로 볼 뿐이다. 『논어』와 『맹자』에는 "사람은 누구나 다 요순이 될 수 있다"는 말이 자주 나온다. 요순은 인간이 본래 타고난 본연의 마음바탕을 갖춘 인물로 그들의 지극한 언행이 하늘의 뜻(천명)에 이른 성인이다. 공자와 맹자는 모든 사람이 요순과 같은 성인이라고 보는 것이 아니다. 이 말은 누구나 성인이 될 수 있는 가능성이 있는 존재라는 의미를 나타내는 표현이다.

맹자에게 천명은 인간의 착한 본성과 다르지 않다. 만일 천명에 따

16 맹자 진심장구 상 13:15.

라 인간의 착한 본성이 발현되면 인간사회는 평화로운 상태를 유지할 수 있다. 천명과 성이 조화를 이루는 상태를 맹자는 "위로는 하늘과 아래로는 땅과 더불어 흐른다"는 뜻에서 (상하)여천지동류[(上下)與天地同流][17]라고 하였다. 천인합일 혹은 천지합일이든 인간의 선한 본성은 정체되거나 고여 있지 않고 흘러내리는 상태에 있다는 말은 맹자의 사상을 이해하는 데 아주 중요하다. '정체되거나 고여 있지 않고 흘러내림'은 하늘의 인간에 대한 사랑 또는 하늘의 땅에 대한 사랑이다. 흘러내림을 통해 하늘은 인간과 땅을 사랑하는 작용으로 나타난다.

마찬가지로 맹자에게 성선설은 왕도정치를 실현할 수 있는 강력한 이론적 근거이기도 하다. 성선설은 남의 불행이나 고통을 차마 외면하지 못하는 마음, 즉 불인지심에서 나온다. 맹자가 말한다.

> 사람들은 모두 다른 사람을 불쌍히 여기는 마음을 가지고 있다. 선왕들은 다른 사람을 불쌍히 여기는 마음을 가지고 있었기 때문에 다른 사람을 불쌍히 여기는 정치를 시행할 수 있었다. 다른 사람을 불쌍히 여기는 마음을 가지고 다른 사람을 불쌍히 여기는 정치를 한다면, 천하를 다스리는 것은 마치 작은 물건을 손바닥 위에 올려놓고 움직이는 것과 같이 쉬울 것이다.[18]

다른 사람이 겪는 고통과 불행에 대한 동정심 혹은 연민의 마음을

---

17 맹자 진심장구 상 13:13.
18 맹자 공손추장구 상 3:6.

뜻하는 불인지심(不忍之心)은 맹자의 "다른 사람을 불쌍히 여기는 마음(不忍人之心)"에서 나온 말이다. 맹자에 의하면, 사람은 누구나 다른 사람의 어려운 처지나 곤궁한 상황을 지나치지 못하는 착한 마음을 가지고 있다. 그 마음은 연민일 수도, 아니면 동정심일 수도 있다. 중요한 것은, 사람은 남의 불행을 마음 편하게 보아 넘기지 못하는 본성을 가지고 있다는 점이다. 만일 제왕이 불인인지심의 마음으로 불인인지정(不忍人之政)의 정치를 한다면, 천하를 다스리는 것도 아주 쉬운 일이다.

사람들은 모두 다른 사람을 불쌍히 여기는 마음을 가지고 있다고 주장하는 까닭은 무엇일까. 맹자는 불인지심의 근거로 우물에 빠지려 하는 아이를 그 예로 든다. 만일 아이가 우물에 빠지려 하는 것을 보면 사람들은 어떤 반응할 것인가. 누구나 놀라고 측은해하는 마음을 가지고 아이를 구할 것이라고 맹자는 단언한다. 사람들에게 이러한 마음이 생겨나는 것은 이 아이의 부모와 교분을 맺으려 함도 아니고, 마을 사람이나 친구들에게 널리 명예를 얻고자 함도 아니며, 또한 어린아이의 울음소리를 싫어해서 그러한 것도 아니다. 맹자는 사단(四端)이 없으면 사람이 아니라고 말한다.[19]

3. 사덕과 사단

사단은 인간의 본성을 일컫는 말이다. 맹자는 인간의 그 본성이

---

19 맹자 공손추장구 상 3:6.

본래부터 선하다는 성선설을 바탕으로 그 선한 본성의 씨앗이 되는 네 개의 단서인 측은지심(惻隱之心), 수오지심(羞惡之心), 사양지심(辭讓之心), 시비지심(是非之心)을 가지고 있다며, 이를 사단이라 불렀다. 그리고 인간의 본성에는 본래부터 내재해 있는 인의예지(仁義禮智)의 네 가지 도덕심, 즉 사덕(四德)이 있다. 사덕이 발현되어 나타나는 마음이 사단이다. 사덕과 사단의 관계에 대해 맹자는 말한다.

> 측은지심(즉 측은하게 여기는 마음)이 없으면 사람이 아니고, 수오지심(즉 부끄러워하고 미워하는 마음)이 없으면 사람이 아니며, 사양지심(즉 사양하는 마음)이 없으면 사람이 아니고, 시비지심(즉 옳고 그름을 따지는 마음)이 없으면 사람이 아니다. 측은지심은 인(仁)의 단서요, 수오지심은 의(義)의 단서요, 사양지심은 예(禮)의 단서요, 시비지심은 지(智)의 단서이다. 사람이 이 사단을 가지고 있는 것은 그가 사지를 가지고 있는 것과 같이 자연스러운 것이다.[20]

맹자는 본래부터 선한 인간의 본성은 곧 인의예지의 네 가지 덕으로 본다. 본성에 내재해 있는 덕은 마음바탕에 내재해 있는 씨앗과 같다. 즉, 덕이란 씨앗은 싹을 틔울 수 있는 가능성이 있지만 사단을 매개로 하여 발현될 수 있다. 이렇게 보면, 인(仁)은 측은지심, 의(義)는 수오지심, 예(禮)는 사양지심, 지(智)는 시비지심이 발동되는 마음의 바탕이다.

---

20 맹자 공손추장구 상 3:6.

사단(四端)

측은지심(惻隱之心)	인(仁)의 본성	남을 측은하게 여기는 마음, 특히 곤경에 처한 사람을 불쌍히 여기고 도와주려는 마음
수오지심(羞惡之心)	의(義)의 본성	자신의 잘못을 부끄러워하고 남의 잘못을 미워하는 마음
사양지심(辭讓之心)	예(禮)의 본성	자신을 낮추고 상대방을 존중하는 마음
시비지심(是非之心)	지(智)의 본성	옳고 그름을 분별하는 마음

'가엾고 불쌍히 여기는 마음'을 뜻하는 불인지심은 사단의 측은지심(惻隱之心)을 말하는 것이다. 맹자는 사람이라면 누구나 불인지심을 가지고 있다며 특히 인(仁)이 발동한 측은지심을 강조한다. 그렇다면 맹자는 어찌하여 '사람은 모두 수오지심(羞惡之心)·사양지심(辭讓之心)·시비지심(是非之心)을 갖고 있다'고는 말하지 않았을까. 조선의 임금 효종도 이 점이 궁금했던 모양이다. 효종의 질문에 이조판서 송시열은 이렇게 대답한다.

> 측은지심은 곧 인(仁)이 발동한 것인데, 인(仁)은 의(義)·예(禮)·지(智)를 거느리기 때문에 측은 역시 수오·사양·시비를 거느리고 있습니다. 이 때문에 맹자가 여기에서 맨 먼저 '불인인지심'을 말하여 강령을 제시하고 그 아래에 수오·사양·시비를 하나하나 열거하였으니, 차례로 조리 있게 한 것이 곧 이와 같습니다.[21]

불인지심 혹은 측은지심은 타인에 대한 사랑과 연민의 마음을 가지는 것이다. 특히 타인이 겪고 있는 고통에 대해 공감하고, 타인의

21 『효종실록』 20권, 효종 9년 12월 17일 기묘 3번째 기사. 출처: http://sillok.history.go.kr/id/kqa_10912017_003 (방문일: 2023. 11. 21.)

불행을 나의 아픔으로 느껴야 한다. 그런 마음은 곧 인(仁)의 단서로써 인간 본연의 덕성이 발동한 것이다.

> 사람들은 모두 차마 하지 못하는 마음을 가지고 있으니 그것을 확충하여 할 수 있는 바에까지 도달하게 하는 것이 바로 인(仁)이다.[22]

맹자의 이 말은 사단의 측은지심에 바탕으로 둔 불인지심이 지향해야 할 목표가 인(仁)에 있다는 점을 밝히고 있다. 또한 맹자의 이 말에서 현대 유학이 왜 인권 친화적이고 또한 인권 지향적이어야 하는지 그 분명한 이유를 알 수 있다.

IV. 의(義)의 인권적 실천 주체

1. 대인군자

대인군자(大人君子)는 맹자가 제시하는 이상적인 인간상이다. 공자는 인(仁)을 실천하려고 끊임없이 노력하는 도덕적인 인간상으로 군자를 설정[23]한 반면, 맹자는 한걸음 더 나아가 군자와 대인을 결합시킨 이상적인 인간상으로 대인군자를 제시한다. 맹자도 스승 공자의 뜻을 이어 군자를 말한다. 하지만 맹자는 군자와 대인을 거의 동일

---

22 맹자 진심장구 하 14:31.
23 졸고, "인(仁)의 개념에 대한 인권법적 접근-논어를 중심으로-", 법학논고, 제77권, 2022, 10쪽.

한 인간상으로 보고 있어 대인군자로 불러도 무방하다.[24]

맹자는 사람을 철저하게 신분에 따라 구분한다. 그에게 대인군자는 정신노동을 하는 지배계층이고, 그에 속하지 않는 다른 사람들은 육체노동에 종사하는 백성, 즉 소인(小人)이다.

> 어떤 사람은 정신노동을 하고 어떤 사람은 육체노동을 하는데, 정신노동을 하는 사람은 백성들을 통치하고, 육체노동을 하는 사람은 다른 사람에게 통치를 받는다. 통치를 받는 사람은 다른 사람을 부양하고 통치하는 사람은 다른 사람에게 부양받아야 하는 것은 천하의 공통원칙이다.[25]

이 말에서 알 수 있듯이 군자는 정신노동자(화이트칼라)로서 지식인·학자이자 통치자·소비자이고, 백성은 육체노동자(블루칼라)로서 피치자(被治者)·생산자이다.[26] 군자는 신분계급의 최상위계층에 속한 부류로서 백성을 다스리고 지배한다. 그 대가로 군자는 지배를 받는 백성들에게 부양을 받는다. 지배와 피지배의 불평등한 신분관계는 '천하의 공통원칙(天下之通義也)'이라는 게 맹자의 주장이다. 그러므로 신분에 따라 군자와 소인의 역할은 엄격히 구분되어 "위에 있는 사람들이 해야 할 일이 있고, 아래에 있는 사람들이 해야 할 일이 있

---

24 맹자는 대인(大人)을 덕이 있는 자 혹은 지위가 높은 자의 뜻으로 사용하고 있지만 군자와 비슷한 인물로 보고 있다. 맹자(우재호 옮김), 『맹자』, 을유문화사, 2018, 358쪽, 각주 67) 참고.

25 맹자 등문공장구 상 5:4.

26 조성열, "『논어』, 『맹자』에 나타난 군자/소인, 대인/소인 연구", 철학논고 제34집, 18쪽.

다."[27] 여기서 말하는 '위에 있는 사람들'은 대인이고, '아래에 있는 사람들'은 소인이다.

맹자가 이렇게 대인과 소인의 역할을 엄격히 구분하는 이유는 무엇일까? "단지 한 사람의 몸에 여러 직공들이 할 일을 모두 갖추고 있어서 만약에 한 가지 물건이라도 반드시 자기가 만들어서 사용해야 한다면, 이것은 온 세상 사람들을 피곤하고 궁핍한 곳으로 모는 것"[28]이기 때문이다. 분업화된 현대산업사회의 사회경제체제의 시각에서 보더라도 맹자의 이 말은 상당한 타당성이 있다. 오늘날의 시각에서 그의 말을 적극적으로 해석하면, 대인군자와 소인을 비롯한 모든 사람은 자신의 직업을 선택하고, 사회경제활동을 할 수 있다는 뜻이다. 하지만 춘추전국시대라는 시대상황의 한계를 벗어나지 못한 맹자는 철저한 신분제에 기반하여 지배와 통치를 중심으로 대인군자와 소인으로 사람의 역할을 구분함으로써 혼란한 정국을 극복하고 체제를 안정시키기 위한 수단으로 활용하고 있다.

이 관점에서 맹자는 기본적으로 '군자는 인품이 트여 넓고 여유롭고, 소인은 인품이 좁아 늘 걱정에 사로잡혀 있다'는 스승 공자의 시각을 답습하고 있다. 공자는 말한다.

> 군자(君子)는 평탄하여 여유가 있고 소인(小人)은 근심한다.[29]

---

27 맹자 등문공장구 상 5:4.
28 맹자 등문공장구 상 5:4.
29 논어 술이 7:36.

맹자에 따르면, 소인과 달리 대인군자는 다음과 같은 인품을 가진 사람이다.

첫째, 대인군자는 "예(禮)와 의(義)를 따르고 덕행(德行)이 있는" 사람이고,[30] 둘째, "말을 함에 반드시 믿어 주기를 바라지 않고, 행동함에 반드시 결과가 있기를 바라지 않으며, 오직 의(義)와 함께 있고 의(義)에 따라 행할 뿐"이다.[31] 셋째, 대인군자는 "어린아이의 천진난만한 동심을 잃지 않는 사람"이다.[32]

그렇다면 이토록 훌륭한 인품을 가진 대인군자가 궁극적으로 바라는 것은 무엇일까? 대인군자는 백성을 지배통치하는 최상위신분계층이다. 그들이 즐겁게 여기는 것은 기본적으로 "넓은 영토와 많은 백성을 가지"기를 바라고, "천하의 한가운데에 서서 천하의 백성을 안정시키는 것"이다. 하지만 대인군자의 즐거움과 그 본성은 여기에 있지 않다. 대인군자의 본성은 비록 그의 이상이 천하에 크게 행해지더라도 결코 이로 인해 더 보태지지 않는다. 비록 곤궁하게 은거하더라도 결코 이로 인해 줄어들지 않으니 그 분수가 이미 정해져 있기 때문이다. 대인군자의 본성은 인의예지가 마음속에 뿌리를 내려 그 생겨난 빛이 온화하고 윤택하며, 그것이 얼굴에 나타나고 등에 밝게 나타나며 사지에 비치며 손발이 움직이는 동안 굳이 말하지 않아도 남들이 저절로 알게 된다는 것이다.[33]

이처럼 맹자는 인품과 지식을 가진 엘리트이자 최상위신분계층으

---

30 맹자 이루장구 하 8:6.
31 맹자 이루장구 하 8:11.
32 맹자 이루장구 하 8:12.
33 맹자 진심장구 상 13:21.

로 대인군자를 설정하고 이에 미치지 못하는 사이비군자, 특히 향원에 대해서는 '덕의 적'이라며 독설을 서슴지 않는다.

2. 사이비군자

대인군자를 지향하는 맹자는 광자(狂者), 견자(狷者), 향원(鄕原)과 같은 사이비군자를 극도로 싫어한다. 이 중에서도 맹자는 향원을 '덕의 적(德賊)'이라며 신랄하게 비판한다. 그는 스승 공자가 언급한 광자와 견자에 향원을 추가한다. 『논어』 자로(子路) 편에서 공자가 말한다.

> 중행(中道)의 선비를 얻어 더불 수 없다면 반드시 광자(狂者)와 견자(狷者)를 취할 것이다. 광자는 진취적이고 견자는 하지 않는 바가 있다.[34]

중행은 중도(中道)이니 이를 행하는 선비는 곧 인자(仁者) 혹은 대인군자이다. 비록 그에 미치지 못하는 인물이지만 공자는 인자와 함께 할 수 없다면 차선책으로 광자와 견자를 선택해야 한다고 말한다. 그 이유에 대해 주자는 이렇게 주해하고 있다.

> 행(行)은 도(道)이다. 광(狂)은 뜻이 지극히 높으나 행실이 말을 가리지 못하는 것이요, 견(狷)은 지식이 미치지 못하나 지킴(지조와 행

34 논어 자로 13:21.

실)이 유여(有餘)한 것이다. 성인(聖人)은 본래 중도(中道)의 사람을 얻어 가르치려고 하였으나 이미 얻을 수 없었다.[35]

요컨대 조금 부족하기는 해도 광자와 견자를 가르치면 인자의 길로 나아갈 수 있으니 그들이 가진 뜻과 마음가짐을 격려하여 중도로 나아가게 만드는 것이 낫다는 것이다. 공자가 굳이 광자와 견자를 예로 든 것은 이들이 자신들의 수준에서 멈추어도 좋다고 허락한 것이 아니다. 그들로 하여금 쉼 없이 공부하고 노력하여 중도로 나아가는 방편으로 삼고 있다고 보아야 한다. 맹자는 공자의 말을 인용하면서 광자와 견자에 대한 자신의 견해를 밝힌다.

맹자에게 광자란 지향하는 바가 너무 커서 입버릇처럼 옛날 사람은 어찌어찌했다고 말하지만 그 행동을 살펴보면, 행동이 뜻을 따라가지 못하는 사람이다. 맹자는, "그들은 뜻이 높고 말이 커서 입만 벌리면 말하기를, '옛 사람이여, 옛 사람이여!'라고 말하지만 평소에 그 행실을 살펴보면 말과 서로 합치되지 않는다"고 비판한다. 군자를 얻을 수 있으면 좋지만 그럴 수 없는 상황에서 차선책으로 선택한 것이 광자인 셈이다.

하지만 군자는 말할 것도 없고 광자도 얻지 못하면 어떻게 할 것인가. 이럴 때는 더러운 것을 가까이 하지 않는 선비라도 구해야 한다. 이들이 견자이다. 선비를 만나기가 어려운 현실이니 광자와 견자라도 내세워 현실을 개혁하자는 것이 공자와 맹자의 생각이다. 그

35 성백효, 『논어집주』, 한국인문고전연구소, 2017, 370쪽.

런데 이들을 모두 얻지 못했을 때가 문제다. 향원밖에 남지 않기 때문이다.

> 내 문 앞을 지나면서 내 집에 들어오지 않더라도 내가 유감으로 여기지 않을 자는 오직 향원이로다![36]

맹자는 스승 공자의 말을 인용하면서 "향원은 도덕을 해치는 자"라며 그들에 대한 적대감을 여과 없이 드러낸다.

향원을 문자 그대로 풀이하면 "동네(鄕) 사람들이 모두 친근하고 후덕한 사람(愿)이라고 칭찬하는 사람"을 말한다. 겉으로 보기에 향원은 "비난하려고 해도 꼬집을 데가 없고, 공격하려고 해도 약점을 찾을 수 없"는 군자의 유형이다. 우리 사회도 어딜 가든 예의 바르고 점잖다고 칭찬 듣는 이런 사람을 선호한다. 현실이 이러함에도 공자는 향원이야말로 '덕의 적'이라며 비난한다. 겉으로 흠잡을 데 없는 모습과는 달리 향원의 본질은 자신의 정체를 숨기고는 '세상에 아양을 떠는 인간'이라는 게 비난의 핵심이다. 맹자도 그런 향원이 외려 광자와 견자를 비웃는 현실에 분노한다.

> (광자를 보고) '어찌 이렇게 뜻만 큰가! 말하면서 실천할 것을 생각하지 않고 행동하면서 말한 것은 돌아보지 않는구나. 그러면서 옛사람을 찾는 꼴이라니!' 하고 비웃으며, 또 (견자를 보고) '왜 저렇

36 맹자 진심장구 하 14:37.

게 혼자서만 깨끗한 척하며 외로움을 자처하는가. 이 세상에 태어났으면 이 세상 사람이 하는 일을 해야지. 그들이 옳다고 하는 것이 좋은 것 아닌가!'라고 비웃는다.[37]

"한 지방 사람들이 모두 착한 사람이라고 하면 가는 곳마다 착한 사람이라고 할 텐데 공자께서 향원을 도덕을 해치는 사람이라고 하신 것은 무엇 때문입니까?"라고 만장(萬章)이 묻자 맹자가 대답했다.

이러한 사람은 비난하려 해도 어떤 잘못도 들 수 없고, 꾸짖으려 해도 꾸짖을 것이 없으며, 다만 세속의 흐름에 동화하고, 더러운 세상에 영합하여 사람됨이 마치 충성스럽고 신실한 것 같고, 행위가 방정하고 청렴결백한 것 같아서 여러 사람이 다 좋아하고 자기 스스로도 옳다고 여기지만 요순의 도와는 완전히 어긋나기 때문에 '도덕을 해치는 사람'이라고 말씀하신 것이다.[38]

유가에서는 도덕적으로 완성된 인격자를 일컬어 '도덕군자'라 한다. 유가의 선비는 요순과 같은 성인(聖人)을 이상적 인물로 보고, 학문을 배우고 익히며 내면을 닦는다. 도덕군자는 유가가 지향하는 최고의 인격자로 천인합일의 경지에 이른 사람, 곧 성인이다. 하지만 맹자는 겉보기에 도덕적으로 아무런 흠이 없는 선비라 할지라도 불의에 눈 감고 외면하는 선비의 무리인 향원에 대해서는 노골적으로

37 맹자 진심장구 하 14:37.
38 맹자 진심장구 하 14:37.

적대적 감정을 드러낸다. 심지어 그들을 '도덕을 해치는 도적의 무리'라며 독설을 퍼붓는다. 맹자가 보기에 요순의 도를 제대로 따르거나 실천하지도 않으면서 그저 사람 좋다는 말을 들으며 시세에 영합하는 향원과 같은 선비는 군자가 될 수 없다.

지식인의 사회참여를 프랑스어로 앙가주망(engagement)이라고 한다. 앙가주망은 지식인이 자신의 지식을 사회에 환원하고 사회문제에 참여하는 것을 의미하는데, 장 폴 사르트르에 의해 제창되었다. 사르트르는 지식인은 자신의 지식을 사용하여 사회를 변화시켜야 한다고 주장했다. 그의 주장에 따르면, 지식인은 자신의 지식을 사용하여 불의와 억압에 맞서 싸우고, 더 나은 사회를 만들도록 노력해야 할 의무가 있다. 그 후 프랑스를 비롯한 유럽사회의 지식인들이 사회문제에 적극 참여함으로써 앙가주망은 그들의 사회책무로 간주되고 있다. 하지만 한국사회에서 지식인의 모습은 유럽사회의 지적 전통과 사뭇 다르다. 지식인(교수)의 현실 정치 참여를 뜻하는 폴리페서(polifessor)도 앙가주망의 한 유형이지만 사회변화를 이끌기보다는 정치권력에 천착하는 부정적 인식이 강하다. 앙가주망을 실천하지 않고 사회의 불의를 외면하는 우리 사회의 그 많은 지식인들은 향원이 아닌가? 지식인들은 '향원덕적(鄕原德賊)'이라는 맹자의 질정을 곰곰이 새기고 되짚어 보아야 한다.

3. 소인

맹자가 말하는 소인(小人)은 작은 이익과 본능을 따르는 사람이다.

공도자가 물었다.

> 똑같은 사람인데 어떤 이는 군자가 되며, 어떤 이는 소인이 되는 것은 무엇 때문입니까?[39]

맹자가 말했다.

> 몸의 중요한 기관을 따르면 군자가 되고, 몸의 사소한 기관을 따르면 소인이 된다.[40]

'몸의 중요한 기관'은 대체(大體: 선한 본성)이고, '몸의 사소한 기관'은 소체(小體: 본능, 눈과 귀 같은 말초신경)이다. 대체를 따르면 군자가 되고, 소체를 따르면 소인이 된다는 뜻이다. 이 말에서 알 수 있듯이 맹자는 작은 이익과 본능을 따르는 사람을 극히 싫어한다. 오죽하면 『맹자』를 시작하는 첫머리부터 '우리나라의 이익 운운'하는 양혜왕에게 이렇게 일갈한다.

> 왕이시여! 하필이면 이익을 말씀하십니까? 다만 (우리에겐 추구해야 할) 인의(仁義)가 있을 뿐입니다.[41]

---

39 맹자 고자장구 상 11:15.
40 맹자 고자장구 상 11:15.
41 맹자 양혜왕장구 상 1:1.

한마디로 선의후리(先義後利), 즉 이익(혹은 실리)에 앞서 무엇이 옳고 의로운가를 먼저 생각하라는 것이다. 의(義)를 먼저 내세우고 행하면 이(利)는 저절로 따라오게 되어 있다는 것이 맹자의 생각이다.

맹자가 이처럼 소체를 따르는 소인이 되지 말고, 대체를 따르는 군자가 되라고 하는 이유는 무엇일까. 귀와 눈과 같은 몸이라고 하는 기관은 하나의 물건일 뿐이고 생각하지 못하여 외부 사물에 가려지니 이것이 일단 외부의 물건과 접촉하면 사람은 거기에 끌려가기 십상이라는 것이다. 이것이 바로 맹자의 이목지관(耳目之官)과 심지관(心之官)이다. 사람이 생각(思)을 할 수 있는가에 대해 맹자는 '귀와 눈과 같은 몸'은 이목지관으로, 그리고 '마음'은 심지관으로 나누고 있다.

맹자에 따르면, 몸(이목지관)과는 달리 마음이란 기관(심지관)은 생각할 수 있다. 몸에 깃든 사람의 착한 본성은 한 번 생각하면 얻고, 생각하지 않으면 얻지 못한다. 이 마음은 하늘이 인간에게 특별히 부여해 준 기관이다. 따라서 먼저 중요한 기관인 마음을 세울 수 있다면, 사소한 기관인 몸이 이 선한 본성을 빼앗지 못한다. 이처럼 맹자는 사람이 몸에 집착하여 본능을 따르지 않고, 선한 본성을 가진 마음을 따르면 군자가 된다고 본다.[42]

따라서 대체와 심지관은 군자, 소체와 이목지관은 소인에 해당한다는 것이 맹자의 시각이다. 맹자는 심지관과 이목지관 가운데 전자는 "하늘이 인간에게 특별히 부여해 주신 것"이라며, 두 기관 중에

42 맹자 고자장구 상 11:15.

서 중요한 기관을 세움으로써 사소한 기관이 인간 내면의 선한 본성을 빼앗지 못하게 하면 군자가 된다는 것이다.[43]

이처럼 맹자는 군자와 소인의 관계를 인간의 마음(내면)을 중심으로 파악하고 있다. 맹자가 수양의 방법으로 들고 있는 구방심(求放心: 마음 찾기),[44] 존심(存心: 마음 보존하기),[45] 진심(盡心: 마음 다하기),[46] 존심에 따르는 양성(養性: 선한 본성 기르기)[47]과 진심에 따르는 지성(知性: 선한 본성 알기)[48]은 모두 생각에 달려 있다.[49] 특히 심지관은 생각을 하면 얻고(心之官則思), 생각을 하지 않으면 잃어버린다(不思則不得也).[50] 그러니 대체와 심지관이 제대로 발현되면 소체와 이목지관은 절로 기능할 것이다. 따라서 군자는 소인처럼 소체와 이목지관 같은 본능이나 작은 이익에 얽매이지 말고, 대체와 심지관을 갖춤으로써 인간 내면의 선한 본성이 드러날 수 있도록 이끌어야 한다.[51]

4. 대장부

맹자는 선비들에게 인(仁)을 추구하는 도덕적인 인간인 대인군자가 되어야지 작은 이익과 본능을 따르는 소인이 되어서는 아니 된다

43 맹자 고자장구 상 11:15.
44 맹자 고자장구 상 11:11.
45 맹자 진심장구 상 13:1.
46 맹자 진심장구 상 13:1.
47 맹자 진심장구 상 13:1.
48 맹자 진심장구 상 13:1.
49 임건순, 『순자, 절름발이 자라가 천리는 간다』, 시대의창, 2015(이하, 임건순, 『순자』), 521쪽.
50 맹자 고자장구 상 11:15.
51 임건순, 『순자』, 521쪽.

고 강한 어조로 말한다. 맹자가 꿈꾸는 이상적인 인물인 대인군자는 도덕적으로 완성된 인간이다. 이에 반하여 소인은 자신의 눈앞에 놓인 이익과 본능에 집착하는 사람이므로 믿을 수가 없다. 하지만 대인군자는 요순과 같은 성인이므로 선비들이 노력한다고 하여 모두 그와 같은 경지에 도달할 수는 없다. 이 문제를 해결하기 위하여 맹자가 고안한 인물형이 있으니 바로 대장부(大丈夫)다.

대장부는 선비가 대인군자가 되기 위한 중간단계의 인물이다. 동시에 대장부는 현실에서 인의를 강력하게 실천할 수 있는 인물로 오로지 올바름(義)을 위해 행동하는 사람이다. 한마디로 대장부란 권력에 복종하지 않고, 불의에 저항하고 싸우는 의기와 기개를 가진 사람이다. 경춘(景春)이 맹자에게 대장부에 대해 물었다.

> 공손연(公孫衍)과 장의(張儀)는 정말 대장부가 아니겠습니까? 한 번 성을 내면 모든 제후들이 두려워하였고, 편안히 있으면 천하가 태평하여 전쟁이 없었습니다.[52]

공손연은 맹자 당시에 저명한 유세객으로 오(吳)나라의 재상을 지냈고, 장의는 연횡책(連衡策)을 내어 소진(蘇秦)의 합종책(合從策)을 깨뜨린 위(魏)나라 출신의 유세객이다. 경춘이 이 말을 할 때 공손연과 장의가 한창 득세를 하고 있을 때였다. 경춘은 그들이 권력을 행사하여 제후가 두려워하고 전쟁도 없고 천하가 편안하니 공손연과 장의

52 맹자 등문공장구 하 6:2.

야말로 대장부라고 보고 있다. 하지만 맹자의 대답은 짧고 단호하다.

> 이를 어찌 대장부라고 할 수 있겠는가?[53]

권력에 영합하여 권세를 누리는 공손연과 장의는 대장부가 될 수 없다는 것이다. "이와 같이 순종을 최고의 준칙으로 여기는 것은 부녀자의 도"라며 그들을 폄하한다. 그리고는 자신이 생각하는 기개 있는 장부(丈夫)의 상을 제시한다.

> (남자에게 있어서는) 마땅히 세상에서 가장 넓은 저택인 인(仁)에 살고, 세상에서 가장 올바른 위치인 예(禮)에 서며, 세상에서 가장 큰 길인 의(義)로 가서, 뜻을 얻었을 때는 천하의 백성들과 함께 큰 길을 따라 나아가고, 뜻을 얻지 못했을 때는 홀로 자신의 도를 행하는 것이다. 부귀도 나의 마음을 어지럽힐 수 없고, 빈천도 나의 의지를 바꿀 수 없으며, 권위와 무력도 나의 절개를 굽힐 수 없어야 이러한 사람을 대장부라 할 수 있다.[54]

맹자가 생각하는 대장부란 빈부귀천이나 권위와 무력에 흔들리지 않는 절개를 가진 사람이다. 한마디로 대장부는 작은 이익이나 본능에 따른 유혹 앞에서 흔들리지 않고 사회의 부정과 불의와 절대 타협하지 않는 부동심(不動心)을 가진 사람이다. 맹자는 용기가 있다면 누

53 맹자 등문공장구 하 6:2.
54 맹자 등문공장구 하 6:2.

구나 부동심을 기를 수 있다고 말한다. 맹자가 말하는 흔들리지 않는 용기는 호연지기(浩然之氣)로 덕성(德性)의 근본이 되는 기운이다.

Ⅴ. 의(義)의 인권적 실천방법

1. 전심지치(專心至治)

사람은 본래 착한 본성을 가지고 있으면서도 현실에서는 갈등과 불화가 끊이지 않는다. 그 이유는 무엇일까? 그 주된 이유는, 사람들이 착한 본성을 잃어버렸기 때문이다. 맹자는 우산(于山)을 예로 들어 이렇게 설명한다.

> 우산의 나무가 일찍이 매우 무성하였는데, 대도시의 교외에 있었기 때문에 늘 도끼로 베어지니 어떻게 무성할 수가 있겠는가? (당연히) 그것으로 밤낮으로 성장하니 비와 이슬이 적셔 주어 새싹이 나와 자라지 않음이 없지만 또 계속하여 소와 양을 방목하니 이 때문에 저와 같이 민둥산으로 변한 것이다.[55]

이 비유에서 '우산지목(于山之木)'의 고사가 나왔다. 나무가 울창한 본래의 우산은 우리의 착한 본성을, 민둥산이 되어 버린 우산은 그

---

55 맹자 고자장구 상 11:8.

본성을 잃어버리고 황폐해져 버린 우리의 내면을 의미한다. 우산이 민둥산이 된 이유는 도끼로 쉼 없이 나무를 베고, 소와 양을 방목하여 풀을 뜯어 먹인 탓이지 우산은 본래 산림이 울창했다는 것이다. 이와 같이 인간의 본성도 본래는 착한데 내면을 갈고 닦지 않으니 황폐해져 버리고 말았다는 게 맹자의 주장이다. 본래의 우산과 같은 인간의 선한 본성을 찾기 위해서는 어떻게 할 것인가? 맹자는 수양(修養)해야 한다고 말한다.

수양이란 몸과 마음을 갈고닦아 품성이나 지식, 도덕 따위를 높은 경지로 끌어올리는 것을 뜻한다. 이렇게 해석하면 맹자가 말하는 수양은 자기 자신의 인격 도야를 위한 학문이라는 위기지학(爲己之學)에 머물고 만다.

위기지학과 위인지학(爲人之學)은 유가에서 말하는 학문을 통해 자신을 수양하는 두 가지 방법이다. 공자가 말했다.

> 옛날에 배우는 자들은 자신을 위하였는데, 지금에 배우는 자들은 남을 위한다.[56]

이 말은 "옛날에는 자기 자신을 위해 학문을 했는데, 오늘날에는 남에게 보여 주기 위한 학문을 한다"라는 뜻이다. 공자는 이 말에서 유자들이 '위기지학'보다는 '위인지학'에 골몰하는 세태를 비판한다. 맹자도 기본적으로 스승 공자의 뜻을 받들어 학문을 통한 자기 수양

---

56 논어 헌문 14:25.

의 방법으로 '위기지학'에 중점을 둔다. 하지만 공자와 달리 맹자의 수양론은 보다 적극적이고 실천적인 성격을 띠고 있다는 점을 주목해야 한다.

맹자가 수양의 중요성을 강조하는 이유는, "일체 만물을 내가 모두 갖추고" 있으므로[57] "사람의 본심을 보존하여 사람의 본성을 기르는 것이 바로 천명을 대하는 방법"이기 때문이다.[58] 이처럼 맹자 수양론의 기본은 마음을 보존하여(존심) 어떤 일이든 마음을 다함(진심)으로써 그 마음을 기르는 데(양심) 있다. 요컨대 마음을 오로지 한 곳에만 기울이고 뜻을 다하여 전심치지(專心致志) 혹은 전심일지(專心一志)하라는 것이다. 맹자가 말했다.

> 비유하자면 바둑을 두는 것이 비록 작은 기술이지만, 마음을 오로지하고 뜻을 다하지 않으면 그것을 터득하지 못하는 것과 같다. 혁추(弈秋)는 온 나라에서 바둑을 가장 잘 두는 자이다. 만일 혁추로 하여금 두 사람에게 바둑을 가르치게 하였는데, 한 사람은 마음과 뜻을 다하여 오직 혁추의 말을 듣고, 한 사람은 비록 듣기는 하나 마음 한편에는 백조가 날아오면 활과 주살을 당겨 쏠 것을 생각한다면, 비록 더불어 배운다 하더라도 (그의 성적은) 다른 사람만 못할 것이다.[59]

57 맹자 진심장구 상 13:4.
58 맹자 진심장구 상 13:1.
59 맹자 고자장구 상 11:9.

맹자는 “왕이 총명하지 않은 것은 이상하게 생각할 것이 없다”면서 “비록 선량한 마음의 싹이 있다 한들 내가 어떻게 도울 수 있겠는가?”며 전심지치의 예로 혁추의 사례를 든다. 혁추의 제자가 똑같이 바둑을 배웠으나 성과가 다른 것은 총명함이 남보다 못하기 때문이 아니라 오로지 바둑에 마음을 두고 목표한 뜻을 이루기 위해 끊임없이 노력했는가 여부에 달렸다는 것이다.

그렇다면 마음을 오로지 하고 뜻을 다하여 사람의 선한 본성을 잘 보존하고 기르기 위해서는 어떻게 해야 할까? 부동심을 가지고 호연지기를 길러야 한다.

2. 부동심(不動心)과 호연지기(浩然之氣)

맹자는 군자가 덕성을 기르는 근본바탕은 호연지기가 있어야 한다고 말한다. 일찍이 맹자 스스로 자신을 평가하기를, “나는 다른 사람의 말을 잘 알며, 또한 나의 호연지기를 잘 기른다”고 말하였다.[60]

호연지기란 하늘과 땅 사이에 가득 찬 넓고 큰 원기 혹은 마음을 말한다. 사람의 마음은 원래 하늘과 같은 것이므로 선한 본성을 회복하는 것이 곧 호연지기를 기르는 것이다. 이 호연지기는 어떻게 기를 수 있는가? 맹자의 말에 의하면, 호연지기를 기르는 방법에는 직양(直養), 집의(集義), 지언(知言) 및 강서(强恕)의 네 가지가 있다.

첫째, 직양은 사람의 선한 본성(본심)을 곧게 기르는 것이다. 호연

60 맹자 공손추장구 상 3:2.

지기는 지극히 크고 강하니 정직함으로 그것을 잘 기르고 조금도 해치지 않는다면, 천지 사방을 가득 채우게 된다.[61]

둘째, 의(義)가 누적되는 집의다. 호연지기는 반드시 의(義)와 도(道)가 서로 섞이고 합쳐져 만들어지니 이것이 없으면 위축된다. 집의는 의리에 근거해 행동하는 것이 쌓이고 쌓였을 때 자연스럽게 생겨나는 것으로 우연히 한 가지 의로운 행동을 하였다고 해서 갑자기 얻을 수 있는 것이 아니다.[62]

셋째, 호연지기를 기르기 위해서는 남의 말을 잘 듣고 알아들어야 하니 곧 지언이다. 말은 사람의 마음에서 우러나오는 것이다. 그러므로 말을 안다는 것은 곧 마음을 안다는 것이다. 맹자는, "편벽된 말로는 그 가려진 바를 알며, 과분한 말로는 그 잘못된 바를 알며, 부정한 말로는 그 벗어난 바를 알며, 회피하는 말로는 그 막힌 바를 알 수 있다"고 하였다. 이 네 가지 말은 마음에서 생겨나 반드시 정치에 해를 끼치는데, 만약 그것이 정치에 두드러져 나오면 반드시 나라의 여러 가지 사업에도 해를 끼친다.[63]

넷째, 호연지기를 기르기 위해서는 자신의 마음을 미루어 남을 너그럽게 대해야 한다. 이를 강서라 한다. 이에 대해 맹자는, "일체 만물을 내가 모두 갖추고 있다. 자신을 돌이켜보아 성실하면, 즐거움이 이보다 더 클 수 없다. 자신의 마음을 미루어 남에게 미치기를 힘써 행하는 것보다 인(仁)에 도달하는 더 가까운 길은 없다"고 말한다.[64]

---

61 맹자 공손추장구 상 3:2.
62 맹자 공손추장구 상 3:2.
63 맹자 공손추장구 상 3:2.
64 맹자 진심장구 상 13:4.

이처럼 위 네 가지 방법으로 호연지기를 길러 마음 상태를 균형 있게 유지하면서 수양해야 한다. 하지만 호연지기를 기를 때 주의해야 할 사항이 있다. 바로 물정(勿正), 심물망(心勿忘), 물조장(勿助長)이다. 반드시 호연지기를 길러야 하지만, 어떤 목적을 가져서는 안 되며(勿正), 마음에 한시라도 잊지 말아야 하지만(心勿忘) 억지로 자라도록 도와주지도 말아야 한다(勿助長). 벼가 자라지 않는 것을 걱정하여 벼를 뽑아 올려 준 송나라 사람이 한 행동은 그 전형적인 사례라고 할 수 있다.[65]

마지막으로, 맹자는 호연지기를 기르기 위해서는 그 바탕에 부동심이 있어야 한다고 말한다. 부동심이란 타인의 말이나 외부의 충동에도 흔들리거나 움직이지 아니하는 마음을 말한다.

> 공손추가 물었다. "선생님께서 만약 제나라의 공경과 재상이 되셔서 선생님의 주장을 실현할 수 있게 되신다면, 비록 이로 말미암아 작게는 패자의 공업을 이루고 크게는 왕자의 공적을 이룬다 하더라도 이상하게 생각할 것이 없겠습니다. 만약 이러한 상황을 만나신다면, [높은 자리에 눌려 다소 두렵기도 하고 의혹되기도 하여] 선생님께서는 마음이 동요되겠습니까, 그렇지 않겠습니까."
> 맹자께서 말씀하셨다. "아니다. 나는 40세 이후부터는 더 이상 마음이 동요되지 않았다."[66]

---

65 맹자 공손추장구 상 3:2.
66 맹자 공손추장구 상 3:2.

“나는 40세 이후부터는 더 이상 마음이 동요되지 않았다(我四十不動心)”는 맹자의 말은 “나는 마흔 살에 사리(事理)에 의혹(疑惑)하지 않았다(四十而不惑)”는 공자의 말을 연상케 한다.[67] 불혹은 사람과 사물의 이치가 분명하여 정신이 헷갈리어 갈팡질팡 헤매지 않는다는 뜻이다. 공자의 수양과 내면의 깨달음의 수준을 보여 주는 말인 동시에 자신이 체득한 지식을 세상에 알리고 실천하기로 마음먹었다는 다짐을 알 수 있는 대목이다. 실제 나이 쉰에 이르러 하늘이 그에게 부여한 사명(天命)을 깨달은 공자는 55세부터 14년간 자신의 사상을 펼치기 위해 천하를 주유한다. 하지만 공자의 길은 순탄치 않았다. 여러 번 죽음의 위기를 맞기도 하고, 군주들에게 멸시와 수모를 당하기도 했다. 공자는 ‘상갓집 개’와 같은 신세였다.

공자의 길을 따라 걷고 그의 모습을 닮고자 한 맹자는 스승이 겪은 고통을 잘 알고 있었다. 비록 자신도 스승과 마찬가지로 나이 40세 이후부터는 더 이상 마음이 동요되지 않았다고 하였지만 인간인 이상 맹자도 두려운 마음이 없을 수 없다. 그런 자신의 마음 상태에 대해 맹자는, “나라고 어찌 항상 승리하기만 하겠는가? 다만 나는 두려워하지 않을 뿐이다”라고 고백한다.”[68] 맹자의 말처럼 비록 항상 승리할 수도 없고, 두려운 마음이 앞서지만 자신이 옳다고 믿는 길을 올곧게, 그리고 흔들림 없는 마음으로 걸어가는 자세가 바로 부동심일 것이다.

---

67 논어 위정 2:4-3.
68 맹자 공손추장구 상 3:2.

3. 학문: 잃어버린 선량한 마음(放心)을 찾는 유일한 방법

학문(공부)하는 바람직한 자세는 무엇일까? 맹자는 잃어버린 선량한 마음(放心)을 찾는 데 있다고 말한다. 사람이 마땅히 걸어가야 할 올바른 의(義)의 길을 걸어가면서 본심(본성), 즉 인(仁)을 잃지 말고 찾으라는 것이다. 우리는 흔히 마음을 다잡지 아니하고 풀어 놓아 버리는 방심의 상태로 일상의 삶을 살아간다. 그런 사람들에게 맹자가 말한다.

> 인(仁)은 사람의 마음이요, 의(義)는 사람의 길이다. 그 올바른 길을 버리고 가지 않으며, 그 선량한 마음을 잃어버리고도 찾을 줄 모르니 슬프도다! 사람들은 닭과 개가 도망가더라도 찾을 줄 아는데 선량한 마음을 잃어버리고서는 찾을 줄을 모른다. 학문하는 방법은 다른 것이 없고, 그 잃어버린 선량한 마음을 찾는 것일 뿐이다.[69]

사람이 가지고 있는 선한 본성인 인(仁)은 의(義)를 통해야만 비로소 사람의 길이 될 수 있다. 사람의 마음을 표상하는 인(仁)이 추상적인 원칙이라면, 사람의 길을 표상하는 의(義)는 인(仁)을 현실적으로 실천하는 강력한 수단이다. 사람들은 닭과 개가 도망가더라도 찾을 줄 알지만 자신의 내면에 깃든 선량한 마음을 잃어버리고서는 찾을

---

69 맹자 고자장구 상 11:11.

줄 모른다고 맹자는 질타한다. 그리고는 경제적 이익과 실리를 추구하지 말고, 사람들로 하여금 잃어버린 선량한 마음을 찾는 학문을 하라고 요구한다. 학문의 도는 잃어버린 선량한 마음을 찾는 데 있다는 맹자의 주장은 오늘날에도 강한 호소력으로 다가온다.

VI. 인의에 바탕을 둔 인권국가: 왕도정치

1. 왕도정치의 개념

맹자가 궁극적으로 지향하는 현실정치는 인의가 실현되는 왕도정치(王道政治)다. 그가 꿈꾸는 왕도정치란 인(仁)과 의(義)를 통해 백성을 교화하고 천하를 다스리는 정치, 즉 덕치(德治)다. 맹자가 말한다.

> 천하에 도가 있으면, 덕(德)이 적은 사람은 덕(德)이 많은 사람에게 부림을 받고, 어짊이 적은 사람은 어짊이 많은 사람에게 부림을 받으며, 천하에 도가 시행되지 않으면, 힘이 모자란 사람은 힘이 센 사람에게 부림을 받고, 약한 사람은 강한 사람에게 부림을 받는다.[70]

맹자가 생각하는 왕도정치란 기본적으로 덕(德)을 갖춘 사람에 의해

---

70 맹자 이루장구 상 7:7.

정치가 행해지는 덕치(德治)이다. 이때 덕(德)을 갖춘 사람이란 하늘과 백성의 승인을 받은 천자를 말한다.[71] 천자는 하늘과 백성의 뜻에 따라 인정(仁政)을 베풀어야 하며, 또한 덕(德)과 의(義)에 의거한 도덕적 실천에 자발적으로 귀의하는 정치를 해야 한다. 왕도정치를 하면 누구나 천자가 될 수 있으나 반대로 왕도정치를 하지 않는 천자는 언제나 방벌(放伐)할 수 있다. 맹자가 제시한 왕도정치는 그 후 군주가 공평하고 사사로움이 없는 태도로 정치를 운영해 이상적 사회를 수립하는 것을 의미하는 유교의 대표적 정치사상[72]으로 자리매김하였다.

왕도정치의 반대되는 개념이 패도정치(霸道政治)이다. 패도정치는 인의를 가볍게 여기고 무력이나 권모술수로 천하를 다스리는 정치로 폭력과 정치적 기만을 수반한다. 따라서 무력을 바탕으로 인(仁)를 가장하는 것이 패도(霸道)이고, 덕(德)을 바탕으로 인(仁)을 실천하는 것이 왕도(王道)이다. 통치자는 이익(利)의 추구보다는 인의(仁義)의 실현에 힘써야 한다. 양자의 차이에 대해 맹자는 이렇게 말한다.

> 힘으로 정치를 하면서 인(仁)을 가장하는 것을 패도정치라 하는데, 패도정치는 반드시 강대한 국력에 의지해야 하고, 덕(德)으로 인자한 정치를 펴는 것을 왕도정치라 하는데, 왕도정치는 강대한 국력을 필요로 하지 않는다.[73]

---

71 이혜경, "『맹자』: 철학 텍스트들의 내용 분석에 의거한 디지털 지식자원 구축을 위한 기초적 연구", 철학사상 별책 제3권 제2호, 서울대 철학사상연구소, 2004, 52쪽.

72 출처: http://contents.history.go.kr/front/tg/view.do?treeId=0200&levelId=tg_003_1320&ganada=&pageUnit=10 (방문일: 2023. 11. 21.)

73 맹자 공손추장구 상 3:3.

맹자는 "사람 죽이기를 좋아하지 않는 임금이 천하를 통일할 수 있다"[74]고 하면서 "어진 사람에게는 천하에 적이 없다"[75]는 인자무적(仁者無敵)을 주장하였다. 반면, 맹자의 주장과는 달리 법가의 상앙과 한비자는 왕도정치로는 천하를 통치하는 것이 불가능하다면서 힘에 의한 통치, 즉 패도(覇道)를 주장하였다.

2. 왕도정치의 이념적 기초: 민본주의

맹자는 왕도정치의 이념적 기초를 여민동락(與民同樂)에 의거한 민본주의에 두고 있다. 여민동락이란 "군주와 백성은 함께 즐거움을 나눌 수 있어야 한다"는 뜻으로 정치의 기본을 위민(爲民)에 두는 것을 말한다. 위민에 대해 맹자는 음악과 사냥을 예로 들어 이렇게 설명한다.

백성이 흩어지고 고통받는 이유는 무엇인가. "여기에 다른 이유는 없고 왕이 백성들과 함께 즐기지 않았기 때문"이다. 마찬가지로 백성이 기뻐하고 즐겁게 웃는 이유는 무엇인가. "그것은 다른 이유가 아니라 다만 왕께서 백성들과 함께 즐기셨기 때문"이다. 맹자는 말한다.

> 만약 왕께서 백성들과 함께 즐기신다면(與百姓同樂), 천하에 왕 노

---

74 맹자 양혜왕장구 상 1:6.
75 맹자 양혜왕장구 상 1:5.

릇 하실 수 있을 것입니다.[76]

이처럼 맹자는 정치의 근본을 위민에 두고, 철저하게 민본주의를 지향하였다. 하지만 추상적 이념인 민본주의를 왕도정치를 통해 실현하기 위해서는 구체적인 방법이 필요하다. 양민(養民)과 교민(教民)은 왕도정치를 실현하기 위한 두 가지의 현실적 방법이다.

첫째, 양민이란 백성의 경제적 안정을 도모하는 것이다. 이에 대해 맹자는 두 가지 현실정책으로 무항산무항심(無恒産無恒心)과 정전제(井田制)을 제시한다.

무항산무항심이란 '곳간에 인심 난다'는 속담처럼 일정한 재산이나 생업이 없다면 백성들은 변하거나 흔들리지 아니하는 굳건한 마음이 없다는 것이다. 맹자는 "일정한 생활 근거가 없어도 일정한 마음을 갖는 것은 오직 선비만이 할 수 있다"면서 "일반 백성들로 말하자면, 일정한 생활근거가 없으면 그로 인해 일정한 마음도 없어진다"고 보았다.[77] 이어서 말하기를, "진실로 일정한 마음이 없어지면, 방탕하고 편벽되고 사악하고 사치하는 등 못하는 짓이 없게 된다. 그들이 죄에 빠지게 된 연후에 쫓아가서 처벌한다면, 이는 그물을 쳐 놓고 백성들을 잡는 것이다. 어찌 어진 사람이 임금의 자리에 있으면서 그물을 쳐 놓고 백성들을 잡을 수 있겠는가?"[78]라는 게 맹자의 생각이다. 맹자는 말한다.

---

76 맹자 양혜왕장구 하 2:1.
77 맹자 양혜왕장구 상 1:7.
78 맹자 양혜왕장구 상 1:7.

백성들은 물과 불이 없으면 생활할 수 없으나 어두운 저녁에 남의 문을 두드리면서 물과 불을 구하면 주지 않는 자가 없는 것은 (무엇 때문인가?) 물과 불이 지극히 풍족하기 때문이다. 성인이 천하를 다스리면 백성들이 콩과 곡식을 물과 불처럼 많이 소유하게 한다. 콩과 곡식이 물과 불처럼 흔하다면 백성들 중에 어찌 어질지 못한 자가 있겠는가?[79]

따라서 백성들에게는 하나의 기본적인 상황이 있으니 일정한 수입이 있는 사람은 일정한 도덕관념과 행위준칙이 있으며, 일정한 수입이 없는 사람은 일정한 도덕관념과 행위준칙이 없다. 만일 일정한 도덕관념과 행위준칙이 없다면, 행실이 방탕하고 편벽되고 간사하고 사치하여 어떤 일도 서슴지 않고 하게 된다. 이에 대해 맹자는 말한다.

백성들이 죄짓기를 기다린 연후에 가서 형벌을 가한다면, 이는 마치 백성들을 모함하여 해치는 것과 같습니다. 어찌 어진 사람이 조정에 앉아서 백성들을 모함하여 해치는 일을 할 수가 있겠습니까? 그러므로 현명한 임금은 반드시 진지하게 일을 처리하고 절약하여 법도에 맞게 쓰며 예법으로 아래 신하들을 대하고, 더욱이 백성들에게 세금을 징수하는 데 일정한 제도가 있어야 합니다.[80]

79 맹자 진심장구 상 13:23.
80 맹자 등문공장구 상 5:3.

무항산무항심에 의거하여 맹자가 보다 구체적이고 현실적인 경제 정책으로 제시한 것이 바로 정전제이다. 정전제는 다음과 같이 운영된다.

① 사방 1리의 사각형 토지(1정=900무)를 우물 정(井) 모양으로 9등분하여 공전(公田)과 사전(私田)으로 나눈다.
② 우물 정(井) 자의 중앙에 있는 토지를 공전(公田)으로 한다. 공전은 공유지로서 정전에 소속된 8가구가 공동으로 경작하고, 이 토지의 수확물은 모두 세금으로서 나라에 바친다.
③ 공전이 아닌 나머지 8등분의 토지를 사전으로 한다. 9등분 된 토지에서 100무씩을 8가구가 각각 나눠 가져 경작한다. 사전의 수확물은 경작자가 가져간다.

정전제는 세금공출을 통하여 마을공동체를 유지·관리하는 데 유용한 제도이다. 또한 환과고독(鰥寡孤獨)으로 대표되는 사회적 약자들에게 토지를 경작하게 하여 생계를 영위하게 함으로써 공동체가 책임져야 하는 사회적 비용을 경감시켜 공동체의 건강성을 유지하는 데 기여하였다.

둘째, 왕도정치를 실현하기 위해서는 도덕교육이 필요한데, 바로 교민이다. 군주가 해야 할 선결과제는 정치를 함에 있어 "곡식을 물과 불과 같이 풍부하도록 해야" 하는 것이다. 하지만 백성의 배만 부르게 만드는 것으로는 왕도정치가 실현될 수 없고, 백성을 도덕적으로 가르쳐야 하는 교민이 필요하다. 맹자가 말한다.

> 후직(后稷)은 백성들에게 농사짓는 방법을 가르쳐 오곡을 심게 하였는데, 오곡이 익자 백성을 양육할 수 있게 되었다. 백성들에게는 기본적인 도리가 있으니 배불리 먹고 따뜻하게 입고 편안히 살면서도 만약 가르치지 않는다면, 짐승과 별 차이가 없다. 성인은 또 이들을 위해 걱정하시어 설(契)[81]을 사도로 삼아 백성들에게 인륜도덕을 가르쳤으니, 그것은 아버지와 아들 사이에는 친애하는 감정이 있게 하고, 임금과 신하 사이에는 예의가 있게 하고, 남편과 아내 사이에는 내외의 분별이 있게 하고, 어른과 어린이 사이에는 상하의 순서가 있게 하고, 친구 사이에는 믿음이 있게 하는 것이다.[즉, 부자유친, 군신유의, 부부유별, 장유유서, 붕우유신이다.][82]

맹자는 양민을 통해 백성의 경제적 토대가 마련되면, 그다음에는 백성을 가르쳐야 한다고 주장한다. 백성을 가르쳐야만 바르게 살 수 있고, 나라가 잘 다스려질 수 있다는 것이다. 맹자는 백성을 가르치는 방법으로 교육과 예절을 강조했다. 백성들을 가르쳐 교육으로 지식을 쌓고, 예절을 통해 도덕성을 함양해야 왕도정치가 실현될 수 있다. 배움과 실천을 중시하는 공자와 마찬가지로 맹자도 백성들을 가르치는 교민을 중시했다. 오늘날까지 교민은 유교의 지적 전통의 하나로 자리 잡고 있다고 할 수 있다.

---

81 전하는 바에 따르면 은나라의 선조라고 한다.
82 맹자 등문공장구 상 5:4.

3. 왕도정치의 보호대상: 환과고독(鰥寡孤獨)

왕도정치를 실시하는 과정에서 군주가 특히 보호해야 할 대상은 홀아비, 과부, 독거노인(혹은 독신자), 고아로 대표되는 환과고독이다. 이들을 오늘날의 표현으로 바꾸면 사회적 약자와 소수자이다. 맹자는 백성들 가운데 늙어서 아내가 없는 사람(홀아비: 鰥), 늙어서 남편이 없는 사람(과부: 寡), 부모가 없는 어린아이(고아: 孤), 자식이 없는 노인(독거노인: 獨), "이 네 부류의 사람은 천하의 곤궁한 백성이면서 의지할 곳이 없는 자들"이므로 특히 보호해야 할 대상이라며 주나라 문왕(文王)의 사례를 든다.

> 옛날 주나라 문왕이 기주를 다스릴 적에 경작하는 농민에게서 9분의 1의 세금을 받았고, 벼슬하는 자들에게는 대대로 세습되는 녹봉을 주었으며, 관문과 시장에서는 기찰만 하고 세금을 징수하지 않았고, 사람들이 강에서 고기를 잡더라도 그것을 금지하지 않았으며, 죄지은 사람만 처벌하여 처자까지 연루되지 않게 하였습니다. (…) 문왕은 관대한 정치를 실행할 때 반드시 이 네 부류의 사람을 먼저 생각하였습니다.[83]

제선왕이 왕도정치를 묻자 맹자가 한 대답이다. 맹자의 생각은 세금을 줄이고, 불필요한 규제를 완화하거나 폐지하자는 것이다. 그

83 맹자 양혜왕장구 하 2:5.

리고 죄를 지은 당사자인 죄인만 처벌하면 되고, 처자식을 연좌제로 처벌하지 말라고 한다. 홀아비, 과부, 고아, 독거노인과 같은 네 부류의 사람들은 사회의 약자이자 소수자이므로 군주라면 마땅히 그들을 특별히 보호하고 배려해야 한다고 주장한다. 환과고독을 보호해야 한다는 맹자의 사상은 시대를 떠나 보편적 도덕윤리이자 인권이라고 할 수 있다.

4. 왕도정치에 실패한 군주의 처벌: 방벌(放伐)

맹자는 덕을 잃고 악정을 행하는 군주는 내쳐도 거리낄 바 없다는 역성혁명을 주장하였는데, 이를 방벌이라 한다. 방벌이라는 혁명사상을 중심에 놓고 보면, 공자와 맹자가 지향하는 사상은 완전히 다르다. 주나라 종법에 바탕을 두고 왕을 정점으로 권력에 따른 위계질서를 수립하려는 공자와 달리 맹자의 혁명관은 가히 획기적이다. 왕도정치를 실패한 군주는 권좌에서 쫓아내도 상관없으며, 또한 일정한 자격만 있으면 누구나 왕이 될 수 있다는 것이다.

> 제선왕이 물었다.
> "상나라 탕왕이 하나라 걸왕을 추방하고, 주나라 무왕이 상나라 주왕을 정벌하였다 하는데, 정말 그러한 일이 있었습니까?"
> 맹자께서 대답하셨다. "역사책에 그렇게 기록되어 있습니다."
> 제선왕이 말하였다. "신하가 군주를 시해하는 것이 가능합니까?"
> 맹자께서 말씀하셨다.

"인(仁)을 해치는 자를 '적(賊)'이라 하고, 의(義)를 해치는 자를 '잔(殘)'이라 하며, 이러한 잔적한 사람을 '일부(一夫)'라 합니다. 저는 주나라 무왕이 일부인 주를 주살하였다는 말은 들었지만, 그가 자기 군주를 시해하였다는 말은 듣지 못하였습니다."[84]

"신하가 군주를 시해하는 것이 가능합니까?"란 제선왕의 물음에 맹자는 단호하게 말한다. 인과 의를 해치는 '적'과 '잔'은 왕이 아니라 일부, 즉 '한 사내'에 지나지 않으니 신하가 그를 죽였다고 해도 아무 문제될 것이 없다. 인의정치를 베풀지 못한 자는 더 이상 왕이 아니다. 그를 죽이고 권좌에서 끌어내린 것을 어찌 시해라 할 수 있는가라는 게 맹자의 주장이다. 맹자가 주장하는 방벌은 천명사상(天命思想)에 바탕을 두고 있다.

5. 방벌의 이론적 근거: 천명

천명이란 "우주 만물을 지배하는 하늘의 명령에 따라 땅 위의 성현(聖賢)이 나라를 통치한다는 정치사상"을 말한다.[85] 유가에서는 하늘, 즉 천(天)을 우주만물의 주재자(主宰者)로 보고 있다. 그 주재자인 하늘은 우주만물을 낳고 기르고 키울 뿐만 아니라 지배하고 명령하면서 존재 전반을 감시하고 감독한다. 우주만물의 하나인 인간도 하늘의 명령(천명)을 따라야 하는 존재다. 하지만 하늘은 실체가 없으

---

84 맹자 양혜왕장구 하 2:8.

85 두산백과: 천명(天命).

므로 자신의 뜻을 인간에게 전할 수가 없다. 그러니 하늘은 덕이 있는 자(有德者)인 천자에게 명령을 내려 인간을 통치하는 방법을 택한다. 하늘→천자→인민의 서열과 지배관계는 효제(孝悌) 중심의 가부장적 가족 구조와 닮아 있다. 공자가 주나라 종법(宗法)에 따라 현실에서 인(仁)을 실현하기 위한 이론적 논거로 삼은 이유이기도 하다.[86] 이처럼 공자는 하늘을 내세우고 있지만 정작 『논어』에서 하늘을 뜻하는 천(天) 자는 도합 22회 나오는 데 그치고 있다. 이 가운데 공자의 말로 기록된 것은 10문장 16회에 불과하다.[87]

공자의 말 가운데 하늘과 관련하여 가장 잘 알려져 있는 것은 "쉰 살에 천명을 알았다"는 "오십이지천명(五十而知天命)"이다.[88] 공자의 이 말에 주자는 "천명은 천도가 흘러 움직여 사물에 부여된 것이니, 곧 사물이 마땅히 그러한 까닭(所以然)이다. 이것을 알면 그 정밀함을 지극히 다한 것이니, 의혹되지 않는 것(不惑)은 더 이상 말할 필요도 없다"고 주해하였다. 주자는 '지천명'을 인간에게 본성을 부여하는 천도의 본체로서 소이연지고(所以然之故)의 이치로 보고 있다.[89] 공자는 이 이치에 따라 하늘이 자신에게 부여한 사명(운명 혹은 천명)을 알고 그에 순응하는 자세를 잃지 않는다. 운명에 관한 공자의 이 생각을 맹자도 그대로 수용한다.

> 운명 아닌 것이 없으니, 단지 순리대로 행하여 그 정명을 받아들

---

86 졸고, "인(仁)의 개념에 대한 인권법적 접근-논어를 중심으로-", 앞의 논문, 8쪽.
87 다만, 천명과 천도(天道)는 포함하되 천하와 천자는 제외한 것이다. 임헌규 III, 113쪽.
88 논어 위정 2:4.
89 임헌규 III, 115쪽.

여야 한다. 그러므로 운명을 아는 자는 위험한 담장 아래에 서지 않는다. 힘을 다하여 도를 행하고 죽는 [자가 받아들이는] 것은 정명이요, 죄를 지어 죽는 [자가 받아들이는] 것은 정명이 아니다.[90]

인간이 하는 모든 일에는 운명 아닌 것이 없다. 운명을 제대로 알고 올바른 것이면 그대로 받아들이라는 것이다. 하늘이 자신에게 내린 올바른 명령(뜻)을 알고 제 할 일을 다 하고 죽어야지 억지로 붙잡혀 죽는 것은 군자가 가져야 할 자세가 아니다. 운명은 인간으로서는 어찌할 수 없는 숙명과도 같은 것일 뿐 인간의 의지나 선택에 달린 것이 아니다. "순이 천하를 차지했는데 누가 주었습니까?"란 질문에 "하늘이 주었지"라며 맹자가 부연하여 말한다.

하늘이 어진 사람에게 주고, 하늘이 군주의 아들에게 주려고 하면 바로 군주의 아들에게 준다. 옛날에 순임금이 우임금을 하늘에 천거한 지 17년 뒤에 순임금이 세상을 떠났는데, 우임금은 삼년상을 마친 뒤에 순임금의 아들이 천하를 계승하도록 양성으로 가서 숨었다. 그러나 천하의 백성들은 우임금을 따랐으니, 이는 마치 요임금이 돌아가신 뒤에 백성들이 요임금의 아들을 따르지 않고 순임금을 따른 것과 같다. (…) 모두 다 하늘의 뜻이었지 사람의 힘으로 할 수 있는 일이 아니었다. 사람이 그렇게 하려고 하지 않았는데 저절로 그렇게 이루어지는 것은 하늘의 뜻이요, 사람이 오라

90 맹자 진심장구 상 13:2.

고 하지 않았는데 저절로 오는 것은 하늘의 운명이다.[91]

그러니 천자는 하늘의 뜻(天意)을 받들어 정치를 하는 대리인 혹은 대행자이다. 이에 대해서는 제선왕과 맹자의 대화에 잘 드러나 있다.

제선왕이 물었다.
"이웃 나라와 사귀는 데 원칙과 방식이 있습니까?"
맹자께서 대답하셨다.
"있습니다. 오직 인자한 사람만이 큰 나라를 가지고 작은 나라를 섬길 수 있으니, 그러므로 탕왕이 갈나라를 섬기고, 문왕이 곤이를 섬겼습니다. 오직 지혜로운 사람만이 작은 나라를 가지고 큰 나라를 섬길 수 있으니, 그러므로 태왕이 훈육을 섬기고, 구천이 오나라 부차를 섬겼습니다.
큰 나라를 가지고 작은 나라를 섬기는 자는 천리(天理)를 즐기는 자요, 작은 나라를 가지고 큰 나라를 섬기는 자는 천리를 두려워하는 자이니, 천리를 즐기는 자는 온 천하를 안정시킬 수 있고, 천리를 두려워하는 자는 자기 나라를 보호할 수 있습니다. 이는『시경·주송·아장(詩經·周頌·我將)』에서 '하늘의 위엄을 두려워하여, 이에 [삼가하고 조심하여] 안정에 이를 수 있다'고 한 것과 같습니다."[92]

'큰 나라로서 작은 나라를 섬기는 것(以事大小)'과 '작은 나라로서

91 맹자 만장장구 상 9:6.
92 맹자 양혜왕장구 하 2:3.

큰 나라를 섬기는 것(以小事大)'은 강대국과 약소국이 이웃 나라와 외교관계를 맺는 기본방식이다. 특히 후자는 조선이 중국 명(明)나라에 대한 외교정책인 사대주의를 취하는 이론적 근거로 활용되기도 했다. 하지만 맹자가 강조하려는 바는, 비록 강대국이 작은 나라를 제압할 수 있는 힘이 있다고 해도 군주가 인자(仁者)라면 오히려 작은 나라를 섬기는 아량과 관용이 있어야 한다. 반대로 약소국은 강대국에 맞설 힘이 없으니 큰 나라를 섬김으로써 국가의 안위를 보존할 수 있다. 강대국과 약소국 군주가 가지고 있는 이런 자세를 각각 일컬어 하늘의 뜻을 즐기는 자(樂天者)와 하늘의 뜻을 두려워하는 자(畏天者)라 한다.

맹자가 활동하던 춘추전국시대는 약육강식의 논리가 지배하였다. 강한 자가 약한 자를 희생시켜서 부국강병을 꾀하여 나라의 번영을 도모하는 것이 당연시되었다. 맹자가 생각하기에 강대국이든 약소국이든 천자의 역할은 백성의 생명과 재산을 돌보고 국가의 안위를 보존하는 데 있다. 약소국이 강대국에 맞서다가 끝내 멸망하는 것도, 강대국이 약소국을 힘으로 제압하고 정복하는 것도 인의에 맞지 않는 일이다. 그러니 군주는 자신의 능력을 과신하여 무용을 자랑하지 말고, 하늘이 자신에게 부여한 명령을 알고 이를 굳건히 지킬 것을 요구하고 있다.

> 하늘의 위엄을 두려워하여,
> 이에 [삼가하고 조심하여] 안정에 이를 수 있다.

하늘이 내린 명령에 따라 인의를 실천하기 위한 정치를 하면 군주의 자리를 보존할 것이나 만약 하늘의 뜻을 거스른다면 언제든 방벌될 수 있다. 맹자는 『시경(詩經)』의 시구를 통해 제선왕에게 자신의 무용을 믿고 경거망동하지 말라는 강한 경고의 메시지를 던지고 있다.

Ⅶ. 맹자의 의(義)에 대한 현대 인권적 평가

『논어』에는 공자의 눈물과 회한, 그리고 기쁨과 희망의 언어로 꽉 차 있다. 그러나 『맹자』에는 공익정신으로 똘똘 뭉친 맹자라는 당찬 한 인간만이 부각된다. 의도적으로 그렇게 집필했기 때문일 것이다. 나이 40세를 불혹(不惑)이라고 했던 공자와 같이 맹자도 40세를 부동심(不動心)이라고 말하고,[93] 대장부가 가져야 할 기상을 힘찬 어조로 웅변한다.

> [남자에게 있어서는] 마땅히 세상에서 가장 넓은 저택인 인(仁)에 살고, 세상에서 가장 올바른 위치인 예(禮)에 서며, 세상에서 가장 큰 길인 의(義)로 가서, 뜻을 얻었을 때는 천하는 백성들과 함께 큰 길을 따라 나아가고, 뜻을 얻지 못했을 때는 홀로 자신의 도를 행하는 것이다.
>
> 부귀도 나의 마음을 어지럽힐 수 없고, 빈천도 나의 의지를 바꿀

93 맹자 공손추장구 상 4:25.

수 없으며, 권위와 무력도 나의 절개를 굽힐 수 없어야 이러한 사람을 대장부라 할 수 있다.[94]

대장부를 굳이 생물학적 남성으로 한정하여 볼 필요는 없다. 남성 혹은 여성을 떠나 사람이라면 마땅히 가져야 할 마음가짐이나 태도를 뜻하는 것으로 보아야 한다. 성공과 출세, 물질과 욕망, 지위와 권세를 가지기 위해 불나방처럼 앞만 보고 치달리는 현대인들에게 어떤 부당한 권위와 권력에도 굴하지 않고 자신이 추구하는 '천하의 위대한 도'를 위해 살아가는 맹자의 대장부 정신은 부럽다 못해 멋있기까지 하다.

맹자가 가르쳐 준 또 하나의 중요한 교훈은 한 사회의 도덕과 신뢰수준이 하루아침에 생겨나지 않는다는 것이다. 그것은 참여와 행동의 긴 축적을 통해서 늘어난다. 세상은 금방 바뀌지도 않지만, 그렇다고 바뀌지 않고 가만히 있는 것도 아니다. 세상을 변화시키기 위해 쉼 없이 꾸준하게 실천하는 자세를 가져야 한다.

맹자는 스승 공자를 따라 묵묵히 안으로는 성인이며 밖으로는 임금의 덕을 갖춘 사람이라는 내성외왕(內聖外王)의 길을 걸어간다. 내성외왕이란 학술과 덕행을 아울러 지닌 사람이라는 뜻이다. 이 말은 유자들이 평생 가슴에 지니고 현실에서 실천해야 하는 도덕적 명령이자 의무이다. 아래에서는 맹호와 같은 대장부의 기상을 가진 맹자의 의(義)사상을 현대 인권적 측면에서 그 의미를 평가해 본다.

94 맹자 등문공장구 하 6:2.

1. 인(仁)이 보편법칙이라면, 의(義)는 사람이 걸어가야 할 바른 길이다

인(仁)이 인권이 지향하는 보편가치라면, 의(義)는 그 가치를 현실에서 실천해야 할 기준이다. 의(義)에 대한 맹자의 확고한 신념은 "목숨을 버리고 의(義)를 취한다"는 뜻의 사생취의(捨生取義)라는 고사를 낳았다.

누구에게나 생명은 소중하다. 하지만 생명보다 지켜야 할 더 소중한 가치가 있으니 그것이 바로 '의(義)'다. 누구나 죽음은 싫어한다. 하지만 죽음보다 더 견딜 수 없는 것이 있으니 바로 '의(義)'다. 비록 생명을 잃더라도 구차하게 살고자 하지 않고, 비록 생명의 위협을 받아 죽을지도 모르는 환난을 겪을지라도 피하지 않는다. 살아가면서 지켜야 할 대의(大義)가 있기 때문이다. 사생취의를 들어 맹자는 옳은 일을 위해서라면 자신의 목숨을 버릴지언정 의로운 삶의 태도를 지켜야 함을 강조한다.[95]

생존주의(生存主義)는 생존을 위해 수단과 방법을 가리지 않는다는 뜻으로 사생취의의 반대말이다. 생존주의는 개인의 생존을 가장 중요한 가치로 여기며, 옳고 그름에 관계없이 생존을 위해 수단과 방법을 가리지 않는 태도를 말한다. 하지만 인의를 앞세우는 맹자에게 이러한 삶의 태도는 용납될 여지가 없다.

그러므로 맹자에게 인(仁)은 사람의 마음이요, 의(義)는 사람의 길이다. 인권은 사람은 누구나 자유롭고 존엄한 존재로 태어나 존엄하

95 맹자 고자장구 상 11:10.

고 동등하고 양도할 수 없는 권리를 가지고 있다고 본다. 맹자가 말하는 인(仁)과 의(義)를 인권의 시각에서 바라보면, 전자는 인권의 보편성을, 후자는 인권의 실천 강령으로 해석할 수 있다.

2. 하늘과 사람은 하나라는 사상은 천부인권(天賦人權)과 결부될 수 있다

천부인권 사상은 인간이 태어날 때부터 하늘이 부여한 자연적 권리를 가지고 있다는 사상이다. 이 사상은 인간의 권리는 국가나 사회로부터 부여받은 것이 아니라, 인간이 태어날 때부터 가지고 있는 고유한 권리라는 생각에 기초하고 있다. 천부인권 사상은 17세기 영국의 철학자 존 로크에 의해 체계적으로 정립되었으며, 18세기 미국 독립 전쟁과 프랑스 혁명의 이념적 토대가 되었다.

천부인권 사상에서 말하는 자연적 권리는 생명권, 자유권, 재산권 등과 같은 기본적인 권리이다. 이러한 권리는 국가나 사회로부터 부여받은 것이 아니라, 인간이 태어날 때부터 가지고 있는 고유한 권리이며, 국가나 사회는 이러한 권리를 침해해서는 안 된다는 것이 이 사상의 핵심이다.

천부인권 사상은 오늘날에도 여전히 인권의 중요한 이념으로 여겨지고 있다. 국제연합(유엔)은 이 사상을 바탕으로 1948년 「세계인권선언」을 채택했으며, 세계각국의 헌법이나 법률에서도 천부인권을 보장하고 있다.

맹자는 사람의 마음과 본성이 본래부터 하늘과 하나(일체)라고 본다. 만일 사람이 마음을 다하고(진심), 그 본성을 알면, 누구나 하늘의 뜻을 알 수 있다(지천). 맹자의 이 생각은 천인합일(天人合一) 사상으로 발전하는데, 현대 인권에서 말하는 천부인권과 그 본질이 다르지 않다. 맹자는 하늘을 다분히 공경하면서도 두려워하는 경외의 대상에서 한걸음 더 나아간다. 그리고는 사람과 하늘(자연)이 별개의 존재가 아니라 서로 유기적인 관계를 맺고 있으며, 둘의 조화를 추구해야 한다고 주장하고 있는 것이다. 이 주장의 바탕에는 성선설이 있다.

3. 불인지심(不忍之心)은 사회적 약자와 소수자를 배려하고 보호하는 인권적 가치와 부합한다

불인지심이란 다른 사람이 겪는 고통과 불행에 대한 동정심 혹은 연민의 마음으로 사단(四端) 중 하나이다. 맹자는 사람의 본성은 근본적으로 선하다는 성선설을 바탕으로 사람의 본성에는 측은지심, 수오지심, 사양지심, 시비지심의 네 가지의 선하고 도덕적인 감정이 있다고 주장한다. 불인지심은 남의 고통을 차마 보지 못하는 마음으로 측은지심의 한 형태이다. 맹자에 따르면, 불인지심은 인간이 타고난 선한 본성의 증거이며, 이를 바탕으로 사회를 이롭게 하는 정치를 할 수 있다.

맹자의 이 사고는 현대 인권의 관점과 전적으로 부합한다. 비록 인권이 개인의 권리보장에 중점을 두고 있다고는 해도 결국 인권이 지향하는 것은 사회적 약자 혹은 소수자에 대한 배려와 관심이다. 그들이 현실적으로 겪고 있는 고통을 나의 아픔으로 받아들이고 그들의 권리보장을 위해 연대하고 싸워 나가야 한다. 맹자는 다른 사람의 어려운 처지나 곤궁한 상황을 지나쳐서는 안 된다고 말한다. 그 마음이 연민 혹은 동정심인가 여부를 떠나 사람은 남의 불행을 차마 지나치지 못하는 본성을 가지고 있기 때문이다.

4. 이목지관(耳目之官)과 심지관(心之官)을 통해 차별과 혐오 등에 대한 고정관념을 극복할 수 있다

고정관념은 특정 집단의 사람들에 대한 단순화되고 고착된 생각이다. 고정관념은 종종 부정적이거나 해로우며 차별과 편견으로 이어질 수 있으며, 언론, 교육, 대중문화 등 사회의 여러 층위에서 나타날 수 있다.

고정관념은 인류 역사에서 인간이 가지고 있는 '아주 오래된 습성'이다.[96] 이것이 어떤 집단이나 사회현상으로 고착되어 특정 부류의 사람들에 대해 단순하고 지나치게 일반화된 생각으로 자리 잡으면 심각한 문제를 야기한다.[97] 이러한 관념은 통상 적대적인 말(antilocution), 회피(avoidance), 차별(discrimination), 물리적 공격(physical attack) 등의 행동으로 표출된다. 행동으로 드러나는 고정관념의 가장 극단적인 형태는 린치, 포그롬(pogrom: 유대인 등 특정 민족이나 특정 집단에 대한 약탈과 학살이 자행되는 폭동), 대량 학살, 그리고 히틀러식 인종 학살(genoncide) 등 절멸(extermination)이다.

이처럼 편향된 고정관념으로 인하여 자신 혹은 그가 속한 집단 이

---

96 프라기야 아가왈(이재경 옮김), 『편견의 이유』, 반니, 2020, 42-65쪽.
97 고든 올포트(석기용 옮김), 『편견』, 교양인, 2020, 54쪽.

외의 다른 사람이나 집단에 대해 지나치게 단정적이고 부정적이고 왜곡된 인식을 가지게 되어 그들을 악마화시키는 일반화의 오류에 빠져 '인류의 재앙'을 불러일으키기도 한다.[98]

그런데 맹자가 말한 이목지관과 심지관을 활용하면 사람들의 인식에 깊이 자리하고 있는 고정관념을 극복하는 방법으로 활용할 수 있다. 맹자는 인간이 사물을 인식하고 판단하는 기능을 이목지관과 심지관의 둘로 나누고 있다. 이목지관은 귀와 눈을 통해 사물을 인식하는 기관이고, 심지관은 사물을 생각하고 판단하는 기관이다. 이 둘 중에서 맹자는 이목지관보다 심지관이 더 중요하다고 보고 있다. 만일 어린아이가 우물에 빠지려 할 때 누구나 놀라 뛰어가서 그 아이를 구하려 한다. 이때 그 위험성을 인식하는 것은 이목지관이지만 이해관계를 떠나 본능적으로 아이를 구하는 행동을 하는 것은 사람은 모두 심지관이 있기 때문이라는 것이다. 인간은 타고난 선한 도덕적 감각을 가지고 있다. 하지만 심지관이 있기에 사람은 이 도덕적 감각을 바탕으로 옳고 그름을 판단할 수 있다고 맹자는 주장한다.

맹자의 이 사고를 고정관념에 적용하면, 옳고 그름을 분별하고 판단하는 마음, 즉 심지관이 제대로 갖춰져 있다면, 사람들은 눈과 귀로 보고 듣는 이목지관에 끌려 편견이나 선입견에 빠지지 않을 수 있다. 우리는 귀와 눈을 통해 사물을 인식하지만, 사물을 진정으로 이해하고 판단하는 것은 마음이기 때문이다. 그러므로 공자의 인(仁)

98 프레데릭 마이어(임호일 옮김), 『편견: 인류의 재앙』, 소명출판, 2016, 211쪽.

과 맹자의 의(義)를 인권의 보편가치과 실천덕목으로 보고, 이를 고정관념을 판단하는 기준으로 삼을 수 있다. 심지관에 따라 마음으로 고정관념이 가진 문제점을 생각하고 판단한다면, 이목지관에 휘둘리지 않을 수 있을 것이다.

제 4 장

순자의 예(禮)와 인권

Ⅰ. 현대 인권에서 순자의 예(禮)가 가지는 의미

순자(荀子, B.C. 298?-B.C. 238?)는 중국 전국시대 말 조(趙)나라 출신으로 이름은 황(況)이며, 당시 사람들은 그를 높여 경(卿)으로 부르기도 했다. 한(韓)나라에 들어와 선제(宣帝)의 이름 차경(次卿)과의 혼동을 피하여 손경(孫卿)으로 불렸다. 그는 정확히 언제 태어나 죽었는지 확실하지 않으며, 주요 활동기간은 대략 기원전 298년부터 기원전 238년 사이로 보고 있다.

순자는 15세에 제(齊)나라 직하(稷下)에 유학하였다. 제나라 수도 임치(臨淄) 도성의 서문(西門)을 직문(稷門)이라 했는데, 제나라 선왕(宣王)은 이곳에 직하학궁(稷下學宮)을 열어 천하의 유능한 인재와 학자를 초빙하여 자유롭게 공부하고 토론하게 하였다. 모든 비용은 제나라가 부담하였으므로 전국시대 유명한 학자와 사상가들이 직하학궁으로 모여들었다. 맹자와 신도(愼到: 법가) 등이 직하에서 공부하였으며, 순자도 이곳에서 20여 년간 머물면서 직하학궁의 우두머리인 좨주(祭酒)를 세 번이나 역임할 정도로 능력을 인정받았다.

순자는 맹자와 마찬가지로 공자의 제자임을 자처하였다. 사마천의 『사기』 순경열전(荀卿列傳)에서는 순자를 이렇게 평가하고 있다.

> 순경은 세상을 혼탁하게 만드는 정치를 미워했다. 당시에 나라를 망치거나 혼란한 군주가 잇달아 나타나 대도(大道)를 따르지 않고 무속을 경영하거나 징조만을 믿었다. 또한 비루한 선비들은 작은 일에 구애되고 장자와 같은 무리들은 교활한 계략으로 풍속을 어

> 지럽혔다. 이에 유가와 묵가의 도덕 가운데 성행한 것과 실패한 것을 미루어 차례대로 배열하여 수만 글자의 책을 저술하고 세상을 떠났는데, 난릉에 장사 지냈다.[1]

공자 사후 유가는 증자-자사-맹자를 중심으로 한 정신주의 학파와 자하-자유-순자를 중심으로 한 형식주의 학파로 나뉘게 된다. 이 가운데 맹자는 인의(仁義)를 앞세워 주관적이며 이상적인 도덕성을 강조하는 정신주의를 집대성한 반면, 순자는 예(禮)와 법(法)을 강조하는 객관적이며 현실적인 형식주의 학문을 집대성한다.

이처럼 공자의 제자임을 자처하면서도 맹자와 순자는 사상의 출발점부터 서로 다른 경향을 지니고 있었고,[2] 특히 인간의 본성에 대한 서로의 생각은 판이하게 달랐다. 맹자는 성선설을 바탕으로 의치주의(義治主義)를 내세운 반면 순자는 성악설을 바탕으로 예치주의(禮治主義)를 주장하였다. 순자의 사상은 그 자신이 쓴 『순자(荀子)』를 통해 알 수 있다. 현재 전해지고 있는 『순자』는 20권 32편이며, 전반부 26편은 순자 자신이, 27편부터 32편까지는 제자들이 기록한 것으로 알려져 있다.

순자는 한나라와 당나라까지는 정통적인 유가의 사상가로 여겨졌으나 송나라에 들어와 성리학이 자리 잡으면서 크게 비판받았다. 그 이유는 여러 가지가 있다.

첫째, 공자와 맹자를 존숭하는 성리학자들의 입장에서 볼 때 순자

1 순자(최영갑 풀어씀), 『순자』, 풀빛, 2017, 273쪽에서 재인용.
2 순자(최영갑 풀어씀), 위의 책, 273-274쪽.

의 성악설은 수용하기 어려웠다. 성리학자들의 심성론(心性論)은 맹자의 성선설에 바탕을 두고 있고, 주희(朱熹)에 의해 집대성되었다. 주희가 바라보는 성선(性善)이란 사람이 내면에 가지고 있는 보편적인 선한 마음, 즉 심성(心性)이다. 성(性)은 순수한 지선(至善)으로서 본연지성(本然之性)이다. 하지만 순자는 '사람의 본성은 본래부터 악하다'며 성악설(性惡說)을 주장하고 맹자의 성선설을 정면으로 비판하였다.

둘째, 그의 주장이 당시 제후들의 요구와 일정한 거리가 있었기 때문이다. 제후들의 관심은 부국강병으로 나라의 힘을 키우고 전쟁에 집중되었기에 유가보다는 법가 사상을 선호하였다. 순자는 법가 사상을 받아들이고 배척하지는 않았지만 기본적으로 인의·왕도·예의 등 유가 사상에 의거하고 있었다. 현실 정치에 즉시 적용할 수 있는 사상을 원한 제후들로서는 순자의 주장을 받아들이기 어려웠을 것이다.[3]

셋째, 순자의 제자 중에는 유가뿐 아니라 한비자나 이사(李斯)와 같은 법가 사상가들이 배출되었다는 것도 비판의 이유가 되었다. 인·의·예(仁·義·禮)와 같은 덕치(德治)를 주장하는 유가와 법술세(法術勢)를 통치의 근본이라고 주장하는 법가는 지향하는 이론과 통치의 방식이 상이하였다. 실제 한비자의 사상은 진시황이 중국을 통일하는 이론적 근거로 활용되었으며, 진시황 치하에서 재상으로 임명된 이사는 유가의 서적을 불태우고 유생을 구덩이에 묻어 죽인 분서갱유를

3 왕선렴 집해·송기채 역주, 『역주 순자집해 1』, 전통문화연구회, 2019, 20쪽.

단행하였다.

위와 같은 이유로 송나라와 명나라 이후 순자는 한동안 유가의 이단자로 간주되었으며, 청나라에 이르러서야 재평가를 받았다.

순자는 공자의 인의에 바탕을 둔 도덕정치를 깊이 공부했지만 약육강식의 논리가 횡행하던 당시의 현실정치의 문제를 해결하는 데는 한계가 있다고 보았다. 이를 극복하기 위해 그가 주목한 것은 법가 사상이었다. 그는 기본적으로 유가의 인치(仁治)와 의치(義治)에 의거하면서도 그에서 벗어나 성악설을 내세워 엄격한 법과 법치를 통한 예치주의를 확립하였다. 예(禮) 혹은 예의(禮儀)는 그의 사상을 이해하는 핵심적인 주제어라고 할 수 있다.

II. 예(禮)의 인권적 개념

1. 예(禮)란 사람이 마땅히 지켜야 할 도리를 뜻한다

순자는 예(禮)를 개인과 개인은 물론 개인과 사회의 조화로운 관계를 유지하기 위한 필요요소의 하나로 보고 있다. 개인과 개인의 관계를 중심으로 보면 예(禮)는 예의 혹은 예절로 간주된다. 이 경우 예(禮)란 사람이 마땅히 지켜야 할 도리를 뜻한다. 하지만 예(禮)가 제례의식과 결부되면, 예법에 따라 치르는 의식을, 또한 사회관계에서는 예의로써 지켜야 할 규범을 뜻하기도 한다. 이처럼 예(禮)는 중국을 비롯한 동양사회에서 상당히 독특하고 의미 있는 지위를 가지고 있다.

예(禮)가 가지는 의미의 중요성을 간파한 공자는 평생 '예(법)에 맞는 삶'을 추구하였다. 공자가 내세운 인(仁)의 근본에 예(禮)가 있으며, "예(禮)로써 표준을 세우려(立於禮)"[4] 하였다. 공자는 예(禮)에 맞게 사는 삶이 곧 천명을 따르는 길이라고 보았다. 하지만 공자는 상당히 유연하게 예(禮)를 받아들이고 현실에서 실천하려 하였다.

> 마면(麻冕; 祭冠)[5]이 〈본래의〉 예(禮)인데 지금은 생사(生絲)[6]로 만드니 검약하다. 나는 사람들(時俗)을 따르겠다.[7]

> 〈당(堂)〉 아래에서 절하는 것이 〈본래의〉 예(禮)인데 지금에는 〈堂〉 위에서 절하니 교만하다. 나는 비록 사람들과 어긋나더라도 〈堂〉 아래에서 절하는 것을 따르겠다.[8]

공자의 이 말에 대해 정자(程子)는 "군자가 처세함에 있어서는 의리에 해롭지 않은 것은 시속을 따르는 것이 괜찮지만 의리에 해로운 경우에는 시속을 따를 수 없는 것이다"라고 주해하였다.[9] 따라서 공자는 예(禮)를 삶의 표준으로 세우고 다음 네 가지, 즉 무의·무필·무고·무아(毋意·毋必·毋固·毋我)를 행위와 판단의 기준으로 삼았다.

---

4 논어 태백 8:9-8.
5 관례를 행할 때 쓰던 삼베로 짠 치포관(緇布冠).
6 삶지 않은 명주실.
7 논어 자한 9:3-1.
8 논어 자한 9:3-2.
9 논어 자한 9:3-2의 정자(程子)의 주해 참고.

공자는 네 가지가 완전히 없으셨으니 사사로운 뜻이 없으셨으며, 기필함이 없으셨으며, 집착(고집)함이 없으셨으며, 사사로움(이기심)이 없으셨다.[10]

이 말을 주해하면서 주자는 공자에게는 ① 사사로운 의지, ② 반드시 해야 할 것과 하지 말아야 할 것, ③ 고집, ④ 사사로운 자아가 없었다고 설명하고 있다.[11]

하지만 공자가 무조건 대중의 풍속에 따른 것은 아니다. 가급적 그 풍속에 따르고자 하나 무엇이 예(禮)의 정신과 본질에 부합하는가를 잘 검토한 연후에 자신의 행위를 결정하는 방침을 정하겠다는 태도를 가지고 있었다고 보아야 한다.[12] 그러므로 공자에게는 인(仁)이 사람의 내면 혹은 본성이라면, 예(禮)는 인(仁)이 밖으로 드러난 행위인 셈이다. 인(仁)과 예(禮)는 본질과 형식의 관계에 있고(文質彬彬), 양자가 잘 조화를 이루어야 군자라고 할 수 있다. 이처럼 공자는 예(禮)를 내세우면서도 그 구체적인 개념을 제시하지는 않고 있다. 공자에게 예(禮)는 인(仁)의 근본규범이지만 어떤 행위를 함에 있어 다분히 추상적인 판단기준이다.

맹자는 공자가 말한 예(禮)의 관념을 사덕(四德)의 하나로 포함시키고 사단(四端)과 결부시키고 있다. 맹자는 사람은 본래부터 인(仁), 의(義), 예(禮), 지(智)의 사덕을 선한 본성으로 가지고 있다고 본다. 이

10 논어 자한 9:4.
11 논어 자한 9:4의 주자의 주해 참고.
12 임헌규 I, 906쪽.

사덕은 측은지심, 수오지심, 사양지심, 시비지심이라는 사단으로 발현된다. 이 가운데 자신을 낮추고 상대방을 존중하는 마음인 사양지심은 예(禮)의 본성에 해당한다. 맹자는 예(禮)를 비롯한 사덕을 사람의 선한 본성을 담보하는 근거로 삼고 있다.

이처럼 공자와 맹자는 기본적으로 사람의 내면, 즉 선한 본성을 바탕에 두고 예(禮)의 본질을 파악하고 있다. 하지만 순자는 공자·맹자와 달리 사람의 본성은 악하다는 성악(性惡)의 관점에서 내면의 본질을 파악하고, 사회질서를 유지하기 위해서는 인치(仁治)와 의치(義治)보다는 예치(禮治)와 법치(法治)가 필요하다고 주장하였다. 예(禮)에 대한 관념은 순자를 기점으로 대전환이 이루어진 셈이다.

맹자는 이익을 따르는 사람을 경멸하고 신랄하게 비판한다. 나라의 이익을 말하는 양혜왕에게 맹자는, "왕이시여! 하필이면 이익을 말씀하십니까? 다만 (우리에겐 추구해야 할) 인의(仁義)가 있을 뿐입니다"[13]라며 직격탄을 날린다. 선의후리(先義後利), 즉 이익(혹은 실리)에 앞서 무엇이 옳고 의로운가를 생각하라고 주문한다. 이런 맹자와 달리 순자는 '이익'을 앞세우는 인간이 가진 근원적 욕망을 인정한다. 순자는 사람들은 태어나면서부터 이익을 좋아하는 본성을 가지고 있다고 보고, 이러한 사람의 본성을 성악설의 논거로 제시한다. 그러나 이러한 악한 본성을 방임하게 되면 사회는 혼란할 수밖에 없다. 방법은 두 가지이다. 개인이 스스로 예(禮)를 기르고 실천하든가, 아니면 성인이 예(禮)로써 교화하고 다스림으로써 개인에 대한 욕망

---

13 맹자 양혜왕장구 상 1:1.

의 자기억제 내지는 통제가 이뤄지도록 해야 한다. 특히 후자와 관련하여 순자가 말하는 예(禮)는 자연스레 법과 결합되어 예치와 법치로 이어진다.

2. 예(禮)란 욕망을 충족시켜 주는 것이다[14]

『순자』 예론(禮論)편에서 순자는 예(禮)의 기원에 대해 이렇게 말한다.

> 예(禮)는 어디서 생겨났는가? 사람은 나면서부터 욕망이 있는데, 바라면서도 얻지 못하면 곧 추구하지 않을 수 없고, 추구함에 일정한 기준과 한계가 없다면 곧 다투지 않을 수 없게 된다. 다투면 어지러워지고 어지러워지면 궁해진다. 옛 임금들께서는 그 어지러움을 싫어하셨기 때문에 예의를 제정해 이들의 분계를 정함으로써 사람들의 욕망을 충족시켜 주고 사람들이 원하는 것을 공급케 하였던 것이다. 그리하여 욕망은 반드시 물건을 궁해지지 않도록 하고, 물건은 반드시 욕망에 부족함이 없도록 해 이 두 가지가 서로 균형 있게 발전하도록 하였는데, 이것이 예(禮)가 생겨난 이유이다.[15]

순자의 이 말에서 알 수 있듯이 예(禮)는 사회혼란의 방지, 다시 말

---

14 禮者養也를 본 서에서는 "예(禮)란 욕망을 충족시켜 주는 것이다"로 그 뜻을 새겼다. 하지만 이를 "예(禮)란 기르는 것이다"라고 번역하기도 한다.

15 순자 예론 19:1.

하여 사회질서를 유지할 목적으로 생겨났다. 물질(재화)의 생산과 공급 및 소유하고자 하는 인간의 욕망은 끝이 없으니 다툼이 일어나지 않을 수 없다. 다툼이 일어나게 되면 사회가 혼란해지지 않을 수 없으니 인간이 추구하는 욕망에는 일정한 기준과 한계를 설정해야 한다. 인간의 물질적 욕망으로 인한 사회혼란을 방지함으로써 질서와 안정을 유지하는 분계점이 바로 예의인 것이다.

군주는 인간이 가진 욕망과 물질의 원활한 공급이란 두 가지를 균형 있게 유지하는 정치를 해야 한다. 그때 사용되는 수단이 예의인 동시에 예(禮)가 생겨난 이유이기도 하다. 순자는 "예(禮)란 욕망을 충족시켜 주는 것이다"라며 예(禮)의 기원에 대해 아래와 같이 부연 설명한다.

> 예(禮)에 정해진 소·돼지와 벼·수수와 여러 가지 조화된 맛은 입을 충족시켜 주는 것이다. 산초(山椒: 산초나무의 열매)와 난초 및 향기로운 것들은 코를 충족시켜 주는 것이다. 여러 가지 조각과 보불 같은 무늬와 채색은 눈을 충족시켜 주는 것이다. 종과 북과 피리와 경(磬)과 금(琴)과 슬(瑟)과 우(竽)와 생황(笙簧)은 귀를 충족시켜 주는 것이다. 탁 트인 방과 웅장한 궁정과 돗자리와 침대와 안석과 방석은 몸을 충족시켜 주는 것이다.[16]

이처럼 예(禮)란 사람들의 욕망(요구)를 충족시키기 위해 생겨난 사

16 순자 예론 19:1.

회규범이다. 하지만 사람들이 입·코·눈·귀와 같은 몸이 요구하는 욕망을 충족시키는 데만 골몰하면 다툼이 빈번하게 일어나서 사회는 혼란에 빠지게 된다. 따라서 예(禮)에 의거하여 신분과 등급에 따른 질서를 부여해야 한다.

> 그러므로 예(禮)란 욕망을 충족시켜 주는 것이다. 군자가 이미 그의 욕망을 충족시켰다면 또 그 분별을 좋아할 것이다. 분별이란 무엇을 말하는가? 그것은 귀하고 천한 등급이 있고, 어른과 어린이의 차별이 있고, 가난한 사람과 부자의 가볍고 무거움이 있어 모두 알맞게 어울리고 있음을 뜻하는 것이다.[17]

예(禮)를 통하여 사람들의 욕망이 충족되었다면 사회적 신분에 따른 차별은 정당화된다.[18] 사회질서의 안정을 유지할 수만 있다면 순자에게 신분의 분별(구별)에 따른 빈부귀천(貧富貴賤)과 어른·어린이를 차별하는 것은 전혀 문제되지 않는다.

> 젊은 사람은 어른을 섬기고, 신분이 낮은 사람은 신분이 높은 사람을 섬기고, 못난 사람은 현명한 사람을 섬기는 것이 천하에 통용되는 의리이다.[19]

---

17 순자 예론 19:1.

18 사회제도로서 신분에 따른 구별과는 별도로 순자는 애공과 공자의 문답을 인용하면서 품성에 따라 사람을 보통 사람(庸人), 선비(士), 군자(君子), 현명한 사람(賢人), 위대한 성인(大聖)의 다섯 등급으로 나누고 있다. 순자 애공 31:2.

19 순자 중니 7:6.

순자가 신분차별을 통해 궁극적으로 지향하는 바는 무엇일까. 그것은 바로 혼란의 방지, 즉 사회질서의 안정이다.

> 옛 임금들은 그러한 혼란을 싫어했기 때문에 예의 제도로써 이들을 구별해 주어 가난하고 부하고 귀하고 천한 등급이 있게 하여 서로 아울러 다스리기 편하게 하였는데, 이것은 천하의 백성을 기르는 근본이 되는 것이다.[20]

이러한 차별을 통해 신분의 분계를 명확히 하고 조화시키기 위해서는 예의(禮儀)를 바로 세워야 한다.

> 사람이 예의(禮儀) 하나로 통일되면 두 가지를 다 얻게 되고, 감정과 성질 하나로 통일되면 두 가지를 다 잃게 될 것이다.[21]

순자는 공자의 극기(克己)와 맹자의 과욕(寡慾)을 반대하고 욕망을 인정하였다. 순자는 유가임에도 이익을 좇는 것은 인간의 본성으로 보았다는 점에서 공맹과는 전혀 다른 입장을 취하였다. 다만 이익보다 의(義)가 우선이며, 예(禮)로 교화하고 다스려야 한다고 보았다. 하지만 아무리 의(義)와 예(禮)를 이익보다 앞세운다고 해도 욕망을 절제하고 통치에 순응하는 사람들에게는 보상이 필요하다. 그 방법이 바로 잘한 것에 상을 주고, 잘못한 것에 벌을 주는 상벌이다. 상은 욕망

---

20 순자 왕제 9:3.
21 순자 예론 19:2.

을 채워 주는 것이고, 벌은 욕망을 채우지 못하도록 하는 제약이다.[22] 통치행위로 사용되는 상벌은 법가가 법치의 수단으로 즐겨 사용한다. 이 점에서 순자의 예(禮)는 법가의 법과 법치와 직접 연결된다.

3. 예(禮)는 사람이 지녀야 할 도덕의 표준이다

순자는 목수가 치는 먹줄과 물건을 달 때 쓰는 저울을 예로 들어 "먹줄은 곧음의 표준이고, 저울은 공평함의 표준이며, 굽은 자와 둥근 자는 모꼴과 동그라미의 표준이듯이" 예(禮)는 거짓이 아닌 올바른 세상의 규범이라고 생각한다.

> 먹줄을 잘 치면 굽고 곧은 것을 속일 수가 없고, 저울을 잘 달면 가볍고 무거운 것을 속일 수가 없고, 굽은 자와 둥근 자를 잘 대면 모나고 둥근 것을 속일 수가 없듯이 군자가 예(禮)를 잘 알면 거짓으로 속일 수가 없다.[23]

그러므로 굳은 것과 흰 것(堅白)이나 같기도 하고 다르기도 한 것(同異) 등의 궤변, 멋대로 만든 법이나 제도와 편벽된 학설은 물론 난폭하고 방종하며 일반 습속을 가벼이 여기고 고상한 체 하는 것들은 용납되지 않는다.[24] 이처럼 무엇이 올바르고 그른가를 판단하는 잣

---

22 기세춘, 『노자 강의』, 바이북스, 2013, 309쪽.
23 순자 예론 19:6.
24 순자 예론 19:6.

대가 바로 예(禮)이다. 그러니 사람들은 예(禮)를 규범으로 삼고 잘 지켜야 한다는 것이다.

4. 예(禮)는 신분에 절도를 매기는 기준이다

순자는 정치체제와 사회질서의 안정을 위해 신분의 차별과 구분을 인정한다. 군주는 덕을 근거로 직위의 서열을 매기고, 능력을 기준으로 벼슬(관직)을 내려야 한다. 이 관점에서 도량형으로 물건의 수량을 표시하고, 예의로는 인륜의 질서를 결정해야 한다고 본다. 따라서 모든 예의 절도는 엄밀할수록 좋고, 백성들이 살아가는 데는 관대할수록 좋다. 또한 예의 절도가 엄밀하면 삶의 수준이 향상되고, 군주가 백성들의 생활을 보살피는 것에 관대하면 백성들의 삶이 안락하게 된다. 위로 백성들의 삶의 수준이 향상되고, 아래로는 백성들의 삶이 안락하면, 군주의 공로와 명성이 정점에 이를 것이니 여기에 더 보탤 것이 없다.[25] 순자는 예의가 정치의 근본이라는 점을 한 번 더 강조하고, 정치 유형의 하나로 예치(禮治)가 실현되는 모습을 제시하고 있다.

5. 예(禮)는 백성을 다스리는 표준이다

물을 건너는 사람은 깊은 곳에 표식을 세우는데, 표식이 분명하지

25 순자 치사 14:6.

않으면 물에 빠진다. 마찬가지로 백성을 다스리는 사람은 도를 표식으로 세우는데, 표식이 분명치 않으면 어지러워진다. 예의가 바로 표식이다. 예의에 어긋나면 세상이 어두워지고, 세상이 어두워지면 크게 어지러워진다.[26] 그러므로 예(禮)는 도를 관통하는 조리(條理)이다. 조리란 역대 제왕이 바꾸지 않고 지켜 온 일관된 원칙이다. 국가는 쇠퇴할 때도 있고 융성할 때도 있지만 군주는 이 일관된 원칙인 조리로 대응해야 한다. 조리로 다스리면 국가가 혼란해지지 않지만 조리를 모르면 각종 변화에 어떻게 대응해야 하는지도 모른다. 국가가 혼란해지는 원인은 조리에 어긋나기 때문이고, 국가가 제대로 다스려지는 것은 조리에 부합하기 때문이다. 그러므로 도가 훌륭한 것이라 하더라도 조리가 일관되게 적용되고 알맞으면 따라야 하고, 조리가 편벽되면 따라서는 안 된다.[27]

하지만 순자가 내세우는 예(禮)는 기본적으로 공자가 지향하는 이상국가인 주나라의 종법질서를 넘지 못하고 있다. 『예기(禮記)』 곡례(曲禮) 상(上)에서도 명기하고 있듯이 "예(禮)는 서인에게까지 미치지 않고, 형벌은 대부에게까지 올라가지 않는다." 서인, 즉 백성은 신분이 낮고 천하며, 배우지 못하여 무지하기 때문에 그들에게는 예(禮)가 적용되지 않고, 다만 법을 어겼을 때는 그 죄를 물어 형벌을 부과한다는 것이다. 그러나 백성과 달리 사대부 이상의 귀족계급은 비록 죄를 짓더라도 법을 적용하여 그 책임을 물을 수 없다. 이 사고는 순자에게도 그대로 이어진다. 순자에게 예(禮)는 귀천에 따른 계

26 순자 천론 17:12.
27 순자 천론 17:12.

급과 장유를 차별하고, 빈부와 경중에 따라 대우를 하는 기준이다. 따라서 사(士) 이상의 사람들은 반드시 예의와 음악으로 그들의 생활을 조절하지만 일반 백성들은 반드시 법과 형벌로 제재해야 한다는 것이다.[28]

III. 예(禮)의 인권이론적 근거

1. 천인지분(天人之分)

순자는 '하늘에 대한 관념(天觀)'으로 '천인지분(天人之分)'을 제시한다. 천인지분은 순자의 독특한 자연관으로 하늘과 사람은 둘로 구분된다는 뜻이다. 순자의 천인지분은 공자의 천관(天觀)과는 확연히 다르다. 순자는 자연을 근대 유럽의 합리주의적 관점에서 자연 현상을 이해하는 반면, 공자는 다분히 관념적이고 추상적인 시각에서 자연을 바라보고 있다.

첫째, 공자에게 하늘은 현실의 삶의 중심이 되어 처리하는 '주재자(主宰者)'이다. "아랫목 신(神)에게 잘 보이기보다는 차라리 부엌 신(神)에게 잘 보이라 하니, 무슨 말입니까?"[29]라는 왕손가의 물음에 공자는 "그렇지 않다"고 전제하고는 "하늘에 죄를 지으면 빌 곳이 없다"

---

28 순자 부국 10:4.
29 논어 팔일 3:13-1.

고 잘라 말한다.[30]

둘째, 공자에게 하늘은 개인의 삶에 운명 혹은 사명을 부여하는 명령(천명)을 내리는 존재이다. 군자라면 마땅히 하늘이 자신에게 내린 사명이 무엇인가를 아는 것이 중요하다. 공자는 쉰 살이 되어서야 하늘이 자신에게 내린 뜻을 알았다(知天命)고 말했다.[31] 군자와 소인의 본질적 차이는 천명을 알고 이를 두려워하는가 여부이다. 이에 대해 공자는 군자는 천명과 대인, 그리고 성인의 말씀의 세 가지를 두려워한다며 이를 군자삼외(君子三畏)라고 하였다.[32]

셋째, 공자에게 하늘은 자신의 행위의 정당성을 입증하는 대상이다. 위령공의 부인 남자(南子)는 음란한 행동을 하는 여인이었다. 공자가 남자를 만나고 오자 자로가 못마땅해했다. 그런 자로에게 공자는, "내 맹세코 잘못된 짓을 하였다면 하늘이 나를 싫어하시리라. 하늘이 나를 싫어하시리라"고 말했다.[33]

마지막으로, 공자에게 하늘은 자신이 기댈 수 있는 영원한 고향이자 안식처였다. 가장 아끼던 제자 안회(顏回)가 죽자 공자는 "아! 하늘이 나를 망하게 하였구나. 하늘이 나를 망하게 하였구나(天喪予)"라고 탄식하였다.[34] 또한 천하를 떠돌다 고향으로 돌아온 공자는 제자들을 가르치다 임종을 앞두고 이런 말을 남긴다.

---

30 논어 팔일 3:13-2.
31 논어 위정 2:4.
32 논어 계씨 16:8.
33 논어 옹야 6:26.
34 논어 선진 11:8.

> 하늘이 무슨 말씀을 하시는가? 〈그런데도〉 사시(四時)가 운행되고 온갖 물건이 생장하니 하늘이 무슨 말씀을 하시는가?(天何言哉? 四時行焉, 百物生焉, 天何言哉?)[35]

공자와는 달리 순자는 하늘로 대변되는 비바람과 같은 기상은 자연현상에 지나지 않으며, 사람의 선악에 따른 행위 내지는 결과에 영향을 미치지 않는다고 보았다. 한마디로 하늘과 사람은 별개의 독립적인 존재로 서로의 관계는 명백히 구분된다는 것이다. 이 관점에서 천인지분은 하늘과 사람의 관계를 서로 명확하게 구분하는 천인분리(天人分離)라고 할 수 있다. 그러므로 사람은 사람의 일에 충실하면 그만일 뿐 그 일의 원인과 결과에 하늘이 어떤 작용을 하거나 영향을 미치지 않는다. 순자는 하늘을 철저히 자연현상으로 파악하고 이렇게 말한다.

> 하늘에 대해 알 수 있는 것은 그것이 확실히 지적할 수 있는 현상으로 드러나는 범위에 한정된다. 땅에 대해 알 수 있는 것은 그것이 생물을 번식시키기에 합당함을 드러내 주는 범위에 한정된다. 사철에 대해 알 수 있는 것은 그것이 여러 가지 일을 할 수 있는 방도를 드러내 주는 범위에 한정된다. 음양에 대해 알 수 있는 것은 그것이 여러 가지를 다스릴 수 있는 지식을 드러내 주는 범위에 한정된다.[36]

---

35 논어 양화 17:19-3.
36 순자 천론 17:4.

자연이 주는 재앙과 재난은 정치가 잘 행해지거나 반대로 잘 행해지지 않는 시대와는 상관이 없다. 선정(善政) 혹은 선치(善治) 여부로 하늘을 원망할 수는 없는 것이며, 정치는 통치자 혹은 통치방법에 달린 것이다.[37] 만일 하늘과 사람의 구분이 밝은 성인(聖人)이 정치를 하면 태평성대가 될 것이고, 그렇지 못한 사람이 정치를 하면 난세(難勢)가 된다. 그래서 순자는 천인지분에 밝으면(故明於天人之分) 곧 그를 지극한 사람(至人)이라 말할 수 있다고 하였다.[38] 지인은 곧 성인(聖人)인데, 성인만은 하늘에 대해 알려고도 하지 않고 추구하지도 않는다.[39] 하늘은 자연의 변화와 법칙에 따라 사계절이 오고 가며, 해와 달, 그리고 별이 번갈아 빛을 비추고 돌고 있다.[40]

> 별이 떨어지고 나무가 우는 소리를 내면 나라 사람들이 모두 두려워한다. 그것은 어째서인가?
> 그것은 아무것도 아니다.[41]

> 기우제를 지내면 비가 오는 것은 어째서인가?
> 그것은 아무것도 아니다.[42]

자연의 괴이한 현상은 천지의 변화이자 음양의 변화로 드물게 생

37 순자 천론 17:1.
38 순자 천론 17:1.
39 순자 천론 17:2.
40 순자 천론 17:2.
41 순자 천론 17:8.
42 순자 천론 17:9.

기는 일이며, 기우제를 지내지 않는다 하더라도 비는 온다. 하늘의 직무는 작위를 가하지 않아도 이루어지고 추구하지 않아도 얻어지는 것이다. 그러니 순자는 그 당연한 이치에 대해 덕이 충만하고 지혜로운 성인이 구태여 관심을 가질 필요가 없다고 보고 있다.[43]

> 뜻을 닦고, 덕행이 두텁고, 지려가 명석하고, 지금 세상에 살면서도 옛날에 뜻을 두고 있다면, 모든 것이 자기에게 달려 있는 것이다. 그러므로 군자는 자기에게 달려 있는 것에 힘을 쓰고 하늘에 달려 있는 것은 흠모하지 않는다. 소인은 자기에게 달려 있는 것은 버려두고 하늘에 달려 있는 것을 흠모한다.[44]

따라서 순자가 보기에 초월적이고 괴이한 자연현상에 얽매이기보다 사람들이 사는 세상에서 가장 소중한 것은 예(禮)(혹은 예의)이다. 하늘과 땅에 있는 모든 사물과 현상을 떠나 사람에게는 예의보다 더 밝은 것이 없다. 하지만 이 예의도 현실에서 시행되지 않으면 그 공적과 명성이 드러나지 않는다. 그러므로 사람의 목숨은 하늘에 달려 있고, 나라의 운명은 예의에 달려 있다며 순자는 이렇게 강조한다.

> 임금이 예의를 존중하고 현명한 사람을 귀중히 여기면 왕자가 되고, 법을 중시하고 백성을 사랑하면 패자가 되고, 이익을 좋아해 속임수를 많이 쓰면 위태로워지고, 권모술수를 쓰고 남을 무너뜨

43 순자 천론 17:2.
44 순자 천론 17:7.

리며 음험한 일을 하면 망하게 된다.[45]

천인지분에 바탕을 둔 순자의 천론은 『예기(禮記)』 예운(禮運)편 제10장의 성인참어천지(聖人參於天地)에서 그 기원을 찾을 수 있다. 순자는 말한다.

> 성인은 하늘과 땅(天地)의 일에 참여하고, 귀신과 나란히 서서 정치를 한다. 성인은 자신이 처해 있는 현실에서 예(禮)를 사회질서의 근본으로 삼고, 백성이 좋아하는 바에 따라 그들을 다스린다.[46]

이상적인 군주 혹은 임금으로서 성인은 자신의 직분에 충실하고 최선을 다하는 사람을 말한다. 이 관점에서 성인참어천지를 해석하면, 사람은 하늘과 땅(천지)의 사업에 대등한 주체로 참여할 수 있다. 이처럼 순자의 천인지분은 천인분리의 관점에서 하늘과 땅 그리고 사람을 구분하면서도 개별적 및 독립적 주체로서 상호 대등한 관계를 맺고 있다. 또한 천지인 삼(三)주체는 상호 배척·차별 또는 반목하는 존재가 아니다. 오히려 하늘과 땅 그리고 사람은 완전 분리된 관계가 아니라 서로 합일·통일 혹은 통합을 지향하며,[47] 종국적으로는 하늘과 사람은 하나라는 천인합일(天人合一) 사상으로 이어진다.

---

45 순자 천론 17:10.
46 『예기(禮記)』「예운(禮運)」 10:1.
47 이승률, "『순자(荀子)』「천론(天論)」편의 천인분리론(天人分離論) 연구", 동방학지, 제156권, 2011, 266쪽.

2. 성위지분(性僞之分)

순자의 천론(天論) 혹은 천관(天觀)인 천인지분에서 인간의 본성(性)과 작위(僞)는 구분된다는 성위지분(性僞之分)이 파생되었다. 순자는 본성과 작위에 대해 이렇게 말한다.

> 본성이란 하늘로부터 타고난 것이어서 배워서 행하게 될 수 없는 것이며, 노력으로 이루어질 수 없는 것이다. 예의란 성인이 만들어 낸 것이어서 배우면 행할 수 있는 것이며, 노력하면 이루어질 수 있는 것이다. 배워서 행할 수 없고 노력해 이루어질 수 없는데도 사람에게 있는 것이 바로 본성이라 하고, 배우면 행할 수 있고 노력하면 이루어질 수 있는 것을 작위라 한다. 이것이 본성과 작위의 구분이다.[48]

이처럼 본성은 천성적으로 타고난 것이나 작위는 사람이 어떤 노력을 하는가에 따라 얻을 수 있다는 점에서 양자는 차이가 있다. 그러나 그 성취 여부는 사람에게 달려 있다. 순자는 다음과 같은 사례를 들어 본성과 작위의 차이에 대해 설명한다.

> 지금 사람의 본성으로 눈은 볼 수가 있고 귀는 들을 수가 있다. 모든 볼 수 있는 시력은 눈을 떠나지 않으며, 들을 수 있는 청력

48 순자 성악 23:3.

은 귀를 떠나지 않는다. 눈은 시력이 있고 귀는 청력이 있는데, 이 것은 배워서 될 수가 없는 것이다.[49]

순자는 본성과 작위는 구분된다고 전제하고 있다. 다만, 비록 타고난 본성은 바꿀 수 없지만 예의라는 작위를 통해 배우면 누구나 행할 수 있는 것이며, 또 노력하면 이뤄질 수 있다고 강조한다.

3. 성악설(性惡說)

순자는 천인지분의 입장에서 천지와 사람의 관계는 대등하며, 또 본성과 작위는 구분된다는 성위지분을 주장한다. 특히 사람의 본성에 대해 “사람의 본성은 선한데, 모두 그 본성을 잃기 때문에 악해지는 것이다”라는 맹자의 성선설을 정면으로 비판한다.

나는 그것을 잘못된 말이라고 생각한다.

이 말에는 순자의 단호한 자세가 여실히 드러나 있다.

그렇다면 순자가 맹자의 성선설을 이토록 직접적으로 비판하는 이유는 무엇일까? “사람의 본성대로 내버려두면 그의 질박함이 떠나고 그의 자질도 떠나 버려 선한 것을 반드시 잃어버리고 말 것”이기 때문이다. 순자가 말한다.

---

49 순자 성악 23:3.

사람의 본성은 악한 것이니 그것이 선하다고 하는 것은 거짓 이다.[50]

순자는 사람의 본성이 악하다는 성악설의 근거로 이익, 질투와 미움, 욕망의 세 가지를 들고 있다.

첫째, 사람들의 본성은 나면서부터 이익을 좋아한다. 이 마음을 따르기 때문에 쟁탈이 생기고 사양함이 없어진다.

둘째, 사람은 나면서부터 질투하고 미워하는 마음이 있다. 이 마음을 따르기 때문에 남을 해치고 상하게 하는 일이 생기며 충성과 믿음이 없어진다.

셋째, 사람은 나면서부터 귀와 눈의 욕망이 있어 아름다운 소리와 빛깔을 좋아한다. 이 마음을 따르기 때문에 지나친 혼란이 생기고 예의와 아름다운 형식이 없어진다.[51]

이처럼 순자의 성악설은 '이익을 좋아하고 얻기를 바라는 것은 사람의 감정이요 본성'이라는 기본 입장을 전제하고 있다. 만일 어떤 사람에게 형제가 있는데 재물을 나누어 갖게 되었다고 하자. 이때 다만 감정과 본성을 따른다면 이익을 좋아하고 얻기를 바라기 때문에 형제가 서로 성내며 다툴 것이라는 것이다.[52] 다만 순자는 사람이 태어나면서부터 악한 것이 아니라 태어날 때부터 악한 본성을 가지고 있으므로 악으로 기우는 경향이 있다고 본다.

---

50 순자 성악 23:3. 순자는 「성악」편을 시작하면서도 이 입장을 피력하고 있다. "사람의 본성은 악한 것이니 그것을 선하다고 하는 것은 거짓이다." 순자 성악 23:1.

51 순자 성악 23:1.

52 순자 성악 23:6.

사람의 본성과 관련하여 맹자는 이목지관(耳目之官)과 심지관(心之官)으로 나누어 접근한다. 귀와 눈과 같은 기관은 생각하지 못하여(耳目之官不思) 외부 사물의 영향을 받지만 마음이라는 기관은 생각할 수 있다((心之官則思)는 것이다.[53] 이처럼 맹자는 사람의 본성을 판단할 때 '생각'을 그 중심에 둔다. 즉, 생각할 수 없는 귀와 눈과 같은 기관과 달리 마음이라는 기관을 이용하여 생각을 하면 사람의 본성이 악하다고 할지라도 선한 방향으로 행동할 수 있다. 맹자에게 '마음이라는 기관'은 "하늘이 인간에게 특별히 부여해 주신 것"이다.[54]

하지만 맹자와는 달리 순자는 사람의 본성에는 이목지관과 심지관 둘 다 갖춰져 있다고 본다. 양자를 기능적으로 엄밀히 구분하여 생각 여부에 따라 사람의 본성이 선하냐 악하냐로 파악하는 것은 합리적이지 않다는 것이다. 순자는 '사람의 본성은 악하다'는 대전제를 세우고 본성론에 접근한다. 그에게 사람이 선한 일을 하려는 것도 사실은 본성이 악하기 때문이다. 사람이란 가난하면 부자가 되고 싶어 하듯 자기에게 없는 것을 지니려 애쓴다.[55]

이처럼 사람의 본성이 악한 본질적 원인은 무엇일까? 바로 사람은 누구나 욕망하지만 채울 수 없고, 채워지지 않는 내면의 결핍에 대한 불만을 가지고 있기 때문이다. 만일 자신의 내면에 존재하는 욕망을 채우기 위한 결핍에 대한 불만을 해소하고, 이를 극복하려는

53 맹자 고자장구 상 11:15.
54 맹자 고자장구 상 11:15.
55 순자 성악 23:6. 해설 in: 순자(김학주 옮김), 『순자』, 을유문화사, 2020, 785쪽.

노력이 없다면, 사람은 악한 본성에서 벗어날 수 없다. 그 결핍을 인지하고 결핍 상태에 불만을 느끼는 '자기부정'은 순자가 생각하는 수양의 시작점이라고 할 수 있다.[56]

4. 화성기위(化性起僞)

악한 본성을 타고난 사람이 자기부정을 통해 내면의 악한 품성을 변화시키기 위해서는 어떻게 해야 할 것인가. 성인(聖人)이 세운 예의와 법도에 의해 변화시켜야 한다. 이를 위해 순자는 "본성을 변화시켜 작위를 일으킨다"는 뜻을 가진 화성기위를 내세운다. 순자는 말한다.

> 그러므로 성인께서는 사람들의 본성을 교화시켜 작위를 일으키고, 작위를 일으켜 예의를 만들어 내고, 예의를 만들어 법도를 제정한다. 그러니 예의와 법도는 성인이 생겨나게 하는 것이다. 그러므로 성인이 여러 사람들과 같은 것, 곧 성인이 여러 사람들과 다름이 없는 것이 본성이고, 여러 사람들과 다르고 훨씬 뛰어난 것이 작위이다.[57]

순자의 성악설은 화성기위와 불가분의 관계에 서 있다. 어떤 사람이 "사람의 본성이 악하다면 곧 예의는 어떻게 생겨났는가?"라고 묻

---

56 임건순, 『순자』, 219쪽.
57 순자 성악 23:5.

자 순자는 이렇게 대답한다.

> 무릇 예의라는 것은 성인의 작위에 의해 생겨나는 것이지 본디 사람의 본성에서 생겨나는 것이 아니다.[58]

순자는 옹기장이가 진흙으로 질그릇을 빚고, 목수가 나무를 깎아 그릇을 만드는 사례를 들어 질그릇과 나무그릇은 옹기장이와 목수의 작위에 의해 생겨나는 것이지 사람의 본성으로부터 생겨나지 않는다고 설명한다.[59] 이것은 마치 성인이 생각을 쌓고 작위를 오랫동안 익혀 예의를 만들어 내고 법도를 제정하는 것과 같다. 예의와 법도는 성인의 작위에 의해 생겨나는 것이지 사람의 본성으로부터 생겨나는 것이 아니라는 것이다.[60] 따라서 중요한 것은 무엇인가? '사람들의 본성을 교화시켜 작위를 일으키는 것', 즉 화성기위다. 성인은 작위를 일으켜 예의를 만들어 내고, 예의를 만들어 내어 법도를 제정하여[61] 세상을 다스린다.

결국 화성기위는 사람의 본성은 악하다는 성선설을 극복하는 이론적 근거이자 현실적 대안이다. 또한 화성기위는 성위지분의 성과 위에 대한 성찰의 결과이며, 위라는 작위를 통하여 하늘과 사람을 대등한 주체로 보는 천인지분으로 귀결된다. 이처럼 순자가 [화성기위→성악설→성위지분→천인지분]이라는 예(禮)의 이론적 근거를

58 순자 성악 23:5.
59 순자 성악 23:5.
60 순자 성악 23:5.
61 순자 성악 22:5.

제시한 이유는 무엇일까?

순자가 생존한 시기는 전국시대로 전쟁과 약탈이 횡행하였다. 순자는 현실사회의 혼란과 무질서를 악으로 보고, 이를 극복할 수 있는 대안을 모색하였다. 사람의 본성이 악하다는 대전제는 순자가 그 당시의 현실을 직시했다는 것을 반증한다. 사람의 본성이 악한 것과 마찬가지로 사회의 본성도 악하다. 하지만 그 악한 본성을 직시한다고 할지라도 그대로 방치할 수는 없는 노릇이다. 이런 상황에서 순자는 사회의 혼란과 무질서가 인간의 욕망이라는 악에 있다고 해도 그 악한 본성을 교화시켜(化性) 작위를 일으켜야 한다(起僞)고 보았으며, 그 작위의 방법이 바로 예(禮)이다.

따라서 예(禮)로 사람과 사회의 악한 본성을 교화시키고 억제한다면 사회는 안정된 질서를 회복하고, 서로 평화롭게 살 수 있다. 순자에게 사회의 무질서와 혼란이 악이라면, 예(禮)에 의하여 교화되어 조화롭고 질서 있는 사회는 선이다. 순자는 이를 '이치에 바르고 다스림에 공평하다'는 뜻에서 정리평치(正理平治)라 하였다. 반대로 '음험하고 편벽되며 어지러이 이치를 어긴다'는 편험패난(偏險悖亂 혹은 편패험난)의 상태를 악으로 보았다.[62] 따라서 순자가 보기에 악을 선의 상태로 변화시키기 위해서는 예의법도에 따라 다스려 사회질서가 유지되어야 한다. 순자의 본성론은 결국 예법으로 귀결된다.

---

62 순자 성악 23:7.

IV. 예(禮)의 인권적 실천 주체

1. 성인(聖人)·성왕(聖王)·후왕(後王)

요순을 이상적 군주상으로 보는 공자·맹자와 달리 순자는 성인에서 벗어나 성왕을 제시한다. 당나라 때 학자로 『순자』를 처음 주해한 양경(楊倞)에 따르면, "성왕은 도덕과 재능이 일반인을 뛰어넘어 가장 원만한 경지에 도달한 제왕"을 말한다.[63] 그러므로 학문을 하는 사람은 성왕을 스승으로 삼고, 성왕의 제도를 법칙으로 삼아 그 법칙을 법도로 만들면서 그 강령을 추구하고 그 사람을 본받기에 힘써야 한다. 성왕의 도를 향해 힘쓰는 것이 선비이고, 성왕의 도에 유사하게 거의 접근한 사람이 군자이며, 그 성왕의 도를 잘 알고 있는 사람이 성인이다.[64] '성왕의 도'는 예(禮)에 들어맞게 사색하고, 지조를 지켜 절조가 굳은 자세를 가지는 것이다. 따라서 생각할 줄 알고 절조를 굳게 지킬 줄 알며 더욱 예(禮)를 좋아하는 사람이 바로 성인(聖人)이다.[65] 이렇게 보면 성인이란 올바른 도의 극치이고,[66] 현실에

---

63 순황(集解 왕선겸, 譯註 송기채), 『역주 순자집해 5』, 전통문화연구회, 2018, 266쪽, 각주 145).

64 순자 해폐 21:13.

65 순자 예론 19:6. 성인의 바람직한 품성과 역할에 대해서는 『순자』의 곳곳에 언급되어 있다. 그중의 하나를 예로 들면 다음과 같다. "조리가 반듯하고, 위엄 있게 자기를 공경할 수 있으며, 하는 일의 시작과 종말이 굳건하고 한결같고, 그의 일이 안락하게 오래갈 수 있으며, 그가 지키는 도는 뚜렷하여 위태로워지지 않고, 그가 쓰는 지혜는 밝고 분명하며, 그의 기강은 정제하게 유지되고, 그의 언행에는 무늬가 아름답게 드러나며, 사람들의 훌륭함을 기뻐하며 즐기고, 남들이 합당하지 못한 일을 하는 것을 은근히 두려워한다면, 그는 성인이라 할 수 있다." 순자 유효 8:10.

66 순자 예론 19:6.

서 성왕의 도를 실천하는 사람이다. 하지만 순자의 말을 살펴보면, 성인과 성왕의 관계가 반드시 분명하게 정립되어 있지는 않다.

> 성인이란 사물의 이치를 다 꿰뚫은 사람이다. 왕자는 모든 제도를 다 마련한 사람이다. 이 두 가지를 다 추구한 성왕이야말로 천하의 법도가 될 수 있다.[67]

위의 말에서 순자는 성인과 왕자, 그리고 성왕을 구분하고, 성왕은 앞의 두 사람의 범주를 뛰어넘은 제왕을 가리키고 있다. 양경은 순자의 이 말을 주해하면서, "사람이 배워야 할 것은 마땅히 성인의 도와 왕의 도에 머물러야 하고, 이단의 학술을 배우지 말아야 한다"고 하면서 "성인과 왕의 도는 곧 가장 원만한 경지를 이른다"고 밝히고 있다.[68] 이에 대해 총전호(冢田虎)는 "성인의 도와 왕의 도가 어찌 다를 수 있겠는가. 성인은 덕으로 말하고 왕은 지위로 말한 것이다. 성인과 왕은 도를 가지고 나누는 것이 아니다"라고 비판하고 있다.[69] 순자는 전쟁이 끊이지 않고 폭력이 난무하던 전국시대를 살면서 암울한 현실을 타개하고 난세를 평정할 이상적 제왕으로서 성왕을 꿈꾸었는지도 모른다. 순자가 말한 성왕에 대해 윤대식은 다음과 같은 질문을 던지고 있다.

---

67 순자 해폐 21:13.

68 순황(集解 왕선겸, 譯註 송기채), 『역주 순자집해 5』, 전통문화연구회, 2018, 266쪽.

69 순황(集解 왕선겸, 譯註 송기채), 『역주 순자집해 5』, 위의 책, 266쪽, 각주 146).

> 성왕이란 단어의 조합 속에 이미 성인이 내포된 것이 아니었을까? 더욱이 춘추전국시대 현실에서 과연 도덕적 완성자로서 성인이 실재할 수 있다고 기대할 수 있을까? 그것은 현실을 무시했거나 이상적인 인간형에 대한 일종의 노스탤지어에 불과했던 것은 아닐까? 반면 주공-공자 이래로 실존했던 인물을 성인으로 지칭하는 경우가 있다는 점에서, 분명히 현실에서 찾을 수 있는 존재로 기대했을 수 있다. 그러나 공자같이 성인으로 평가받을 수 있는 실존인물이 있었을지라도, 도대체 어떻게 위대한 선왕과 결부시켜 정치적으로 재탄생한 성왕의 의미를 당대 정치주체들에게 이해시키려고 했던 것일까?[70]

윤대식이 가지고 있는 의문처럼 순자가 그리는 성왕은 도덕적 성군인 성인과 현실적 군주인 왕자를 합친 인물이다. 비록 현실에서는 성왕을 찾기는 어렵지만 순자는 요순이 펼친 정치를 실시할 수 있는 새로운 군주상의 하나로 성왕의 개념을 제시하고 있다고 보아야 한다. 그런 노력의 과정에서 순자는 또 다른 이상적 군주상인 후왕(後王)을 창조한다.

순자는 성인과 성왕을 말하면서도 왜 굳이 후왕을 '창조'했을까? 성왕과 마찬가지로 순자는 난세를 평정하고 사회질서의 안정을 가져올 수 있는 새로운 군주를 기대했다. 하지만 유가인 순자는 신분제도에 기반한 기본질서를 깨뜨리고 기성의 질서를 무시하는 혁명

---

70 윤대식, "『순자』 속 성인(聖人)에서 성왕(聖王)으로-통치(統治)와 자치(自治)의 경계 짓기-", 태동고전연구, 제44집, 2020. 6., 262쪽.

에 의한 정치체제의 급격한 변혁을 바라지는 않았다. 현재의 사회질서를 유지하는 바탕 위에서 안정성을 확보하기 위해서는 어떻게 해야 할 것인가. 새로운 군주는 역사상 실재했던 선왕(先王)의 업적을 계승하여 현실에서 유가적 이상 정치를 펼칠 수 있는 인물이어야 한다. 그런 정치를 할 수 있다면 순자는 왕자(王者)와 패자(覇者) 여부를 묻지 않았다.[71] 이러한 새로운 유형의 군주가 바로 '후세 임금', 즉 후왕이었다.[72] 한마디로 후왕은 학습을 통해 선왕을 모방하고 현실정치를 통해 재현함으로써 미래시대에 부합하는 이상적인 군주라고 할 수 있다.[73] 이에 대해 순자는 말한다.

> 그러므로 성왕의 발자취를 보려 한다면 그 분명한 것을 보아야 한다. 후세 임금이 바로 그분이다. 후세 임금이야말로 천하의 임금이다. 후세 임금을 버리고 옛날을 얘기하는 것은 마치 자기의 임금을 버리고 남의 나라 임금을 섬기는 것과 같다. 그러므로 천년 전의 일을 알고자 한다면 오늘 일부터 잘 살펴야 하며, 억만 가지 일을 알고자 한다면 한 가지 또는 두 가지 일부터 살펴야 한다.[74]

---

71 패자의 도에 대한 순자의 견해는, 순자 왕제 9:8. 순자는 왕자 중심의 왕도정치를 지향하면서도 패자에 의한 패도정치도 인정한다. 순자는 말한다. "나라를 다스리는 사람은 의로움이 행해지면 왕자가 되고, 신용이 알려지면 패자가 되고, 권모술수가 행해지면 망자가 되는 것이다." 순자에게 중요한 것은 왕자 혹은 패자가 아니다. 임금이 의롭고 올바른 정치를 하는지, 아니면 적어도 그의 말과 행동이 믿을 만한 것인지가 중요하다. 이것도 저것도 아닌 권모술수만 쓰는 임금은 망하고 만다. 왕패(王霸)에 관한 이러한 관점은 순자가 유가로부터 배척당한 주된 이유이기도 하다. 순자 왕패 11:1. 이에 대해서는, 순자(김학주 옮김), 『순자』, 앞의 책, 367쪽.

72 윤대식, "순자의 새로운 군주: 선왕의 재현으로서 후왕의 창조", 공자학, 제41권, 2020. 6., 8쪽.

73 이에 대한 상세한 분석은, 윤대식, 위의 논문, 5-37쪽.

74 순자 비상 5:6.

하지만 순자가 '창조'한 후왕의 역할은 구체적이지 않고 모호하다. 또한 일반적으로 유가는 성인과 성왕을 이상적 군주상으로 보고 있어 그가 말한 후왕은 그다지 큰 파급력을 갖지 못하였다. 실제 『순자』를 살펴보아도 순자가 상정한 성왕은 선왕을 매개로 하거나 근거로 삼지 않아도 오늘날의 현실정치를 실현할 수 있다. 순자도 성왕의 이상을 후왕의 도(道)라고 부르고 있다. 이 관점에서 보면, 순자가 말한 후왕은 그 자신의 이론과 학설에 힘을 싣기 위해 성왕의 권위를 빌려 만든 상징적인 인물이라고 할 수 있다.[75]

그렇다면 순자가 말한 후왕을 그저 현실에 부합하지 않은 이상적 인물이나 조어(造語) 또는 하나의 이론적 모델로 보고 간과해도 좋을까?

그가 후왕을 말하는 핵심은 선왕(先王)의 업적을 계승한 현재의 군주, 즉 '후왕을 따른다'는 법후왕(法後王)에 있다. 순자는 "선왕 이래 계승된 예(禮)와 거기에 담긴 정신을 보존하는 군주만을 후왕"으로 본다.[76] 그런 군주라면 왕자든 패자든 묻지 않으나[77] 현재의 군주를 무조건 인정한 것은 아니다.[78] 순자가 바란 것은 후왕을 통해 유가가 꿈꾸는 왕도정치의 실현이다. 군도(君道)편에서 순자는 말한다.

> 도란 무엇인가? 임금(군주)의 도를 말한다. 임금이란 무엇인가? 많은 사람을 잘 돌보는 것을 말한다. 많은 사람을 잘 돌본다는 것은 무엇을 말하는가? 사람들이 잘 살도록 보양하는 것이며, 사람들

75 김여진, "荀子의 造語: 僞, 禮法, 後王", 유교사상문화연구, 제74집, 2018. 12., 166쪽.
76 임건순, 『순자』, 340쪽.
77 임건순, 『순자』, 376쪽.
78 임건순, 『순자』, 340쪽.

을 잘 다스리는 것이며, 사람들을 잘 등용하는 것이며, 사람들에게 제대로 신분에 맞는 옷을 입게 해 주는 것이다.[79]

여기서 순자는 왕도 혹은 패도 여부를 떠나 임금은 "많은 사람을 잘 돌봐야 한다"는 것을 강조한다. 그리고는 임금이 사람들을 잘 돌보기 위해 충족되어야 할 네 가지 조건을 제시한다. 즉, 임금은 ① 사람들이 잘 살도록 보양하고, ② 사람들을 잘 다스려야 하며, ③ 사람들을 잘 등용하고, ④ 사람들에게 제대로 신분에 맞는 옷을 입게 해 주어야 한다. 만일 임금이 이 네 가지 도를 잘 실천하면 그 나라는 정치사회적으로 안정되고, 경제적으로 부유할 수 있다. 현실주의자이자 실용주의자인 순자의 진면목이 여실히 드러나는 부분이다.

2. 선비

춘추전국시대의 신분은 지배계급인 천자(왕, 군주), 제후, 대부, 사(士)와 피지배계급인 사농공상(士農工商)의 사민(四民)으로 이뤄져 있었다. 이때 사민의 사는 사인(士人: 선비),[80] 농은 농민, 공은 공인, 상은 상인으로 이들을 백성이라 불렀다. 하지만 같은 지배계급이라 할지

---

79 순자 군도 12:7.

80 중국 봉건사회는 천자·제후·대부·사(士)는 지배계급이고, 사농공상(士農工商)의 네 가지 신분의 백성인 사민(四民)은 피지배계급이었다. 선비를 뜻하는 후자의 사인(士人)은 전자의 사(士)와 구분된다. 순자도 이를 구별하고 있다. "사(士) 이상의 사람들은 반드시 예의와 음악으로 그들의 생활을 조절하고, 여러 백성들은 반드시 법과 형벌로 그들을 제어해야 한다"(순자 부국 10:4)에서 말하는 사(士)는 지배계급을 말하는 것으로 선비를 뜻하는 피지배계급인 사인(士人)이 아니다.

라도 사는 지배계급인 군주나 제후 또는 대부에게 고용된 관료였으며, 제후나 대부처럼 영지를 소유할 수는 없었다. 사와 사인은 벼슬자리에 있는가 여부로 구분되는데, 벼슬이 있으면 사(士), 벼슬이 없으면 사인(士人)으로 불린다. 선비로 통칭되는 이들은 오늘날의 지식인에 해당한다.[81]

순자에 따르면, 선비란 “옛 임금을 본받고 예의를 존중하며, 신하나 자식들에 대해서는 삼가게 하고 그의 윗사람에 대해서는 매우 존경하도록 하는 사람들”이다.[82] 선비는 조정에 있으면 곧 아름다운 정치를 하고, 아랫자리에 있으면 풍속을 아름답게 한다. 하지만 선비는 학문을 하는 사람이다. 학문을 하는 사람이라면 누구나 성왕을 스승으로 삼고, 성왕의 제도를 법칙으로 삼아 그 법칙을 법도로 만들면서 그 강령을 추구하고 그 사람을 본받기에 힘써야 한다. 이에 대해 순자는 말한다.

> 성왕의 도를 향해 힘쓰는 것이 선비이고, 성왕의 도에 유사하게 거의 접근한 사람이 군자이며, 그 성왕의 도를 잘 알고 있는 사람이 성인이다.[83]

이처럼 선비는 학문의 목표를 ‘성왕의 도’로 설정하고 그에 이르도록 힘써 공부해야 하는 사람이다. 선비는 통달한 선비(通士), 공정

---

81 순자 비십이자 6:9. 이에 대해서는, 순자(김학주 옮김), 『순자』, 앞의 책, 187쪽.
82 순자 유효 8:2.
83 순자 해폐 21:13.

한 선비(公士), 곧은 선비(直士), 성실한 선비(愨士)의 네 부류가 있다.[84] 또한 속된 사람(俗人)과 대비하여 속된 선비(俗儒), 우아한 선비(雅儒), 위대한 선비(大儒)가 있으며,[85] 보통사람(衆人)과 비교하여 작은 선비(小儒)와 위대한 선비(大儒)가 있다.[86] 하지만 선비는 군자와 달리 아무리 애를 써도 성인이 될 수는 없다. 위대한 선비(大儒)는 천자의 삼공(三公)이 되고, 작은 선비(小儒)는 제후의 대부와 사(士)가 될 수 있을 뿐이다.[87] 마찬가지로 보통 사람(衆人)은 공인이나 농부나 상인이 된다.[88] 이에 반하여 성인은 이미 '성왕의 도'를 깨닫고 잘 알고 있는 사람이다. 군자는 '성왕의 도'에 유사하게 거의 접근한 사람이므로 선비는 군자를 모델로 삼는다. 그러므로 유가에게 군자란 '공자의 가르침을 따르는 교양 있는 이상적 지식인'이라고 할 수 있다.[89]

3. 군자

춘추전국시대는 신분계급이 분명하고, 그에 따른 지위와 역할이 부여되었다. 피지배계급에 속하는 선비는 학문을 통해 체득한 지식으로 천자를 비롯한 지배계급을 위해 일할 수는 있어도 그 자신이 천자가 될 수는 없는 노릇이었다. 초보지식인인 선비는 쉼 없이 학문을 배우고 익혀 지식이 무르익은 군자가 되도록 애써야 한다. 불

84 순자 불구 3:11.
85 순자 유효 8:13.
86 순자 유효 8:17.
87 순자 유효 8:17.
88 순자 유효 8:17.
89 순자(김학주 옮김), 『순자』, 앞의 책, 87쪽.

구(不苟)편에서 순자는 바람직한 군자상에 대해 자세하게 설명하고 있다.

첫째, 군자는 구차한 짓을 하지 말아야 한다.

> 군자는 행동은 구차히 행하기 어려운 것만을 귀중히 여기지 않고, 이론은 구차히 잘 살펴 아는 것만을 귀중히 여기지 않으며, 이름은 구차히 세상에 전해지는 것만을 귀중히 여기지 않는다. 오직 합당한 것만을 귀중히 여긴다.[90]

군자는 어짊을 존중하기 때문에 가난해도 뜻이 넓고, 위세를 부리지 않으려 하기 때문에 부귀해도 몸가짐이 공손하다.[91] 이처럼 군자는 공의(公義)로써 사사로운 욕심을 이겨 낼 수 있는 능력이 있으므로 구차한 짓을 하지 않고 소신을 지킬 수 있다.[92]

둘째, 군자의 행동은 예의에 합당해야 한다. 은나라 말엽의 사람인 신도적(申徒狄)이 세상이 어지러운 것에 분개해 돌을 끌어안고 황하에 몸은 던져 죽은 이유도 예의에 합당한 일이 아니었기 때문이다. 또한 혜시(惠施)와 등석(鄧析)[93]처럼 궤변을 늘어놓은 것도 예의에

---

90 순자 불구 3:1.

91 순자 수신 2:13.

92 순자 수신 2:13.

93 혜시는 전국시대 맹자와 거의 같은 때 사람으로 위나라 재상을 지냈으며, 등석은 춘추시대 정나라 재상을 지냈으나 자산(子産)에게 처형당하였다. 두 사람은 제자백가의 하나로 백마비마론(白馬非馬論), 견백론 등의 논리학으로 명성을 떨친 명가(名家)의 사상가였다. 백마비마론은 말은 형태를 가리키고 백(白)은 색깔을 가리키므로 백마는 말이 아니라는 논리다. 그리고 견백론(堅白論)은 단단하고 흰 돌은 눈으로 보아 흰 것은 알 수 있으나 단단한지는 모르며, 손으로 만져 보아 단단한 것은 알 수 있으나 빛이 흰지는 모르므로, 단단한 돌과 흰 돌은 동시에 성립하는 개념이 아니라는 논리다. 둘 다 전국시대 월나라 출신의 공손룡(公孫

합당한 일이 아니다. 이를테면, 산과 연못은 다 같이 평평하고, 하늘과 땅은 다 비슷하며, 제나라와 진나라는 같은 곳에 있고, 귀로 들어가서는 입으로 나오며, 낚싯바늘에 수염이 달렸고, 계란에도 털이 있다는 따위의 주장은 '논리를 유지하기가 어려운 이론'이다.[94] 마찬가지로 해와 달 같은 명성을 탐한 도적인 도척(盜跖)은 우임금·순임금과 같이 끊임없이 이름이 전해지고 있으나 군자들은 이를 귀중히 여기지 않는다. 이 모두 예의에 합당한 일이 아니기 때문이다.[95]

셋째, 군자는 예의에 따라 다스리는 사람이지 예의에 어긋나게 다스리는 사람이 아니다. 이 말은 군자가 바라보는 정치란 '예의에 따라 다스림' 곧 예치(禮治)를 뜻한다. 순자가 보기에 다스림(治)이란 '예의에 들어맞는 것'이고, 어지러움(亂)이란 '예의에 어긋나는 것'이다. 예치를 행하는 상태에 대해 순자는 "군자는 다스림을 다스리지 어지러움을 다스리지 않는다"고 말한다. 일반적으로 위정자는 사회가 어지러운 상태(혼란)를 다스리는 데 중점을 두고 정치를 한다. 하지만 순자가 생각하는 정치는 이와는 다르다. 나라가 어지러운 것을 다스린다는 것은, "어지러움을 따라서 그것을 다스린다는 뜻이 아니라 어지러움을 제거시키고 다스림을 편다"는 뜻이다. 그러므로 정치란 "어지러움을 제거하는 것이지 다스리는 것이 아니"라는 것이다.[96] 군주는 어지러움을 제거하고 난 다음에는 예의에 따른 다스림을 펴야 한다. 결국 정치는 예의에 합당해야 한다는 것이 순자의 생각이다.

龍)이 주장한 궤변의 명제이다.

94 순자 불구 3:1.

95 순자 불구 3:1.

96 순자 불구 3:7.

넷째, 군자는 말을 잘해야 한다. "군자는 그의 뜻으로 이론을 좋아하고, 행동은 그로 말미암아 편안하며, 그것을 말하기를 즐긴다"[97]면서 "그러므로 군자는 반드시 말을 잘한다"[98]고 강조한다. 또한 "군자는 반드시 이론을 전개한다"[99]면서 이렇게 말한다.

> 군자가 이론을 전개하는 말은 어질(仁)다. (…) 그러므로 군자는 어짊을 실천하는 일에 싫증을 내지 않는다. 뜻으로 어짊을 좋아하고, 어짊을 실천해 편안히 지내며, 어짊을 얘기하기를 즐기기 때문에 말하게 되는 것이다.[100]

말하기의 중요성을 강조한다는 점에서 보면, 순자는 공자와는 전혀 다른 입장을 취하고 있다. 공자는 "말을 듣기 좋게 하고 얼굴빛을 곱게 하는 사람은 인(仁)한 이가 적다"[101]고 하면서 "강하고 굳세고 질박하고 어눌함이 인(仁)에 가깝다"[102]고 하였다. 남에게 잘 보일 목적으로 말과 얼굴을 꾸미는 사람은 믿을 수가 없고, 세련되지 못하고 어눌할지라도 마음이 착한 사람 중에 오히려 어진 사람이 많다는 것이다. 하지만 순자는 공자와는 달리 말을 많이 하면서도 표현이 바르다면 성인으로 본다. 또한 말을 적게 하면서도 법도에 맞다면 군자다. 말을 많이 하든 적게 하든 법도가 없고 종잡을 수가 없다

---

97 순자 비상 5:8.
98 순자 비상 5:8.
99 순자 비상 5:12.
100 순자 비상 5:12.
101 논어 학이 1:3; 논어 양화 17:17. 巧言令色 鮮矣仁.
102 논어 자로 13:27. 剛毅木訥 近仁.

면, 비록 말을 잘한다 하더라도 소인이다.[103]

다섯째, 군자는 '조술(操術)'을 지켜야 한다. 조술이란 군자가 지켜야 할 행동규범이다. 군자는 지위가 높아도 뜻은 공손하고, 마음은 작아도 지키는 도는 크며, 듣고 보는 것은 가까워도 아는 것은 원대하다. 그럼에도 군자가 교만하지 않고 젠체하지 않을 수 있는 것은 무엇 때문일까. 그것은 바로 군자가 지키는 행동규범이 그러하기 때문이다. 이 규범은 군자가 지켜야 할 예의의 기본이다.[104] 이 규범이 있기에 군자는 옳고 그른 분별을 분명히 하고, 천하의 중요한 일들을 총괄해 세상 사람들을 다스릴 때 '한 사람을 부리는 것처럼' 쉽게 할 수 있고, '다섯 치의 굽은 자를 가지고 온 천하의 네모꼴을 올바로 가늠할 수' 있다.[105] 따라서 군자가 자기 집 거실에서 나오지 않고도 온 세상의 실정을 자기 있는 곳에 모두 쌓아 두고 있는 듯이 파악할 수 있는 것도 지키는 행동규범이 있기에 가능한 일이다.[106]

마지막으로, 군자는 사고하고 행동할 때 지켜야 할 여섯 가지 원칙이 있다. ① 공정하면 총명함을 낳고, ② 편벽되면 어리석음을 낳는다. ③ 바르고 성실하면 형통함을 낳고, ④ 거짓으로 속이면 궁색함을 낳는다. ⑤ 정성되고 신의가 있으면 신묘함을 낳고, ⑥ 허풍을 떨며 남을 속이면 미혹됨을 낳는다.[107] 이 여섯 가지 원칙을 얼마나 잘 지키는가에 따라 군자는 성인이 되기도 하고, 소인이 되기도 한

103 순자 비십이자 6:5.
104 순자 불구 3:10.
105 순자 불구 3:10.
106 순자 불구 3:10.
107 순자 불구 3:12.

다. 그러므로 이 여섯 가지 결과가 낳는 것에 대해 군자는 신중히 대처해야 한다.[108] 이 원칙에 따라 군자는 자기 자신에 대해서는 엄격하지만 다른 사람을 대할 때는 너그러워 모든 사람을 받아들인다. 이처럼 군자는 자기를 헤아리는 법도로는 똑바른 먹줄을 쓰듯 엄격하고, 반대로 남을 대하는 법도로는 굽은 활도지개를 쓰듯 너그럽다. 군자가 모든 사람을 받아들이는 술법을 '겸술(兼術)'이라 한다.[109]

4. 소인(백성)

군자가 '스승과 법도에 교화되고 학문을 쌓으며 예의를 실천하고 있는 사람'이라면, 소인은 '본성과 감정을 멋대로 버려두고 멋대로 행동하는 데 안주하고 예의를 어기는 사람'을 일컫는다.[110] 군자와 소인을 구분하는 잣대는 사람의 본성이다. 순자는 본성과 작위를 구별한다. 본성은 하늘로부터 타고난 것이어서 배워서 행하게 될 수 없는 것이며, 또한 노력으로 이루어질 수 없는 것이다. 따라서 배워서 행할 수 없고 노력해 이루어질 수 없는데도 사람에게 있는 것이 본성이다. 이에 반하여 사람이 배우면 행할 수 있고 노력하면 이루어질 수 있는 것이 작위이다.[111]

순자는 사람이 선천적으로 타고나는 품성을 본성으로, 사람의 후천적인 노력으로 얻는 자질을 작위로 본다. 사람을 본성대로 내버려

108 순자 불구 3:12.
109 순자 비상 5:10.
110 순자 성악 23:2.
111 순자 성악 23:2.

두면 그의 질박함이 떠나고 그의 자질도 떠나 버려 선한 것을 잃어 버리고 만다. 이러한 문제점을 해결하기 위해 성인이 만들어 낸 것이 바로 예의다. 예의는 누구나 배우면 행할 수 있고, 노력하면 이루어질 수 있기 때문이다.[112] 순자는 예의를 기준으로 사람이 가진 본성과 작위를 구별하고 이를 통해 군자와 소인을 나눈다. 군자와 달리 소인은 예의가 없는 까닭에 "말에는 언제나 신의가 없고, 행동에는 언제나 곧음이 없으며, 이익을 좇아 무슨 짓이든 한다."[113]

순자는 군자와 소인을 비교적으로 대비하여 사람들은 본성이 악하기 때문에 그대로 내버려두면 안 되고, 스승과 법도로써 사람들을 교화하여 바로잡아야 하며, 예의로써 행동을 규제하여 잘 다스려지도록 해야 한다고 본다.[114] 순자의 이 논리는 맹자의 성선설을 비판하는 논거이기도 하다. 하지만 소인에 대한 순자의 부정적 평가는 여기서 그치지 않는다. 아무리 소인과 비교하여 군자가 가져야 할 마음가짐과 덕목을 강조할 목적이라고 해도 순자의 소인에 대한 비판은 거의 독설에 가깝다.

> 소인은 (…) 심하게 난동을 부리면서도 남들이 자기를 비난하는 것을 싫어하고, 매우 못났으면서도 남들이 자기를 어질다고 여겨주기 바란다. 마음은 호랑이나 승냥이 같고 행동은 금수 같으면서도 남들이 자기를 해치는 것을 싫어한다. 아첨하는 자와는 친하고

---

112 순자 성악 23:2.
113 순자 불구 3:11.
114 순자 성악 23:2. 이에 대해서는, 순자(김학주 옮김), 『순자』, 앞의 책, 777쪽.

과감히 충고하는 자는 멀리하며, 수양을 쌓은 올바른 사람을 비웃음거리로 삼고, 지극히 충성된 사람을 자기를 해치는 자라고 여긴다. 비록 멸망하지 않으려 한다 해도 안 할 수가 있겠는가![115]

그러니 소인은 예(禮)로 다스리고 가르쳐야 하는 교화의 대상이고, 더불어 살아가야 하는 백성이지만 함께 일할 수는 없는 존재다. 하물며 일반사람(匹夫)이라 할지라도 벗을 사귈 때 신중하여야 한다. 벗을 사귈 때는 그 사람이 훌륭한 사람이어야만 하니 어찌 신중하지 않겠는가. 이렇게 신중하게 벗을 가려 사귀는 이유는 그것이 '덕의 기초(德之基)'가 되기 때문이다.

큰 수레를 밀고 가지 마라. 오직 먼지만 자욱이 일어날 것을!

『시경』의 말을 인용하며 순자는 이렇게 말한다.

이것은 소인들과 함께 지내지 말라는 뜻이다.[116]

예치와 법치로 사회질서의 안정을 유지하는 데 골몰한 순자에게 백성은 군자와는 확연히 구분되는 '소인배'에 지나지 않았다.

---

115 순자 수신 2:1.
116 순자 대략 27:66.

V. 예(禮)의 인권적 실천방법

1. 예(禮)와 법(法=예법)의 수용과 실천

순자는 '인간의 본성은 악하다'는 성악설을 전제로 인의에 따른 도덕정치보다는 예법을 확립함으로써 예치를 해야 한다고 본다. 순자의 관심은 사회질서의 안정이다. 전국시대를 살면서 그가 바라보는 세상은 악한 본성을 가진 인간의 욕심은 끝이 없고, 그로 인해 사회 혼란과 전쟁이 끊이지 않는다고 보았다. 순자는 예(禮)를 표준으로 삼아 사회의 안정을 가져올 수만 있다면 왕도정치와 패도정치 여부를 문제 삼지 않았다. 따라서 순자에게 예(禮)는 현실의 모든 문제를 해결할 수 있는 규준이자 정치·경제·사회·문화 전반을 규율하는 규범이라고 할 수 있다.

순자는 사회질서의 안정을 도모할 수 있다면 사람을 신분과 연령이나 빈부귀천에 따라 구분하고 차별하는 것을 당연시하였다. 오히려 그 판단기준으로 예(禮)를 설정하고, 그에 따라 사람을 나누고 대우하였다.

> 예의란 귀하고 천한 등급을 매겨 주고, 나이 많은 이와 적은 이의 차등이 있게 하고, 가난하고 부유한 사람과 신분이 가볍고 무거운 사람에 따라 모두 어울리는 대우를 하는 것이다.[117]

---

117 순자 부국 10:4.

하지만 순자의 예(禮)는 단순히 사람을 차별적으로 구분하고 대우하는 데 그치지 않는다. 예(禮)는 경제와 노동을 포함한 나라를 부유하게 하는 정치제도로도 사용된다.[118] 한마디로 순자에게 하늘과 땅이 삶의 시작이듯 예의는 다스림의 시작이다.[119] 다스림, 즉 통치를 위해 군주는 예(禮)를 강조하고 확대 적용할 수밖에 없다. 이때 예(禮)는 제도가 되고, 법이 되고 형벌이 됨으로써 예(禮)와 법은 결합되어 동일시된다. 그러니 "예의를 숭상하고 법도를 이룩하면 표준이 있게 된다."[120]

> 도량형이란 물건을 재는 기준이고, 예의란 신분에 절도를 매기는 기준이다. 도량형으로는 물건의 수량을 표시하고, 예의로는 인륜을 결정한다. 덕을 근거로 하여 직위의 서열을 매기고, 능력을 기준으로 하여 벼슬을 내려 준다.[121]

따라서 "예의는 나라를 잘 다스리는 규범이며, 강하고 굳세지는 근본이며, 위세를 펴는 길이며, 공적과 명성을 올리는 요체"이다.[122] 그러니 사람의 목숨이 하늘에 달려 있듯 나라의 운명은 예의에 달려 있다. 만일 임금이 예의를 존중하고 현명한 사람을 귀중히 여기면 왕자가 되고, 법을 중시하고 백성을 사랑하면 패자가 되고, 이익을

---

118 순자 부국 10:4.
119 순자 왕제 9:15.
120 순자 군도 12:8.
121 순자 치사 14:6.
122 순자 의병 15:10.

좋아해 속임수를 많이 쓰면 위태로워지고, 권모술수를 쓰고 남을 무너뜨리며 음험한 일을 하면 망하게 된다.[123] 나라의 흥망성쇠는 예의와 법치에 달려 있는 것이다.

예의와 법치에 따라 정치를 하는 방법으로 순자는 교화와 신상필벌을 제안한다.

순자가 보기에 사람이 타고나는 본성은 어찌할 수가 없지만 교화시킬 수는 있다. 노력을 쌓아 가는 일은 사람이 본시 지니고 있는 버릇은 아니지만 노력할 수는 있다. 노력으로 습속을 바로잡아 가노라면 본성을 교화시키게 된다는 것이다.[124]

그렇다면 교화를 담당하는 주체는 누구인가? 군자다. 군자는 예의의 중심에 서 있는 사람이고, 군자는 예의의 시작이기 때문이다. 군자의 역할은, "예의를 만들고 그것을 통용케 하고 그것이 무겁게 쌓이도록 하여 그것을 애호하는 것"으로 시작된다.[125]

그리고 순자는 정치의 방법으로 '백성들을 격려할 때는 상을 주고, 징계할 때는 형벌을 가하라'며 신상필벌을 강조한다. "정치는 어떻게 해야 하는가?"란 질문을 던지고는 이렇게 말한다.

> 내 생각으로는 어질고 능력 있는 이는 차례를 기다릴 것 없이 등용하고, 변변치 않고 능력 없는 자는 조금도 지체 없이 파면시키며, 매우 악한 자는 교화를 기다릴 것 없이 처벌하고, 보통 백성

---

123 순자 천론 17:10.
124 순자 유효 8:16.
125 순자 왕제 9:15.

들은 정치를 기다릴 것 없이 교화시키면 된다. 신분이 안정되지 않았을 때에도 종묘에는 아버지 자리 아들 자리가 구별되어 있다. 비록 임금이나 사대부들의 자손이라 하더라도 예의에 합당하지 못하면 곧 서민으로 돌리고, 비록 서민의 자손이라 하더라도 학문을 쌓고 행실을 바르게 하여 예의에 합치된다면 곧 그들을 경상(卿相)이나 사대부로 삼는다.[126]

이 말에서 신상필벌과 "형벌로써 형벌을 없앨 수 있다"는 이형거형(以刑去刑)을 강조하는 법가 사상이 순자로부터 시작되었음을 알 수 있다.

이처럼 순자에 이르러 비로소 인치(人治) 중심의 통치지배구조는 법치(法治) 중심의 제도에 기반한 통치구조로 전환된다. 하지만 제도와 시스템을 구축했다고 하여 통치가 제대로 이뤄질 수는 없다. 법치는 '사람 중심'의 인치가 바탕이 되어야 제대로 기능할 수 있기 때문이다. 이에 대해 순자는, "법이란 다스림의 시작이고, 군자란 법의 근원"[127]이라며, "법의 뜻을 알지 못하면서 법의 조문만을 바로 지키는 사람은 비록 널리 안다 하더라도 일을 당하면 반드시 혼란을 일으킬 것"[128]이라며 법의 남용을 경고한다.

사람은 법이 없다면 어디로 가야 할지 모르게 된다. 법은 있으되

126 순자 왕제 9:1.
127 순자 군도 12:1.
128 순자 군도 12:1.

의로움에 대한 뜻이 없다면 어떻게 해야 할지 모르게 된다. 법을 따르며 모든 일을 깊이 이해해야만 윤택해진다.[129]

순자는 법치보다는 의치(義治)가 우선되어야 한다고 하면서도 결국 법치가 바로서야 한다고 말한다. 이 말에서 우리는 '법치주의자=순자'의 모습을 발견할 수 있는데, 그를 유가이자 법가로 평가하는 이유이기도 하다.

2. 예(禮)의 인식기준: 허(虛)-일(壹)-정(靜)

순자가 생각하는 몸을 닦고 스스로 노력하는 절대적인 표준은 예(禮)이다. 사람으로서 예(禮)가 없다면 제대로 살아가지 못하고, 일을 하는 데 예(禮)가 없다면 일을 성취할 수 없으며, 나라에 예(禮)가 없다면 편안하지 못하다.[130] 예(禮)는 수신과 직업은 물론 치국의 표준이 되는 규범이다. 이를 바탕으로 순자는 예(禮)를 보다 구체적이고 현실적으로 실천하는 방법으로 치기양심술(治氣養心術)[131]을 제안한다. 치기양심술이란 '기운을 다스리고 마음을 수양하는 방법'이다. 이에 대해 순자는 결론적으로 이렇게 말한다.

모든 기를 다스리고 마음을 기르는 방법은 예(禮)를 따르는 것보다

129 순자 수신 2:9.
130 순자 수신 2:2.
131 순자 수신 2:4.

더 빠른 길은 없고, 스승을 얻는 것보다 더 중요한 것은 없으며, 좋아하는 것을 한결같이 하는 것보다 더 신통한 것은 없다.[132]

순자가 말하는 치기양심술의 핵심은 무엇일까. 넘치는 혈기를 자제하고 몸가짐을 바르게 하고 마음을 닦아 예(禮)에 따른 삶을 살라는 것, 즉 한결같은 자세로 예(禮)를 배우고 현실에서 실천하라는 것이다.

이 말에서 알 수 있듯이 순자는 '한결같은 자세', 즉 일(一 또는 壹)을 강조한다. 순자가 이토록 '일'을 강조하는 이유는 무엇인가?

그것은 그(성인)의 도(道)가 일(一)에서 나왔기 때문이다. 어떤 것을 일이라 하는가? 신(神)을 잘 지켜 굳건한 것이다. 어떤 것을 신이라 하고, 어떤 것을 굳건하다(固)고 하는가? 온 마음이 선해 다스림이 두루 미치는 것을 신이라 하고, 어떤 사물도 그것을 기울어뜨리지 못하는 것을 굳건하다고 한다.[133]

신을 잘 지키고 굳건한 사람이 바로 성인이고, 성인이란 도의 중추가 되는 사람이다.

천하의 도의 중추가 바로 이것이며, 여러 성왕의 도가 일어나는

---

132 순자 수신 2:4.
133 순자 유효 8:10.

것도 바로 이것이다.[134]

순자의 말을 정리하면, [성인(聖人)의 도(道)=일(一)=신(神)=고(固)→성왕(聖王)의 도(道)]로 도식화할 수 있다.

그러므로 '한결같은 자세'를 뜻하는 '일(一)'은 허(虛)·정(靜)과 함께 순자가 말하는 인식론이자 수양론의 핵심이다. 이에 대해 순자는 말한다.

> 사람들은 무엇으로 도를 아는가? 그것은 마음으로 알 수 있다. 마음은 어떻게 도를 아는가? 그것은 마음이 텅 비고 한결같아지고 고요해지는 것으로 알 수 있다.[135]

순자는 도와 마음을 아는 방법으로 허(虛)-일(壹)-정(靜)을 제시한다. 마음에는 여러 가지가 쌓여 있지만 꾸준히 노력하면 '텅 비고(虛), 한결같고(壹), 고요한(靜) 상태'를 유지할 수 있다. 올바른 도를 아직 터득하지 못하고 도를 추구하고 있는 사람에게는 마음을 텅 비우고 한결같이 고요하게 추구하라고 일러 주어야 한다. 그렇게 하여 도를 따르려는 사람이 텅 빈 상태가 되면 도로 들어가게 되고, 도에 종사하는 사람이 한결같은 상태가 되면 도를 다하게 되며, 도를 생각하려는 사람이 고요한 상태가 되면 도를 잘 살펴 이해하게 된다. 도에 대해 그것을 잘 살펴 이해하며, 도에 대해 알고 그것을 실천하는 것

---

134 순자 유효 8:10.
135 순자 해폐 21:6.

이 올바른 도를 체득한 사람이다. 마음이 텅 비고 한결같아지고 고요한 상태에 이르게 되면 그 마음은 밝기가 해와 달 같고 크기는 모든 곳에 가득 차 있다. 이러한 사람을 대인(大人)이라 한다.[136]

3. 예(禮)의 판단기준: 권형(權衡)

허-일-정이 기운을 다스리고 마음을 수양하는 방법이라면 권형은 그를 통해 닦은 도를 바탕으로 예(禮)에 맞게 판단하는 기준이다. 권형에 대해 순자는 말한다.

> 예(禮)란 사람들이 밟고 지나가는 길이다. 밟고 나가는 길을 잃으면 반드시 걸려 넘어지고 깊은 곳에 떨어지거나 물에 빠지게 된다. 잘못은 미세한 듯하지만 그로 인한 혼란은 큰 것이 예(禮)이다.
> 예(禮)가 국가를 바로잡는 역할은 마치 저울이 가볍고 무거운 것을 다는 것과도 같고, 먹줄로 굽고 곧은 것을 가늠하는 것과도 같다. 그러므로 사람은 예(禮)가 아니라면 살아갈 수가 없고, 일은 예(禮)가 아니라면 이루어질 수가 없고, 국가는 예(禮)가 아니라면 편안할 수가 없다.[137]

권형은 저울추(權)와 저울대(衡)라는 뜻으로 저울을 이르는 말이다. 예(禮)는 저울과 같은 기준이다. 군주는 국가를 바로잡는 일을 할 때

136 순자 해폐 21:6.
137 순자 대략 27:24.

저울이 가볍고 무거운 것을 달듯이 이 기준을 엄격히 적용하여 공평무사하게 처리해야 한다. 하지만 이 기준은 비단 국가를 통치하는 군주뿐 아니라 개인에게도 적용된다.[138] 순자는 욕망에 휘둘려 어떤 일에 대한 객관적인 판단력을 잃지 말 것을 강조하면서 '저울질해 결정하는 방법'에 대해 이렇게 설명한다.

> 바라고 싫어하는 것과 취하고 버리는 것을 저울질해 결정하는 방법을 설명하겠다. 자기가 바라는 것을 보았을 때에는 반드시 앞뒤로 그것이 싫어하게 될 수 있는 점에 대해 생각해야 한다. 이익이 될 만한 것을 보았을 때에는 반드시 앞뒤로 그것이 해가 될 수 있는 점에 대해 생각해야 한다. 아울러 그것에 대해 저울질해 보고 잘 헤아려 본 다음에 자기가 바라고 싫어하는 것과 취하고 버리는 것을 결정해야 한다. 그렇게만 하면 언제나 실수하는 일이 없을 것이다.[139]

'저울질'이 바로 권(權)이다. 순자는 저울질로 욕망을 잘 조절하고 통제하면 실수하는 일이 없을 것이나 보통사람들은 편벽됨으로써 환난을 겪고 실패한다는 점을 강조한다. 편벽(偏僻)이란 생각이 한쪽으로 치우쳐 있는 상태로 사람들이 가지고 있는 고정관념이나 편견을 말한다. 이런 관념에 빠져 한쪽으로 치우지지 말고 저울질하듯이

---

138 이에 대한 상세한 내용은, 고은강, "權에 대한 一考察-先秦 哲學을 중심으로-", 동아시아문화연구, 제52권, 2012, 한양대학교 동아시아문화연구소, 316-323쪽.

139 순자 불구 3:13.

수평을 잘 맞추어 사고의 균형을 유지하는 것이 권형이다.

4. 학문의 실천: 백지지불여일행(百知之不如一行)

『논어』는 학이(學而)로 시작된다. 공자와 마찬가지로 순자도 『순자』의 첫머리에 권학(勸學)편을 두고, 학문을 대하는 바람직한 태도에 대해 이렇게 말한다.

> 군자들은 '학문을 하지 않을 수가 없는 것이다'라고 말한다.[140]

그리고는 학문을 통한 사람의 성장과 변화가능성에 대해 이렇게 비유를 들어 설명한다.

> 푸른 물감은 쪽풀에서 얻지만 쪽풀보다 더 파랗고, 얼음은 물로 이루어졌지만 물보다 더 차다. 나무가 곧아서 먹줄에 들어맞는다 하더라도 굽혀 수레바퀴를 만들면 굽은 자에 들어맞게 되고, 비록 바싹 마른다 하더라도 다시 펴지지 않는 것은 굽혔기 때문이다. 나무는 먹줄을 따르면 곧아지고 쇠는 숫돌에 갈면 날카로워지는 것처럼 군자도 널리 배우며 매일 자기에 대해 생각하고 살피면 앎이 밝아지고 행동에 허물이 없을 것이다.[141]

---

140 순자 권학 1:1.
141 순자 권학 1:1.

사람은 태어날 때는 능력의 차이가 없지만 학문을 통해 성장하고 변화할 수 있다. 이에 대해 순자는, "군자가 학문을 하는 것은 매미가 껍질을 벗는 것처럼 훌렁훌렁 벗으며 바뀌어야 한다"고 말한다.[142] 학문을 하면서도 자아와 내면의 변화가 일어나지 않고 성장하고 진보하지 않는다면 제대로 된 공부가 아닌 것이다.

그리고 학문이란 예(禮)를 법도로 삼는 것이고,[143] 본디 사물의 결말이 나는 기준을 배우는 것이다.[144] 만일 학문을 싫증내지 않고 올바른 선비를 좋아하는 일을 게을리하지 않는다면, 자연의 보고를 얻는 것과 같다.[145] 따라서 학문을 하기 위해서는 역시 사람의 뜻이 가장 중요하다. 그러니 키가 크고 작고, 몸집이 작고 크고, 잘생기고 못생긴 형상을 논할 필요가 없다.[146] 이에 대해 순자는 말한다.

> 학문하는 사람이라면 사람들의 뜻을 논하고 그에 관해 쓴 글들을 견주어 볼 것인가. 그렇지 않으면 다만 키가 크고 작은 것을 구별하고 잘나고 못난 것을 분별하며 서로 망령되이 뽐내기만 할 것인가?[147]

사람을 사람이라 할 수 있는 근거는 그들이 두 다리를 가지고 있고 털이 나지 않은 동물이라는 특징이 아니라 분별 능력(辨)이 있다

---

142 순자 대략 27:52.
143 순자 수신 2:10.
144 순자 해폐 21:13.
145 순자 대략 27:57.
146 순자 비상 5:2.
147 순자 비상 5:3.

는 것이다.[148] 분별 능력이란 동물과 다른 사람만이 가지고 있는 인식 능력이다. 따라서 "학문을 하면 사람이 되고, 학문을 버리면 짐승이 되는 것이다."[149] 사람이 가진 그 능력을 바탕으로 만일 누가 "천하면서 귀해지려 하고, 어리석으면서 지혜로워지려 하고, 가난하면서 부유해지려고 하면" 어떻게 해야 할까? 순자는 "그것은 오직 학문을 통해서만 가능하다"고 말한다. 그 배운 것을 행하면 선비(士)라 불리고, 그것에 힘쓰면 군자가 되고, 그것에 통달하면 성인이 된다.[150]

학문은 위로는 성인이 되고 아래로는 선비와 군자가 되는 데 가장 효과적인 방법인 셈이다. 그러니 '한결같이 단단한 마음으로 학문을 한 군자들에게(君子結於一也)'[151] "학문이란 죽은 뒤에야 끝나는 것이다."[152] 이 말에는 직하학궁 좨주를 세 번이나 역임한 대학자였던 순자의 학문을 대하는 결연한 태도가 여실히 드러나 있다.

그러나 주목해야 할 점은 순자는 학문을 대하는 마음가짐뿐 아니라 학문의 실천을 강조하고 있다는 점이다. 그는 학문의 목표는 자기가 아는 것과 말을 실천하는 데 있다며, 이렇게 말한다.

> 잘 공부하는 사람은 그 이치를 추구하고, 잘 실천하는 사람은 그 어려운 점도 다 추구한다.[153]

---

148 순자 비상 6:6.
149 순자 권학 1:7.
150 순자 유효 8:6.
151 순자 권학 1:5.
152 순자 권학 1:7.
153 순자 대략 27:52.

이러한 태도는 선비와 군자에게만 해당되는 것만이 아니라 관료에게도 똑같이 적용된다. 순자는 "학문을 한다는 것은 반드시 벼슬을 하기 위한 것은 아니"라고 하면서도 "그러나 벼슬을 하였다면 반드시 배운 것처럼 행동해야 한다"며 학문의 실용성 내지는 그 실천을 강조한다.[154] 그러므로 배우고 아는 것을 제대로 실천하기 위해서는 직접 듣고 보는 경험이 중요하다.

> 듣지 못하는 것보다는 듣는 것이 좋다. 듣는 것보다는 그것을 보는 것이 좋다. 보는 것보다는 그것을 아는 것이 좋다. 아는 것보다는 그것을 실천하는 것이 좋다. 학문은 실천할 때에 이르러야 종착점에 다다른다. 실천해야만 분명해지며, 분명해지면 성인이 된다.
>
> 성인은 어짊과 의로움을 근본으로 삼고 시비를 합당하게 가리며, 말과 행동을 일치시켜 터럭만 한 어긋남도 없다. 거기에는 별다른 도가 있는 것이 아니라 실천하는 데에 궁극적인 목표가 있기 때문이다.[155]

순자가 말하는 학문의 습득과 경험을 통한 실천 방법은, 백문지불여일견(百聞之不如一見)하고, 백견지불여일지(百見之不如一知)를 거쳐 백지지불여일행(百知之不如一行)해야 한다. 학문은 배우고 아는 데 그치지 않고 현실에서 실천할 때 비로소 분명해지고, 또한 실천하는 데

---

154 순자 대략 27:58.
155 순자 유효 8:14.

에 그 궁극적인 목표가 있다는 것이다. 순자의 이 말은 시대와 환경을 떠나 학문을 하는 모든 사람이 가슴에 새겨야 할 말이다.

VI. 예(禮)에 바탕을 둔 인권국가: 군거화일(羣居和一)

군거화일은 "여럿이 모여 살면서 하나로 조화된다"는 뜻으로 순자가 꿈꾸는 이상사회이다. 순자는 금수지도(禽獸之道)와 대비되는 군거화일지도(羣居和一之道)가 실현되는 사회를 이상사회로 보고, 이렇게 말한다.

> 사람은 무리를 이루어 생활하지 않을 수가 없다(人之生, 不能無羣). 무리를 이루어 생활하는 데 사람들 사이의 분계가 없다면 서로 다투게 되고, 서로 다투게 되면 혼란해지고, 혼란해지면 곤궁해진다. 그러므로 분계가 없다는 것은 사람들에게 큰 해가 되고, 분계가 있다는 것은 천하의 근본과 이익이 된다.[156]

순자의 일관된 신념이자 관심은 분계(分界), 곧 신분에 따른 구별이다. 사람의 욕심은 끝이 없으므로 그 한계를 정할 수밖에 없다. 남은 문제는 누가, 무엇으로, 또 어떻게 그 한계를 정하는가이다. 이에 대해 순자는 '이 분계를 관할하는 중추가 되는 사람'은 임금이라고 못

156 순자 부국 10:5.

박고 있다.[157] 임금이 예의를 정하고 분별을 마련하여 각 신분과 직분에 맞는 역할을 부여해야 한다는 것이다.

> 천자처럼 귀해지고 온 세상을 차지할 만큼 부유해지는 것은 사람들의 성정으로서는 다 같이 바라는 바이다. 그러나 사람들의 욕심을 따른다면 곧 형세는 그 욕심을 다 받아들일 수가 없고 물건은 충분할 수가 없을 것이다. 그러므로 옛 임금은 생각 끝에 이를 위해 예의를 제정하고 분별을 마련해 귀하고 천한 등급이 있게 하고, 어른과 아이의 차별을 두게 하고, 지혜 있는 이와 어리석은 자와 능력 있고 능력 없는 사람의 분별을 마련하였다. 언제나 사람들로 하여금 그들의 일을 맡아 하게 함으로써 각기 그에게 합당한 일을 갖게 하셨다. 그러한 뒤에야 녹으로 받는 곡식이 많고 적고 두텁고 엷은 균형이 있게 되었다. 이것이 곧 여러 사람이 모여 살면서 하나로 조화되는 도(道)이다.[158]

순자가 꿈꾸는 이상사회는 "여러 사람이 모여 살면서 하나로 조화되는 도", 즉 군거화일지도(羣居和一之道)가 실현되는 사회다. 그런 사회에 적용되는 군거화일지도는 '조화로운 사회, 질서 있는 사회, 다툼과 무질서가 빚은 균열과 분열 없는 사회', 즉 '안정된 사회를 위한 도'이다.[159] 그런 도가 실현되는 사회를 이루기 위해서는 어떻게 해

---

157 순자 부국 10:5.
158 순자 영욕 4:12.
159 임건순, 『순자』, 413쪽.

야 할까. 무엇보다 사람의 내면에 잠재해 있는 욕망을 해소하는 방법을 마련해야 한다.

> 예(禮)란 욕망을 충족시켜 주는 것이다. 군자가 이미 그의 욕망을 충족시켰다면 또 그 분별을 좋아할 것이다. 분별(別)이란 무엇을 말하는가? 그것은 귀하고 천한 등급이 있고, 어른과 어린이의 차별이 있고, 가난한 사람과 부자의 가볍고 무거움이 있어 모두 알맞게 어울리고 있음을 뜻하는 것이다.[160]

따라서 순자가 말하는 군거화일이란 천자, 제후, 사대부, 사(士), 사민(四民)이 직분에 따라 일을 하고 그 직분에 만족하는 사회이다. 그런 사회제도를 마련하여 시행하는 것이 공평하고 평등한 것이고, 종국적으로 인륜으로 하나 되는 세상이다.

> 그러므로 어진 사람이 윗자리에 있으면 곧 농군은 힘써 밭을 갈고, 상인은 잘 살펴 재물을 늘리고, 여러 공인(工人)들은 기술과 기계를 써서 물건을 만든다. 사대부 이상부터 제후들에 이르기까지는 모두가 인후함과 지혜와 능력으로써 그들의 관직을 다한다. 이것을 가리켜 지극한 공평함(至平)이라 한다. 그러므로 어떤 이는 온 세상을 녹으로 받아도 스스로 많다고 여기지 않고, 어떤 이는 문지기나 여관 돌보는 사람·관문지기·야경꾼이 되어도 스스

---

160 순자 예론 19:1.

로 녹이 적다고 여기지 않는다. 그래서 '잘라서 가지런히 하고 굽혀 따르게 해 같지 않으면서도 하나가 된다' 하였는데, 이것을 일컬어 인륜이라 한다.[161]

하지만 순자가 꿈꾸는 이상사회는 질서와 안정을 유지하기 위해 '지극한 공평함'을 내세우다 보니 신분에 따른 차별이 정당화되는 세상이다. 순자는 그런 세상이 여러 사람들이 모여 살면서 하나로 조화되는 길이라며 군거화일지도를 이룰 수 있다고 주장한다.[162] 물론 순자도 왕도정치를 꿈꾸는 맹자와 마찬가지로 홀아비, 과부, 독거노인(혹은 독신자), 고아로 대표되는 환과고독을 배려하는 정치를 말하지 않은 것은 아니다.

어질고 훌륭한 사람을 골라 쓰고 착실하고 공경스런 사람을 등용하여 효도와 우애를 일으키고 고아나 과부 같은 사람들을 거두어 주고 가난한 사람들을 원조해 준다. 이렇게 하면 백성들이 정치에 안심할 것이다. 백성들이 정치에 안심한 뒤에야 군자는 그의 자리에 안정될 수 있는 것이다.[163]

만일 군주가 환과고독과 같은 사회적 약자를 배려하지 않고, 안정된 정치를 시행하지 못하면 어떻게 될까?

---

161 순자 영욕 4:12.
162 순자 영욕: 4-12. 이에 대해서는, 순자(김학주 옮김), 『순자』, 앞의 책, 141쪽.
163 순자 왕제 9:4.

전하는 말에 '임금은 배요, 백성은 물이다. 물은 배를 띄우기도 하지만 배를 뒤집어엎기도 한다' 하였는데, 이것을 뜻하는 말이다.[164]

군주민수(君舟民水)로 잘 알려진 이 말은 '임금은 배, 백성은 물'이라는 뜻이다. 배를 띄우는 것은 물이지만 그 배를 뒤집어엎는 것도 물이다. 백성은 거대한 강물이나 거친 파도와 같으니 배와 같은 군주를 권좌에 세울 수도 있고, 반대로 끌어내릴 수도 있다는 얘기다. 이 말은 군주는 백성을 아끼고 위하는 민본정치를 펴야 한다는 순자의 신념을 피력하고 있다고 할 수 있다. 그러나 순자에게 백성이란 다스림의 대상일 뿐 일을 함께하고 도모하는 동반자는 될 수 없다. "백성이란 도로 다스리면 통일하기 쉬우며, 함께 더불어 일해서는 안 된다."[165] 이 말에는 순자가 지향하는 군거화일지도를 지향하는 이상사회의 모순이 함축적으로 드러나 있다.

VII. 순자의 예(禮)에 대한 현대 인권적 평가

유학사(儒學史)에서 순자는 아주 독특한 지위를 차지하고 있으며, 그에 대한 평가도 다양하다. 순자는 공자와 맹자의 사상을 계승한 유가임을 자처하지만 정작 공맹을 따르는 유학자들에게는 정통성을 인정받지 못했다. 순자는 하늘과 사람을 독립적 관계로 보고 있을

164 순자 왕제 9:4.
165 순자 정명 22:6.

뿐 아니라 사람을 중심에 두고 하늘과의 관계를 설정하고 있다. 또한 인간의 본성을 착하다고 본 맹자의 성선설과는 달리 순자는 성악설을 취하고 있다. 이 외에도 통치방식으로 인치(仁治)와 의치(義治)를 내세우는 공자와 맹자를 따라 예치(禮治)를 주장하면서도 순자는 사회질서의 안정을 위해서는 엄한 형벌의 사용을 강조하여 법가의 입장에 서 있기도 하다. 이와 같은 여러 이유로 순자는 유가들에게 이단자로 간주되어 오랫동안 정당한 평가를 받지 못하였다.

『순자』를 읽어 보면 그가 유가 이외의 제자백가의 다른 사상도 널리 공부했다는 사실을 알 수 있다. 사실 순자는 직하학궁의 좨주를 세 번이나 역임할 정도로 뛰어난 학자였다. 그 기간 동안 순자는 다양한 학파의 사상가들과 이론을 접하면서 당시의 학문을 폭넓고 깊게 공부할 수 있었을 것이다. 그런 연유일까? 순자의 말은 논리정연하고, 합리적·객관적이며, 현실적이다.

순자의 글쓰기의 특징은 기본이나 원칙을 밝히고, 이를 논증하고, 현실적 대안을 제시하는 방식을 취한다는 데 있다. 맹자가 용맹한 호랑이의 기상을 가진 피 끓는 대장부라면, 순자는 차분하면서도 이지적이고 냉철한 학자로서의 이미지를 가지고 있다. 그러다 보니 그의 글을 읽으면 절로 마음이 숙연해지면서 고개를 끄덕이며 수긍하게 된다.

군자는 한결같이 단단해야만 한다(君子結於一也).[166]

166 순자 권학 1:5.

학문이란 꾸준히 한결같은 마음으로 해야만 한다는 이 말에는 학문을 대하는 순자의 기본태도가 함축적으로 드러나 있다.

순자는 여러 경문 중에서 유독 『예기(禮記)』를 읽는 것의 중요성을 피력하고 있다는 점은 주목할 필요가 있다. 결국 순자가 보기에 학문은 경전을 읽고 외우는 데서 시작하되 그 끝은 예(禮)를 배우고 익혀 실천하는 공부로 끝나야 한다. 그에게 학문은 곧 예(禮)에 관한 공부인 셈이다. 사회정치가 혼란한 춘추전국시대를 종식시키기 위해서는 인(仁)과 의(義) 같은 이상보다는 예(禮)의 정립을 통한 보다 현실적인 정치체제를 수립하는 것이 필요하다고 보았던 것이다. 아래에서는 순자의 예(禮)사상을 현대 인권적 관점에서 평가하기로 한다.

1. 순자는 하늘과 인간은 둘로 구분된다는 '천인지분(天人之分)'을 주장한다

그의 주장은 하늘과 인간의 '분계'를 명확히 설정하고 있다는 점에서 공자와 맹자의 관념과는 본질적으로 다르다. 당시 대부분의 유가들이 하늘의 뜻을 운명적 혹은 숙명적으로 받아들인 반면, 순자는 하늘과 인간은 서로 다른 특성과 역할을 가지고 있다고 보았다. 하늘을 객관적인 자연세계로 파악하고, 하늘은 인간의 일과 직접적인 인과관계가 없다고 본 그의 주장은 당시로서는 가히 획기적이라고 할 수 있다.

물론 순자가 천인지분을 주장했다고 하여 인간이 하늘을 거역할 수 있다고 보고 있지는 않다. 중요한 점은, 순자가 하늘과 인간을 수직적·종속적이 아니라 수평적·대등적 관계로 보고 있다는 데 있다. 하늘과 인간은 각자 맡아 수행하는 역할과 직분이 다르다는 것이다. 하늘은 만물을 낳고 기르지만 그것을 완성하는 것은 인간이라는 게 천인지분의 핵심이다. 이 관점에서 순자는 하늘보다는 인간을 관계의 중심에 두고, 하늘을 부리고(使天), 제어하고(制天), 이용하는 것(用天)은 사람이라고 본다.

이와 같이 순자는 하늘을 자연 혹은 자연현상으로 보는 과학적 및 합리적 사고를 하고 있다. 하늘은 자연법칙에 따라 맑고 흐리며, 비와 천둥을 내릴 뿐이다. 마찬가지로 인간은 자신의 직분에 충실하면 그만일 뿐 그 일의 원인과 결과는 하늘과 관련지어 생각할 필요가 없다. 별이 떨어지고 나무가 우는 소리를 내며, 기우제를 지내면 비가 오는 것은 자연현상에 불과하다는 것이다. 그런 현상을 사람들이 두려워하는 것에 대해 순자는 말한다.

> 그것은 아무것도 아니다.

이 짧은 말에서 알 수 있는 것처럼 순자는 과학적이고 합리적인 사고의 소유자였다. 그의 이러한 사고는 현대 인권적 측면에서 바라보아도 전혀 시대에 뒤떨어지지 않는다. 과학적 및 합리적 사고는 인권의 옹호와 보호에서도 아주 중요하기 때문이다.

과학적 및 합리적 사고는 증거와 논리에 기반한 결정을 내리고, 객관적이고 편견 없이 생각하는 데 도움이 된다. 이러한 사고를 통하여 사람들은 차별적이거나 불공정한 정책을 식별하고 반대하며,

다른 사람들의 권리를 존중하고 보호함으로써 인권을 증진시킬 수 있다. 이를테면, 인종, 성별 또는 성적 성향에 관계없이 모든 사람은 동등한 대우를 받아야 한다는 것은 인권분야에서는 보편원칙으로 정립되어 있다. 사람에 대한 차별을 금지하고, 평등하게 대우하는 것은 과학적 시각에서 보아도 타당하며, 사회의 안정성을 확보하는 데 유익하다. 또한 사람들이 식량, 물 또는 의약품에 접근할 수 없는 경우 이는 인권 침해의 신호일 수 있으므로 이에 대해 과학적으로 분석하고, 합리적인 대안을 마련함으로써 인권친화적인 법정책을 수립할 수도 있다. 현대 인권 분야에서는 과학적 및 합리적 사고의 중요성이 날로 높아지고 있다. 기후 변화를 그 예로 들면, 기후위기가 지구생태계와 환경 및 인간의 생존에 어떠한 위협이 있으며, 이를 해결하기 위해서는 어떤 조치를 마련해야 하는가와 같은 최신의 인권문제를 해결하기 위해서는 과학적 연구조사를 통하여 정책적 대안을 마련하는 등의 합리적 사고가 절대적으로 필요하다.

2. 순자는 천인지분에 의거하여 인간의 본성(性)과 작위(僞)는 구분된다고 보고 있는데, 이를 성위지분(性僞之分)이라 한다

순자에 따르면, 본성이란 하늘로부터 타고난 것이어서 인간은 선하지도 악하지도 않다. 다만, 인간의 본성은 배우거나 의식적으로 노력한다고 해서 쉽게 바꿀 수 없는 것이다. 이처럼 본성은 천성적으로 타고난 것이나 인간이 작위를 통해 어떤 노력을 하는가에 따라 충분히 변화시킬 수 있다.

하지만 그 변화의 가능성만 믿고 본성을 방치하면 어떻게 될까? 인간은 이익, 질투와 미움, 욕망을 그 내면에 가지고 있으므로 선함은 사라지고 결국 악한 본성이 발현되고 만다. 순자는 자신의 성악설을 전개하면서 비록 인간의 본성은 바꿀 수 없지만 예의라는 작위를 통해 배우면 누구나 선한 사람으로 바뀔 수 있다고 본다.

순자의 성위지분은 유교 사상의 발전에 중요한 영향을 미쳤다. 순자 이전의 유학자들은 인간의 본성이 선하다고 믿었다. 그들은 인간이 본성적으로 선하기 때문에 별다른 노력 없이도 착한 사람이 될 수 있다고 생각했다. 그러나 순자는 인간의 본성이 본래부터 선하다는 생각에 동의하지 않고, 인간의 본성은 선하지도 악하지도 않다고 주장했다.

순자는 기본적으로는 성악설의 입장을 취하되 인간의 본성은 유연하고 변화할 수 있다는 가능성에 주목했다. 순자의 주장에 따르면, 인간이 어떻게 노력하는가에 따라 본성은 선하거나 악한 방향으로 발전할 수 있다. 악한 본성을 타고난 사람이라 할지라도 자신의 내면의 악한 품성을 변화시키기 위해서는 성인(聖人)이 세운 예의와 법도를 배우고 익혀 노력(작위)해야 한다는 것이다. 이를 순자는 "본성을 변화시켜 작위를 일으킨다"는 뜻으로 화성기위(化性起僞)라 불렀다.

순자의 천인지분과 성위지분, 그리고 화성기위는 결국 예(禮)와 법(法), 즉 예법에 의거한 통치지배구조를 확립하는 예치(禮治)로 귀결된다. 인권은 인간의 권리를 보장하는 보편적 가치이자 이를 현실적으로 실행하기 위한 법규범과 제도를 뜻한다. 이 관점에서 예(禮)를 바라보면, 순자가 의도하는 바를 명확하게 이해할 수 있다. 순자에게 예(禮)는 자신의 이론을 뒷받침하고 사회의 혼란을 방지하고 사회 안정을 도모할 수 있는 가치판단의 규범이자 실행수단이라고 할 수 있다. 결론적으로, 순자는 인간은 예(禮)를 통해 자신의 특성과 역할을 수행할 수 있다고 보았으며, 또한 국가는 안정된 사회질서를 유지하고 번영을 이룰 수 있다고 보았다.

3. 순자가 예(禮)를 표준 혹은 규범으로 삼고 있는 주된 이유는 사회질서의 안정을 확립하기 위함이다

춘추전국시대 당시의 혼란을 극복하고 정치와 사회질서의 안정을 가져올 수 있다면, 순자는 왕도정치든 패도정치든 문제 삼지 않았다. 오히려 그는 예(禮)에 따라 신분과 등급에 따른 질서를 부여해야 한다고 주장하였다. '사회질서의 안정'이라는 대의명분이 분명하다면, 사람을 신분과 연령이나 빈부귀천에 따라 구분하고 차별하는 것은 당연시되었다.

순자에게 모든 가치판단의 기준은 예(禮)라고 할 수 있다. 마찬가지 이유로 백성은 예(禮)를 배우지 못한 소인에 지나지 않는다. 군자는 소인과 더불어 살아가야 한다. 하지만 군자에게 소인은 예(禮)로 다스리고 가르쳐야 하는 교화의 대상일 뿐 함께 일할 수는 없는 존재다. 여기서 교화와 신상필벌을 통한 엄격한 법치로 백성을 지배하고 다스려야 한다는 법가의 모습을 가진 순자를 만날 수 있다.

순자의 예(禮)에 대한 생각은 그가 활동하던 당시의 사회적 배경 및 시대적 상황과 밀접한 관련이 있다. 그는 진나라 말기 혼란스러운 시대에 살았으며, 사회 질서와 조화를 회복하는 방법을 찾고 있었다. 그는 예(禮)가 이러한 문제에 대한 해결책이라고 믿었고, 자신의 사상에서 예(禮)를 강조했다.

그러나 당시의 시대상황을 고려한다고 해도 인권의 관점에서 볼 때 사회 안정을 이유로 예(禮)를 앞세워 출신과 신분에 따른 사람의 차이를 정당화하고, 강력한 법치로 개인의 자유를 억압하는 순자의 사상을 그대로 인정할 수는 없다. 어쩌면 순자의 예치와 현대 인권은 처음부터 지향하는 목적이 달랐다고 할 수 있다. 전자는 사회적 질서와 조화를 강조하는 반면, 후자는 개인의 자유와 자율성에 중점을 두고 있기 때문이다. 그 결과 순자에게는 전자를 이유로 개인의 자유와 자율성을 제한하는 것은 아무런 문제가 되지도 않았다. 순자의 이러한 사고는 현대 인권의 관점에서는 도저히 받아들일 수 없는 노릇이다.

이처럼 순자의 사고에도 기본적으로 인권의 개념이 부재하거나 결여되어 있다는 점은 당시의 다른 사상가들과 다르지 않다. 중요한 것은, 순자의 예(禮)와 인권의 가치의 차이점을 인정하여 양자가 서로 모순된다는 이유로 무조건 배척해서는 안 된다는 점이다. 인권의 관점에서 예(禮)를 재해석하고 적용함으로써 양자가 상호보완적인 관계가 될 수 있도록 노력해야 한다. 이런 태도야말로 순자가 천인지분을 통해 하늘과 사람의 관계를 재설정하고 성위지분으로 본성과 작위(노력)의 개별성을 인정하면서도 본성은 인간의 노력에 따라 변화할 수 있다는 화성기위를 주장한 본질적 이유이기 때문이다.

4. 순자는 학문의 본질이 지식의 추구보다는 실천하는 데 있다고 본다

순자에게 학문은 개인의 성장과 변화를 가져올 수 있는 또 하나의 작위다. 사람은 태어날 때는 능력의 차이가 없지만 학문을 통해 성장하고 변화할 수 있다.

> 군자가 학문을 하는 것은 매미가 껍질을 벗는 것처럼 훌렁훌렁 벗으며 바뀌어야 한다.[167]

매미가 껍질을 벗는 것을 탈피(脫皮)라고 한다. 매미는 일생의 대부분을 유충 형태로 지내며, 껍질을 벗고 성충으로 변태(變態)한다. 매미의 생애에서 탈피는 중요한 단계이며, 이 과정을 통해 매미는 몸을 성장시키고 날개를 펴고 날 수 있다. 탈피는 낡은 사고방식이나 관행에서 벗어나 완전히 새로워지는 상태를 뜻한다. 순자는 매미가 껍질을 벗고 성충으로 완전히 새롭게 태어나는 상태를 예로 들어 학문을 하는 목적이 '새롭게 태어남'에 있다는 것을 강조하고 있다.

학문을 하면 자아와 내면에 변화가 일어나고, 성장하고 진보해야 한다. 만일 학문을 하면서도 이러한 변화가 일어나지 않는다면 제대로 된 공부가 아니다.

> 듣지 못하는 것보다는 듣는 것이 좋다. 듣는 것보다는 그것을 보

167 순자 대략 27:52.

는 것이 좋다. 보는 것보다는 그것을 아는 것이 좋다. 아는 것보다는 그것을 실천하는 것이 좋다. 학문은 실천할 때에 이르러야 종착점에 다다른다. 실천해야만 분명해지며, 분명해지면 성인이 된다.[168]

백지지불여일행(百知之不如一行). 학문의 목표는 단순히 지식을 배우고 아는 데 그치지 않고 그것을 현실에서 실천하는 데 있다는 말이다. 순자의 이 말은 인권에도 그대로 적용할 수 있다.

인권에 관한 지식을 배우고 익히는 것도 중요하다. 인권에 대해 체계적으로 배움으로써 인권에 대한 인식은 물론 인권을 보호하기 위한 행동을 할 가능성이 높아진다. 인권을 알게 되면, 모든 사람이 동등하게 누릴 수 있는 권리가 있다는 것을 깨닫게 되는 것이다.

하지만 인권의 목표는 아는 것에 그치지 않고 이를 실천하는 것이다. 그때 비로소 불합리한 현실을 바꿀 수 있다. 인권이 보장되지 않으면 차별과 폭력으로부터 결코 자유로울 수 없고 또한 안전하게 살 수 없기 때문이다. 평화롭고 지속가능한 사회에서 인간의 존엄성을 존중받으면서 사는 것은 인권의 실천 없이는 불가능한 일이다.

학문은 실천할 때에 이르러야 종착점에 다다른다. 학문은 실천해야만 분명해진다.

---

168 순자 유효 8:14.

순자는 학문의 목적이 단순히 배우고 익히는 데 있는 것이 아니라 실천이 중요하다고 강조한다. 순자의 실천에 대한 명철한 인식은 현대 인권 분야에도 꼭 들어맞는 말이다. 인권이란 학문을 단순히 지식으로 아는 데 그쳐서는 안 된다. 인권을 통해 개인의 권리가 침해받고 있는 불합리한 현실을 바꾸기 위해서는 반드시 실천이 뒤따라야 한다. 인권은 실천적 활동을 할 때 성숙되고 성장할 뿐 아니라 현실을 바꿀 수 있는 학문이기 때문이다.

제5장

묵자의 겸애(兼愛)와 인권

Ⅰ. 현대 인권에서 묵자의 겸애가 가지는 의미

묵자(墨子)는 춘추전국시대 노나라의 사상가로 이름은 적(翟)이다. 그가 언제 태어나 죽었는가는 정확하지 않다. 기원전 470년 혹은 기원전 480년에 태어나 기원전 390년 혹은 기원전 391년에 죽었다고 하는 등 생몰연대가 학자마다 조금씩 다르다. 묵적은 유가(儒家)에게 배웠으나 자신만의 독특한 사상을 담은 저서 『묵자(墨子)』를 펴냈다. 『묵자(墨子)』는 53편[1] 혹은 71편[2]으로 되어 있다고 하는데, 묵자 자신뿐 아니라 후학들의 기록을 모은 것이다.

유가와 묵가의 사상은 본질적인 면에서 큰 차이가 있다. 공자 중심의 유가가 내세우는 인(仁)은 "자신의 몸과 마음을 닦은 후에 남을 다스린다"는 수기치인(修己治人)을 중심 사상으로 삼고 있다. 이에 반하여 묵자 중심의 묵가가 내세우는 겸애는 이(利)를 바탕으로 공리주의에 입각한 최대다수의 최대행복을 내세운다. 이를 "모든 사람이 서로 사랑하고, 서로 이롭게 한다" 즉 겸상애 교상리(兼相愛 交相利)라 한다. 묵가의 겸애는 인민의 이익과 직접 결부시키고 있다는 점에서 이익을 경원시하는 유가의 사상과 차이가 있다.

사마천이 지은 『사기』의 맹자순경열전(孟子荀卿列傳)에 따르면, "묵적은 송나라 대부로서 성을 방어하는 기술이 뛰어났고, 절용을 주장했다. 공자와 같은 시대 사람이라고도 하고 혹은 공자의 후세 사람이라고도 한다"고 기록하고 있다. 묵자의 출신이나 성장 등에 관

1 묵자(김학주 역주), 『묵자』(상·하), 2015, 1050쪽.
2 묵자(최환 옮김), 『묵자』, 을유문화사, 2019, 1243쪽.

한 구체적인 자료는 남아 있지 않으나 묵자는 당시 하층계급이던 목수 출신의 노동자이자 기술자·과학자로 보는 것이 일반적인 견해이다. 『묵자』 노문편에서 묵자는 대와 나무를 깎아 까치를 만들어 하늘에 날려 보냈는데 사흘 동안이나 내려오지 않았다며 스스로 지극히 훌륭한 기술이라고 생각하는 공수자(公輸子)[3]를 질책하며 이렇게 말한다.

> 그대가 만든 까치라는 것은 내가 만든 수레의 비녀장만 못한 것입니다. 잠깐 사이에 세 치의 나무를 깎아서 오십 석의 무게를 감당하게 하였습니다. 그러므로 공로라고 하는 것은 사람에게 이로운 것을 교묘한 재주라고 하며, 사람에게 이롭지 않은 것을 졸렬한 재주라고 하는 것입니다.[4]

묵적을 믿고 따르는 묵가가 활발하게 활동하던 시기에는 그 세력과 영향력이 상당하였다. 한비자는 "요즘 세상에 널리 알려진 학파는 유가와 묵가이다"[5]라 하였고, 『여씨춘추』는 "공자와 묵자의 제자들이 천하에 가득하다"고 적고 있다. 이런 기록으로 미루어 볼 때 전국시대까지 묵자는 유가에 필적하는 세력으로 성장하였으며, 그 영향력이 매우 강했음을 알 수 있다.[6]

묵자를 믿고 따르는 집단의 우두머리를 거자(巨子/鉅子)라 불렀다.

---

3 공수반(公輸班)이라 부르기도 한다.
4 묵자 제49편 노문.
5 한비자 현학 50:1.
6 묵자(박영하 풀어씀), 『묵자』, 풀빛, 2016, 218쪽.

묵가들은 거자를 중심으로 자체 병력을 보유하고 평등하고 평화로운 사회를 꿈꾸며 반전평화운동에 헌신하였다. 이처럼 묵가는 유가는 물론 다른 학파와 구별되는 독자적인 사상을 바탕으로 실천적이고 현실참여적인 활동을 전개하였다. 그들의 사상적 특징을 대표하는 것이 〈묵자 10론(論)〉인데, 이를 정리하면 아래와 같다.

묵자 10론

상현(尙賢)	현명한 사람을 숭상하라
상동(尙同)	백성들이 서로 하나가 되게 하라
겸애(兼愛)	모든 사람을 차별 없이 두루 사랑하라
비공(非攻)	침략전쟁을 반대한다
절용(節用)	물자를 절약하라
절장(節葬)	장례를 간소화하라
천지(天志)	하늘의 뜻이 옳고 그름의 기준이다
명귀(明鬼)	귀신의 존재를 밝히다
비악(非樂)	사치의 상징인 음악을 금지해야 한다
비명(非命)	운명이란 없다

〈묵자 10론〉을 보면 대부분 유가를 비판하는 비유(非儒)의 내용을 담고 있다. 실제 유가는 벼슬을 해서 관직에 나아가는 출사(出仕)를 지향하였으며, 군주, 제후, 대부와 같은 지배계층의 통치에 조력하고 지배체제 확립에 유용한 학문을 익히는 데 힘썼다. 하지만 묵가는 유가와 달리 지배계층을 비판하고 피지배계층, 특히 하층민의 이익을 대변하고 옹호하였다. 묵자는 월나라 왕 구천(句踐)이 "옛 오(吳)나라 땅 오백 리를 봉토로 주겠다"고 제안하자 "나의 도를 채용하지

않는데도 내가 그에게 간다면 이는 내가 의(義)를 팔아먹은 것이 된다"며 응하지 않았다.[7] 묵자의 이러한 태도는 공자, 맹자, 손자 등 유가와는 확연히 다르다.

춘추전국시대는 부국강병을 도모하여 약육강식의 정글법칙이 적용되던 시기였다. 왕자보다는 패자가, 왕도보다는 패도가 필요하다고 본 군주들의 입장에서 보든, 아니면 지배계급의 이익을 위해 활동하던 유가의 입장에서 보든 묵가 집단은 위험한 혁명세력이며, 그들이 내세우는 주장은 반봉건사상으로 보였다. 어느 쪽에서도 환영받지 못한 묵가는 진시황의 중국통일 이후 급격히 세력이 약화되어 자취를 감추고 말았다.

17세기 초 명나라 때 도가의 경전 속에서 발견되기 전까지 묵자의 글은 유가의 『맹자』와 『순자』, 도가의 『장자』 등에서 단편적으로 언급되고 있었을 뿐이다. 아이러니하게도 도가들이 자신들의 경전인 줄 알고 『묵자』를 끼워 간행함으로써 묵자는 다시 세상으로 나오게 되었다. 한국의 상황은 더욱 심각하여 조선조에는 묵자의 존재에 대해서는 거의 알려져 있지 않았으며, 20세기 중엽이 되어서야 처음으로 소개되기 시작하였다.[8]

묵자는 춘추전국시대 공묵(孔墨)으로 불리며 유가와 더불어 큰 세력을 형성하고 영향력을 미쳤다. 공자의 인(仁)이 가족주의에 바탕을 둔 차별이 있는 별애(別愛)인 반면, 묵자의 겸애(兼愛)는 모든 사람을 차별 없이 똑같이 사랑한다는 뜻에서 보편적 사랑을 뜻한다. 따라서

---

7 묵자 제49편 노문.

8 이에 대해서는, 기세춘, 『묵자』, 12쪽.

아래에서는 묵자의 겸애를 중심으로 인권적 의미와 그 실천방법에 대해 검토하기로 한다.

II. 겸애의 인권적 개념

겸애란 "모든 사람을 차별 없이 두루 사랑하라"는 뜻으로 묵자의 핵심사상이다. 묵자는 〈묵자 10론〉에서 겸애 이외에 다른 아홉 가지의 원칙을 내세우고 있지만 모두 겸애로 귀결된다.[9] 마찬가지로 묵자가 말하는 '더불어 사랑하라'는 '서로 이롭게 하라'와 밀접하게 결부되어 있는데, 이를 겸상애 교상리(兼相愛 交相利)라 한다. 모든 사람을 차별 없이 사랑하는 것이 서로에게 이익이 된다는 것이다. 묵자가 내세우는 겸애는 인민의 이익과 직접 관련되어 있다는 점에서 공리주의에 입각한 최대다수의 최대행복을 지향한다고 할 수 있다. 또한 겸상애와 함께 교상리를 강조하는 묵자의 주장은 이익을 배척하는 유가의 사상과 크나큰 차이가 있다.

또한 유가의 인애(仁愛)가 차별적이라면, 묵가의 겸애는 평등적이다.[10] 공자는 "자기가 원하지 않는 것을 남에게 베풀지 말아야 한다"[11]고 말한다. 여기서 공자가 말하는 '서(恕)'는 자기 사랑이 우선이다. 자기를 사랑하는 것에 비추어 보아 남을 사랑하는 것이 유가의

---

9 묵자(김학주 역주), 『묵자』(상), 앞의 책, 23쪽.
10 박문현, 『묵자 읽기』, 세창미디어, 2014(이하, 박문현, 『묵자 읽기』), 61쪽.
11 논어 위령공 15:23.

인애다. 인애는 기본적으로 주나라 종법 중심의 신분차별을 인정하고, 가부장 중심의 서열화된 가족공동체를 국가통치체제의 근간으로 삼고 있다. 따라서 유가의 인애는 지배계급인 천자, 제후, 대부가 피지배계급인 백성에게 베푸는 시혜와 은총이고, 후자는 전자에 복종하고 순응하는 불평등한 입장에 서 있다.

이에 반하여 묵가의 겸애는 차별 없는 평등을 전제하고 있다. 천지(天志)를 앞세워 하느님이 모든 사람을 똑같이 사랑하듯이 사람들도 서로 사랑하고 이롭게 하여야 한다는 것이다. 유가의 인애가 내 가족, 내 부모 사랑이 우선인 반면, 묵가의 겸애는 남을 사랑하기를 내 가족 사랑하듯 하고, 남의 부모 사랑하기를 내 부모 사랑하듯 하라고 한다.[12] 그러므로 인애에 비하여 겸애는 보편적이고 호혜적인 사랑이다. 묵자는 유가의 인애를 차별적이라는 의미에서 겸애와 구별하여 별애(別愛)라고 하였다.

여기에서 겸(兼)은 겸상애(兼相愛)로 '두루 서로 사랑하는 것'이고, 별(別)은 별상오(別相惡)로 '차별하여 서로 미워하는 것'을 말한다. 또한 '차별하여 서로 미워한다'는 교별(交別)은 사람과 사람 사이에 서로 관심이 없고 자신만을 돌보며, 심지어 서로 미워하고 서로 해를 끼치는 것을 말한다.[13] 따라서 묵자는 "두루 서로 사랑하는 것으로 차별하여 서로 미워하는 것을 대신해야 한다(兼以易別)"고 말한다.[14] 이렇게 혈연에 의거하여 사람을 사랑하는 별애(別愛)가 아니라 차별

---

12 박문현, 『묵자 읽기』, 61쪽.

13 묵자 제16편 겸애 하. 겸, 별, 교리의 용어에 대한 설명은, 묵자(최환 옮김), 앞의 책, 254쪽, 각주 4), 5), 6).

14 묵자 제16편 겸애 하.

없이 사람을 두루 사랑하는 겸애로 세상을 다스리면 사회 및 국가 공동체에게도 이익이다. 묵자는 "두루 서로 사랑하는 겸애만이 바른 길"이라는 이겸위정(以兼爲正)[15]이 천하의 치도이며, 성왕의 법이라고 강조한다.[16] 인권적 관점에서 겸애의 개념을 살펴보면 아래와 같다.

1. 인애가 차별적 사랑이라면, 겸애는 모든 사람을 차별하지 않는 평등한 사랑이다

유가의 인(仁)에 대해 묵자는 말한다.

> 인(仁)은 개별적인 사랑이다.[17] 인(仁)은 자기를 사랑하는 것이지만 자기를 이용하기 위한 것이 아니다. (仁은) 말(馬)을 사랑하는 것과는 다르다.[18]

묵자는 유가가 말하는 인(仁)을 개별적이고 차별적인 사랑이라는 의미에서 체애(體愛)와 별애(別愛)로 본다. 이처럼 사람을 두루 사랑하지 않고 개별적이고 차별적으로 사랑하는 체(體)와 별(別)은 서로 손

---

15 묵자 제16편 겸애 하.

16 이에 대해서는, 박종목, "묵자의 정의관", 법철학연구, 제21권 제3호, 2018, 한국법철학회, 12쪽.

17 "인, 체애야(仁, 體愛也)"를 어떻게 해석할 것인가? 기세춘은 "어짊, 개별적인 사랑이다"(기세춘, 『묵자』, 79쪽)로, 최환은, "인(仁)이란 사랑을 체현하는 것이다"(묵자(최환 옮김), 앞의 책, 644쪽)로 해석하고 있다. 체애는 겸애에 대비되는 별애의 개념이라는 관점에서 볼 때 기세춘의 해석이 적절하다.

18 묵자 제40편 경· 제42편 경설 상·7. 이 해석은, 기세춘, 『묵자』, 718쪽을 따름.

해를 입히고 해를 끼치는 것과 같다. 세상의 혼란은 바로 체(體)와 별(別)에서 나오므로 차별하여 서로 미워하는 것은 천하의 큰 해(天下之大害)를 생기게 하는 근원이다.[19]

이처럼 묵자는 천하의 재화(災禍)와 찬탈 그리고 원한 등 모든 혼란은 서로 사랑하지 않는 것(不相愛)에서 기인하며,[20] 다스림(정치)은 차별 없이 서로 사랑함(兼相愛)을 통해 비로소 달성된다고 보았다. 이를 겸치별난(兼治別亂)이라 하는데, "모든 사람을 사랑하고 보살피면 세상이 평화롭고, 차별하면 세상이 혼란스러워진다"는 뜻이다. 가족과 효를 중시함으로써 신분차별적이고 차등적인 사랑을 전제하고 있는 유가의 인(仁)과는 달리 묵자는 노예들까지 사랑할 수 있는 애민적이고 이타적인 사랑으로서 겸애를 주장한다.[21] 이와 같은 이유로 묵자는 "차별하여 서로 미워하는 것은 잘못"이라며 "두루 서로 사랑하는 것으로 차별하여 서로 미워하는 것을 대신해야 한다(兼以易別)"고 주장하였다.[22]

2. 인애가 개인의 혈연에 대한 사랑이라면, 겸애는 혈연적 신분관계를 벗어난 보편적 사랑이다

유가의 인(仁)과 달리 묵자의 겸애는 혈연적 신분관계를 떠나 개별

19 묵자 제16편 겸애 하.
20 묵자 제15편 겸애 중.
21 묵적(박재범 옮김), 『묵자』, 홍익출판사, 2008, 17쪽.
22 묵자 제16편 겸애 하.

주체로서 인간은 평등하다는 보편적 사랑이다.[23] 공자는 주나라 종법(宗法)에 기반한 군주 중심의 봉건지배체제를 구축하고자 하였다. 종법은 철저히 혈연으로 얽힌 수직적인 가부장제이다. 적장자(맏아들)인 종(宗) 혹은 대종(大宗)이 왕위나 제후 또는 대부를 계승하고, 종자(宗子) 아닌 아들인 별자(別子) 혹은 소종(小宗)은 차별적으로 대우하였다. 공자는 종법에 기반한 사회질서를 바로 세우는 정명(正名)을 자신이 수행해야 할 필생의 임무로 삼았다. 따라서 공자의 인(仁)을 숭상하는 유가는 인치·의치·예치(仁治·義治·禮治) 어느 것을 말하든 끈끈한 혈연으로 묶인 신분관계를 벗어날 수 없다.

"유가들은 '친척을 사랑하는 데도 차등이 있고, 현명한 사람을 존중하는 데도 등급이 있다'라고 말한다"며 묵가는 유가의 이러한 차별적 사랑을 신랄하게 비판한다. 묵가들에게 유가의 사랑은, "친하고 먼 사람과 높고 낮은 사람의 다름을 말하는 것"에 지나지 않는다.[24] 이와는 달리 묵가의 겸애는 두루 사랑하고 서로 이롭게 하는 것이다. 묵자는 말한다.

> 남을 사랑하게 되면 남도 반드시 따라서 그를 사랑하게 되고, 남을 이롭게 하면 남도 반드시 따라서 그를 이롭게 하며, 남을 미워하게 되면 남도 반드시 따라서 그를 미워하게 되고, 남을 해치게 되면 남도 반드시 따라서 그를 해치게 된다.[25]

---

23 기세춘, 『묵자』, 78쪽.
24 묵자 제39편 비유 하.
25 묵자 제15편 겸애 중.

그러니 중요한 것은 군주의 마음가짐이다. 군주가 겸애를 좋아하고, 이를 바탕으로 정치를 하면 신하와 백성도 절로 군주를 본받아 겸애를 행위의 준칙으로 삼는다. "이것에 무슨 어려움이 있겠는가?" 라고 묵자는 묻는다.[26]

3. 인애가 이로움을 경원시한다면, 겸애는 이로움(利: 이익)을 중시한다

겸상애 교상리에서 보듯이 '두루 사랑한다'는 겸애는 '서로에게 이로운 것이다'. 묵학(墨學)에서 '사랑(愛)'은 '이로움(利)', 즉 겸애교리(兼愛交利)이고, 전자는 후자를 포섭한다. 이 점에서 묵가는 유가와 전적으로 다른 입장에 서 있다. 유가는 이익(利)을 추구하기보다는 인의(仁義)의 실현에 힘써야 한다고 강조한다. 맹자의 방문이 양나라에 큰 이익이 되지 않겠느냐는 혜왕의 말에 맹자는 한마디로 잘라 말한다. "왕이시여! 하필이면 이익을 말씀하십니까? 다만 (우리에겐 추구해야 할) 인의가 있을 뿐입니다."[27] 하지만 유가의 이런 입장에 대해 묵가는 말한다.

> 아버지가 자신을 사랑하면서도 자식을 사랑하지 않기 때문에 자식에게 손해를 입히면서 자신을 이롭게 한다. 형이 자신을 사랑하면서도 아우를 사랑하지 않기 때문에 아우에게 손해를 입히면서 자신을 이롭게 한다. 임금이 자신을 사랑하면서도 신하를 사

26 묵자 제15편 겸애 중.
27 맹자 양혜왕장구 상 1:1.

랑하지 않기 때문에 신하에게 손해를 입히면서 자신을 이롭게 한다.[28]

이처럼 상대에게 손해를 입히면서도 자신을 이롭게 하는 것은 어째서인가? 묵가가 보기에 이는 "모두 서로 사랑하지 않는 데서 일어나는 것이다."[29] 이처럼 묵가에게 겸애는 이로움(이익)을 전제로 성립하는 것이고, 인의를 이익과 대립관계로 보는 유가와 정면으로 충돌한다.

하지만 묵자가 말하는 이익은 개인의 능력에 따라 무한히 추구되는 이익이 아니다. 비록 개인이 추구하고 획득한 이익이라 할지라도 공유되고 분배되는 이익이다. 만일 생산과 이익이 특정 개인이나 집단에 의해 독점되고 낭비되면, 그 사회는 빈부의 격차가 커져 불평등이 심화될 수밖에 없다. 따라서 묵자는 당대의 불평등하고 불균등한 사회의 모습을 비판하고 모든 사람을 차별 없이 두루 사랑하는 겸애가 서로에게 이로움을 주는 행위라고 강조하였다.[30]

4. 인애가 의로움(義)을 내세워 사람을 차별하는 별애라면, 겸애는 의로움(義)으로 모두에게 이로움(利: 이익)을 준다

이로움은 의로움의 기초로서 인간의 욕망을 충족시키는 이익을

28 묵자 제14편 겸애 상.
29 묵자 제14편 겸애 상.
30 임건순, 『묵자-공자를 딛고 일어선 천민 사상가』, 시대의창, 2013(이하, 임건순, 『묵자』), 39쪽.

추구하는 것을 곧 의로움을 실현하는 것으로 본다. 묵자는 말한다.

> 의(義)는 사람을 이롭게 하는 것(利)이다(義, 利也).[31]

이 말은 의로움(義)이 곧 이로움(利)이라는 뜻이다. 그리고는 "의(義)는 천하를 아름답게 함에 뜻을 두고, 있는 힘을 다해 천하를 이롭게 한다"[32]고 부연 설명하고 있다.

이로움, 즉 이익을 중시하는 이 말에서 알 수 있듯이 묵자에게 이로움과 의로움은 불가분리의 관계이다. 묵자의 이 생각은, "군자는 의(義)에 밝고 소인은 이익에 밝다"[33]고 말하는 공자와는 완전히 다르다. 공자는 의(義: 의로움)와 이익(利: 이로움) 어느 것을 추구하는지를 들어 군자유(君子儒)와 소인유(小人儒)를 나누는 기준으로 삼고 있다. 하지만 묵자에게 이로움에 바탕을 두지 않은 의로움, 의로움에 바탕을 두지 않은 이로움이란 허상이다.

묵자의 이 관념은 공리와 공의로 이어지며, 종국적으로 겸애의 실현으로 귀결된다. 하지만 묵자가 말하는 이익은 특정 개인이나 집단이 독점하는 것이 아니다. 그 이익은 공유하고 배분함으로써 서로에게 이익이 되어야 한다. 그런 이익이어야 의로움에 부합할 뿐 아니라 현실에서 겸애를 실현하는 것이다.

---

31 묵자 제40편 경설 상.
32 묵자 제42편 경설 상.
33 논어 이인 4:16.

III. 겸애의 인권이론적 근거

1. 욕망

유가는 인간의 본성에 대해서는 깊은 관심을 가졌으나 욕망은 무시하거나 간과하였다. 물론 맹자의 무항산무항심(無恒産無恒心)이나 정전제(井田制)의 사례에서 알 수 있듯이 유가도 백성의 생업을 보장해야 한다고 보고, 이를 위한 현실적인 정책을 실시하지 않은 것은 아니다. 하지만 인간이 가진 욕망은 다스리고 억제하며 또는 절제해야 하는 금기의 대상이었다. 이를 위해 유가는 인(仁)과 의(義), 그리고 예(禮)를 앞세워 통치와 지배를 위한 수단으로 인치(仁治)·의치(義治)·예치(禮治)를 활용하였다.

유가에 비하여 묵가는 백성이 겪고 있는 현실적 고통에 주목한다. 묵가가 보기에 그 고통은 기본적인 욕망이 충족되지 못한 데 그 원인이 있다. 묵자는 백성이 겪고 있는 세 가지 고통을 민유삼환(民有三患)이라 부르며, 이렇게 말한다.

> 백성들에게는 세 가지 우환이 있으니,
> 굶주린 자가 먹을 수 없고
> 추위에 떠는 자가 입을 수 없으며
> 고생하는 자가 쉴 수 없는 것이다.
> 이 세 가지가 백성의 큰 우환이다.[34]

---

34 묵자 제32편 비악 상 3.

현대에도 옷·음식·집을 뜻하는 의식주(衣食住)는 사람이 살아가는 데 필요한 세 가지 요소로 본다. 나라마다 이 요소가 차지하는 비중에 따라 그 순서가 다르다. 하지만 먹는 행위를 뜻하는 음식은 인간의 생존과 직결되니 식(食)은 다른 두 요소의 전제요건이라고 할 수 있다. 묵자도 백성이 굶주리고 있어도 먹을 수 없는 현실을 가장 먼저 고발한다. 아기가 태어나자마자 엄마의 젖을 찾는 것만 봐도 굶주림을 채우려 먹는 행위는 인간의 원초적이고 본능적인 욕망이라는 것을 알 수 있다. 음식 다음으로 묵자는 백성들이 헐벗어도 입을 수 없는 고통을 겪고 있는 실태를 고발한다. 현실이 이러함에도 군주와 관료들은 "큰 종을 치고 북을 두드리며 가야금과 비파를 타고 생황을 불면서 방패와 도끼를 흔들고 춤을 추고" 있다. 묵자는 "인민들이 입고 먹을 재물은 언제 얻을 수 있겠는가?"라며 한심한 세태를 한탄한다.[35] 민유삼환에서 우리가 특히 주목해야 할 것은 '고생하는 자가 쉴 수 없는' 세 번째 고통이다. 이 고통은 '고달프게 일한 자가 쉴 수 없는' 것과 같은 뜻이다. 묵자의 사상이 오늘날에도 새롭게 해석될 여지가 있는 이유 중의 하나는 그가 '노동의 의미와 중요성을 발견한 인류 최초의 사상가'이기 때문이다.[36]

유가와 달리 묵자는 기본적으로 인간은 물질적 욕망을 충족하기 위해 이익을 추구하는 존재로 본다. 하지만 이러한 기본적 욕구는 노동을 통해서 충족되어야 하며 사회공동체의 전체이익을 추구하는 방향으로 설정되어야 한다. 묵자가 보기에 사람과 동물이 다른 것은

---

35 묵자 제32편 비악 상 3.
36 기세춘, 『묵자』, 337쪽.

'노동'에 있다. 사람은 이들 짐승들과는 달리 노동을 해야만 살아갈 수 있으며, 노동을 하지 않으면 살아갈 수 없는 존재다.[37] 그러므로 인간은 노동하는 존재이며, 노동 또는 노동자는 마땅히 존중받아야 한다. 이에 반하여 유가는 노동을 천시하고 무시한다. 그런 유가에 대한 묵자의 비판은 날카롭기 그지없다.

> (유가들은) 번거로운 예악으로 사람들을 미혹하고, 오래도록 상을 입고 거짓으로 슬퍼하는 것으로 부모를 속인다. 운명론을 만들어 가난을 즐기고 거만하게 행동하여 근본을 위배하고 할 일을 폐기하고서 태만함과 거만함을 즐긴다. 먹고 마시기를 탐하며 일하는 것을 게을리하여 굶주림과 추위에 시달려 얼어 죽거나 굶어 죽을 위험에 처해 있으면서도 그것을 피할 수가 없다. 이러한 사람들은 마치 거지와 같아 두더지처럼 음식을 저장하고 숫양처럼 음식을 쳐다보며 불을 깐 돼지처럼 음식을 보고 뛰쳐나온다.[38]

묵자는 거지·두더지·숫양·돼지와 같은 원색적인 표현을 사용하여 노동하지 않고 가난한 백성의 등골을 빼먹는 유가를 거침없이 꾸짖고 힐난한다. 하지만 그의 비판은 여기서 그치지 않는다.

> 여름에는 보리나 벼를 구걸하다가 추수가 끝나면 부잣집의 큰 상사(喪事)를 따라다니며 그것을 치러 주는데, 자손들이 모두 따라

---

37 묵자 제32편 비악 상 6.
38 묵자 제39편 비유 하.

가 음식을 배불리 먹는다. 몇 집의 상사를 치르고 나면 충분히 살아갈 수가 있다. 다른 사람의 전야(田野)의 수입에 의지하여 자신을 존귀하게 한다. 부잣집에 상사가 나면 곧 크게 기뻐하면서 말한다.

"이것이 바로 입고 먹는 것의 근원이다."[39]

이처럼 묵자는 만일 인간이 내면의 욕망을 충족하고 이익을 실현하려면 노동(일)을 해야 한다는 확고한 신념을 가지고 있다. 노동을 천시한 유가와 대척점에 선 묵자는 노동을 인간의 본질적 특성이자 선이라는 가치관 위에서 그의 사상을 전개한다.[40]

민유삼환을 통해 드러난 묵자 사상의 특징을 요약하면 다음과 같다. 인간은 욕망을 가진 존재로서 그 욕망은 의식(衣食)의 결핍으로 나타난다. 또한 인간은 노동하는 존재로서 일을 함으로써 욕망을 충족시킬 뿐 아니라 이익을 창출할 수 있다. 다만 그 이익은 개인과 가족을 위한 사적인 이익(사익)에 머무르지 않고 사회전체의 이익(공익)과 연결되어야 된다. 또한 사익 혹은 공익을 떠나 실현된 이익은 개인이나 집단이 독점해서는 아니 되며, 배분되어야 한다. 이 관점에서 보면 차별 없이 사람을 두루 사랑하는 겸애는 서로를 이롭게 하는 교리이다. 묵자는 서로에게 이롭지 않다면, 사상·제도·정치는 물론 사랑마저도 인정하지 않는 철저한 공리주의자였다.

---

39 묵자 제39편 비유 하.
40 정영근, "묵자의 직업사상", 한국사상과 문화, 제65권, 2012, 한국사상문화학회, 428쪽.

2. 천지(天志)

묵자에 따르면, 겸애는 곧 교리(交利)이고, 교리는 인간의 존재 이유인 욕망과 노동에서 나온다. 그러므로 인간은 욕망을 가진 존재이자 노동하는 존재다. 이런 생각이 현실에서 실현되기 위해서는 인간의 자유의지가 바탕이 되어야 하며, 이 의지를 바탕으로 인간은 어떤 삶을 선택할 것인가를 주체적으로 결정해야 한다. 묵자는 이 결정을 내릴 때 인간이 본받아야 하는 대상을 '하늘'과 '하느님'으로 보고, '하늘의 뜻'인 천지(天志)에 따라야 한다고 주장한다. 그가 생각하는 하늘의 뜻은 "천하의 사람들이 서로 사랑을 나누는 일", 즉 겸애로 귀결된다.[41] 묵자는 말한다.

> 하늘의 뜻을 순종하는 자는 두루 평등(兼)하고, 하늘의 뜻을 배반하는 자는 차별(別)한다. 평등을 도(道)로 하는 것은 의로운 정치요, 차별을 도(道)로 하는 것은 폭력의 정치다.[42]

이처럼 묵자는 겸애의 이론적 근거를 하늘 혹은 하늘의 뜻에서 찾았다. 그에게 하늘은 세상 모든 일의 기준[43]이 되는 절대가치이자 원칙이다. '하늘의 뜻'이란 '하늘의 밝은 법도(天下之明道)'이고, 하늘의 뜻을 따른다는 것은 하늘의 밝은 법도를 가지고 바르고 정확하게 재

---

41 묵자 제26편 천지 하. 曰順天之意何若, 曰兼愛天下之人.
42 묵자 제26편 천지 하.
43 묵적(박재범 옮김), 앞의 책, 30쪽.

는 것이다.[44] 그러므로 하늘의 뜻을 따르는 것은 의로운 정치요, 하늘의 뜻을 거역하는 것은 폭력의 정치다.[45]

그렇다면 하늘의 뜻을 따르는 정치란 어떻게 다스리는 것을 말하는가. 마치 바퀴를 만드는 사람과 목수가 그림쇠와 곱자를 가지고 천하의 모와 원을 재면서 "맞으면 옳다고 하고 맞지 않으면 그르다"고 하는 것과 같다. 묵자가 보기에 천하가 어지러운 까닭은 "천하의 선비와 군자들이 모두 작은 것에는 밝으나 큰 것에는 밝지 못하"고, "하늘의 뜻을 밝히지 못하기 때문이다."[46] 묵자는 하늘을 섬기지 않고 하늘에 죄를 지으면 도피할 곳이 없다며 "경계하고 삼가라!"고 경고한다.[47]

묵자가 말하는 하늘은 인간의 가치이해와 판단의 기준이다. 하지만 묵자는 하늘이 모든 일의 기준이라는 관념에 머물지 않고 한걸음 더 나아간다. 그에게 하늘은 구체적이고 실재적인 인격을 가진 신(神), 즉 하느님이기도 했다.[48] 묵자는 하늘과 하느님은 다양한 얼굴과 막강한 권능을 가졌으며,[49] 그 하늘과 하느님의 뜻을 제대로 이해하고 현실에서 겸애를 실천함으로써 전쟁을 종식시키고 평화를 가져올 수 있다고 보았다.

---

44 묵자 제26편 천지 상.
45 묵자 제26편 천지 상.
46 묵자 제28편 천지 하.
47 묵자 제28편 천지 하.
48 묵적(박재범 옮김), 앞의 책, 30쪽.
49 기세춘은 묵자의 하느님을 기독교의 절대신과 비교하여 ① 조물주, ② 유일신, ③ 인격신, ④ 강림하는 신, ⑤ 사랑의 신, ⑥ 정의의 신, ⑦ 가치의 근원, ⑧ 민중의 신, ⑨ 해방의 신, ⑩ 평등의 신, ⑪ 평화의 신, ⑫ 인간을 자주(自主)하게 하는 신, 이렇게 열한 가지로 유형화하고 있다. 기세춘, 『묵자』, 142-158쪽.

묵자는 하느님 사상에 입각하여, "오늘날 천하의 선비와 군자들 중에는 운명이 반드시 있다고 주장하는 자들이 있다"[50]며 유가들이 가지고 있는 운명론을 정면으로 비판한다. 묵자에 따르면, 운명론자들은 이렇게 말한다.

> 운명이 부유할 거라고 정해져 있으면 부유해지고, 운명이 가난할 거라고 정해져 있으면 가난해지며, 운명이 많아질 거라고 정해져 있으면 많아지고, 운명이 적어질 거라고 정해져 있으면 적어지며, 운명이 다스려질 거라고 정해져 있으면 다스려지고, 운명이 어지러워질 거라고 정해져 있으면 어지러워지며, 운명이 장수할 거라고 정해져 있으면 장수하고, 운명이 요절할 거라고 정해져 있으면 요절한다. 비록 강한 힘이 있을지라도 무슨 소용이 있겠는가?[51]

묵자는 이런 운명론을 극복하기 위해서는 말을 할 때 '근원(本)·원인(原)·실용(用)'의 세 가지 표준(三表)을 세워야 한다고 강조한다.[52] 근원이란 '옛날 성왕들의 사적'이며, 원인이란 '백성들의 귀와 눈으로 보고 들은 사실에 기인하여 추구하는 것'이며, 실용이란 '실제 정사와 형벌을 펴서 나라와 인민들에게 이로운가를 살펴보는 것'을 말한다.

---

50 묵자 제35편 비명 상.
51 묵자 제35편 비명 상.
52 묵자 제35편 비명 상.

묵자가 바라보는 하늘과 하느님은 인격적이며, 인간과의 관계에서 수직적인 동시에 수평적이다. 이를테면, 기독교의 절대신과 인간은 조물주와 피조물의 관계로서 양자는 수직적이고 절대적인 상하관계에 있다.[53] 피조물인 인간은 조물주인 하느님에게 절대 순종하고 경배해야 한다. 하지만 묵자의 하느님은 인간에게 보답을 요구할 뿐 순종과 경배를 강요하지 않는다.[54]

이 관계는 묵자가 말하는 하느님의 뜻에도 여실히 반영되고 있다. 하늘의 뜻은 인간이 인식할 수 있고, 인간의 의지에 따라 증명될 수 있을 뿐 아니라 인간은 귀신에게 명령을 내리기도 한다.[55] 신분차별적인 봉건제에서 묵자는 피지배계층에 있는 하층민을 주체적이고 자주적이며 의지를 가진 '개인'으로 본다. 이 점에서 천명(天命)을 앞세워 하늘을 도덕적·윤리적 관념으로 인식한 공자와 묵자의 하늘사상에는 본질적 차이가 있다.

공자는 군주(천자)를 중심으로 수직적인 위계질서를 확립하여 신분질서를 공고히 함으로써 사회질서의 안정을 도모했다. 반면 묵자는 정치의 근본을 하늘에서 찾았다. 하늘도 인간과 마찬가지로 의로움을 바라고 불의를 싫어한다. "내가 하늘이 바라는 것을 하면, 하늘도

---

53 묵자의 하느님도 조물주이다. 하느님은 사계절인 춘하추동을 만들고, 눈·서리·비·이슬을 내려 오곡과 삼을 자라게 하며, 산과 하천의 계곡을 나열하는 등(묵자 제27편 천지 중) 세상을 창조했다. 그러므로 "천하의 크고 작은 모든 나라는 모두 하느님의 고을"이고(묵자 법의), "털끝 하나라도 하늘이 만들지 않은 것이 없다."(묵자 제27편 천지 중) 이 점에서 묵자의 하느님은 기독교의 조물주와 같지만 하느님과 개인의 관계를 수평적 관계로 본다는 점에서 양자는 큰 차이가 있다.

54 기세춘, 『묵자』, 142쪽.

55 최문형, "孔子와 墨子의 天概念 비교", 동양철학연구, 제68집, 2011. 11. 28., 동양철학연구회, 128쪽.

역시 내가 바라는 것을 해 주신다"는 것이다.[56]

묵자의 하늘에 대한 이 생각은 곧 인민의 염원이다. 인민들은 자신의 의지로 하늘의 뜻을 확인하고 현실에서 그 뜻이 실현되기를 간절히 바랐을 것이다. 묵자는 인민들의 바람을 대변하여 그들을 폭압적인 정치에서 해방시켜 자유롭고 평등하며 평화로운 세상에서 살기를 꿈꾸었다. 따라서 묵자가 말하는 하늘의 뜻(天志)은 묵가 무리의 뜻(墨志)이자 인민의 뜻(民志)이라고 할 수 있다.[57]

하지만 천지의 핵심은 겸애에 있다.[58] 묵가는 겸애가 현실에서 실현되는 세상을 만들고 싶었다. 이러한 자신들의 주장을 관철하기 위해 묵가들이 선택한 방식은 철저히 공리주의적이다. 묵자의 천(天)과 천지(天志)도 '겸상애교상리'를 실현하기 위한 도구적 성격을 지니고 있으며, 철저히 인간의 이익을 위한 것이다. 마찬가지로 하늘·하느님과 인간의 관계도 철저히 공리적이다. 이 점은 기독교와 달리 묵자의 하늘과 하느님을 종교적 대상으로 볼 수 없는 이유이기도 하다.[59]

3. 소염(所染)과 법의(法儀)

겸애와 교리를 수단으로 천지를 실현하고자 해도 문제는 하느님의 뜻의 실체가 분명치 않다는 것이다. 특히 묵자의 사상은 철저히 공리주의에 바탕을 두고 있고, 그 이념은 현실정치를 통해 구체적으

56 묵자 천지 상.
57 임건순, 『묵자』, 138쪽.
58 임건순, 『묵자』, 138쪽.
59 최문형, 앞의 논문, 128쪽.

로 구현되어야 한다. 이에 대해 묵자는 소염과 법의란 두 가지 방법을 제안한다.

소염이란 '물들이는 것' 혹은 '물들임'이다. 묵자가 실을 물들이는 것을 보고 탄식하며 말한다.

> 푸른 물감으로 물들이면 푸른색으로 되고, 노란 물감으로 물들이면 노란색이 되니, 넣은 물감이 바뀌면 그 색깔 또한 변한다. 다섯 개의 서로 다른 물감 통에 넣은 후에는 다섯 가지 서로 다른 색깔이 된다. 그러므로 물들이는 것은 신중하게 하지 않을 수 없다.[60]

묵자는 행실과 도리와 성품은 물들여지는 것이라 보고, 군주가 나라를 편안케 하려면 인물을 가려 써야 한다고 주장한다. 성왕과 폭군은 모두 나름대로 나라를 소중히 여기고 헌신한다. 하지만 누구는 성왕이 되고, 또 누구는 폭군이 되는가. 그 이유는 나라를 다스리는 방도를 몰랐기 때문이다. 정치 혹은 치국의 방도가 '진실로 도리를 행하는 것'이 요점이라는 사실을 몰랐기 때문이다. 군주들이 그 요점을 몰랐다는 것은 물들이는 것이 부당했다는 것을 의미한다.

또한 물들이는 것, 즉 소염은 나라를 다스리는 것뿐만 아니라 선비에게도 그대로 적용된다. 묵자는, "선비에게도 물들이는 문제가 있다"고 하면서, 그의 벗들이 모두 인의를 좋아하고 순박하며 법도

---

60 묵자 제3편 소염.

를 공경하는지, 아니면 모두 오만하고 뽐내기를 좋아하며 제멋대로 파당을 지어 사욕을 차리는지에 따라 가문과 개인의 흥망성쇠가 다르게 일어난다고 경고한다.[61]

다음으로 법의란 '천하의 모든 사람이 일을 할 때 본받을 표준 내지는 법도'를 말한다.[62] 묵자는, "비록 장수나 재상인 사람이더라도 모두 법도가 있다. 비록 각종 일에 종사하는 공인(工人)이더라도 또한 모두 법도가 있다"며 이렇게 말한다.

> 공인들은 굽은 자로 방형을 그리고, 그림쇠로 운형을 그리며, 먹줄로 직선인지를 재고, 추 달린 줄로 수직으로 바른지를 재며 수평의(水平儀)로 평평한지를 잰다. 교묘한 기술을 지닌 공인이든 기술이 없는 공인이든 상관없이 모두 이 다섯 가지로 법도를 삼는다.[63]

이렇게 다섯 가지 표준을 법도로 만들어 두면, 정교한 공인이나 미숙한 공인이나 할 것 없이 표준에 비슷하게나마 본떠서 일을 할 수 있어 법도를 표준으로 하지 않은 것보다는 훨씬 낫다는 것이다. 이 원리는 통치에도 그대로 적용된다. 법도에 따라 나라와 천하를 다스리면 서로 두루 사랑하는 정치를 베풀 수 있다.

그러면 무엇으로 다스리는 법도를 삼아야 옳을까? 이 질문에 대한

---

61 묵자 제3편 소염.
62 묵자 제4편 법의.
63 묵자 제4편 법의.

답변을 하면서 묵자는 유가를 신랄하게 비판한다. 묵자는 어질지 못한 부모와 스승은 물론 군주도 법도로 삼지 말라며 단호한 입장을 보인다. 묵자가 내세우는 반대의 이유는 분명하다. 만약 어질지 못한 군주를 법도로 삼는다면, 이 법도는 어질지 못할 것이니 어질지 못한 법도는 법도로 삼을 수 없다는 것이다. 이런 이유로 묵자는 어질지 못한 부모와 스승과 군주는 다스리는 법도로 삼을 수 없다고 말한다.[64]

그러면 무엇으로 다스리는 법도로 삼아야 옳을까? 바로 하느님을 법도로 삼는 것이다. 하느님의 도(道)는 넓고 사사로움이 없으며, 베풂은 크지만 덕(德)이라 자랑하지 않고 밝음은 영원하여 쇠함이 없다. 그러므로 성왕은 하늘을 법도로 삼았다. 하늘을 법도로 삼는다면 모든 행실과 다스림은 반드시 하늘을 표준으로 헤아릴 것이니 하늘이 바라면 그것을 하고, 하늘이 바라지 않으면 금지하면 된다. 하늘은 사람들이 서로 사랑하고, 서로 이롭게 하기를 바라며, 서로 미워하고 서로 해치는 것을 바라지 않기 때문이다. 묵자가 생각하는 하느님은 사람을 두루 보전하고, 두루 평등하게 먹여 주는 겸애의 화신이다.[65]

---

64 묵자 제4편 법의.
65 묵자 제4편 법의.

IV. 겸애의 인권적 실천 주체

1. 천자(군주)

묵자가 바라보는 천자는 '천하에서 최고로 귀한 사람'이며, 또한 '천하에서 최고로 부유한 사람'이다. 이처럼 천자는 '부유하기도 하며 귀하기도 한 사람'이므로 하늘의 뜻에 순종하지 않을 수 없다는 것이다. 또한 '하늘의 뜻에 순종하는 사람'인 천자는 겸애와 교리를 현실에서 실천하는 사람이다. 천자가 두루 서로 사랑하고 서로 이롭게 하면 하늘의 상을 받을 것이나 하늘의 뜻을 거슬러 차별하여 서로 미워하고 서로 해를 입히는 정치를 하면 하늘의 벌을 받는다.[66] 묵자는 천자로 하여금 하늘의 뜻에 따라 겸애로 나라를 다스리는 겸왕(兼王)이 될 것을 바란다. 그러므로 묵자에게 "하늘의 뜻을 따르는 것은 의로운 정치요, 하늘의 뜻을 거역하는 것은 폭력의 정치"일 뿐이다.[67]

묵자가 생각하는 의로운 정치(義政)는 곧 하늘의 뜻을 따라 다스리는 것이다. 하지만 그에 반대되는 폭력의 정치(力政)는 하늘의 뜻을 따르지 않고 다스리는 것이다. 하늘의 뜻이란 두루 서로 사람을 사랑하는 것을 말함이니 천자는 겸애를 현실에서 실천하는 정치를 펴야 한다. 그러므로 하늘의 뜻인 겸애를 실현하는 정치의 핵심은 '의로운 정치'에 있다. 그러면 의로운 정치는 어떻게 하는가? 묵자는 말한다.

---

66 묵자 제26편 천지 상.
67 묵자 제26편 천지 상.

큰 나라의 지위에 처해 작은 나라를 공격하지 않고, 큰 식읍(食邑)의 지위에 처해 작은 식읍을 빼앗지 않으며, 강한 자는 약한 자를 겁탈(劫奪)하지 않고, 귀한 자는 천한 자에게 오만하지 않으며, 사기 치는 자는 어리석은 자를 기만하지 않는다.[68]

묵자의 이 말을 현대의 어법으로 바꾸면, 자본과 권력을 가진 강자는 약자(소수자)를 힘으로 억누르고 무시하지 말고 보호하여야 한다는 것이다. 천자가 이와 같은 의로운 정치를 펴면, 위로는 하늘, 가운데로는 귀신, 아래로는 사람을 이롭게 한다. 묵자는, "이 세 가지가 이로우면 천하에 이롭지 않은 것이 없다"며, 이런 정치를 펴는 천자를 '천하에 아름다운 이름을 붙여' 성왕이라 부른다고 하였다.[69]

겸애와 교리정치에 관한 묵자의 사상도 시대를 앞서가지만, 천자와 관련한 묵자의 사상에서 가장 획기적이고 혁명적인 것은 바로 군장민약설(君長民約說)이다. 군장은 군주(천자)를, 민약은 백성과 한 약속을 말한다. 이 이론의 근거는 묵자의 아래 말에서 찾을 수 있다.

군주, 백성들의 일반적인 계약이다(君, 臣萌通約也).[70]

군주, 신하와 백성에 의하여 성립되는 존재이다(君, 以若名者也).[71]

---

68 묵자 제26편 천지 상.
69 묵자 제26편 천지 상.
70 묵자 제40편 경 상.
71 묵자 제42편 경설 상. 이 문장의 번역은 학자마다 다르다. "'군(君)'은 신하와 백성이 공동으로 약정하여 모시는 존재이다." 묵적(박재범 옮김), 앞의 책, 270쪽. "임금이란 신하와 백성들에게 통하도록 약속된 것이다." 묵자(김학주 역주), 앞의 책, 462쪽. "군(君)이란 신하와

통약(通約)은 사회적 합의 또는 약속을 말하는 것으로, 사회 구성원 사이에서 일반적·보편적으로 통용되는 약속이다. 이 말은, 1762년 프랑스의 루소가 그의 저서 『사회계약론』에서 주장한 것과 같은 내용이다. 루소는 개개의 인간들이 모여 일정한 질서와 규율 밑에 서로 협력하고 공동의 이익을 추구하며 사회나 국가를 이루는 현상을 계약에 의한 것으로 보고, 이를 '사회계약(social contract)'이라고 불렀다. 루소의 사회계약론이 인민주권론과 함께 프랑스 대혁명을 촉발한 사상적·이론적 토대가 되었다는 사실은 잘 알려져 있다.

묵자는 군주를 세우는 것을 주권자인 인민(백성들)의 일반적 계약인 '통약'으로 보고 있다. 묵자는 말한다.

> 옛날 하느님이 처음으로 인민을 낳아 통치자가 없을 때에는 인민들이 주권자였다.[72]

그렇다면 주권자인 인민이 왜 직접 나서서 통치를 하지 않았을까? 그 이유는 그들의 권익을 대변하는 대표가 없으면 너도나도 주권자라며 나서서 "모두가 자기의 '의(義)'는 옳다고 하고 남의 '의(義)'는

백성에 대해 군(君)과 상반된 명칭으로 부르기로 두루 약속한 것이다." 묵자(최환 옮김), 앞의 책, 656쪽. "군주, 백성들의 일반적인 계약이다." 기세춘, 『묵자』, 725쪽. 이 중에서 군장민약설에 가장 부합한 번역이라고 생각되는 기세춘을 따른다.

72 묵자 제13편 상동 하. 이 문장의 번역은 학자마다 다르다. "왕은 신하와 백성에 의하여 성립되는 존재이다." 묵적(박재범 옮김), 앞의 책, 270쪽. "임금이란 약속을 통해서 이름 붙여진 것이다." 묵자(김학주 역주), 앞의 책, 519쪽. "군(君): 이들에 대한 상반된 명칭이다." 묵자(최환 옮김), 앞의 책, 656-657쪽. "군주란 무리가 선출하여 이름을 붙인 것이다." 기세춘, 『묵자』, 725쪽. 이 중에서 군장민약설에 가장 부합한 번역이라고 생각되는 박재범을 따른다.

그르다 함으로써 심하게는 전쟁이 일어나고 적게는 분쟁이 일어났"기 때문이다. 그래서 "천하 인민은 천하의 의리를 화동 일치시키고자 어진 이를 선출하여 천자로 삼았던 것이다."

따라서 군주란 신하와 백성들의 통약에 의하여 성립되는 존재 내지는 백성들이 선출하여 이름을 붙인 존재에 지나지 않는다. 묵자의 이 시각은 유가의 천자론과는 완전히 다르다. 유가는 천자란 하늘의 명령을 받아 땅에서 절대적인 권한을 시행하는 지위에 있다고 본다. 이 입장은 국왕의 권리는 신에게서 받은 절대적인 것이므로 인민이나 의회에 의하여 제한되지 않는다는 왕권신수설과 흡사하다. 하지만 유가와 달리 묵자에 의하면, 천자는 하늘의 명령에 의해서가 아니라 백성들의 약정으로 추대 선출되었으므로 군장(君長)은 오히려 단단한 권위를 가진다고 보고 있다. 묵자는 이러한 권위를 확보한 군주를 통해 겸애의 정치를 이행하라고 요구한다.[73]

유럽의 경우, 17-18세기가 되어서야 인민주권론과 사회계약론이 주창되었다. 묵자는 기원전 4세기의 춘추전국시대에 이미 이를 구체적으로 주장하고 있다는 사실이 놀라울 따름이다. 이와 함께 보편적 사랑인 겸애와 전쟁금지에 관한 비공(非攻) 등 묵자는 평화주의자로서의 면모도 가지고 있다. 묵자에 대한 보다 심도 깊은 연구와 함께 재평가가 이뤄져야 한다.

---

73 박종목, "묵자의 정의관(正義觀)", 법철학연구, 제21권 제3호, 한국법철학회, 2018, 25쪽.

2. 군자

정치의 근본은 어진 사람을 숭상하고(尙賢), 능한 사람을 부리는 데(使能) 있다.[74] 상현을 기본으로 사능을 고려하여 어진 사람과 능한 사람을 적재적소에 등용하고 귀하게 쓰면 정사는 바로잡히기 마련이다. 묵자는 말한다.

> 그래서 국가를 다스리는 사람으로 하여금 국가를 다스릴 수 있게 하였고, 관부를 주관하는 사람으로 하여금 관부를 주관할 수 있게 하였으며, 고을을 다스리는 사람으로 하여금 고을을 다스릴 수 있게 하였다. 국가·관부·고을을 다스리는 데 쓰이는 사람들은 모두 국가의 현명한 사람들이다.[75]

군주가 상현과 사능을 적절하게 활용하여 인재를 임명하면 나라는 태평하고 형벌과 법도는 바르게 될 수밖에 없다. 이렇게 천하를 다스리고 제후들을 바로잡는 인사원칙을 묵자는 '상현의 법도'라고 하였다.[76] 묵자는 이 법도에 따라 능력만 있다면 선비뿐 아니라 농민, 공민과 상민도 인재로 등용하라고 말한다. 따라서 묵자가 군주에게 제안하는 인사원칙은 '인재를 가까이하여 현명한 자를 등용함'이라는 '친사용현(親士用賢)'이며,[77] 그중에서도 어진 선비인 군자의

---

74 묵자 제9편 상현 중.
75 묵자 제9편 상현 중.
76 묵자 제9편 상현 중.
77 묵적(박재범 옮김), 앞의 책, 33쪽.

등용에 정치의 성패가 달려 있다고 할 수 있다.

묵자가 말하는 군자는 유가의 군자상과는 많은 면에서 차이가 있다. 유가의 군자는 지식인(엘리트)집단으로서 기본적으로 군주의 이익을 지키고 대변할 수 있는 관료를 지향한다. 공자는 군자가 되기 위해서는 인(仁)을 바탕으로 먼저 자신을 닦아(修己) 극기복례(克己復禮)한 연후에 현실정치를 해야 한다고 강조한다. 따라서 유가의 군자는 백성들을 소인으로 보고, 그들에 비하여 우월적인 지위에 있는 도덕군자이다. 그들은 군주로 하여금 유가가 지향하는 인의와 예에 근거한 정치를 할 수 있도록 보조적인 신하 역할에 충실할 뿐이다. 군군신신부부자자(君君臣臣父父子子). 인간에게는 각자에게 어울리는 역할이 있다는 이 말에서 알 수 있듯이 유가의 군자는 결코 하늘이 자신에게 부여한 사명과 역할을 잊지 않는다. 하지만 묵자의 군자는 자기주체적이고, 능동적이며 적극적인 태도를 가지고 있다.

첫째, 묵자의 군자는 민중과 섞여 있어도 원망하는 마음이 없다.[78] 묵자의 군자는 두루 서로 사랑하는 겸애의 정신으로 철저히 무장된 겸사(兼士)들이므로 신분에 따라 사람을 차별하는 마음이 없다. 군자는 자신이 어려워도 남들을 편하게 해 주는 어진 선비들이기 때문이다.

둘째, 묵자의 군자는 군왕의 뜻에 거슬리는 간쟁을 서슴지 않는다. 이들은 윗사람에게 정정당당하게 곧은 말을 하고, 필요하면 부하와 의논을 나누며 진지하게 논쟁하고 서로 경계해 주고 송사하고 논단하기까지 한다.[79] 이 점은 교언영색을 싫어하고, 군자는 비록 행

78 묵자 제1편 친사.
79 묵자 제1편 친사.

동은 민첩하게 해도 말은 어눌하게 하라[80]는 공자의 군자상과는 다르다. 묵자는 군자라면 할 말은 해야 하고, 논쟁하고 필요하다면 소송도 불사할 것을 요구한다.

셋째, 묵자의 군자는 학문이 필요하지만 무엇보다 행실을 근본으로 삼는다.[81] 묵자는 군자라면 실천적인 지식인이어야 한다고 강조한다. 그러므로 참된 군자는 힘써 일하여 날마다 분발하고 이상을 향하여 날마다 정진하며 정중하고 공정한 품행을 날마다 닦아 나가야 한다.[82]

넷째, 묵자의 군자는 자기를 반성하고 공감능력이 뛰어난 사람이다. 군자는 가난할 때는 청렴을 보여 주고, 부유할 때는 의로움을 보여 주고, 살았을 때는 사랑을 보여 주고, 죽었을 때는 슬픔을 보여 준다. 이 네 가지 행실은 헛된 거짓으로 되는 것이 아니며 자기 자신을 먼저 반성해야만 가능한 것이다. 묵자는 이 네 가지를 '군자의 도(君子之道)'라고 하였다.

이처럼 묵자는 신분에 얽매이지 않고 그에 따라 사람을 차별하지 않고 두루 사랑하며, 인민의 이익을 위해 능력을 발휘할 수 있는 현실 참여적이고 실천적인 지식인으로서 군자상을 설정하였다. 따라서 신분을 떠나 겸애교리를 잘할 수 있는 능력이 있다면, 그들을 중용하여 치국안민하여야 한다고 보았다.

---

80 논어 이인 4:24.
81 묵자 제2편 수신.
82 묵자 제2편 수신.

3. 현사(賢士): 실천적 지식인

묵자는 선비 중에서 '어질고 훌륭한 선비(賢良之士)'를 현사(賢士)라 불렀다. 한마디로 그들은 "덕망과 행실이 돈독하고 언사와 담론이 분별 있으며, 도리와 정책이 박식한 사람들"이다. 묵자가 보기에 현사는 '국가의 보배요 사직의 보좌'이니 반드시 그들을 부유하고 고귀하게 해 주고 공경하고 영예롭게 해 주어야 한다.[83] 이처럼 현사는 묵자가 생각하는 인재상인 셈이다. 하지만 현사로서 부귀영화를 누리고 공경과 영예를 받기 위해서는 엄격한 자격을 갖추고 있어야 했다.

첫째, 현사는 의로운 인물이어야 한다. 만일 현사가 의로운 인물이 아니면 그는 군주에 의해 등용되지 못한다. 묵자는 성왕의 인사 원칙에 대해 이렇게 말한다.

> 그러므로 옛날 성군이 정치를 할 때 '의롭지 않은 자는 부유하게 해 주지 않으며, 의롭지 않은 자는 귀하게 해 주지 않고, 의롭지 않은 자는 친밀하게 해 주지 않으며, 의롭지 않은 자는 가까이하지 않는다'라고 하였다.[84]

임금은 선비가 의롭기만 하면 가난하고 천한 것을 차별치 않고 등용할 것이니 너도나도 '우리도 의로움을 행하지 않으면 안 되겠다'고 결심한다는 것이다. 그 결과 도성에서 멀리 떨어진 시골구석의

---

83 묵자 제8편 상현 상.
84 묵자 제8편 상현 상.

신하들과 궁정의 관리들은 물론이고 도성 안의 백성들과 변방의 비천한 백성들까지도 소문을 듣고 다투어 의로움을 행하게 된다.[85] 그러니 의로움(義)에 바탕을 둔 이와 같은 인사정책도 일종의 소염, 즉 물들임이다. 임금이 어떤 정책을 실시하는가에 따라 현사를 모델로 물들여지니 사람들의 가치관에 중대한 변화를 일으키는 효과가 발생한다.

둘째, 현사는 겸애를 실천하는 선비, 즉 겸사(兼士)이다.[86] 겸사는 혈연으로 얽힌 가족 중심의 편협한 사고와 행동을 하는 선비가 아니다. 이와는 달리 겸사는 '벗을 위하기를 제 몸같이 하고, 벗의 부모 위하기를 제 부모같이 하는 선비'다. 묵자는 이런 선비를 천하에 고귀한 선비(高士)라고 불렀다. 따라서 겸사는 제 한 몸의 안위와 영달에 연연하는 유형의 선비가 아니다. 겸사는 '그의 벗 돌보기를 굶주리면 먹여 주고, 추위에 떨면 입혀 주고, 병들면 보살피고, 죽으면 장사 지내 주는' 등 벗이 겪고 있는 고통에 공감하고 그를 위해 최선의 노력을 다한다.[87]

마지막으로, 현사는 현실에서 겸애를 실천하는 선비(지식인)들이다. 묵자는 천하의 사군자(士君子)들이 모두 어진 선비가 되는 길이 있다며, 이렇게 말한다.

> 역량이 있는 사람은 재빨리 남을 돕고, 재물이 있는 사람은 힘써

85 묵자 제8편 상현 상.
86 묵자 제16편 겸애 하.
87 묵자 제16편 겸애 하.

> 그것을 나눠 주고, 높은 도덕성이 있는 사람은 힘써 남을 가르치면 된다.[88]

현사가 이렇게 겸애를 실천하면 어떤 효과를 낳을 것인가. 백성들이 겪고 있는 세 가지 고통인 민유삼환이 해결될 수 있는 것은 물론이고, 나라의 혼란도 다스려질 수 있다. 이에 대해 묵자는 말한다.

> 이와 같이 되면 굶주린 자들은 먹을 것을 얻을 수 있고, 추운 자들은 옷을 얻을 수 있으며, 어지러운 것들은 다스려질 수 있다. 만약 굶주린 자들이 먹을 것을 얻을 수 있고, 추운 자들이 옷을 얻을 수 있으며, 어지러운 것들이 다스려질 수 있다면, 이는 곧 천하의 사람들이 생계를 유지할 수 있게 되는 것이다.[89]

묵자가 현사에게 요구하는 이 덕목은 오늘날 지식인의 적극적인 사회참여와 높은 사회적 신분에 상응하는 도덕적 의무를 뜻하는 앙가주망과 노블레스 오블리주를 합친 의미이다.

4. 백성

묵자 당시의 통치자들은 성곽과 해자는 보살피지 않으면서 궁궐을 짓고 치장하고, 벼슬아치들은 제 녹만 지키려 하고, 벼슬하지 않

88 묵자 제10편 상현 하.
89 묵자 제10편 상현 하.

는 선비들은 파당 짓기를 좋아하는 등 나라는 위태롭고 혼란스러웠다. 묵자는 국방, 외교, 내정, 경제, 왕, 신하, 식량의 일곱 가지를 들어 나라를 망하게 하는 환난(재앙)이라며, 이를 칠환(七患)이라 불렀다.[90] 이 중에서 세 번째 환난인 내정에 대해 쓸모없는 공사에 백성의 힘을 소진하고 능력 없는 자들에게 상을 주어 백성의 힘을 고갈시키고 손님을 접대하는 데 재물을 헛되이 탕진하고 있다고 비판하였다. 이런 상황이니 가축과 곡식은 백성을 먹이기 부족함에도 통치자들은 탐욕과 향락에 빠져 백성들의 안위에는 관심 없었다.

묵자는 백성들에게는 배불리 먹고 마시는 안정적인 경제생활이 필요하다고 보았다. 그 기본이 되는 것이 바로 오곡, 즉 식량이다.

> 오곡은 백성들이 생존을 위해 의지하는 것이며, 군주가 자신을 공양(供養)하기 위한 것이다.[91]

이 말은 "오곡이란 백성들이 살아갈 양식이요, 임금이 백성을 기를 수 있는 수단"이라는 뜻이다. 이처럼 오곡은 백성들의 생존이 걸린 토대이자 임금이 통치를 할 수 있는 기반이다. 식량이 풍부해야 임금은 자신과 백성을 부양할 수 있다. 그러므로 풍년이 든 때에는 백성들이 어질고 착하지만 흉년이 들면 백성들은 인색하고 포악해진다. 먹을 것이 없어 굶주리는 현실에서 묵자는, "어찌 백성들이 항

90 묵자 제5편 칠환.
91 묵자 제5편 칠환.

심(恒心)을 가질 수 있겠는가?"며 반문한다.[92] 묵자는 "식량은 나라의 보물"[93]이라며 정치는 무엇보다 백성의 경제적 안정을 도모해야 한다고 보고 있다. 이 점에서 묵자와 맹자는 같은 생각을 하고 있다.

맹자는 "일정한 생활 근거가 없어도 일정한 마음을 갖는 것은 오직 선비만이 할 수 있다"면서 항산(恒産) 없이는 백성들에게 항심을 가지도록 요구할 수 없다고 하였다. 맹자가 무항산무항심에 의거한 현실적인 경제정책으로 정전제(井田制)를 주장하였다면, 묵자는 "시절을 탓하지 않고 철에 따라 재물의 생산에 힘쓰며 산업을 튼튼히 한 다음 재물을 소비하라"며 절용(節用)을 강조하였다.[94]

맹자와 마찬가지로 묵자도 특히 지배자들이 환락에 싫증 낼 줄 모르고 재물을 아껴 쓰지 않고 과소비하면서 백성들의 노동을 착취하는 세태를 강도 높게 비판한다. 만일 이런 정치를 바꾸지 않으면 안으로는 나라의 창고가 바닥나고, 밖으로는 백성들은 혹독한 노동을 견디지 못하게 된다. 그 결과는? 나라는 침략을 당하여 찢기고 백성들은 흉년을 만나 굶어 죽는다. 묵자의 이 경고는 전혀 새로울 것도 없는 지극히 당연한 말이다. 하지만 시대가 바뀌어도 정치현실은 쉬 바뀌지 않고 빈부의 격차는 날로 벌어져 백성들의 삶이 여전히 고단한 것은 예나 지금이나 변하지 않고 있다.

---

92 묵자 제5편 칠환.

93 묵자 제5편 칠환. 묵자는 나라가 갖추어야 할 조건으로 ① 식량(나라의 보물), ② 병장기(나라의 발톱), ③ 성곽(나라를 지키는 수단)의 세 가지를 들고 있다.

94 묵자 제5편 칠환.

V. 겸애의 인권적 실천방법

1. 비명(非命)

묵가와 유가를 구별 짓는 잣대 중의 하나는 운명론이다. 유가는 천명(天命)을 내세워 혈연에 기반한 주나라 종법을 수용함으로써 신분에 따른 차별을 운명으로 받아들인다. 이때 유가의 '하늘(天)'은 천자를 중심으로 지배계급과 피지배계급의 신분과 서열을 공고하게 구축하는 이념적 기초이자 사회질서를 안정시키는 수단이다. 이런 면에서 천명사상은 신분 변동의 가능성을 애초에 차단함으로써 신분질서를 고착시켜 무능하고 흉포한 천자의 승계 다툼으로 인한 사회혼란 등의 문제를 야기하는 병폐를 야기하였다.[95]

그러나 춘추전국시대로 접어들면서 급변하는 경제 및 사회제도 역시 현실에 맞는 새로운 가치를 요구했다. 경제적인 면에서는 철기의 발달로 농업생산량이 증가하고, 상공업이 발달하였으며, 학문과 사상 면에서도 제자백가가 등장하여 유가의 전통을 계승하거나 비판하면서 활발하게 활동하였다. 따라서 혈연에 따라 신분이 고착되어 그 변동이 불가한 사회에서 이제는 개인의 능력에 따라 신분 변동의 가능성이 열렸다는 점에서 춘추전국시대는 큰 의미가 있다.[96]

이와 같은 시대 상황과 사람들의 인식 변화는 유가의 천명사상에

---

95 김세종, "선진시기 유가사상의 전환-운명론에서 자유론으로-", 일본학연구, 제62권, 단국대학교 일본연구소, 2021, 51쪽.

96 *Ibid*.

따른 운명론을 비판적으로 바라보고 이를 극복하려는 움직임으로 이어졌고, 그 선두에 선 것이 바로 묵자였다.

> "(유가들은) 장수와 단명, 빈곤과 부귀, 안전과 위험, 다스려짐과 어지러움은 본래 천명에 달려 있어 줄이거나 늘릴 수 없다. 궁색과 통달, 상과 벌, 행복과 불행은 이미 정해져 있어 사람의 지혜나 힘으로는 바꿀 수 없다"고 말한다.[97]

만일 사람들이 유가가 말하는 운명론을 믿으면 어떤 일이 벌어질까? 관리들이 이것을 믿으면 맡은 직분에 태만하고, 서민들이 이것을 믿으면 종사하는 일을 태만히 할 것이다. 그 결과 묵자는 관리들이 다스리지 않으니 나라가 어지럽고, 서민들은 생업(농사)을 게을리하니 가난할 것이라며 비판한다.[98] 유가의 운명론이 소극적·수동적이라면, 묵가의 비명론은 적극적·경험적인 삶의 자세로 자신의 실천적 노력으로 운명을 극복하고 개척하라고 요구한다. 운명론은 '천하에 커다란 재앙'이라며 묵자는 단호하게 말한다.

> (운명이 있다고 주장하는 사람들은) 위로는 왕대인에게 유세하고, 아래로는 백성들의 일을 지지한다. 그래서 운명이 있다고 주장하는 사람들은 어질지 못하기 때문에 그들의 말에 대해 분명하게 변별(辨別)하지 않을 수 없다.[99]

97 묵자 제39편 비유 하.
98 묵자 제39편 비유 하.
99 묵자 제35편 비명 상.

묵자가 생각하기에 운명론은 "위로는 하늘에 이롭지 않고 가운데로는 귀신에게 이롭지 않고, 아래로는 인민에게도 이롭지 않은 것"이다. 그럼에도 운명론을 굳이 고집하면, "흉포한 의론이 생기는 원인이 되며, 포악한 자의 도리"가 될 뿐이다.[100] 운명론을 앞세워 현실에서 일어나는 일을 정확하게 꿰뚫어 보지 못하고 모든 일을 운명 탓으로 돌리면 어떤 일이 일어날까. 폭군이 나타나 인민들을 속이고 폭정을 하게 된다.

> 운명이 있다고 주장하는 사람들은 천하의 큰 해이다. 그래서 묵자께서 반대하시는 것이다![101]

유가들이 내세우는 운명론은 '천하의 큰 해(天下之厚害)'이고, 결국 폭군이 이를 악용하여 운명론으로 인민을 현혹시키고 인민을 우롱하는 결과를 낳게 된 것이다. 어디 그뿐인가. 운명론자의 말을 채용한다면, 이는 '천하의 의(義)을 제거하자'는 것이다. 천하의 의(義)를 제거하는 자들은 "운명론을 퍼뜨려 백성들이 실망하도록 유세하고, 백성들이 실망하도록 유세하는 것은 어진 사람을 없애 버리자는 수작이다."[102] 그렇다면 이와 같은 운명론에 휘둘리지 않고 극복하기 위한 대안은 무엇일까. 그것은 바로 '의로운 사람'을 윗자리(임금)에 앉히려고 노력하는 것이다. 의로운 사람이 임금으로 선출되면 천하

---

100 묵자 제35편 비명 상.
101 묵자 제36편 비명 하.
102 묵자 제35편 비명 상.

는 반드시 태평하고, 하느님과 산천 귀신들도 제사할 종주(제주(祭主)) 를 얻고 인민은 큰 이익을 얻을 것이다.[103] 공리주의자인 묵자의 진면목이 드러나는 대목이다.

2. 삼표법

당시 폭넓게 펴져 있던 운명론을 비판하면서 묵자는 운명론자들의 말을 판단하는 세 가지 기준으로 근원(本)·원인(原)·실용(用)을 제시하였다. 이를 삼표(三表), 삼법(三法) 또는 삼표법(三表法)이라 한다.

부귀빈천이 모두 운명에 달렸다[104]는 운명론자들의 말에 대해 묵자는, "위로는 왕공대인들을 설복하고, 아래로는 백성들의 일할 의욕을 저하시킨다"며 강한 어조로 비판한다. 옛 성왕들이 태평성대의 치세를 연 것은 노력에 의한 것이지 운명에 따른 결과가 아니라는 것이다. 이에 반해 운명론은 노력하고 일하기 싫어했던 폭군들이 자신들을 합리화하기 위해 지어낸 것이고, 자신의 무능력과 무책임을 변명하기 위해 지어낸 것이라 규정한다.[105] 따라서 묵자는 운명론자들이 하는 말의 옳고 그름을 분명히 밝히기 위한 판단기준으로 삼표를 제안한다.

세 가지 표준이란 무엇인가? 본원(本源)을 탐구함이 있어야 하고,

---

103 묵자 제35편 비명 상.
104 묵자 제35편 비명 상.
105 묵적(박재범 옮김), 앞의 책, 229쪽.

> 원인을 고찰함이 있어야 하며, 실천에 응용함이 있어야 한다. 어디에서 본원을 탐구하는가? 위로 옛날 성군의 일로부터 본원을 탐구한다. 어디에서 원인을 고찰하는가? 아래로 백성들의 귀와 눈으로 듣고 본 사실로부터 원인을 고찰한다. 어디에서 실천에 응용하는가? 그것을 형법과 장부에 응용하여 국가와 백성의 이익에 부합하는지를 본다. 이것이 이른바 의론을 말할 때의 세 가지 표준이다.[106]

이 말에서 알 수 있듯이 묵자는 누구의 말이 옳고 그른가를 판단할 때 ① 성왕의 사례에 의거한 역사적 기록, ② 백성들이 실제로 귀와 눈으로 보고 들은 경험에 의거한 사실, ③ 정치와 법의 적용으로 나라와 백성들에게 이익이 생겼는가 여부를 살펴보아야 한다고 말한다.[107]

묵자가 제시한 삼표는 비단 운명론을 비판하고 극복하는 대안적 논리나 방법에 한정되지 않는다. 그는 사람들이 가지고 있는 편견이나 고정관념을 해소하기 위한 사고훈련이나 교육방법으로 삼표가 활용될 수 있다고 본다.

> ① 어떤 결정을 하기 전에 적용하려는 기준과 원칙이 있는가?
> ② 그것이 경험적 사실과 일치하는지 또는 자료로서 검증 가능한 것인지 확인하는 절차를 거쳤는가?

---

106 묵자 제35편 비명 상. 삼표는 『묵자』 비명 중과 비명 하에도 언급되어 있는데 그 내용은 대체로 비슷하다.

107 묵자의 삼표에 대해서는, 옥현주·윤무학, "묵가의 생사관", 한국철학논집, 제62권, 한국철학사연구회, 2019. 8., 217-218쪽.

③ 그 결정이 많은 사람들의 이익에 도움을 줄 것인지 살펴보았는가?

세 번째 판단기준에서 제시하고 있는 바와 같이 묵자는 철저하게 어떤 이론과 정책 및 법제도라도 그것이 나라와 백성들에게 이로운가를 고려해야 한다고 강조한다. 공리주의다운 묵자의 진면목을 삼표에서도 확인할 수 있다.

3. 비공(非攻)

묵자의 비공은 남의 나라를 무력으로 침공하는 것을 반대하는 반전·평화사상이다. 당시 힘이 강한 왕공대인과 천하의 제후들 모두 군대를 조직하고 군함과 전차부대를 편성하여 죄 없는 나라를 공격하고 정벌하고자 진격하여 힘이 약한 나라를 무력으로 공격하고 빼앗는 것을 당연시하였다.[108] 당시 세상에는 전염병이 나돌고 백성들은 노역과 고통에 시달리고 헐벗고 굶주려 도랑에 굴러 죽는 자가 허다한 형편이었다.[109] 어디 그뿐인가. 남의 나라 변경을 침략하여 농사 지은 곡식을 짓밟고 나무를 베며 성곽을 무너뜨리고 죽이며 종묘와 사당을 불 지르고 허물어 백성을 쳐 죽이고 어린이와 늙은이를 짓밟고 그들의 귀중한 보물들을 빼앗았다.[110] 그럼에도 강한 힘

108 묵자 제19편 비공 하.
109 묵자 제16편 겸애 하.
110 묵자 제19편 비공 하.

을 가진 제후들이 남의 나라를 정벌하는 것을 의로운 행위라며 칭송하는 세태를 개탄하며, 묵자는 남의 목숨을 빼앗고 재물을 약탈하며 나라를 공격하는 행위는 이롭지도 의롭지 않다고 강하게 비판하였다. 묵자가 보기에 큰 나라가 작은 나라를 공격하는 것은 천하의 큰 폐해 중의 하나였다.[111]

어진 사람이 할 일은 "천하의 이익을 일으키고 천하의 해를 없애는 것이다."[112] 그런데 사람들이 나라를 공격하고 빼앗는 행위는 남의 과수원이나 집에 들어가 복숭아나 돼지를 훔치는 것과 비교할 수 없을 정도로 남에게 더 큰 피해를 끼치고 불인(不仁)·불의(不義)함에도 불구하고 오히려 그것을 따르고 기리며 의롭다고 칭송한다. 묵자는 묻는다.

> 만약 그들의 불의를 안다면 그 불의함을 적어 후세에 남기는 것을 어떻게 설명하겠는가?[113]

묵자의 비공은 전쟁을 반대하는 반전론(反戰論)이다. 전쟁은 두루 사람을 사랑하라는 겸애와 부합하지 않을뿐더러 서로에게 이익이 되지 않고 큰 피해를 입히므로 교리에도 배치된다. 당시의 현실은 잦은 전쟁으로 사회질서가 불안하였으며 백성들의 삶은 피폐하고 도탄에 빠져 있었다. 전쟁이 일상화된 현실을 바라보며 묵자는 남의

---

111 묵자 제16편 겸애 하.
112 묵자 제16편 겸애 하.
113 묵자 제17편 비공 상.

나라를 공격하지 않아야만 전쟁을 끝낼 수 있다고 보았다.

묵가와 마찬가지로 유가도 원칙적으로 전쟁을 반대한다. 다만 그 반대하는 입장은 완곡하고 부드럽다.

> 강한 힘을 쓰는 자는 남의 성을 지키며 나와서 싸우는데 내가 힘으로 이들을 이겨 내는 것이니 남의 백성들을 많이 다치게 할 것이 틀림없다. 남의 백성들을 많이 다치게 하면 남의 백성들은 나를 반드시 매우 미워할 것이다. 남의 백성들이 나를 매우 미워한다면 언제든지 나와 싸우려고 들 것이다.[114]

순자의 이 말은 인의(仁義)정치를 펴고자 하는 왕자(王者)라면 섣불리 강한 힘으로 남과 싸우지 말고 묵묵히 힘을 기르고 덕(德)을 쌓아 민심을 얻으라는 것이다. 하지만 덕(德)을 쌓고 인정(仁政)을 베풀었음에도 만일 남이 나와 싸우려 든다든지 정의를 위한 전쟁이 필요한 경우에는 어떻게 할 것인가? 유가는 의전론(義戰論)의 입장에서 불가피한 상황에서는 전쟁을 할 수 있다고 본다. 이 점에서 유가와 묵가는 상반되는 입장을 보이고 있다.

전쟁 없는 평화로운 세상을 지향하는 묵자의 바람과는 달리 현실에서는 남의 나라를 무력으로 침공하는 일이 빈번하게 일어났다. 묵자는 초나라 노양문군이 정나라를 공격하려 한다는 소식을 듣고 그를 찾아가 설득하여 전쟁을 중지시킨다.[115] 이뿐만이 아니다. 초나

---

114 순자 왕제 9:7.
115 묵자 제49편 노문.

라 공수반(公輸般)이 성을 공격할 수 있는 무기인 운제(雲梯)로 송나라를 공격하려 하자 그와 초나라 혜왕을 설득하여 전쟁하는 것을 막았다.[116] 위 두 사례는 묵자가 그저 입으로만 반전을 외치는 데 그치지 않고 실제 행동으로 입증하였음을 보여 주고 있다.

이처럼 묵자는 무력으로 남의 나라를 공격하고 정벌하는 공벌(攻伐)에 의한 전쟁은 반대하고 있다. 하지만 사악하고 포악한 왕을 몰아내기 위해 벌이는 토벌인 주벌(誅伐)은 공벌과 구별하여 인정한다. "전쟁을 불의라고 하지만 이롭지 않다고 할 수 있는가?"란 질문에 묵자는 순임금이 난리를 일으킨 삼묘(三苗)족을 주벌한 사례를 들어 죄를 문책하는 '주(誅)'와 공격 전쟁인 '공(攻)'은 다르다고 대답한다.[117] 공벌과 주벌을 구별하는 묵자의 사고는 군대를 유지·운영하는 주된 목적이 국가의 안보를 지킴으로써 사람의 생명과 재산의 보호하여 평화를 유지하기 위함이라는 것을 보여 주고 있다.

VI. 겸애에 바탕을 둔 인권국가: 대동사회(大同社會)

『예기』 예운편(禮運篇)에는 공자가 그리는 이상사회의 두 가지 모습으로 소강사회(小康社會)와 대동사회(大同社會)에 대해 적고 있다. 궁극적으로 공자는 대동사회를 자신이 꿈꾸는 이상사회의 모델로 삼았다. 그러나 공자가 현실적으로 실현 가능하다고 본 이상사회는

116 묵자 제50편 공수.
117 묵자 제19편 비공 하.

소강사회라고 할 수 있다. 소강사회는 인의예지신(仁義禮智信) 오상의 도를 통치의 기반으로 한 예치사회(禮治社會)이다. 또한 소강사회는 공자를 존숭(尊崇)하는 유가가 주장하는 주나라 종법에 바탕을 둔 신분차별적이고 가부장적 가족공동체의 한계를 벗어나지 못하고 있다. 따라서 소강사회는 인예(仁禮)에 의해 통치되는 봉건적 절대군주제사회라는 점에서 묵자가 지향하는 대동사회와 큰 차이점이 있다.

대동사회의 통치이념은 두루 평등하게 서로 사랑하라는 겸애를 바탕으로 백성들이 서로 하나가 되어 평화롭게 사는 사회다. 따라서 대동사회란 겸애를 바탕으로 상동(尙同)이 실현되는 사회라고 할 수 있다.

〈묵자 10론〉의 하나인 상동은 "오직 화동(和同)을 숭상하여 인민의 의리를 통일하는 것"을 말한다. 묵자는 인민의 의(義)를 하나로 화동 일치시켜야 군주가 정사(政事)를 제대로 돌볼 수 있다고 본다.[118] "천하에 남이란 없다"[119]는 말은 묵자의 사상을 한마디로 잘 요약하고 있다.

하지만 인민의 수가 늘어나고 인민이 주권자가 되면, 각자 주장하는 의리라는 것도 셀 수 없이 많아진다. 이에 "모두가 자기의 의(義)는 옳다고 하고, 남의 의(義)는 그르다 하니" 전쟁과 분쟁이 일어난다.[120] 이런 혼란을 방지하고 다스리기 위해 "천하 인민은 천하의 의리를 화동 일치시키고자 어진 이를 선출하여 천자로 삼았다."[121] 묵자의 이 말은 마치 민주적 의사결정 절차를 거쳐 정치적 지도자를

118 묵자 제13편 상동 하.
119 묵자 제44편 대취.
120 묵자 제13편 상동 하.
121 묵자 제13편 상동 하.

선출하는 오늘날의 투표제도를 연상케 한다.

이와는 달리 묵자가 제시하는 화동 일치의 사회는 본질적으로 천자 중심의 일원적·종적·수직적 위계질서가 공고한 원시적 절대군주 사회다. 비록 인민들의 손으로 군주를 세운다고 할지라도 화동 일치의 사회를 유지하는 것은 군주에 의한 엄정한 법제도를 통할 수밖에 없다. 이와 같은 정치체제를 확립함으로써 묵자는 사회질서를 유지하고, 인민의 기초적 삶을 향상시키는 체제를 상정하고 있다. 묵자가 제안하는 절용, 절장, 비악, 비명 등 10론의 다른 항목은 모두 이롭고(利) 의로워야(義) 한다. 이를 통해 묵자는 인민들이 경제적으로 어려움 없이 살 수 있는 최소한의 물적 토대를 마련함으로써 서로 차별 없이 사랑할 수 있는 사회를 만들고자 했다. 따라서 묵자가 종국적으로 자신의 사상이 구체적으로 실현될 수 있는 이상사회의 모델로 삼은 것은 바로 대동사회라고 할 수 있다.

『예기』「예운편(禮運篇)」은 대동사회에 대해 이렇게 적고 있다.

> 대도가 행해지니 천하는 만민의 것이 되었고, 어질고 유능한 자가 선출됨으로써 신의 있고 화목하게 되었다. 자기 부모만 사랑하지 않고, 자기 자식만 자애하지 않는다. 늙은이는 수명을 다하고, 젊은이는 재능을 다하고, 어린이는 무럭무럭 자랐으며, 홀아비 과부 고아 늙은이 병자도 모두 편히 부양받았다. 남자는 직분이 있고, 여자는 시집을 갈 수 있었다. 재물의 낭비를 싫어하지만 자기만을 위해 소유하지 않으며, 노동하지 않는 것을 미워했으나 반드시 자기만을 위하지 않는다. 간특한 모의가 통하지 않고, 도

둑 변란 약탈이 없으니 대문을 닫지 않고 살았다. 이것을 일러 '대동(大同)'이라 한다.[122]

공자가 지향하는 소강사회와 비교해 보면, 대동사회의 모습이 확연히 드러난다.

첫째, 대도의 시행 여부에 따른 차이다. 소강사회가 대도가 쇠미해져 나타난 반면, 대동사회는 대도가 행해진 결과 형성되었다. 주나라 종법체제에서 알 수 있듯이 공자가 꿈꾸는 천하는 가문의 사유물이 되고 말았다. 하지만 묵자가 꿈꾸는 대동사회는 천하는 만민의 소유로 인민이 주권자인 사회다.

둘째, 가족 중심의 이기주의 혹은 이타주의 여부 및 소유의 형태에서도 양자는 차이가 있다. 소강사회는 저마다 자기 부모만을 사랑하고 자기 자식만을 어여삐 여기는 혈연과 가족중심주의에 기반한 이기주의 사회다. 그러나 대동사회는 겸애 교리의 사회다. 여기서는 자기 부모만 사랑하지 않고, 자기 자식만 자애하지 않는다. 이런 사랑은 이롭지도 의롭지도 않기 때문이다. 대동사회의 인민은 재물의 낭비를 싫어하지만 자기만을 위해 소유하지 않으며, 노동하지 않는 것을 미워하나 반드시 자기만을 위하지 않는다.

셋째, 통치의 이념이 예치(禮治)인가 혹은 겸치(兼治)인가에 따라 차이가 있다. 소강사회는 신분이 세습되는 사회다. 대인(大人, 聖人)은

---

122 기세춘, 『묵자』, 276-277쪽에서 재인용. 이 외에도, 김경호, "봉기의 동력에 대한 철학적 성찰 -이상사회와 유토피아를 향한 분노와 분투", 감성연구, 제7권, 2013. 8., 전남대학교 호남학연구원, 51-52쪽; 한국민족대백과: 대동사회 등의 다른 번역문도 있다.

사회질서를 유지할 목적으로 세습을 예(禮)로 삼았으며, 성곽과 못을 만들어 굳게 지키고, 예의를 만들어 기강을 세웠다. 효제(孝悌)는 이 사회를 지탱하는 기본이념이다. 이로써 군신은 바르고, 부자(父子)가 돈독하고 형제가 화목하고, 부부가 화락할 수 있다. 이와는 달리 대동사회는 약자가 차별받지 않는 평등사회다. 이 사회에서는 늙은이는 수명을 다하고, 젊은이는 재능을 다하고, 어린이는 무럭무럭 자라며, 홀아비, 과부, 고아, 늙은이, 병자도 모두 편히 부양받는다. 또한 남자는 직분이 있고, 여자는 시집을 갈 수 있는 등 각자에게는 적당한 역할이 부여된다.

넷째, 인재의 등용 방법에 차이가 있다. 소강사회에서는 용감하고 지혜 있는 자를 어질다 칭송하니 모두가 자기만을 위하여 공을 세우려 한다. 공과에 따라 상벌이 시행되니 예(禮)를 바탕으로 제도를 만들지 않을 수 없다. 또한 토지와 경제가 특정 계층과 신분에만 귀속되니 정전제를 수립하였다. 하지만 대동사회에서는 주권자인 인민의 손으로 어질고 유능한 자가 선출됨으로써 신의 있고 화목하게 살 수 있다.

다섯째, 양자는 종국적으로 지향하는 이상향에 차이가 있다. 소강사회는 간특한 모의가 일어나 전쟁이 끊이지 않았다. 우·탕·문·무와 성왕과 주공 등은 이 혼란을 수습했으므로 천자가 되었고, 이들은 몸소 예(禮)를 실천하고 예(禮)로써 다스렸다. 즉 여섯 명의 성인들은 백성들에게 마땅함을 드러내고(義), 믿음을 쌓고(信), 허물을 밝히고(知), 어진 마음을 본받아(仁) 겸양토록(禮) 오상(五常)의 도를 보이고 가르쳤다. 만약 이러한 도를 어기는 자가 세력을 가지면 모두에게 큰 재앙이 될 것이므로 제거했다. 그러나 대동사회에서는 소강사회에서와 같은 간특한 모의가 통하지 않는다. 또한 도둑, 변란, 약탈이 없으니 대문을 닫지 않고 산다. 전쟁과 약탈, 그리고 살생이 끊이지 않는 시대를 산 민중들의 바람은 오직 하나, 바로 '평화'로 유지되는 대동사회가 아니었을까.

Ⅶ. 묵자의 겸애에 대한 현대 인권적 평가

묵자가 활동하던 중국 노나라의 정치 상황은 매우 혼란스러웠다. 노나라는 전국시대 진(秦)나라, 조(趙)나라, 위(魏)나라, 연(燕)나라와 함께 5대 강국 중 하나였다. 이 시기는 각국이 영토를 확장하고 패권을 다투는 격변의 시대였다. 노나라도 예외는 아니어서, 내부적으로는 계파 간의 갈등에, 외부적으로는 다른 나라의 침략에 시달리고 있었다.

이러한 혼란스러운 정치 상황 속에서 묵자는 자신의 정치사상을 발전시켰다. 묵자는 모든 사람을 두루 사랑해야 한다는 겸애(兼愛)와 전쟁을 반대하는 비공(非攻) 사상을 주장했다. 묵자는 겸애와 비공만이 혼란스러운 세상을 평화롭게 만들 수 있다고 믿었다. 그러나 묵자의 사상은 당시의 노나라 정치 상황과는 맞지 않았고, 결국 노나라에서 추방되었다.

『시경(詩經)』 소아(小雅)편에 "어떤 풀이 시들지 않으리오"라는 제목의 「하초불황(何草不黃)」이란 시가 실려 있다. 이 시는 주나라 제12대 왕이자 서주의 마지막 천자인 유왕(周 幽王)의 무능을 풍자하고, 끊이지 않는 부역과 전쟁으로 고통받는 백성들의 애환을 그리고 있다.

하초불황(何草不黃)[123]

어떤 풀이 시들지 않으리오	何草不黃
어느 날에 행군이 끝나리오	何日不行
어느 누가 부역을 피하리오	何人不將
사방에 전쟁이요 부역이라오	經營四方
어떤 풀이 마르지 않으리오	何草不玄
어느 누가 홀아비가 아니리오	何人不矜
슬프다 나는 병사가 되어	哀我征夫
어찌 악한 백성이 되었는가	獨爲匪民
들소도 호랑이도 아니거늘	匪兕匪虎
오늘도 광야를 헤매는 신세	率彼曠野
부역에 끌려간 불쌍한 우리 병사들	哀我征夫
아침저녁 잠시도 쉴 수 없네	朝夕不暇
긴 꼬리를 끌며 여우 한 마리	有芃者狐
우거진 풀숲으로 사라지는데	率彼幽草
오늘도 터벅터벅 짐수레 몰고	有棧之車
끝없이 뻗은 길을 망연히 걸어간다	行彼周道

당시는 수많은 백성들은 부역에 끌려가거나 아니면 전쟁에 동원되어 죽고 다치는 일이 다반사인 약육강식의 시대였다. 사람 목숨을 파리 목숨처럼 여기는 인명경시의 풍조가 당연시되는 시대이기도 했다. 묵자는 사람의 사람에 대한 사랑하는 마음이 사라지고, 전쟁이 끊이지 않는 참혹한 현실을 바라보면서 겸애와 비공을 비롯한 〈묵자 10론〉을 역설한다.

123 이 시(詩)에 대한 해석은 사람마다 다르다. 여러 편의 시를 참고하여 가급적 현대시의 감각과 분위기에 맞게 고쳐 썼다.

〈묵자 10론〉은 허위의식에 사로잡혀 도탄에 빠진 민생을 구하지 못하는 유가를 주된 비판의 대상으로 삼고 있다. 유학자들은 그런 묵자의 사상을 신랄하게 비판하고 공격했지만 묵자의 주장을 완전히 무시할 수는 없었다. 묵자의 사상은 그의 사후에도 많은 사람들에게 영향을 미쳤으며, 오늘날에도 여전히 많은 사람들에게 연구와 논쟁의 대상이 되고 있다. 그만큼 묵자의 겸애사상은 당시로서도 획기적이었으며, 현대 인권의 시각에서 보아도 상당히 진보적인 내용을 담고 있어 시사하는 바가 적지 않다.

1. 묵가는 최하층 신분 출신이다

유가·도가·법가 사상가들과는 달리 묵자는 최하층 신분 출신이다. 이에 대해서는 여러 가지 설이 있다. 첫째, 묵가를 믿고 따르던 무리를 뜻하는 묵가의 묵(墨) 자가 중국에서 행하던 오형(五刑)의 하나인 묵형(墨刑)을 뜻한다는 것이다. 묵형은 죄인의 이마나 팔뚝 따위에 먹줄로 죄명을 써넣던 형벌이다. 묵가는 묵형의 형벌을 받은 죄인 혹은 범죄자들이라는 설이다. 둘째, 묵가는 목수 집단이라는 설이다. 이는 사마천이 지은 『사기』의 맹자순경열전(孟子荀卿列傳)에 따른 것으로 여기에는 "묵적은 송나라 대부로서 성을 방어하는 기술이 뛰어났다"는 기술이 있다. 이 책에 따르면, 적어도 묵자(묵적)는 송나라 대부 출신이다. 하지만 그와 그를 따르는 거자들이 공성기술에 능했으므로 묵가는 목수·토목 중심의 기술자 집단이라고 보는 것이 타당하다.

위 두 가지 중에서 어느 설을 따르든 묵가가 당시 천민계급에 해당하는 최하층신분 출신으로 이뤄진 집단이라는 점은 분명하다. 그들은 신분계급의 최하층부에 있었으므로 어느 누구보다 백성들이 겪는 고통을 잘 알고 있었으며, 서민의 입장에서 민생을 위한 현실적인 정책을 고민하고 제시하였다. 실제 묵가는 자신들의 이익보다는 백성을 위해 기꺼이 희생함으로써 겸애사상을 실천하였다. 이 점은 지배계층의 이익을 위해 학문을 하고, 이를 이용하여 일신의 영달을 꾀하고 권력을 지향하는 유가와는 확연히 비교된다. 이런 이유 때문일까? 묵가는 단기간 내에 세력이 불어나 유가와 맞먹을 정도의 영향력을 행사하였다.

묵가가 당시 사회의 최하층신분 출신의 피지배계층이라는 점은 묵가사상을 이해하는 데 아주 중요하다. 그들은 지배계층의 폭압과 수탈을 몸소 겪으면서 백성들의 절망과 고통에 공감하였으며, 현실의 문제를 해결하기 위한 이론과 실천을 겸비할 수 있었기 때문이다.

인권에서도 고통과 연민의 감정은 중요하다. 고통을 느낄 수 있는 것은 인간의 본성이다. 다른 사람이 겪는 고통을 외면하지 않고 자신의 아픔으로 인식하고, 함께 아파하며 눈물을 흘리는 것은 감정을 가진 존재인 인간의 자연적 본성이라고 할 수 있다. 그 고통의 원인과 과정, 그리고 그로 인해 야기되는 문제에 대한 인식은 자연스레 다른 사람에게 가해진 인권 침해에 대한 연민으로 이어진다.

연민은 다른 사람의 고통을 느끼고 그 고통을 덜어 주려는 욕구이다. 연민을 통해 사람들은 다른 사람의 인권 침해에 대해 동정심을 느끼고 그들의 고통을 덜어 주려는 강한 동기를 갖게 된다. 이처럼 고통과 연민의 감정은 인권 보호에 필수적이다. 타인이 겪는 고통에 대한 성찰을 통해 인권 침해의 실상을 이해할 수 있고, 타인의 고통에 공감하고 연민의 감정을 바탕으로 인권 피해자들과 연대하기 위한 실천적 행동을 할 수 있기 때문이다.

만일 묵가가 지배 권력에 의해 핍박받는 피지배계층의 신분이 아니었다면, 백성들이 겪고 있는 부당하고 불의한 현실에 대해 고통과 연민의 마음을 가질 수 있었을까. 이 점은 수기치인(修己治人)을 내세우는 유가와 본질적으로 다른 점이다. 자신의 몸과 마음을 닦는 '수기'와 남을 다스린다는 '치인'의 관계를 어떻게 설정하든 유가는 기본적으로 지배 권력을 위한 공부에 전념하였다. 이에 반하여 묵가는 모든 사람이 서로 사랑하고 이롭게 한다는 겸상애 교상리를 전제로 하고 있다. 즉, 유가는 일반적으로 이익을 경원시하는 반면, 묵가는 이익을 중시하였다. 아무리 사랑을 전면에 내세운다고 한들 그것이 백성들의 이익으로 직접 연결되지 않으면 의미가 없다는 것이 묵가의 기본 관념이었다.

2. 묵자가 내세우는 겸애는 인민의 이익과 직접 관련되어 있다

모든 사람을 차별 없이 사랑하는 겸상애는 서로에게 이익이 되는 교상리와 직접 관련이 있어야 한다. 묵자가 말하는 겸애는 보편적이고 평등한 사랑이다. 다만, 그 사랑은 인민에게 이익이 되어야 한다. 이 점에서 다분히 차별적인 사랑을 전제로 하는 유가의 인애(仁愛)와 묵가의 겸애는 본질적으로 다르다.

유가의 인애는 기본적으로 '나와 가족' 중심의 사랑이다. 주나라 종법을 중심으로 수직적·종속적인 신분에 따른 서열에 기반한 인애는 사람을 차별적으로 대우할 수밖에 없는 태생적 한계가 있다. 공자는 서(恕)에 대해 이렇게 말한다.

> 자기가 원하지 않는 것을 남에게 베풀지 말아야 한다.[124]

유가의 사랑은 '나'의 입장에 비추어 보아 합당하면 베풀고, 합당하지 않으면 베풀지 말아야 하는 것이다. 만일 그 사랑을 베푸는 주체가 지배계급인 천자, 제후, 대부라면, 피지배계급인 백성은 그들이 베푸는 사랑의 시혜와 은총을 받고, 그 대가로 그들의 지위와 권력에 절대 복종하고 순응해야 하는 불평등한 입장에 서 있다.

이에 반하여 묵가의 겸애는 차별 없는 수평적·평등한 관계를 전제하고 있다. 인의예지와 같은 도덕윤리를 내세우는 유가와 달리 묵가는 '하늘의 뜻'인 천지(天志)를 내세운다. 하늘(혹은 하느님)이 사람을 차별 없이 사랑하듯 사람들도 서로를 똑같이 사랑하고 이롭게 해야 한다는 것이다. 그러니 묵가에게는 유가에서 말하는 '나', '내 가족', '내 부모'와 같은 차별적 사랑에 대한 관념이 들어설 여지가 없다. 이와는 달리 묵가는 '나'를 내세우기보다는 '나'를 희생해서라도 '남'을 사랑하는 것이 서로에게 이익이 된다고 생각한다.

공자는 "자기가 원하지 않는 것을 남에게 베풀지 말아야 한다"며

124 논어 위령공 15:23.

서(恕)를 말하지만, 묵자는 겸애를 "타인에게 해를 끼치지 않는 한 무엇이든 할 수 있는 능력"과 같은 자유로 본다. 인간이 누리는 자유는 자연권이고, 그 권리는 '하늘이 부여한 권리(천부인권)'이다. 내가 누리는 그 권리는 사회의 다른 구성원들도 당연히 누릴 수 있는 것이다. 따라서 모든 사람이 자연권인 자유를 누릴 수 있도록 보장하는 것이 모두에게 이익이 된다.

3. 묵가는 백성이 겪고 있는 현실적 고통에 주목한다

묵가가 보기에 백성이 고통을 겪는 주된 원인은 기본적인 욕망이 충족되지 못한 데 있다. 당시 백성들이 겪고 있는 세 가지 근심거리를 민유삼환(民有三患)이라 부르며, 묵자는 이렇게 말한다.

> 굶주린 자가 먹을 수 없고
> 추위에 떠는 자가 입을 수 없으며
> 고생하는 자가 쉴 수 없는 것이다.
> 이 세 가지가 백성의 큰 우환이다.[125]

흔히 사람이 살아가는 데 필수적인 세 가지 요소인 옷, 음식, 집을 의식주(衣食住)라고 한다. 묵자는 이 중에서 집(住) 대신에 노동(勞)을 포함시켜 음식, 옷과 함께 백성이 겪고 있는 세 가지 고통의 원인으

125 묵자 제32편 비악 상 3.

로 보고 있다. 옷·음식·노동, 이 세 가지 중에서 묵자는 백성들에게는 무엇보다 음식과 노동이 중요하다고 생각하였다.

묵자는 제자백가 중 노동의 가치를 역설한 최초의, 또한 유일한 사상가이다. 묵자는 "사람은 짐승들과는 달리 노동을 해야만 살아갈 수 있으며, 노동을 하지 않으면 살아갈 수 없는 존재"[126]로 본다. 묵자의 이 말에는 인간을 '노동하는 존재'로 보는 명확한 인식이 드러나 있다. 노동은 백성이 존재하고 살아갈 수 있는 기본이다. 노동과 노동하는 백성은 마땅히 존중받아야 한다. 하지만 노동에 대한 묵가의 전향적인 시각과는 달리 유가는 노동을 천시하고 무시하였다. 인의를 추구하는 유가가 다분히 도덕정치를 꿈꿨다면 묵가는 노동을 신성시하고, 그 결과 파생되는 물질적 욕망과 경제적 이익을 추구하였다. 이것이 바로 백성이 바라는 기본적 욕망이며, 그 욕망은 노동을 통해서 충족되어야 한다는 것이다. 하지만 이와 같은 노력을 통하여 기본적 욕망이 충족됨으로써 백성들의 고통이 해소된다고 할지라도 묵가가 지향하는 바는 뚜렷하다. 그 경제적 이익의 추구는 단순히 개인적 차원에 머물러서는 아니 되며, 공동체 전체의 이익을 충족하는 데 도움이 되어야 한다. 묵자의 경제관은 현대 인권에서 말하는 사회권, 즉 '사회적·경제적·문화적 권리(Economic, Social and Cultural Rights: ESCR)'에 상응하는 것이다.

ESCR이란 인간다운 생활을 위하여 필요한 사회적 보장책을 국가에 요구할 수 있는 권리이다. 여기에는 교육을 받을 권리, 노동의 권

126 묵자 제32편 비악 상 6.

리(노동3권), 주거권, 환경권, 보건권 및 사회보장을 받을 권리 등이 포함된다. 이는 모두 인간이 적정한 삶의 질을 누리며 생존하는 데 기본적이고 필수적인 기본적 권리이다. ESCR은 자유권, 즉 '시민적 및 정치적 권리(Civil and Political Rights: CPR)'와 함께 인권의 기본 내용을 구성하고 있다.[127]

현대의 많은 국가에서도 ESCR이 제대로 이행되지 않고 있으며, 대부분의 사람들이 이 권리를 누리지 못하고 있는 것이 현실이다. 묵자가 살던 춘추전국시대 당시 혼란한 정치상황에서 백성들이 겪어야 했던 현실의 고통은 말로는 표현할 수 없었을 것이다. 중요한 것은, 묵자가 백성의 고통인 민유삼환을 통해 오늘날의 사회적 기본권에 해당하는 문제에 주목했다는 사실이다. 백성들이 먹지 못하고 굶주리거나 죽는 당시의 현실에서 음식은 생존에 직결되는 문제였다. 또한 지배권력층의 수탈로 헐벗은 상태의 백성들은 입을 옷조차 제대로 없었으니 추운 겨울을 버티기가 어려웠다. 이런 참혹한 고통을 겪으면서도 백성들은 부역에 동원되어 고달프게 일하고도 편히 쉴 수 없었다. 묵자는 백성들이 생존하기 위해서는 적어도 열심히 일할 수 있는 여건을 보장해야 한다고 주장한다. "굶주린 자가 먹을 수 없고, 헐벗은 자가 입을 수 없고, 고달프게 일한 자가 쉴 수 없는" 현실은 백성들에게는 큰 근심거리인 점은 예나 지금이나 바뀌지 않았다.

---

127 ESCR는 1948년 「세계인권선언」에서 처음으로 인정되었다. 이후 「모든 형태의 인종차별 철폐에 관한 국제협약」(1965), 「경제적, 사회적, 문화적 권리에 대한 국제규약」(1966), 「여성에 대한 모든 형태의 차별철폐에 관한 협약」(1979), 「아동의 권리에 관한 협약」(1989), 「모든 이주노동자와 그 가족의 권리보호에 관한 국제협약」(1990), 장애인의 권리에 관한 협약」(2006) 등 많은 국제인권조약에 포함되었다.

4. 묵자의 비공(非攻)은 반전평화사상이다

다른 나라를 침략하고 정복하는 전쟁을 당연시하던 춘추전국시대에 묵자는 남의 나라를 무력으로 침공하는 것을 반대하였다. 유가는 의전론, 법가는 전쟁옹호론을 주장한 반면, 묵가는 반전평화주의를 내세웠다. 인류의 역사가 시작된 이래 전쟁옹호론과 반전평화주의는 팽팽한 긴장관계를 유지하며 평행선을 달리고 있다.

춘추전국시대의 진정한 반전·평화주의자는 묵가라고 할 수 있다. 이들은 반전·평화주의의 사상적 이념으로 비공을 주장했을 뿐만 아니라 이를 현실에서 온몸으로 실천하였다.

『묵자』 노문편에는 묵자가 전쟁을 막은 두 가지 사례가 나온다. 초나라 노양문군이 정나라를 공격하려 하자 묵자는 그를 설득하여 전쟁을 막았고, 또한 초나라 공수반이 공성무기(攻城武器)인 '운제'를 만들어 송나라를 공격하려 하자 묵자는 그와 초나라 혜왕을 설득하여 역시 전쟁을 막았다.

춘추전국시대 군주들의 주된 관심은 무력전쟁으로 이웃나라를 침략하고 넓은 영토를 확보하여 부국강병한 나라를 만드는 데 있었다. 그런 현실에서 묵가는 비공을 앞세워 전쟁을 반대하고 평화로운 정치체제를 확립하는 것이 서로 사랑하는 것이고, 또한 모두에게 이익이 되는 것이라고 주장하였다.

전쟁옹호론자들은 전쟁은 국가의 생존을 위해 필요한 수단이며, 전쟁을 통해 정의를 수호하고 평화를 유지할 수 있다고 믿는다. 전쟁을 수행하기 위해서는 군대를 유지하고 군사력을 강화할 수밖에 없다. 제1·2차 세계 대전을 거치면서 전쟁옹호론이 퇴조했지만, 9·11 테러 이후에는 전쟁옹호론이 부활하는 분위기이다.

이에 반하여 반전평화주의는 전쟁을 거부하고 평화를 추구하는 사상이다. 반전평화주의자들은 전쟁은 인간의 존엄성과 생명권을 침해하는 폭력 행위이며, 평화는 모든 사람이 자유롭고 안전하게 살아갈 수 있는 이상적인 상태라고 믿는다. 이들은 굳이 직접 전쟁을 하지 않더라도 평화적인 방법으로 국가 간 혹은 국제분쟁을 해결할 수 있다고 주장한다. 분쟁을 해결하기 위한 외교적 협상과 중재는 물론 군비 축소와 군대제도의 개혁뿐 아니라 평화 교육과 인권 교육을 통해 평화로운 사회를 만들 수 있다는 것이다. 제1·2차 세계 대전을 경험하면서 반전평화주의운동이 전 세계적으로 확산되었고, 핵무기 폐지 운동과 같은 다양한 평화 운동이 일어났다.

전쟁옹호론과 반전평화주의 중 어느 입장에 서 있든 전쟁의 참혹함과 피해를 간과해서는 안 된다. 명분이 아무리 의롭고 성스럽더라도 모든 전쟁은 인간의 생명과 재산을 파괴하고, 사회와 경제에 심각한 피해를 입힌다. 전쟁은 모든 것을 파괴하는 폭력 행위이며, 최후의 수단으로만 사용해야 한다는 인식이 절대적으로 필요하다. 따라서 전쟁의 참혹함과 평화의 중요성을 일깨우는 교육이 이뤄져야 하며, 또한 전쟁이 일어나는 것을 사전에 예방하고 평화로운 사회를 만들 수 있는 국제적 연대활동이 활발하게 이뤄져야 한다.

제6장

노자의 도(道)와 인권

Ⅰ. 현대 인권에서 노자의 도(道)가 가지는 의미

노자(老子)는 춘추시대 초나라의 철학자로 전해지고 있으나 정확히 언제 태어나 죽었는지 분명하지 않다. 다만, 공자와 같은 시기에 살았던 것으로 추정할 뿐이다. 노자에 대한 최초의, 또한 공식적인 기록은 사마천의 『사기』 노장신한열전(이하, 「열전」)에서 확인할 수 있다.[1] 「열전」을 중심으로 노자에 대해 살펴보기로 한다.

노자는 초나라 고현의 여향 곡인리 사람으로 성은 이(李)이고, 이름은 이(耳), 자가 백양(伯陽), 시호는 담(聃)이다. 주나라 수장실(守藏室)의 사관을 지냈다고 한다. 수장실은 오늘날 국립중앙도서관이고, 사관은 관장이다. 노자는 도서관 관장으로 있으면서 다양한 학자와 교류하고 학문을 공부할 수 있었을 것으로 추정된다.

「열전」에는 노자와 동일 인물로 추정되는 사람이 두 명 더 나오는데, 바로 노래자(老萊子)와 태사(太史) 담(儋)이다. 전자 역시 초나라 사람으로 15편의 책을 지어 도가의 운용을 말한 바 있고, 공자와 동시대 사람이라고 한다. 후자는 공자가 죽은 지 129년이 지난 뒤의 인물로, 주나라 태사를 역임하였다. 혹자는 태사 담이 노자라 하고 혹자는 아니라고 하였다. 이에 대해 사마천도 "세상에서는 이를 알 길이 없다. 노자는 은군자(隱君子)였다"고 평석하고 있다.

그런데 「열전」에는 공자와 노자의 만남에 대한 재미있는 내용을 소개하고 있다. 공자가 주나라에 갔을 때 노자에게 예를 물은 적이

---

1 신동준, 『덕치 인치 법치』, 48-49쪽에 「노장신한열전」의 원문과 한글번역문을 소개하고 있다.

있다. 노자가 말했다.

> 그대가 말하는 그 사람은 이미 오래전에 죽어 뼈는 모두 썩어 버렸고, 단지 그의 말이 남아 있을 뿐이다. 군자가 때를 얻으면 관직에 나아가지만 때를 얻지 못하면 정처 없이 떠돌아다니는 것이다. 내가 듣기로는 훌륭한 장사꾼은 재물을 깊이 감추어 두고 없는 것처럼 하며, 군자는 성대하지만 용모는 어리석은 것처럼 한다 하였다. 그대는 교만한 기운과 과한 욕심과 꾸민 자태와 음란한 뜻을 버려라. 이것은 모두 그대의 몸에 무익한 것이다. 내가 그대에게 이야기하고자 하는 것은 이뿐이다.

노자는 평소 공자가 한 말로 그를 신랄하게 비판하고 있다. 한마디로 성인으로 추앙받는 옛임금은 모두 죽었으니, 군자로 산다면서 위선 떨지 말고 조용히 살라는 것이다. 그런데 자신을 무시하고 비아냥을 듣고도 공자는 제자들에게 외려 노자를 극찬한다.

> 새라면 날 수 있고, 물고기라면 헤엄칠 수 있으며, 짐승이라면 달릴 수 있다는 것을 나는 알고 있다. 달리는 것은 그물로 잡을 수 있고, 헤엄치는 것은 낚시로 잡을 수 있으며, 나는 것은 주살로 잡을 수 있다. 그러나 용에 대해서는 나는 알지 못한다. 바람과 구름을 타고 하늘로 오르기 때문이다. 내가 오늘 노자를 보니 용과 같았다.

공자는 범인에 불과한 자신으로서는 용과 같은 비범한 인물인 노자에 필적할 수 없다고 말한다. 공자를 존숭하는 유가가 보기에 「열전」에 나오는 이 이야기는 도저히 받아들일 수 없고, 또한 자존심이 상할 수밖에 없다. 사마천도 "노자를 배우는 사람은 유학을 배척하고, 유학을 배우는 사람은 노자를 배척한다"면서 유가와 도가가 서로 화합하지 못하는 당시의 분위기를 전하고 있다. 사마천은 양쪽의 불화 원인을 "도(道)가 같지 않아 서로 더불어 논할 수 없다"는 데서 찾고 있다. 그리고는 노자가 지향하는 바를 "무위로써 자화(自化)하고 청정으로써 자정(自正)하고자 했다"고 요약하였다.

자신의 뜻을 정치를 통해 세상에 펴고자 한 공자와 달리 노자는 철저히 은둔자의 삶을 살고자 했다. 그런 가치관을 가지고 있는 노자라면 자신의 행적을 일체 남기지 않는 것이 그의 사상에 부합한다. 이에 대해 사마천도 「열전」에서 "노자는 도덕을 수양하면서 스스로 숨기고 이름이 알려지지 않도록 하는 데 힘썼다"고 적고 있다.

주나라에 오랫동안 살던 노자는 주나라가 쇠약해지자 마침내 떠나기로 한다. 어느 날 노자는 중국의 허난성(河南省) 서북부에 있는 관문인 함곡관(函谷關)에 이르렀는데, 관령(關令)인 윤희(尹喜)가 "선생이 장차 숨으려고 하시니 억지로라도 나를 위해 책을 지어 주십시오"라고 부탁한다. 윤희의 부탁은 사실상 강압에 가깝다. 그의 요청을 거절하면 관문을 통과할 수 없으니 노자는 할 수 없이 5천여 글자로 이뤄진 상·하편의 책을 지어 줬는데 바로 『도덕경(道德經)』이다.

노자의 사상은 장자와 열자 등을 거쳐 한층 심화·발전되면서 도가(道家) 혹은 노장학(老莊學)으로 정립되었다. 노장학은 유교를 국교로 삼왔던 한나라가 멸망하고 수나라가 중국을 통일하기까지의 위진남북조시대(220-589)에 불교와 더불어 중국의 주류 사상으로 자리 잡았다.

이 시기 노장학은 두 가지의 변화를 겪는다. 첫째는 무위자연의 도가사상과 양생술 및 신선술과 결합되어 도교(道教)라는 종교로 정립되었으며, 둘째는 존립에 위기를 느낀 유가들이 유학에 노장학을 적극 수용하여 현학(玄學)을 만들어 낸다. 아래에서 살펴보는 왕필본은 현학의 산물이라고 할 수 있다. 당시 도교 세력의 확장은 수(隋)나라를 무너뜨리고 당(唐)나라의 성립에 결정적으로 영향을 미치는 결과로 나타난다.

수나라 말기 "양씨(楊氏)는 망하고 이씨(李氏)가 흥한다" 또는 "노자가 세상을 구원하고 이씨가 왕이 된다"는 도참설이 유행했다. 도교의 지도자인 기휘(岐暉, 558-630)와 왕원지(王遠知, 528-635)는 이를 적절히 이용해, 군마와 식량을 지원하고 신도들을 규합하여 훗날 당(唐) 고조(高祖)가 된 이연(李淵)의 군대에 합류하였다. 618년 역성혁명에 성공한 이연은 도교를 당나라의 국교로 지정하고, 노자를 이씨의 조상으로 삼았다. 674년 당 고종은 노자에게 '태상현원황제(太上玄元皇帝)'의 봉호를 내렸다. 도교에서는 노자를 교주로 받들고, '태상노군(太上老君)'이라 부르는데, 당나라는 이를 국가 차원에서 공인하였다.[2]

도가와 도교는 철학사상과 종교라는 점에서 본질적으로 차이가 있고, 양자는 구분하여 이해하여야 한다. 그러나 둘 다 『도덕경』을 기본경전으로 삼고 있다는 데 공통점이 있다. 『도덕경』은 『노자도덕

2 기세춘, 『노자강의』, 바이북스, 2013(이하, 기세춘, 『노자강의』), 44-45쪽.

경(老子道德經)』, 『노자(老子)』 또는 『노자서(老子書)』 등으로 불리는데, 저자가 누구인가에 관한 주장은 여러 가지다. 또한 『도덕경』의 판본도 다양하고, 판본에 따라 편장의 순서도 다르다. 그중에서 죽간본(竹簡本),[3] 백서본(帛書本),[4] 하상공본(河上公本),[5] 왕필본(王弼本)[6]을 『도덕경』의 대표적인 4대 판본이라 부른다.[7]

노자에 관한 저술은 대부분 왕필본을 근거로 하고 있는데, 그 이유는 여러 가지가 있다. 왕필본은 백서본을 바탕으로 81개 편장 체제를 그대로 유지하고 있으며, 유가적 입장에서 해석하여 송(宋)나라 이후 유학자들에 의해 많이 읽혔기 때문이다. 또한 사마천이 「열전」에서 공자가 노자를 극찬하고 있으며, 『논어』 미자(微子)편과 헌문(憲問)편에서 공자가 도가의 인물로 보이는 접여(接輿)[8]와 은자의 만남[9]을

---

3 1993년 곽점(郭店)에 있는 초나라 묘에서 발굴된 것으로 가장 오래된 판본이다. 죽간본은 총 36장 1,741자로 이뤄져 있는데, 노자 사상의 원형을 담고 있다고 추정된다.

4 1973년 마왕퇴(馬王堆)의 하나라 묘에서 발굴된 것으로 죽간본보다 한참 뒤에 편찬되었다. 백서본은 오늘날 널리 읽히는 판본과 마찬가지로 총 81장으로 이뤄져 있으며, 전반부는 『덕경』, 후반부는 『도경』으로 편재되어 있다.

5 한나라 때 하상공이 주석한 판본이다. 하상공본은 주로 건강, 수명 연장 등 양생론적 입장에서 『도덕경』을 다루고 있어 도교를 믿는 사람들에 의해 많이 읽혔다.

6 위나라 때 왕필이 주석한 판본이다. 왕필본은 주로 존재의 배후에 대한 형이상학적 해석을 시도하여 현학적인 면이 두드러진다.

7 판본에 대한 자세한 설명은, 노자 지음(조수행 풀어씀), 『도덕경』(이하, 조수행, 『도덕경』), 풀빛, 2018, 224-229쪽.

8 논어 미자 18:5-1~2. 초나라 광인(狂人)인 접여가 공자의 수레 앞을 지나가며 노래하였다. "봉(鳳)이여, 봉이여! 어찌 덕이 쇠하였는가. 지나간 것은 간할 수 없지만 오는 것은 오히려 따를 수 있으니 그만둘지어다, 그만둘지어다. 오늘날 정사(政事)에 종사하는 자들은 위태롭다." 공자께서 수레에서 내려 그와 더불어 말씀하려고 하셨는데 빨리 걸어가 피하니 그와 함께 말씀하시지 못하였다.

9 논어 헌문 14:42:1~3. 공자께서 위나라에서 경쇠를 치셨는데, 삼태기를 매고 공씨(孔氏)의 문 앞을 지나가는 자가 듣고서 말하였다. "마음이 천하에 있구나, 경쇠를 두드림이여." 조금 있다가 말하였다. "비루하다, 너무 확고하구나. 나를 알아주는 이가 없으면 그만둘 뿐이니, 물이 깊으면 옷을 벗고 건너고 얕으면 옷을 걷고 건너야 하는 것이다." 공자께서 말씀하셨다. "과감하구나, 어려울 것이 없겠구나."

언급하고 있는 것도 유가가 노자를 배척하지 않은 이유로 들고 있다.

원래 친유가적인 죽간본과는 달리 백서본은 철학적이고 반유가적 내용을 담고 있다.[10] 그런데 왕필은 백서본을 저본으로 주해하면서 지나치게 유가적인 입장에서 설명하여 노자의 사상을 왜곡했다는 비판을 받고 있다. 하지만 왕필본은 『덕경』과 『도경』으로 편제되어 있던 백서본과 달리 『도경』을 전반부, 『덕경』을 후반부로 편성하여 오늘날 우리가 알고 있는 총 81장의 『도덕경』으로 재구성하였다. 또한 왕필본은 백서본이 가지고 있는 장절 구분이 다소 혼란하고 해석이 어려운 글자와 끊어 읽기 등의 문제를 해결했다는 긍정적 평가를 받고 있다.

오늘날 보편적으로 읽히고 있는 『도덕경』은 약 5,000자이고, 상편 37장의 「도경(道經)」과 하편 44장의 「덕경(德經)」, 이렇게 총 81장으로 구성되어 있다. 이 책에서 노자는 인간은 그릇된 생각에서 벗어나 자연의 이법에 따라 본래의 모습을 회복해야 한다고 주장한다. 그의 사상은 도(道)와 무위자연(無爲自然)을 핵심으로 하고 있으며, 다툼이 없는 자연 상태의 평화로운 사회를 지향하고 있다.

Ⅱ. 도(道)의 인권적 개념

『도덕경』을 관통하는 핵심적인 용어이자 사상은 바로 '도(道)'이다. 도의 일차적 의미는 '길'이다. 유가는 도를 "마땅히 지켜야 할 도리"

---

10 기세춘, 『노자강의』, 32쪽.

로 보고, 이를 천도(天道)와 인도(人道)로 나누고 있다. 즉 천도란 하늘 내지는 자연의 이법에 따른 도리나 법을, 인도란 인간이 지켜야 할 도리나 법을 말한다. 하지만 노자가 말하는 도는 이보다 훨씬 넓고 깊어 이해하기 쉽지 않다. 노자의 도가 의미하는 바를 몇 가지로 나누어 살펴본다.

1. 도는 기존의 가치 및 인식체계를 뒤집어엎는 혁명적 개념이다

『도덕경』은 도가도 비상도(道可道 非常道)라는 말로 시작한다. 이 말은 일반적으로 "도라고 말하는 도는 참된(혹은 진정한) 도가 아니다" 또는 "도라고 부를 수 있는 도는 참된 도가 아니다"라는 식의 해석으로 잘 알려져 있다. 이 말뿐 아니라 『도덕경』에 나오는 거의 모든 표현이 워낙 함축적이고 추상적인 뜻을 담고 있어 번역자에 따라 그 내용이 조금씩 다르다.

"도가도 비상도"를 어떻게 해석하든 핵심은 도란 말로 설명하고 표현하거나 또는 가르칠 수 있지만 "도란 무엇이다"고 말하고 표현하며 가르치는 것은 참되거나 진정한 도(常道)가 아니란 뜻이다. 노자의 이 말은 마치 불교의 '분별(分別)' 혹은 '분별심(分別心)'과 같다.

분별이란 사물을 구별하여 나누어 차별적으로 판단하고 인식하는 것(마음)을 말한다. 인간이 마땅히 지켜야 할 도리라든지 자연의 이치나 이법과 같은 도는 본래부터 존재하고 있다. 그 도가 무엇인가를 한마디로 말하거나 가르치기에는 그 뜻이 너무 넓고 깊다. 하지만 말할 수 없다고 하여 그 도가 존재하지 않는 것은 아니다. 마찬가지로 가르친다고 하여 그 도의 본질을 명확히 이해시킬 수도 없는 노릇이다. 그렇다고 도가 무엇인지 말하지 않거나 가르치지 않는다면 도에 대해 알 수 있는 길은 막혀 버리고 만다.

하지만 도를 말하고 가르치되 도의 본질을 잃어버리지 않고 참된 도를 드러내는 방법은 없는 것일까? 이를 위해 "도가도 비상도"는 이어지는 뒷말인 "명가명 비상명(名可名 非常名)"과 함께 읽어야 한다. "명가명 비상명"이란 "붙여진 이름은 본래의 이름(常名)이 아니다"는 뜻이다. 도와 마찬가지로 우리가 무엇무엇이라고 부르는 이름은 그 사물의 본래 이름이 아니라 분별심에 따라 사물을 나누고 구별하여 이름 붙인 것이다.

노자는 '이름(名)'을 두 가지 의미로 사용하고 있다.

첫째, '사물을 구별하기 위해 붙이는 명칭'이다.[11] 이를테면, 소나무는 본래부터 소나무라는 이름이 붙여진 것이 아니다. 서로 다른 숱한 나무 중에서 인간이 소나무라고 불렀기에 소나무라는 이름이 생긴 것이다. 그 이름이 소나무라 불리는 나무의 본질을 그대로 반영할 수는 없을뿐더러 그 나무의 본래 이름이 소나무였던 것도 아니다. 그래서 노자는 말한다.

> 이름이 없는 것(無名)에서 하늘과 땅이 시작되고, 이름이 있는 것(有名)에서 만물이 생겨난다.[12]

---

11 조수행, 『도덕경』, 96쪽.
12 도덕경 제1장.

'이름이 없는 것'과 '이름이 있는 것', 즉 무명(無名)과 유명(有名)은 원래 같은 것인데 세상에 나와 '무'와 '유'로 그 이름이 달라졌을 뿐이다.

둘째, 이름은 '전통이나 제도, 관습 등을 일컫는 문화 전체'[13]라는 의미로서 '정명(正名)'이 이에 해당한다. 특히 이와 관련하여 노자는 이름이 인간사회에서 일어나는 다툼의 근원이라고 보고 있다. 도는 언제나 이름이 없는데도 불구하고, 만물이 처음 만들어져 이름을 갖게 되면서 문제가 생긴다. 사회의 법률과 제도가 처음 만들어질 때 아무리 선한 의도를 가지고 있다고 할지라도 그것을 해석하고 적용하는 과정에서 갈등이 발생한다. 그러니 만물은 "이름을 갖게 되면 멈추어야 할 한계가 있음을 알아야" 한다. 그 한계(=멈춤)를 알게 되면 적어도 위험을 피할 수 있는 까닭이다.[14] 이름을 갖추는 데만 급급할 뿐 멈추어야 할 한계를 알지 못하고, 그 기준을 명확히 설정하지 못한 유가를 질타하고 있는 것이다.

유학의 관점에서 볼 때 노자가 말하는 "도가도 비상도 명가명 비상명"은 기존의 가치 및 인식체계를 뒤집어엎는 혁명적 개념이라고 할 수 있다. 공자의 주장과 비교하여 살펴보면 그 차이점을 명확히 이해할 수 있다.

공자는 정치의 기본을 '이름을 바로잡는' 정명(正名)에 두고 있다. 자로가 "위나라 군주가 선생님을 기다려 정사를 하려고 하시니, 선생께서는 장차 무엇을 먼저 하시렵니까?"라고 묻자 공자는 이렇게 말한다.

---

13 조수행, 『도덕경』, 96쪽.
14 도덕경 제32장.

반드시 명칭(이름)을 바로잡겠다(必也正名乎).[15]

공자가 보기에 이름을 바로잡지 않고는 사회질서가 바로설 수 없고, 질서가 바로서기 위해서는 하늘이 사람에게 부여한 본분에 따라 제 역할을 다해야 한다. 바로 "군군신신부부자자(君君臣臣父父子子)", 즉 "군주는 군주 노릇 하고, 신하는 신하 노릇 하며, 아버지는 아버지 노릇 하고, 자식은 자식 노릇 하는 것이다."[16] 나아가 군군신신부부자자로 대표되는 인간관계는 인륜에서 나오고, 그 인륜은 예(禮)에 의거한 도덕적 실천을 통해 실현될 수 있다.[17] 따라서 이름(명분)을 바르게 세워 실질(본질)을 추구하지 않고서는 공자가 추구하는 사회는 성립할 수 없다. 정명이 도덕적 실천인 인(仁)과 조응할 때 비로소 예(禮)가 실현될 수 있다. 그러나 정명은 공자가 모델로 삼은 주나라의 종법질서를 넘지 못했으며, 예(禮)를 앞세워 서열화된 신분질서를 고착화시키고 백성들의 권리를 억압하는 수단으로 이용되었다.

노자는 유가가 앞세우는 인의(仁義)는 참된 도가 아니며, 정명이라고 '붙여진 이름은 본래의 이름'이 아니라며 직격탄을 날린다. 그리

---

15 논어 자로 13:3-2.

16 논어 안연 12:11-2. 일반인에게 이 말은, "임금은 임금답게 신하는 신하답게 부모는 부모답게 자식은 자식답게 행동하라"로 잘 알려져 있다. 다시 말하여, 이 말은 임금과 신하와 부모와 자식이 각자 제구실을 다하는 것을 뜻한다. 이경무, 앞의 논문, 208쪽. 마찬가지로 "자식이 어버이를 사랑하고, 신하가 인군을 사랑하고, 목민관이 백성을 사랑하는 것이 모두 인(仁)이다"라고 주해하고 있는 다산의 말도 같은 의미이다.

17 논어 안연편에 언급된 "군군신신부부자자"는 공자의 '정명' 사상의 구체적 사례로 드는 것이 일반적이다. 하지만 최근에는 공자의 사회 정치적 관심을 '정명'의 관점에서 그의 자아수양론이나 현실 지향적 성격과 관련지어 검토해야 한다는 주장이 제기되고 있다. 이에 대한 상세한 논의는, 오상현, "『논어』 '정명'의 현실 지향적 독해", 양명학, 54, 2019. 9., 301-326쪽.

고는 당시로서는 가히 상상할 수조차 없는 혁명적인 선언을 한다.

도(道)도 크고, 하늘도 크고, 땅도 크고, 사람 또한 크다.[18]

예로부터 동양에서는 하늘·땅·사람(天地人)을 만물을 구성하는 요소라는 뜻에서 삼재(三才)라 부른다. 노자는 여기에 도(道)를 추가하여 삼재보다 앞에서 언급하고 있다. 그러나 노자의 이 말에서 특히 주목해야 할 사항은, "사람 또한 크다(人亦大)"는 표현이다. 크다(大)는 말은 '천지 만물의 어머니'인 도(道)를 달리 부르는 말이다. 노자는 세상에 네 가지 큰 것이 있는데 '사람이 그중의 하나'라고 본다. 정명이 엄격한 신분질서에 따라 사람을 차별하고 구분하고 있는 반면, '큰 것'인 도는 천지인 각 주체와 대등할 뿐 아니라 차별하지 않고 협력하는 관계이다. 이에 대해 노자는, "사람은 땅을 본받고, 땅은 하늘을 본받고, 하늘은 도를 본받고, 도는 자연을 본받는다"고 말한다.[19] 이처럼 천지인 삼주체는 독립적인 존재로서 서로 본받고 돕는 관계에 있으며, 종국적으로 도는 자연을 본받는다. 자연은 인위(즉, 인의)를 더하지 않는 만물의 본래 모습이며, 인간이 도달해야 할 이상적인 경지라고 할 수 있다.

---

18 도덕경 제25장. 故道大 天大 地大 人亦大. 죽간본과 백서본 및 왕필본은 '人亦大(인역대)'가 아니라 '王亦大(왕역대)'로 되어 있다. 이어지는 문단의 "사람은 땅을 본받고"라는 '人法地(인법지)'에 비추어 볼 때 '人亦大'가 타당할 것이다. 이에 대해서는, 기세춘, 『노자강의』, 526쪽 각주 5).

19 도덕경 제25장.

2. 도(道)는 천지만물의 존재근거이자 형식이며, 근원적인 이치다

노자는 참되거나 진정한 도를 뜻하는 상도(常道)를 천지만물의 존재근거로 본다. 그러니 섣불리 도를 말하고 가르치거나 이름을 붙여서도 아니 된다. 하지만 만물에 이름을 붙이지 않을 수 없듯 도도 마찬가지다. 도의 존재가 드러나지 않는 상태를 무(無), 그 존재가 드러난 상태를 유(有)라고 부르지만 이 둘은 본래 같은 것이다. 세상에 나와 둘의 이름이 달라졌을 뿐이다. 그러므로 노자는 말한다.

> 변함이 없는 무(常無)로써 그 오묘함(妙)을 보려 하고, 변함이 없는 유(常有)로써 움직임(徼)을 보려 한다. 이 둘은 같은 것인데 세상에 나와 이름이 달라졌을 뿐이다.
> 이와 같은 것을 일컬어 심오(玄)하다고 하는데, 참으로 심오하고 심오하니 그 깊고 그윽함(玄)에서 만물의 오묘함이 생겨난다.[20]

노자의 이 말은 도가 만물의 존재근거일 뿐만 아니라 자연의 순환원리라는 것이다.[21]

그런데 만물은 어우러져 자라며 끊임없이 변화한다. 이를 영허소장(盈虛消長)이라 한다. 달이 차고 기울며 초목이 자라고 스러지는 이치를 뜻하는 영허지리(盈虛之理)와 같은 말이다. 이처럼 만물이 차고 이지러지는 일을 영허라 하고, 쇠하여 사라지고 성하여 자라나는 일

---

20 도덕경 제1장.
21 조수행, 『도덕경』, 34쪽.

이 소장이다. 생로병사(사람이 나고 늙고 병들고 죽는 네 가지 고통), 영고성쇠(榮枯盛衰: 만물의 번성함과 쇠락함이 서로 바뀜), 성주괴공(成住壞空: 혹은 생주이멸(生住異滅: 만물이 생겨나고, 유지되고, 무너지고, 사라짐)은 모두 같은 말이다. 이처럼 자연과 마찬가지로 도는 되돌아오고(反) 되풀이되는(復) 순환의 과정을 거친다.

하지만 자연이 제아무리 순환한다고 해도 결국 본래의 모습, 즉 근본으로 되돌아간다. 그 근본으로 돌아가는 것을 일컬어 고요함(靜)이라 하고, 이 고요함이 바로 존재가 돌아가야 할 운명이다.[22] 노자는 본래의 운명으로 되돌아가는 것은 영구불변의 이치이며, 이러한 이치를 아는 것은 밝은 지혜(明)라고 하였다.[23] 이처럼 근본으로 돌아가는 것은 도의 움직임이며,[24] 영원불변의 진리다. 이 자연적 이치와 도를 알면 널리 포용하고, 포용하면 공평하게 되고, 공평해야 세상을 온전케 할 수 있다.[25] 이 관점에서 보면, 도란 우주만물의 영허소장에 작동하는 하나의 근원적인 힘이나 이치라고 할 수 있다.[26]

3. 도(道)는 천지만물을 낳지만 소유하거나 지배하지 않는다

> 도는 만물을 낳고, 덕은 만물을 기른다.[27]

---

22 도덕경 제16장.
23 도덕경 제16장.
24 도덕경 제40장.
25 도덕경 제16장.
26 신동준, 『덕치 인치 법치』, 25쪽.
27 도덕경 제51장. 道生之 德畜之.

노자의 이 말은 체(體)와 용(用)의 입장에서 도와 덕의 관계를 설명하고 있다. 도가 실체(본제, 본질)라면, 덕은 실체의 실천이자 작용이라는 말이다. 이 관계에서 만물은 여러 형태로 나타나고, 그 환경이 형성된다. 그런 까닭에 만물은 도를 존중하고 덕을 귀중하게 여긴다. 하지만 도를 존중하고 덕을 귀중하게 여기는 것은 누가 시켜서가 아니라 저절로 그러는 것이다. 일체의 가식적이고 인위적인 것을 거부하고 자연스러움을 최상의 가치로 여기는 노자의 생각이 여실히 드러나는 대목이다.

노자가 보기에 천지만물이든 사람이든 누가 시켜서가 아니라 저절로 그러한 모습을 지녀야 한다. 노자는 이러한 상태를 '저절로 그러함' 혹은 '변함없는 자연'이라는 뜻에서 '상자연(常自然)'이라고 하였다.[28] 항상성을 뜻하는 '상(常)'은 '도(道)'와 연결되어 노자 사상의 핵심 개념 중의 하나다. 노자는 상도(上道)·상명(常明)(제1장)과 상덕(上德)(제28장)을 말하면서 '늘 또는 언제나 한결같은 본래의 모습'을 도의 본질로 보고 있다. 따라서 노자는 상자연을 내세워 사람과 만물은 현재의 모습 그대로가 아름답다는 자연이연(自然而然)을 지향하였다. 유가가 작위(作爲)를 중시한 반면, 노자는 무엇을 일부러 꾸미거나 유무형의 의식적인 노력을 가하지 않는 무작위(無作爲)의 삶을 추구하고 있는 것이다.

자신의 자연스런 본래의 모습을 지키려는 노자에게 도는 만물을 낳고, 덕은 그 만물을 기르는 것이다. 만물을 낳고 기른다는 측면에

28 도덕경 제51장.

서 도와 덕은 땅과 어머니의 속성을 닮아 있다. 노자는 도가 가진 이러한 성질을 '검을 현(玄)'과 '암컷 빈(牝)', 즉 '현빈'으로 표현했다. 노자는 도가 강하고 딱딱하고 굳어 있고 죽은 '수컷'이 아니라 약하고 부드럽게 세상을 품는 '암컷'이라고 본다. 인의도덕을 앞세워 백성을 지배하고 통치하는 유가 중심의 기성 사상이 수컷으로 대표되는 부권(父權)이라면, 따뜻하고 부드러운 모성을 내세워 기성의 차별적이고 수탈적인 지배체제를 해체하고 극복하려는 노자의 사상은 암컷으로 대표되는 모권(母權)이다. 그러므로 도와 덕이 하는 일은 만물을 키우고 자라게 하며, 안정시키고 편안하게 하며, 돌보고 키워 줄 뿐이다. 도와 덕은 내가 너를 낳고 키웠으니 효도하라, 충성하라, 출세하라와 같은 요구를 하지 않는다. 도는 만물을 낳지만 소유하려 하지 않고, 돌보지만 대가를 바라지 않고, 자라게 하면서도 지배하려 들지 않는다. 노자는 도의 이러한 지극한 본성을 '심오한 덕' 즉 현덕(玄德)이라 하였다.[29]

4. 노자의 도(道)는 무위자연을 본받아 인간이 마땅히 따라야 하는 규범이다[30]

하늘에 대한 관념, 즉 '천(天) 관념'은 유가의 중심사상 중의 하나로 하늘이 낸 도리를 천도(天道)라 한다. 천도는 사람으로서 마땅히 지켜야 할 도리인 인도(人道)의 근원이다. 후자는 보다 구체적으로 군

29 도덕경 제51장.
30 조수행, 『도덕경』, 14쪽.

신·부자·부부·형제·붕우 등 사람과의 관계에서 지켜야 할 도리인 인륜을 정하는 기준이기도 하다. 이에 반하여 노자는 무위자연을 본받아 인간이 마땅히 따라야 하는 규범으로 도(道)를 내세운다. 그에게 도는 '만물의 근원이요 의지처'이고,[31] '천지의 시초이고 만물의 어머니'이다.[32] 그리고 무엇보다 도는 자연을 본받으니 이를 도법자연(道法自然)이라 한다.[33]

현실사회의 윤리와 도덕, 그리고 법규범이 인간의 의식적 행위에 의해 만들어지고 실행되는 반면, 노자의 도는 무위자연(無爲自然)을 따른다. 전자가 유위(有爲)와 작위(作爲)라면, 후자는 무위(無爲)와 무작위(無作爲)이다. 자연의 법칙을 따르는 도는 사람의 힘을 더하지 않은 본래 자연의 모습 그대로를 지향한다. 도는 천지만물을 낳고 움직이는 실체이자 원리이지만 공을 세우고도 이름을 내세우지 않는다. 한마디로 도는 인간이 가지는 욕망이 없고 순수하다. 그러므로 노자는 인간에게 무위자연의 도로 '되돌아갈 것'을 강조한다. '되돌아감'은 우리의 내면을 살펴보고, 성찰하고, 상태를 개선하고, 변화하는 것이다. 노자는 말한다.

> 밝음으로 돌아가라.[34]

---

31 도덕경 제34장.

32 도덕경 제1장. *天地之始 萬物之母*. 도덕경 제52장의 "세상에는 시초가 있는데, 그 시초가 천지만물의 어머니다(*天下有始 以爲天下母*)"라는 말도 같은 의미이다.

33 도덕경 제25장.

34 도덕경 제52장. 復歸其明.

밝음이란 곧 도를 아는 것이니 도로 돌아가야 한다는 것이다. 또한 큰 것이 아니라 작은 것을 보는 것이 밝음이다.[35] 인간은 숨 쉬지 않고는 살 수 없으면서도 어느 누구도 공기의 소중함을 알지 못한다. 목마를 때 먹고 마시는 물과 추위를 덜고 음식을 만들 때 사용하는 불도 마찬가지다. 우리는 평소 '작은 것'을 귀하게 여기지 않는다. 작은 것이란 자연의 도를 말함이니 도를 알기 위해서는 작은 것을 귀하게 여겨야 한다.

프랑스의 철학자 장 자크 루소(Jean-Jacques Rousseau)는 '인간은 자유롭게 태어났지만 사회 속에서 쇠사슬에 묶여 있다'고 했다. 인간을 옭죄고 있는 쇠사슬을 끊어 버리고 자연 상태의 자유로운 삶을 살기 위해 그는 "자연으로 돌아가라(Return to nature)!"고 주문했다. 루소의 이 말은 인간이 잃어버린 본성을 회복하기 위해서는 무위자연의 도를 본받고, 이를 따르라는 뜻이다. 이를 위해 인간은 밝음(明)으로 돌아가고, 도(道)로 돌아가고, 근원(本)으로 돌아가야 한다.

III. 도(道)의 인권이론적 근거

1. 자연과 무위: 무위자연

노자 사상의 핵심은 도와 덕이다. 도가 체(體)라면, 덕은 용(用)이다. 도는 천지를 낳고 기르는 '만물의 어머니'이다. 그 도는 하늘과

35 도덕경 제52장. 見小曰明.

땅, 그리고 사람과 함께 크다. 세상의 네 가지 큰 것은 서로 본받는다.[36] 결국 도는 자연을 본받으므로 진정한 도(常道)는 자연의 본체이다. 따라서 자연과 도는 다르지 않고 같은 의미이다.

노자가 말하는 자연은 사람의 의도적인 행위 없이 저절로 생겨나고 존재한다. 즉, 자연은 인위 혹은 작위가 배제된 본래부터 생겨난 그대로의 모습이다. 그런데 "세상의 만물은 유에서 살고, 유는 무에서 산다."[37] 자연도 마찬가지다. 아름드리나무도 터럭만 한 작은 씨앗에서 시작되고, 구층 높은 누각도 한 줌의 흙을 올린 것이며, 천리 길도 한 걸음부터 시작된다. 인위적으로 행하는 자는 실패할 것이고, 억지로 붙들려는 자는 놓치게 된다.[38] 자연의 도를 이루기 위해서는 작위가 아니라 무위여야 한다.

노자는 "세상에서 가장 부드러운 것이 가장 단단한 것을 부릴 수 있다"고 하면서 "형체가 없는 것이 빈틈이 있는 곳으로 들어간다. 나는 이로써 무위가 유익하다는 것을 안다"고 하였다.[39] 그러면서 노자는 "말 없는 가르침과 무위의 유익을 실행하는 것이 세상에서는 극히 드문 일"이라고 한다.[40] 이를테면, '세상에서 가장 부드러운 것'은 물이고, '가장 단단한 것'은 바위라고 할 수 있다. '형체가 없는' 물은 바위의 빈틈으로 들어가 채운다. 무위는 부드러움(柔)이고, 부드러운 무위가 단단한(堅) 바위보다 유익하다는 것이다. 그리고

36 도덕경 제25장.
37 도덕경 제40장.
38 도덕경 제64장.
39 도덕경 제43장.
40 도덕경 제43장.

‘말 없는 가르침(不言之教)과 무위’는 물과 같은 자연이다.[41] 공을 세워도 공을 드러내지 않고 명성이 높아도 이름을 드러내지 않는 자연은 무위의 도를 실천하면서 세상을 이롭게 한다.

하지만 이때의 무위는 무행위(無行爲)를 의미하는 것이 아니다. 무위는 인위적인 통치행위가 배제된 이른바 무작위(無作爲) 또는 자연이연(自然而然)을 말하는 것으로 있는 그대로 놓아두어 저절로 그러하게 만드는 것을 의미한다.[42] 이에 대해 노자는, 어떤 일을 실패하지 않고 성공하기 위해서는 “자연 만물을 도울 뿐 간여하지 않아야 한다”[43]고 말한다.[44]

노자가 말하는 무위자연은 억지로 일을 도모하지 않고도 나라를 바르게 다스리는 무위통치라고 할 수 있다. 무위는 노자가 생각하는 이상적인 통치방식이며, 무위와 자연, 그리고 도는 같은 의미로 사용되고 있다. 노자는 말한다.

> 세상에 규제가 많을수록 백성은 더욱 가난해지고, 백성에게 날카로운 도구가 많을수록 나라는 더욱 혼란에 빠지며, 사람들이 기

---

41 조수행, 『도덕경』, 124쪽.

42 신동준, 『덕치 인치 법치』, 26쪽.

43 도덕경 제64장.

44 박원재는 ‘상(常)’의 의미를 ‘유/무’ 두 계열이 시시각각으로 상호 교직되면서 연출해 내는 질서로서의 항상성으로 본다. 그는 그 논거로 유/무를 이렇게 설명하고 있다. “‘유’ 계열이 자신을 존재의 지평으로 밀어 올리는 만물의 고유한 힘이 펼쳐지는 과정(有欲)과 그 과정의 언어를 통하여 개념화함으로써 나름의 세계상을 구성하는 인간 인식활동의 능동적 측면(有名)을 가리킨다면, 반대로 ‘무’ 계열은 그 힘이 역방향으로 전개됨으로써 만물이 존재의 지평에서 퇴거하는 과정(無欲)과 또 그 과정은 개념적 인식의 범위를 넘어선다는 인간 인식활동의 수동적 측면(無名)을 대표한다.” 박원재, “‘성인’과 ‘백성’-노자의 수양론의 두 측면”, 중국철학, 12권, 2004. 9., 중국철학회, 11쪽.

> 교를 부리면 부릴수록 사악한 일이 연속해 일어나고, 법령이 선포되면 될수록 도둑이 더욱 들끓는다.
> 그러므로 성인이 말했다. 내가 무위하면 백성은 스스로 감화되고, 내가 고요히 있는 것을 좋아하면 백성이 스스로 바르게 되며, 내가 일부러 행하지 않으면 백성은 저절로 부유해지고, 내가 욕심을 내지 않으면 백성은 스스로 다듬지 않은 통나무처럼 순박하게 된다.[45]

사람에게는 눈·귀·코·혀·몸·마음의 여섯 개의 문이 있는데, 이 문을 통해 온갖 욕망이 일어난다. 사람이 가지고 있는 이 욕망의 문을 다스리는 것이 통치의 핵심이다. 하지만 천지는 불인(天地不仁)하다. 욕망의 문을 다스린다는 이유로 말을 많이 하고, 법규를 많이 만들어 규제하는 것은 바람직하지 못하다. "말이 많으면 궁지에 몰리니 그 알맞음(中)을 지키느니만 못하니"[46] 인위로 바꾸려 애쓰지 말고 자연의 흐름에 그대로 맡기는 게 낫다. 욕심 없이 자연스럽게 행동하고(爲無爲), 드러나지 않게 일하며(事無事), 꾸미지 않는 맛을 내라(味無味)는 것이다.[47]

하지만 노자의 무위의 통치는 여기서 그치지 않는다. 세상의 어려운 일은 반드시 쉬운 데에서 시작되고, 세상의 큰일은 작은 데에서 시작되는 법이다. 그러니 작은 것은 크게, 적은 것은 많게 여기고 원

45 도덕경 제57장.
46 도덕경 제5장.
47 도덕경 제63장.

한은 덕으로 갚아야 한다. 도는 착한 사람(善人)과 착하지 않은 사람(不善人) 누구나 가슴에 품고 있다. 도가 만물을 보살펴주듯이[48] 사람은 사회의 어두운 그늘에서 고통받고 있는 약자의 입장을 헤아려 그들의 권리를 두텁게 보호하는 마음을 가져야 한다.

2. 허정(虛靜)

도가는 허무(虛無)의 사상이라 하듯이 노자의 무위는 '허(虛)-비움'과 직접 연결된다. 노자는, "성인의 다스림은 그 마음을 비우고 배를 채우며, 그 뜻은 무르게 하되 뼈는 단단하게 한다"[49]고 하면서 '마음을 비울 것(虛其心)'을 강조한다. 따라서 노자의 허는 '마음 비움' 곧 '허심'이라고 할 수 있다. 장자(莊子)도 "사람들은 모두 실을 취하는데 나만 홀로 허를 취하고 저장하지 않기에 오히려 남음이 있다"[50]며 노자 사상의 핵심 중의 하나가 '허-비움'에 있다고 평가하였다.

그리고 노자의 허심은 '정(靜)-고요함'을 유지해야 무위자연의 도에 이를 수 있다. 이에 대해 노자는 "마음을 끝까지 비우고(致虛極) 고요함을 끝까지 지키라(守靜篤)"고 한다. 만물은 아무리 무성해도 각자 그 근본으로 되돌아가는데, 그 근본으로 돌아가는 것을 일컬어 '정-고요함'이라고 한다. 고요함은 모든 존재가 반드시 돌아가야 할 운명이다. 이는 자연의 영구불변의 이치이며, 이러한 이치를 아는 것

48 도덕경 제62장.
49 도덕경 제3장.
50 장자 천하 33:7.

이 밝은 지혜(明)라는 것이다.[51]

그렇다면 허심이란 무슨 뜻일까? 인간은 기성의 지식이나 사물에 대해 사람들이 가지고 있는 편향된 인식, 선입견, 편견 내지는 고정관념에 사로잡혀 있다. '나는 옳고 너는 틀리다'식의 내로남불은 고정관념의 전형적인 사례이다. 고정관념은 자신이 옳다고 여기는 확신에 의거하여 사회집단을 안과 밖 혹은 우리와 그들로 구분하여 서열화함으로써 차별하고 불평등과 계층구조를 고착화시키는 문제를 낳는다. 허심이란 이런 고정관념을 버리고 떠나 객관적이고 중립적이며 평등한 마음상태를 가지라는 의미로 해석할 수 있다.

또한 허심을 하는 것도 중요하지만 고요함을 끝까지 지켜 근본으로 되돌아가도록 해야 한다. 이렇게 보면, 허정은 '귀근(歸根)'이다. 산업자본주의와 과학기술문명의 발달로 세상은 날로 복잡다단하게 변화하고, 인간의 물질에 대한 욕망은 그 끝을 모른다. 아무리 밥을 먹어도 배부르지 않고, 아무리 물을 마셔도 여전히 목이 마르다. 인간을 힘들게 하는 것은 허기와 갈증뿐이 아니다. 과잉된 지식과 정보는 차고 넘쳐흐르고 있다. 인공지능(AI)과 로봇이 도입되어 대량의 정보와 업무의 처리 능력은 날로 향상되고 있다. 한밤에도 대도시의 불빛은 꺼지지 않고 인간은 잠들지 못하고 끊임없는 소음에 시달리고 있는 실정이다. 도무지 고요함을 모르는 현대는 역설적으로 그 어느 때보다 '고요함을 끝까지 지키는' 일이 소중한 가치가 되어 버렸다.

---

51 도덕경 제16장.

이런 이유로 노자는 허정함으로써 인간의 본래 운명인 '근본으로 되돌아가라'고 주문한다. 영구불변의 진리인 '귀근'을 알지 못하면 인간은 거리낌이 없어져 해서는 안 될 짓을 하게 된다. 반대로 영구불변의 진리를 알면 "널리 포용하고, 포용하면 공평하게 되고, 공평해야 세상을 온전케 할 수 있으니 이것이 곧 자연의 이치요 도"라는 게 노자의 생각이다. 매일 쫓기듯 바쁜 일상을 살아가는 현대인은 "자연의 이치에 따라야 오래갈 수 있고, 수명이 다할 때까지 위태롭지 않다"는 그의 말을 새겨들어야 한다.[52]

3. 상선약수(上善若水)

노자는 부드러움(柔)의 상징으로 물을 자주 사용한다. 마찬가지로 노자는 "최상의 선은 물과 같다"며 상선약수라고 하였다.[53] 이 말은 물을 이 세상에서 으뜸가는 선의 표본으로 삼는다는 뜻이다. 최상의 선이 물과 같은 이유는 여러 가지가 있다.[54]

첫 번째 이유는, 물은 만물을 이롭게 하면서도 서로 다투는 법이 없기 때문이다.[55] 물은 무색투명하고 아무 냄새도 맛도 나지 않는 무

---

52 도덕경 제16장.

53 도덕경 제8장.

54 이순연은 상선약수를 중심으로 물이 가지고 있는 특성을 다음과 같이 분류하고 있다. 1. 덕성을 가지고 있다. ① 경박하거나 겉치레가 없고 돈후하고 질박하다. ② 교만하거나 우쭐대지 않고 겸손히 아래에 처한다. ③ 경쟁하지 않고 오히려 남에게 베푼다. 2. 자아가 없다-고정된 형체가 없다. 3. 물은 절대적인 힘이 있다. 4. 자신을 반성하며 주위를 정화한다. 이순연, "노자의 상선약수 사상에서 얻은 삶의 지혜", 인문과학연구, 제16권, 2011. 12., 대구가톨릭대학교 인문과학연구소, 343-354쪽.

55 도덕경 제8장.

취무미(無臭無味)의 성질을 가지고 있다. 이처럼 물은 아무 색깔이나 냄새와 맛도 없지만 천지만물은 물 없이는 살 수 없다. 물은 지구의 5대양 6대주 어느 곳에서나 존재하며, 실제 지표면의 70% 정도를 덮고 있는 것을 보더라도 물이 가진 중요성을 알 수 있다. 물이 가진 이러한 속성은 노자가 말하는 무위와 닮아 있다.

두 번째 이유는, 물은 사람들이 싫어하는 낮은 곳을 향하기 때문이다. 물은 강이나 계곡 등 가장 낮은 곳을 흐른다. 욕망으로 가득한 사람들이 모두 높은 곳을 지향하는 것과는 달리 물은 사람들이 싫어하는 가장 낮은 곳을 향한다. 물이 가진 이러한 성질은 "낳고 기르되 낳았다고 가지려 하지 않고 키웠다고 기대지 않으며 성장을 이끌지만 지배하지 않는" 그윽한 덕(玄德)과 닮아 있다.[56]

그러므로 물은 도에 가장 가깝다.[57] 노자는 이런 이유로 군자는 물을 닮아야 한다면서 이렇게 말한다.

> 물을 닮은 군자(=성인)는 머물 곳을 잘 고르고, 마음은 그윽하게 유지하며, 다른 사람에게는 어질고, 말에는 믿음이 있으며, 다스리되 질서가 있고, 일을 할 때에는 솜씨 있게 잘하며, 때에 알맞게 행동한다. 전혀 다투지 않으니 책잡힐 일도 없다.[58]

지위와 신분, 권력과 돈을 가졌다고 하여 교만하거나 허세를 떨지

56 도덕경 제10장.
57 도덕경 제8장.
58 도덕경 제8장.

말고 물처럼 가장 낮은 곳을 향하고 겸손하라는 말이다. 상선약수를 통하여 노자는 개인의 처세뿐 아니라 백성을 다스리는 성인의 바람직한 태도가 어떠해야 하는가를 제시하고 있다.

Ⅳ. 도(道)의 인권적 실천 주체

1. 성인과 후왕(侯王)

노자가 말하는 성인은 도가 매우 뛰어난 사람이자 현실세계의 이상적 통치자이다. 성인은 자신이 깨달은 무위자연의 도를 현실에서 실천하고 백성을 다스리는 수단으로 삼는다. 또한 성인은 도의 길을 열고 이끌기 때문에 그 자신이 도의 화신이라고 할 수 있다. 이처럼 성인은 노자가 꿈꾸는 이상적 인물이지만 그 공을 앞세우거나 이름을 드러내려 하지 않는다. 성인이 가진 덕목 중에서 중요한 몇 가지를 살펴본다.

첫째, 성인은 어떤 일이든 작위(유위)가 아니라 무위로 처리한다. 그러므로 성인은 억지로 도모하지 않고 말을 앞세우지 않는 가르침을 행한다. 어디 이뿐인가? 만물이 나고 자람이 자신에게서 비롯됐다고 하지 않고 만물을 소유하려고도 않으며, 무슨 일이든지 자신의 뜻대로 하지 않는다. 뜻한 바를 이루어도 안주하지 않기에 버림받을 일 또한 없다.[59]

---

59 도덕경 제2장.

둘째, 성인은 무위의 정치로 세상을 다스린다. 무위의 정치란 "그 마음을 비우고 배를 채우며, 그 뜻을 무르게 하되 뼈는 단단하게 하는" 다스림을 말한다. 이와 같은 통치 방식은 백성들이 지식을 애써 추구하지 않으며(無知), 욕심을 버리도록 하며(無欲), 스스로 지혜롭다고 여기는 자(智者)들이 감히 나서지 못하게 하는 것을 말한다. '스스로 지혜롭다고 여기는 자들'이란 현실에서 잘나고 능력 있다고 뻐기고 뽐내는 자들이다. 이들은 욕심이 많고, 공명심이 높으며 남들과 다투고 경쟁하려는 마음이 강하다. 만일 성인이 그들을 우대하면 사회에 부정적 영향을 끼쳐 사람들은 욕심을 내어 남을 해쳐서라도 앞서려 하게 된다. 노자는 그들로 인하여 사회가 지나치게 경쟁적인 분위기에 빠지는 것을 경계하고 있다. 백성들로 하여금 무지와 무욕을 실천하게 하고, 스스로 지혜롭다고 여기는 자들을 경계하는 정치를 베풀면 성인이 억지로 무엇을 하려 들지 않아도 다스려지지 않음이 없다.[60]

셋째, 성인은 백성을 편애하지 않는다(聖人不仁). 하늘과 땅은 편애하는 마음이 없어(天地不仁) 세상 만물을 추구(芻狗)로 여긴다. 이렇듯 성인도 하늘과 땅처럼 편애하는 마음이 없기에 백성을 추구로 여긴다.[61] 추구란 '짚으로 만든 강아지'[62] 혹은 '제사에 쓰고 버리는 허수아비'[63]를 말한다. 그만큼 기성의 가치 관념에서 벗어나 공평하고 차별 없는 마음으로 사람과 사물을 대하는 자세를 강조할 목적으로

60 도덕경 제3장.
61 도덕경 제5장.
62 조수행, 『도덕경』, 40쪽.
63 기세춘, 『노자강의』, 122쪽 각주 1).

‘추구’라는 단어를 쓰고 있다. 하지만 여기에서 문제가 되는 표현은 ‘불인(不仁)’이다. 인(仁)은 공자 사상을 대표하는 것으로 보통 ‘어질다’로 해석한다. 하지만 인(仁)은 작위적·유위적이고 자기중심적·가족중심적으로 다분히 편애의 뜻을 가지고 있다. 이를 비판하면서 노자는 의도적으로 ‘불인’이란 표현을 사용하여 성인과 천지는 ‘어질지 않다’고 비틀어 비판하고 있다.

이처럼 성인이 다분히 도의 화신으로 이상적 인물이라면, 후왕은 도를 지키면서도 현실 정치를 실행해야 하는 최고권력자, 지배자이자 통치자인 임금을 말한다. 후왕에 대해 노자는 말한다.

> 옛날에 오직 하나(=도)를 얻은 것들이 있다. 하늘은 하나를 얻어서 맑고, 땅은 하나를 얻어서 안정되었으며, 신(神)은 하나를 얻어서 영험하고, 골짜기는 하나를 얻어서 가득 채워졌으며, 만물은 하나를 얻어서 생겨나고, 임금(후왕)은 그 하나를 얻어서 천하를 바르게 한다.
>
> 이를 미루어 말한다면, 하늘이 맑고 깨끗하지 않으면 장차 갈라질 것이요, 땅이 안정되지 못하면 장차 무너질 것이요, 신에게 영험함이 없다면 영향력이 사라질 것이요, 계곡의 물이 줄다 보면 장차 고갈될 것이요, 만물을 생장시키는 것이 없다면 장차 멸종될 것이요, 임금이 바르지 못하면 자리에서 쫓겨날 것이다.
>
> 그러므로 귀한 것은 천한 것을 근본으로 삼고, 높은 것은 낮은 것을 바탕으로 삼아야 한다. 그렇기 때문에 임금이 스스로를 고(孤: 외로움)니, 과(寡: 덕이 없음)니, 불곡(不穀: 선하지 않음)이니 하는 말로

> 낮추어 부르는 것이다. 이것이 바로 천한 것을 근본으로 삼기 때문이 아니겠는가? 그렇지 않은가? 그러므로 수레를 헤아리면 수레가 없어지니 아름다운 옥처럼 되려 하지 말고 볼품없는 돌이 되고자 하는 것이다.[64]

후왕은 성인을 모델로 삼고 이상적인 정치를 추구하는데, 후왕은 다음과 같은 세 가지의 바람직한 자세를 가져야 한다.

첫째, 후왕은 도를 지킴으로써 백성을 다스려야 한다. 만약 임금이 도를 지킬 수 있다면 만물이 모두 그를 따를 것이라는 게 노자의 생각이다. 임금이 자발적으로 도를 지키면, 하늘과 땅이 서로 화합해서 달콤한 이슬이 내리듯이 백성들은 명령이 없어도 스스로 제자리에 알맞게 살아간다.[65]

둘째, 후왕은 인위로 어떤 일을 꾸미고 도모하지 않고, 무위의 도를 지킨다. 도는 항상 억지로 무엇을 하지 않으면서도 하지 않는 것이 없다. 만약 임금이 도를 지킬 수만 있다면, 만물은 저절로 자랄 수 있다.[66]

셋째, 후왕은 도를 얻어서 천하를 바르게 한다. 하지만 스스로를 외롭고(孤), 덕이 없으며(寡), 선하지 않은(不穀) 사람이라고 부른다. 임금이 스스로를 낮추어 부르는 이유는, 천한 것을 근본으로 삼기 때문이다. 그러므로 임금은 아름다운 옥이 되려 하지 말고 볼품없는

64 도덕경 제39장.
65 도덕경 제32장.
66 도덕경 제37장.

돌이 되어야 한다. 또한 만일 임금이 바르지 못하면 자리에서 쫓겨날 것이다.

2. 선비(士)

노자가 말하는 선비는 성인과 후왕을 위해 일하는 지배계급에 속하는 문관과 무관이다. 선비는 도를 깨닫고 실천하는 수준에 따라 훌륭한 선비(上士)·평범한 선비(中士)·어리석은 선비(下士)의 세 가지 유형으로 나뉜다. 훌륭한 선비(上士)는 도를 들으면 힘써 행하나 평범한 선비(中士)는 도를 들으면 반신반의하고, 어리석은 선비(下士)는 도를 듣고서도 크게 웃어넘긴다.[67] 노자는 "비웃음을 사지 않는 도를 도라 할 수 없다"[68]고 말한다. 도를 듣고도 깨닫지 못한 어리석은 선비가 외려 도를 들으면 힘써 행하는 훌륭한 선비를 비웃고 있다. 노자는 이 말을 통해 도를 깨닫는 것도 어렵지만 도를 실천하는 과정에서 남의 비웃음을 살 수도 있음을 강조하고 있다.

그러므로 옛날부터 도를 잘 행하는 선비는 작고 묘한 것까지 다 통달했기에 그 깊이를 알 수가 없다. 깊이를 알 수 없기에 선비가 깨달고 실천하고 있는 도를 표현하면 다음과 같다.

> 신중한 태도는 겨울에 살얼음판을 걷는 듯하고, 머뭇거리고 조심스럽기는 사방 모든 것을 경계하는 듯하고, 의젓하고 엄숙함은

67 도덕경 제41장.
68 도덕경 제41장.

초대받은 손님과 같으며, 부드러운 모습은 마치 얼음이 녹는 듯 하고, 소박함은 다듬지 않은 통나무 같으며, 광활함은 깊은 산 계곡과 같고, 모든 것을 넉넉히 포용하는 모습은 마치 흐린 물과도 같다.[69]

이처럼 도를 잘 행하는 선비는 자연을 본받고 무위를 따른다. 도를 체득한 사람은 꽉 채우려고 들지 않는다. 채우려고 들지 않기에 새로이 이룰 것이 없다.[70] 그러므로 도를 잘 행하는 선비는 무력을 사용하지 않는다. 잘 싸우는 자는 분노하지 않으며, 적을 잘 이기는 자는 맞서지 않고, 남을 잘 부리는 자는 자신을 낮출 줄 알기 때문이다. 노자는 이러한 도의 수준에 이른 상태를 '다투지 않는 덕(不爭之德)'이라 하였다. 또한 이러한 덕이야말로 남을 다룰 줄 아는 힘이며, 하늘의 뜻에 어울리는 지극한 도라고 하였다.[71]

3. 백성(民)

노자 사상에서 백성에 대한 평가는 크게 나뉜다. 백성을 무위자연의 도를 능동적으로 수용하고 이를 적극적으로 실천하는 주체라고 보는 입장이 있는 반면, 노자에게서 백성에 대한 고려는 찾아볼 수 없다는 비판론이 있다. 이와 같은 상반된 입장은 『도덕경』이란 텍스

---

69 도덕경 제15장.
70 도덕경 제15장.
71 도덕경 제68장.

트의 성격을 어떻게 바라보는가에 달려 있다.

전자는 『도덕경』이라는 책은 어느 한 사람의 사상을 집약한 책이 아니라 민중들의 집단 창작의 결과물로 본다.[72] 춘추전국시대는 노예제 사회로 당시 백성들은 "전쟁에 끌려가 죽거나 부역에 끌려가 강제노동을 하다가 죽거나 배고픔에 굶어 죽거나 추위에 얼어 죽는 비참한 노예"로 사역되고 있었다. 이런 현실에서 『도덕경』은 백성들의 절망적 외침을 대변하고 그들의 저항을 담은 텍스트라는 것이다.[73]

후자는 『도덕경』은 철저하게 권력의 기술에 관한 책이며, 평범한 서민이나 백성과는 전혀 상관이 없다는 입장이다.[74] 김시천은 이렇게 주장한다.

> 과연 우리가 그간 들어보았던 문명의 억압적 성격에 저항하는 노장의 자연인이나 가부장적 억압에 맞서는 여성주의적 관심을 가진 주인공이 이 가운데 어디에 있을까? 『노자』에 등장하는 인간상은 철저하게 두 가지로 구분될 수 있다. 하나는 우주의 원리인 도(道)에 순응함으로써 획득되는 덕(德)을 체현하여 현실적인 힘을 갖고자 하는 정치적 주체로서 성인, 후왕, 사(士) 그리고 군주(人主) 등의 인물들이다. 이들이 바로 『노자』가 조언하고자 하는 주인공

---

72 기세춘, 『노자강의』, 34쪽.
73 기세춘, 『노자강의』, 75쪽.
74 김시천, "노자(老子)와 제왕(帝王)의 도 -노자의 "전설"과 『노자』 텍스트에 대한 재검토", 동양철학연구, 제69권, 2012. 2., 113쪽.

들이자 독자이며 현실의 지도자들이다.[75]

이처럼 『도덕경』이라는 텍스트를 읽는 방법에 따라 백성에 대한 이해는 달라진다. 그러나 어느 입장에 서는가 여부를 떠나 노자의 백성을 바라보는 관점은 다분히 양가적이다.

노자는 기본적으로 절대 권력자인 성인이 백성을 통치와 지배의 대상으로 보는 것을 정당한 것으로 보고 있다. 성인에게 백성은 제사를 지내고 나면 버려지는 '추구'와 같은 하찮은 존재에 지나지 않는다.[76] 불인(不仁)을 "사람과 사물을 편애하지 않는다" 혹은 "어질지 않다"의 어느 뜻으로 해석해도 백성을 대하는 성인의 자세는 바뀌지 않는다. 노자의 백성에 대한 시각은 묵자의 겸애와 같은 수준의 차별 없는 사랑이라고 보기에는 무리가 있다. 마찬가지로 노자가 말하는 무위도 성인은 오로지 이것을 정치에 어떻게 활용할까에 관심 있을 뿐이다. 성인은 자신에게 묻는다.

> 백성을 아끼고 나라를 다스리는 데 무위로써 할 수 있는가?[77]

이 질문에 대해 노자는 나름의 명확한 해결책을 제시한다.

> 만약 임금이 도를 지킬 수 있다면 만물은 그를 따를 것이다. 하늘

75 김시천, 위의 논문, 114쪽.
76 도덕경 제5장.
77 도덕경 제10장.

과 땅이 서로 화합해서 달콤한 이슬이 내리듯이 백성들은 명령이 없어도 스스로 제자리에 알맞게 살아간다.[78]

그러니 성인에게 백성은 자신의 통치하에 있는 피치자이며, 성인과 한 몸이므로 그 자신과 분리되거나 구분되지 않는 존재이다. 성인은 마음의 집착이 없어서 '백성의 마음을 자신의 마음'으로 삼는다.[79] 성인이 무위의 정치를 하는 이유는 백성들을 어린아이나 통나무와 같이 순수 혹은 순박하게 만들어 체제의 안정을 유지하는 데 있다. "성인은 백성들을 어린아이와 같이 순수하게 한다"[80]라든지 "내가 욕심을 내지 않으면 백성은 스스로 다듬지 않은 통나무처럼 순박하게 된다"[81]는 말에는 성인의 의도가 비유적으로 드러나 있다. 성인은 백성을 믿지 않거나 믿을 수 없다. "정치가 어수룩해지면 백성이 순박해지고, 정치가 빈틈없이 이루어지면 백성은 교활해"지기 때문이다.[82]

그러므로 성인은 자신을 끊임없이 의심하고 불신하며, 선정을 베풀어도 너무나 당연한 듯이 받아들이는 백성을 두려워해야 하는 존재라는 사실을 알아야 한다. '등 따습고 배부르면' 백성들은 지도자가 누군지 별로 관심이 없다. 어느 날 요(堯)임금이 백성들이 사는 형편을 살펴보러 길거리에 나갔다가 한 노인에게 들었다는 「격양가(擊

78 도덕경 제32장.
79 도덕경 제49장.
80 도덕경 제49장.
81 도덕경 제57장.
82 도덕경 제58장.

壤歌)」에는 정치를 바라보는 백성들의 생각이 잘 드러나 있다.

격양가(擊壤歌)[83]

해 뜨면 일하고	日出而作
해 지면 쉬고	日入而息
우물 파서 물 마시고	鑿井而飮
밭 갈아 밥 먹으니	耕田而食
임금의 권력이 나와 무슨 상관인가	帝力于我何有哉

하지만 당시 현실은 태평성태와는 거리가 너무 멀었다. 노자는 "백성들이 굶주리는 까닭은 윗사람이 세금을 지나치게 많이 거두기 때문이다. 그래서 백성들은 굶주리는 것이다"라며 백성의 입장에서 통치자를 신랄하게 비판한다. 나아가 그는 말하기를, "백성들을 다스리기 어려운 까닭은 통치자가 자기 멋대로 행하기 때문이다. 그래서 다스리기 어려운 것이며, 백성들이 죽음을 가벼이 여기는 것은 지배 계층의 삶이 지나치게 사치스럽기 때문이다. 그래서 사람들이 죽음을 가벼이 여기는 것이다."[84] 그 대안으로 노자는 나라는 작고 백성의 수는 적은 소국과민(小國寡民)을 대안으로 제시한다.[85]

현실에서 백성들이 바라는 것은, '선정을 베푸는 가장 훌륭한 단계의 지도자'라 할지라도 그의 존재만을 겨우 아는 수준에 그치는 것

83 이 시(詩)에 대한 해석은 사람마다 비슷하다. 여러 편의 시를 참고하여 가급적 현대시의 감각과 분위기에 맞게 고쳐 썼다.

84 도덕경 제75장.

85 도덕경 제80장.

이다. 그다음은 친근감을 느끼고 그를 칭찬하며, 그다음은 그를 두려워한다. 가장 형편없는 지도자라면 백성들은 그를 업신여긴다. 어디 이뿐인가? 거기에 더하여 진실하지 못하면 백성들은 지도자를 믿지 않는다. 심지어 언행을 신중히 하여 공을 이루고 일을 성취해도 백성들은 "우리는 본래 이랬어"라고 당연한 듯이 받아들인다.[86] 정치지도자인 성인의 입장에서는 기가 막힐 노릇이다. 여기에 한술 더 떠서 노자는 성인에게 겸손하라며 이렇게 말한다.

> 강과 바다가 온갖 계곡의 왕이 될 수 있는 까닭은 가장 낮은 곳에 있기 때문이다. 그러므로 모든 계곡의 왕이 되는 것이다. 그런 까닭에 백성 위에 있기를 바란다면 반드시 말로써 자신을 낮춰야 하고, 백성들 앞에 서고 싶으면 반드시 자신을 뒤로해야 한다. 이로써 성인은 위에 있어도 백성들이 부담스러워하지 않고, 앞에 있어도 백성들이 방해된다고 여기지 않는다.[87]

한마디로 백성들이 통치자의 위엄을 두려워하지 않아야 진실로 큰 위엄에 이를 수 있다는 것이다. 그러므로 통치자는 백성들의 삶의 터전을 억누르지 말 것이며, 그 삶을 힘들게 하지 말아야 한다. 힘들게 하지 않아야 백성들이 통치자를 미워하지 않는다.[88]

---

86 도덕경 제7장.
87 도덕경 제66장.
88 도덕경 제72장.

V. 도(道)의 인권적 실천방법

1. 수유(守柔): 부드러움을 지킴

노자는 "세상에서 가장 부드러운 것이 가장 단단한 것을 부릴 수 있다"[89]며 "부드러운 것을 잘 지키는 것을 강하다"[90]고 본다. 그에게 '부드러운 것을 잘 지키는 것', 즉 수유(守柔)는 곧 '밝음으로 돌아가는 것'[91]이자 '도를 지키는 것'[92]이다. 노자가 이렇게 수유를 강조하는 이유는 무엇일까? 부드러워 형체가 없는 것이 빈틈으로 들어갈 수 있기 때문이다.[93] 이 깨달음을 통해 노자는 "나는 이로써 무위가 유익하다는 것을 안다"고 말한다. 그리고는 "말없는 가르침과 무위의 유익을 실행하는 것이 세상에서는 극히 드문 일"[94]이라며 부드러움을 지킴으로써 도를 실천하는 것이 실로 드물다고 토로한다.

노자가 말하는 수유는 하늘보다는 땅, 큰 것보다는 작은 것, 강한 것보다는 여린 것, 어른보다는 (갓난)아이, 남성(陽)보다는 여성(陰), 문명보다는 원시자연과 밀접한 관련을 맺고 있다. 특히 노자는 물과 계곡을 통해 부드러움의 이미지를 형상화하고 있는데, 이는 '암컷(牝)'으로 대표되는 모성(여성성)으로 귀결된다. 이를 풀어서 설명하면 다음과 같다.

---

89 도덕경 제43장. 天下之至柔 馳騁天下之至堅.
90 도덕경 제52장. 守柔曰强.
91 도덕경 제52장. 復歸其明.
92 도덕경 제52장. 是爲習常.
93 도덕경 제43장.
94 도덕경 제43장. 不言之敎 無爲之益 天下希及之.

첫째, 부드러움은 물과 같다. “물은 만물을 이롭게 할 뿐 다투지 않는다. 모든 사람이 싫어하는 곳에 기꺼이 머무니 도에 가장 가깝다”며 노자는 “최상의 선은 물과 같다(上善若水)”[95]고 말한다. 그리고는 ‘물을 닮은 군자’, 즉 성인은 물이 가지고 있는 일곱 가지 덕성을 갖추고 있다고 한다. 이를 ‘수유칠덕(水有七德)’이라 한다.[96]

수유칠덕(水有七德)

居善地(거선지)	물처럼 낮은 곳에 머물고
心善淵(심선연)	물처럼 마음가짐을 깊고 고요하게 가지며
與善仁(여선인)	물처럼 다른 사람을 어질게 대하고
言善信(언선신)	물처럼 가식 없이 진실되게 말하며
正善治(정선치)	물처럼 질서 있게 다스리고
事善能(사선능)	물처럼 일을 솜씨 있게 처리하며
動善時(동선시)	물처럼 때에 알맞게 행동한다

물과 같은 덕을 갖춘 성인은 무위자연의 도를 체득하여 실천하고 있으니 전혀 다투지 않고 책잡힐 일도 없다. 흔히 우리는 물과 같은 부드러움은 힘없고 유약한 것으로 여긴다. 하지만 노자는 물은 천지만물을 낳고 포용함으로써 세상의 갈등과 분쟁을 미연에 방지하는 훌륭한 수단으로 보고 있다. 세상과 불필요한 다툼을 하지 않고 남에게 책잡힐 일이 없다면, 그것이 바로 무위의 삶이 아니겠는가.

둘째, 부드러움은 골짜기와 같다. 골짜기 또는 계곡이란 산과 산 사이, 또는 절벽과 절벽 사이 브이(∨)자형으로 패인 곳을 말한다. 골

95 도덕경 제8장.
96 도덕경 제8장.

짜기 사이로 물이 흐를 수도 있고, 흐르지 않을 수도 있다. 노자는 "골짜기의 신(谷神)은 죽지 않는다"[97]고 말한다. 골짜기는 텅 비어 있고, 음지이지만 생명을 낳고 키운다. 그러니 골짜기에 서식하는 풀과 나무는 물론 돌과 바위 등의 사물에는 정령이 깃들어 있기 마련이다. 노자는 골짜기의 이러한 상태를 '신(神)'으로 보고, 골짜기의 신은 죽지 않고 영원한 생명력을 가지고 있다고 한다.

셋째, 부드러움을 품고 있는 골짜기는 '깊이를 가늠할 수 없는 모성'이다. 곡신은 곧 현빈(玄牝)이다. 한자어로 현(玄)은 '검다', '그윽하다', 빈(牝)은 '암컷'이란 뜻이다. 후자의 경우, 여성차별적인 용어이므로 '모성' 혹은 '여성'으로 바꾸어 부르는 것이 일반적이다. 그러나 노자의 기본적인 생각은 [부드러움(柔)=골짜기(谷)=암컷(혹은 모성, 牝)]으로 보고 있다. 여기서 골짜기는 여성의 생식기인 자궁을 형상화하고 있는데, 자궁이 부드럽게 열려 새 생명(갓난아이, 嬰兒)[98]을 낳는 여성을 골짜기와 대비시켜 표현하고 있다. 이 점을 들어 현빈의 문(玄牝之門)은 천지의 근원이라고 일컫는다(是謂天地根)는 관점으로 이어진다. 이때 현빈의 문은 여성의 자궁과 같아서 천지만물을 낳는 근원이라는 것이다. 따라서 골짜기와 현빈은 부드러움과 여성성 혹은 모성의 상징이고, 무위자연의 도와 같다고 볼 수 있다.

노자는 천지의 근원과도 같은 현빈의 문은 "이어지고 또 이어지니 쓰고 또 써도 다함이 없다"고 말한다. 겉으로 보기에는 부드럽고 순한 듯하나 마음속은 꿋꿋하고 굳셈을 외유내강(外柔內剛) 혹은 내강

97 도덕경 제6장. 谷神不死.
98 도덕경 제10장: "기를 모아 부드럽게 하여 어린아이와 같아질 수 있는가?(專氣致柔 能嬰兒乎)"

외유(內剛外柔), 또는 굳셈과 부드러움을 모두 지니고 있다는 뜻에서 강유겸전(剛柔兼全)이라고도 한다. 하지만 노자는 어떤 상태든 '굳셈' 혹은 '강함'을 부정하고, 그 대신 '부드러움' 혹은 '약함'을 지향한다. 제자백가 중에서 노자만큼 모성 혹은 여성성에 주목한 학자는 없다. 그 점에서 노자가 말하는 '부드러움을 지킨다'는 수유는 땅과 어머니의 사상이라고 해도 지나치지 않다.

2. 유(有)는 이롭고 무(無)는 쓸모 있다

노자는 말한다.

> 유(有)는 이로움의 바탕이 되고, 무(無)는 쓸모를 낳는다.[99]

우리는 흔히 돈, 권력, 명예와 같은 것이 쓸모가 있고, 삶을 살아가는 데 이롭다고 생각한다. 하지만 노자가 보기에 유에 해당하는 이러한 것들은 무에서 비롯된다. 무와 유의 관계에 대해 노자는 수레의 바퀴살, 질그릇과 방을 예로 들어 이렇게 설명한다.

> 서른 개의 바퀴살이 하나의 축에 모여도 그 중간에 빈 곳이 있어야만 수레로서 쓸모가 있다. 찰흙을 빚어 그릇을 만들지라도 그 안에 빈 곳이 있어야만 그릇으로 쓰일 수 있다. 문과 창을 내어

99 도덕경 제11장. 故有之以爲利 無之以爲用.

방을 만들지라도 빈 곳을 두어야 방으로 쓰일 수 있다.[100]

돈, 권력, 명예든 무언가를 가득 채우는 것이 이롭다고 여기는 것은 유이고, 채우기보다 비우는 것이 쓸모 있다고 여기는 것이 무이다. 우리는 유가 있기에 무가 쓸모 있을 수 있다고 생각하지만, 노자는 무가 있기에 비로소 유가 이로울 수 있다고 말한다.

산업화 과정에서의 해묵은 논리로 '경제발전담론'과 '사회복지(혹은 인권)담론'이 있다. 전자의 입장을 지지하는 사람들은 어느 정도 잘 먹고 잘살아야 복지든 인권이든 보장할 수 있다고 주장한다. 한 국가나 사회가 일정 수준 이상의 경제발전이 있지 않고서는 복지와 인권정책을 실시하는 것을 바람직하지 않다는 사고가 밑바탕에 깔려 있다. 하지만 인간의 물질적 욕망은 끝이 없고, 그들이 생각하는 경제발전이 어느 정도 수준까지 이르러야 복지와 인권정책을 실시해야 하는 것인가란 반문을 피할 수 없다. 경제발전과 성장을 추구하는 과정에서 빈부의 격차는 돌이킬 수 없을 정도로 악화되고, 그로 인해 사회적·경제적 약자가 겪는 고통과 소외의 문제는 도외시되고 만다. 바람직한 것은 경제발전과 복지·인권이 동시에 조화롭게 이루어지는 것이다. 이에 대해 노자는 "유와 무는 서로를 살게 한다"[101]며 서로를 배척하지 않고 상생하는 관계라고 한다. 노자의 이 말을 따르면, 경제발전과 복지 혹은 인권은 서로 보완하고 상생하는 관계를 유지하면서 개인의 자유롭고 평화로운 삶을 보장하는 데 충분히

---

100 도덕경 제11장.
101 도덕경 제2장. 故有無相生.

기여할 수 있을 것이다.

3. 부쟁(不爭)

공자와 맹자를 비롯한 유가는 일반적으로 의전론(義戰論)을 내세운다. 인정(仁政)을 베풀기 위한 정치 목적의 수단으로 정의를 위한 전쟁 혹은 의로운 전쟁을 인정하는 것이다.[102] 묵자는 비공(非攻)을 내세워 남의 나라를 무력으로 침공하는 것을 반대하는 반전론(反戰論)을 주장한다. 그러나 노자와 장자를 비롯한 도가는 묵가의 반전론에서 한걸음 더 나아가 전쟁은 물론 경쟁까지 거부한다. 특히 노자는 '다툼이 없는 상태'인 부쟁을 곧 도(道)라고 본다. 『도덕경』에는 다툼이나 갈등의 원인에 대한 기성의 가치 관념을 뒤엎는 노자의 사상이 여실히 드러나 있다.

첫째, 노자는 잘난 사람을 치켜세우지 않아야 백성들이 공을 다투지 않는다(不尙賢 使民不爭)[103]고 말한다. 현(賢)은 '잘난 사람', '훌륭한 사람' 혹은 '어진 사람' 등 능력 있고 뛰어난 사람을 말한다. 통상 자녀를 가르칠 때 이런 사람을 본받고 따르며 숭상하는 교육을 한다. 하지만 노자는 이런 가르침이 백성들이 서로 다투는 원인이라고 본다. 잘난 사람을 우대하고 치켜세울수록 상대를 친구로 보지 않고 서로 협력하고 연대하려 하지 않고, 경쟁 대상으로만 여긴다. 비단

---

102 조은영, "유가(儒家) 전쟁관(戰爭觀)에 관한 연구 동향과 과제", 유교사상문화연구, 제84권, 2021. 6., 172쪽.

103 도덕경 제3장.

이러한 현상은 사람 관계에만 한정되지 않는다. 돈과 권력, 명예를 가진 사람을 치켜세울수록 사람들은 욕망에 눈이 멀어 서로 다툼에 빠지게 된다. 노자는 말한다.

> 얻기 힘든 재화를 귀히 여기지 말아야 백성들이 재물을 훔치지 않는다. 욕심낼 만한 것이 보이지 않으면 백성들 마음이 어지럽지 않다.[104]

잘난 사람을 치켜세우지 마라. 영웅주의와 물질만능주의에 빠져 있는 현대인은 노자의 이 말을 가슴깊이 새길 필요가 있다.

둘째, 다투지 않기 위해서는 물과 같은 품성을 지녀야 한다. 최상의 선은 물과 같으므로(上善若水) 물은 만물을 이롭게 할 뿐 다투지 않는다. 물이 다투지 않고 만물을 이롭게 할 수 있는 이유는 모든 사람이 싫어하는 곳에 기꺼이 머물기 때문이다. 노자는 물의 본성이 도에 가장 가깝다고 보고 있다.[105] 위에서 살펴본 것처럼 노자는 성인군자를 물이 가지고 있는 일곱 가지 덕성에 비유하여 있는데, 이를 '수유칠덕(水有七德)'이라 한다. 이런 덕을 가진 성인군자는 다투지 않으니 책잡힐 일도 없다는 것이다.[106]

셋째, 쓸모 있는 것 또는 쓸모 있고자 하는 마음이 다툼을 일으키는 원인이다. 노자는 말한다.

---

104 도덕경 제3장.
105 도덕경 제8장.
106 도덕경 제8장.

굽으면 온전해지고, 구부리면 곧게 펼 수 있다. 파이면 채워지고, 낡은 것은 새로워질 수 있다. 적게 가지면 얻을 여지가 있으나 많을수록 미혹된다.[107]

노자의 이 생각을 장자는 "쓸모없는 것도 쓸모가 있다"며 무용지용(無用之用)이라 하였다. 세상 사람들은 굽은 나무를 쓸모없으므로 버려야 한다고 생각한다. 하지만 곧은 나무는 집을 짓거나 수레를 만드는 목재로 쓰일 수 있기에 목수의 눈을 피할 수 없어 곧바로 베이고 만다. '굽은 나무가 선산을 지킨다'는 속담은 노자가 말하고자 하는 뜻을 잘 담고 있다.

넷째, 성인은 "굽으면 온전해진다"는 말을 '하나의 도(一道)'로 보고, 세상의 본보기로 삼는다. 무위자연의 도를 가슴에 품은 성인은 다투려 하지 않기에 세상이 그와 다투지 않는다. 이에 대해 노자는 말한다.

(성인은) 스스로를 드러내지 않기에 오히려 그 존재가 뚜렷하고, 옳다고 여기지 않으므로 오히려 이치에 밝고, 내세우지 않음으로 공을 이루고, 자만하지 않으니 오래가는 것이다.[108]

그(성인)는 다투지 않기 때문에 세상의 어느 누구도 그와 다투려 하지 않는다.[109]

107 도덕경 제22장.
108 도덕경 제22장.
109 도덕경 제66장.

노자는 공자의 인의예지(仁義禮智) 사덕(四德)을 반대한다. 그 대신 자애(慈愛)·검소(儉素)·겸허(謙虛)[110]의 삼덕(三德)을 말한다.[111] 이 가운데 '겸허(혹은 불위선)'는 '사람들 앞에 나서지 않는다' 또는 '사람들 앞에 앞서지 않는다'는 뜻으로, 공자의 겸양과는 다른 노자 특유의 사상이다. 천하의 모든 사람이 남 앞에 나서려 하고, 또는 남보다 앞서려고 한다. 이와는 반대로 노자는 남보다 앞서지 마라, 혹은 남보다 잘나지 마라고 주장한다.[112] 따라서 겸허(불위선)는 경쟁을 거부하는 저항적 도덕률이라고 할 수 있다.[113]

경쟁을 다툼의 원인이라고 보고 이를 거부하는 노자의 사상은 상벌을 내세워 군주에 대한 충성을 강요하고 경쟁을 붙이는 유가나 법가와는 입장이 완전히 다르다. 노자는 상벌이 없다면 경쟁도 없고, 경쟁이 없다면 다툼도 없다고 본다. 잘난 자, 훌륭한 자, 어진 자 혹은 이긴 자를 포상하지 않고, '굽은 자'를 처벌하지 않는데 무엇 때문에 서로 경쟁하겠는가? 상벌이 필요 없는데 군주나 국가가 무슨 필요가 있겠는가?[114]

마지막으로, 다툼이 없이 온전하게 살기 위해서는 하늘의 도(天之道)를 깨달아 자연으로 돌아가야 한다.[115] 하늘의 도는 자연의 이법이자 무위의 도를 말한다. 노자는 말한다.

---

110 불위선(不爲先)과 같은 뜻이다.
111 도덕경 제67장. 一曰慈 二曰儉 三曰不敢爲天下先.
112 https://www.injurytime.kr/news/articleView.html?idxno=19264 (방문일: 2023. 11. 21.)
113 기세춘, 『노자강의』, 257쪽.
114 기세춘, 『노자강의』, 258쪽.
115 도덕경 제22장.

하늘의 도는 다투지 않고도 잘 이기고, 말하지 않고도 잘 응답하며, 부르지 않아도 스스로 오고, 가만히 있어도 잘 도모한다.[116]

하늘의 도는 하늘의 그물망(天網)과도 같아서 넓고 넓어 성글지만 결코 놓치는 것이 없다[117]는 것이다. 하지만 노자의 생각과는 달리 사람들은 '넓고 성긴' 하늘의 그물망을 믿지 못하고 불안하게 여긴다. 되도록 그물을 촘촘하게 만들고는 크고 작은 물고기를 가리지 않고 한꺼번에 잡는 것처럼 법과 제도를 빈틈없이 만드는 것을 능사라고 생각한다. 엄정한 법치를 시행하면 절로 공정하고 정의로운 사회가 실현될 수 있을까?

자연으로 돌아가라! 노자의 이 말을 통해 우리는 다투지 않고도 이기는 법을 배워야 한다.

VI. 도(道)에 바탕을 둔 인권국가: 소국과민(小國寡民)

노자가 꿈꾸는 이상사회는 '나라는 작고, 백성의 수는 적은' 소국과민이다.[118] 노자는 작은 나라와 적은 백성의 규모가 어느 정도여야 하는가에 대해서는 언급하고 있지 않다. 다만 "이웃나라가 바라다 보이고 닭과 개가 우짖는 소리가 서로 들린다"[119]고 말하고 있는 것에 비춰

116 도덕경 제73장.
117 도덕경 제73장.
118 도덕경 제80장.
119 도덕경 제80장.

볼 때, 노자는 소규모의 원시공동체사회를 지향하고 있음은 분명하다.

첫째, 이곳에서는 도구가 많이 있어도 쓸 일이 없고, 배와 수레가 있어도 탈 일이 없다. 도구가 많고, 배와 수레가 있는 것으로 보아 노자는 물질문명과 과학기술을 아예 배척하고 있지는 않다. 다만 이곳에 사는 사람들은 무위자연의 도에 따르는 삶을 살고 있으니 물질주의에 얽매이지 않는다. 또한 워낙 나라가 작으니 굳이 도구를 사용하여 농사를 짓고 직업 활동을 하며, 배와 수레를 타고 이동할 일이 없다는 의미로 이해할 수도 있다.

둘째, 이곳에서는 사람들이 목숨을 소중히 여겨 먼 곳으로 이주하는 일이 없다. 노자가 살던 당시는 노예제사회이고, 전쟁이 끊이지 않는 춘추전국시대였다. 천민과 평민들은 군주의 명령에 따라 전쟁에 끌려가 언제 죽을지도 모르는 현실에서 살았다. 그러니 사람들은 이리저리 먼 곳으로 떠돌며 자신과 가족의 목숨을 다투었다. 노자가 꿈꾸는 이상사회는 전쟁이 없고 평화로우므로 사람들은 죽음을 피하여 굳이 먼 곳으로 이주할 필요가 없다.

셋째, 이곳에서는 비록 군대가 있어도 진을 칠 일이 없다. 부쟁에서 살펴보았듯이 노자는 다툼이 없는 사회를 꿈꿨다. 일상의 삶에서 크고 작은 다툼은 피할 수 없다. 하지만 다툼 중에서 가장 최악의 형태는 전쟁이다. 노자는 '군대는 있어도'라는 표현을 쓰고 있는 것을 보아 국가방위를 위한 군대조직을 두는 것 자체를 반대하고 있지는 않다. 다만 '진을 칠 일이 없다'고 하고 있으니 군대는 나라와 인민의 생명과 재산을 지키기 위한 목적에서 유지하되 전쟁을 일으키고 수행하는 것은 반대한다고 보아야 한다.

넷째, 이곳에서 사람들은 새끼줄을 맨 매듭으로 의사표시를 한다. 노자가 꿈꾸는 이상사회에서는 문자가 필요 없다. 사람들 서로가 이웃이고 잘 알고 있으므로 새끼줄을 맨 매듭을 사용하는 것만으로도 자신의 의사를 충분히 표시할 수 있다. 예전 시골 사람들은 대부분 배우지 못해 글자를 알지 못하였다. 사람들은 누구에게 물건과 돈을 빌리고 빌려주고는 자신만이 아는 표식을 해 두곤 했다. 시장에서 자식이 신을 신발을 사러 갈 때도 도량형 치수가 아니라 손 뼘으로 길이를 가늠하곤 했다.

다섯째, 이곳에서 사람들은 자급자족하며 고유의 풍속을 즐긴다. 사람들은 자신들이 농사지은 음식을 달게 먹고, 의복을 아름답게 입고, 자기 집에 편안히 거처한다. 그리고는 자신들의 고유의 풍속을 즐기니 근심걱정이 없다. 이처럼 욕심을 버리고 소박한 삶을 사는 이곳은 무위와 무욕의 사회라고 할 수 있다.

Ⅶ. 노자의 도(道)에 대한 현대 인권적 평가

춘추전국시대의 다른 사상가들과 마찬가지로 주나라가 쇠퇴하고 여러 제후국들이 서로 싸우던 혼란스러운 시대를 살면서 노자는 어떻게 하면 전쟁을 종식시키고 편안한 삶을 살 것인가를 깊이 성찰하였다. 그는 주나라 수장실의 사관이었지만, 정치의 부패와 혼란을 보고 관직을 버리고 산으로 들어가 도를 탐구했다. 그리고는 노자는 자신의 사상을 담은 책인 『도덕경』을 남겼다.

노자가 추구한 도를 요약하면, 자연의 순리를 따르고 욕심을 버리며 무위로써 정치를 하는 것을 강조하는 사상이라고 할 수 있다. 이를 무위지치(無爲之治)라 하는데, "하지 않음으로써 다스린다"는 뜻이다.

노자는 가장 이상적인 정치 형태라고 생각한 무위지치를 실현하기 위해서는 통치자가 청정염담(淸靜恬淡), 무위자연(無爲自然), 불감위천하선(不敢爲天下先)의 자세를 가져야 한다. 즉, 통치자는 마음이 맑고 고요하며 물욕을 갖지 말아야 하며(청정염담), 자연을 본받아 무위를 행함으로써 인위적 개입을 줄이고(무위자연), 공을 이루더라도 공치사에 빠지지 않는 마음가짐을 가져야 한다(불감위천하선).

무위지치가 이뤄지는 정치사상을 담은 『도덕경』은 은유적·함축적·비유적이라 그 텍스트를 읽는 사람에 따라 다양하게 해석될 수 있는 여지가 있다. 또한 『도덕경』을 바라보는 시각도 크게 갈린다. 위에서 살펴본 것처럼, 이 책을 민중들의 집단 창작물로 보는가, 아니면 철저하게 권력의 기술에 관한 텍스트로 보는가에 따라 『도덕경』을 대하는 시각이 극명하게 다를 수 있다. 후자의 입장을 수용한다고 해도 『도덕경』에 나타난 노자의 사상이 가지는 의미는 달라지지 않는다. 현대 인권의 시각에서 노자의 도에 대한 평가를 해 보기로 한다.

1. 도(道)도 크고 하늘도 크고 땅도 크지만 사람 또한 크다

사람 또한 크다(人亦大).

노자의 이 말은 독일의 철학자 프리드리히 니체의 "신은 죽었다

(Gott ist tot. God is dead.)"는 선언과 맞먹는 말이다. 니체는 유럽인들을 정신적으로 지배하고 있던 기독교 신에 대한 신앙은 믿을 수 없다고 하면서 피조물인 '우리'가 절대 신인 '그'를 죽였다고 말한다.

> 신은 죽었다! 신은 죽어 버렸다! 우리가 신을 죽인 것이다! 살인자 중의 살인자인 우리는 이제 어디에서 위로를 얻을 것인가?[120]

신에 대한 복종은 인간의 오랜 신앙이자 믿음이다. 이제 '신의 죽음'으로 복종의 대상을 잃어버린 인간은 홀로 서지 않을 수 없다. 신의 지배와 복종에서 벗어나 주체로서 인간은 재탄생한 것이다.

주체로서 근대 인간의 재탄생은 중세의 신 중심적 세계관에서 벗어나 인간이 자신의 삶을 주체적으로 개척하고 결정할 수 있는 능력을 갖게 된 것을 의미한다. 이는 르네상스, 종교 개혁, 계몽주의와 같은 근대 철학과 사상의 발전에 의해 촉진되었다.

노자는 만물을 구성하는 요소인 하늘·땅·사람(天地人)의 삼재(三才)에 도(道)를 추가하였다. 그리고는 도와 하늘·땅도 크지만 '사람 또한 크다'며 사람을 만물의 다른 주체와 수평적이고 대등한 관계에 있다고 보았다.

> 사람은 땅을 본받고, 땅은 하늘을 본받고, 하늘은 도를 본받고,

---

120 "신은 죽었다!"는 말은 이 책 제3부 125항에 나온다. 니체는 "나는 신을 찾고 있노라! 나는 신을 찾고 있노라!"라고 외치는 광인의 질문에 대한 대답의 형식을 빌려 "신은 죽었다!"고 선언한다. 프리드리히 니체(안성찬·홍사현 옮김), 『즐거운 학문』, 책세상, 2005, 199-201쪽.

도는 자연을 본받는다.[121]

노자의 이 말에는 천지인 삼주체가 서로 갈등하고 지배와 피지배의 종속적 관계가 아니라 서로 본받고 협력하는 대등한 관계에 있다는 의미를 담고 있다. 사람이 땅과 하늘을 본받고, 그 하늘이 도를 본받고, 또한 도는 자연을 본받으니 결국 사람도 무위자연의 도를 깨닫고 실천하는 주체가 될 수 있다. 그럼에도 불구하고 인간이 도를 따르지 못하는 주된 이유는 무엇일까? 인간이 '이름'에 얽매여 끊임없이 다투고 갈등하기 때문이다.

2. 인간사회에서 일어나는 다툼의 근원은 이름이다

공자는 춘추천국시대의 혼란한 현실을 바로잡기 위해서는 정명이 필요하다고 보고, 이를 통해 사회 질서를 바로잡고, 사람들의 도덕성을 높이고자 했다. 반면, 공자와 달리 노자는 이름이 인간사회에서 일어나는 다툼의 근원이라고 본다. 이름은 실질을 나타내지만 이름이 실질을 대신하게 되면 사람들이 이름에 집착하게 되고, 그로 인해 다툼이 발생한다고 주장했다. 예를 들어, 왕은 왕의 역할을 해야 하지만, 이름만 왕일 뿐 실체가 왕이 아니라면, 사람들은 왕에게 복종하지 않을 것이다. 또한, 신하는 신하의 역할을 해야 하지만, 이름만 신하일 뿐 실체가 신하가 아니라면, 사람들은 신하에게 충성을

121 도덕경 제25장.

다하지 않을 것이다. 따라서 이름이 실질을 대신하게 되면, 사람들이 이름에 집착하게 되고, 그로 인해 다툼이 발생한다는 것이 노자의 주장이다.

노자에 따르면, 본래 도는 이름이 없다. 사회에서 일어나는 대부분의 갈등은 이름이 가지는 의미 혹은 실질에 대한 해석과 적용을 둘러싸고 일어난다. 그 전형적인 사례로 '성적 지향(sexual orientation)'을 들 수 있다.

성적 지향이란 특정 성별의 상대에게 성적 및 감정적으로 이끌려 관심을 나타내는 것으로 이성애, 동성애, 양성애, 무성애 등 다양한 형태로 나타날 수 있다. 최근에는 사회적 성 정체성의 입장에서 성적 지향을 바라보고 있다. 사람마다 성적 지향이 나타나는 경우는 다양하여 일률적으로 말할 수 없다. 성적 지향은 유전, 호르몬, 환경적 영향 등 선천적인 요인과 후천적인 요인으로 나타날 수 있고, 또한 두 요인이 복합적으로 작용한 결과로 나타날 수도 있다. 이성애와는 다른 성적 지향을 가진 사람들을 지칭하는 용어로 LGBT·퀴어·성소수자 등이 있다. 최근 동성애자의 혼인할 권리(동성혼)를 보장하는 국가가 늘어나고 있으나 절대 다수의 국가에서 성소수자는 여전히 인권 보호의 사각지대에 있다.

우리나라에서도 성소수자의 권리를 보호하기 위한 법률인 차별금지법 제정이 여러 번 시도되었지만 보수기독계 등의 거센 반발로 매번 무산되었다. 성적 지향을 차별금지의 대상에 포함시켜 성소수자의 권리를 보장하는 것은 인권이 추구하는 보편적 성질에 부합한다. 공자가 말한 정명에 비추어 보아도 차별금지법에 성적 지향을 규정하는 것이 명(名)과 실(實)에 부합한다. 하지만 노자가 말하듯 성적 지향이라는 이름은 그 실질이 분명함에도 사회적 갈등을 불러일으켜 결국 차별금지법의 제정을 무산시키는 핵심 이유가 되고 말았다.

노자는 "도(道)도 크고, 하늘도 크며, 땅도 크며, 사람 또한 크다"고 말한다. 그는 도를 천지만물의 존재근거이자 형식이며, 근원적인 이치라고 보고, 이를 상도(常道)라 불렀다. 도는 너무 커서 이름을 붙일 수 없다. 하지만 모든 만물에 이름을 붙이지 않을 수 없듯 도에도 이름이 필요하다. 도의 존재가 드러나지 않은 상태를 무(無), 그 존재가 드러난 상태를 유(有)라고 하지만 이 둘은 본래 같은 것이다. 세상에 나와 둘의 이름이 달라졌을 뿐이다. 동성애와 이성애도 마찬가지다. 이름(명칭)이 다르고, 그에 따른 실질을 이해하는 입장이 다르다고 하여 이성애에 비하여 동성애를 차별해서는 아니 된다. 도의 관점에서 무와 유는 동일하고, 도와 하늘, 그리고 땅과 함께 사람 또한 크기 때문이다. 모든 사람은 자유롭고 평등하다는 것은 인권의 보편적 가치다. 동성애와 이성애 여부를 떠나 사람은 누구나 존중받아야 하는 소중한 존재들이다.

3. 사람과 만물은 현재의 모습 그대로가 아름답다

천지만물과 사람은 자신만의 고유한 모습이 있다. 이를테면, 농작물에 해를 끼친다는 인식 때문에 우리는 잡풀을 뽑아내거나 제거해야 하는 식물이라는 잘못된 인식을 가지고 있다. 그러나 작물과 잡풀의 구분은 농사에 도움이 되는가 여부에 따른 것이므로 반드시 합리적인 판단이라고는 할 수 없다. 작물과 잡풀은 둘 다 자연의 일부이고, 각자 나름의 고유한 역할이 있기 때문이다. 노자는 천지만물이 가지고 있는 이러한 상태를 '저절로 그러함' 혹은 '변함없는 자연'이라는 뜻에서 '상자연(常自然)'이라고 하였다.[122]

노자의 시각에서 보면, 작물과 잡풀은 모두 풀이고, 상자연이다. 작물은 작물의 모습 그대로, 잡풀은 잡풀의 모습 그대로 존재하고, 자연의 변함없는 본성을 가지고 있다. 사람과 만물은 현재의 모습 그대로가 아름다운 것이다. 노자는 이런 상태를 자연이연(自然而然)이라고 불렀다. 작물과 잡풀을 구분하고 차별하는 것은 인간의 시각이지 자연에서는 모든 존재가 그 모습 그대로 아름다운 법이다.

「세계인권선언」 제2조는 다음과 같이 규정하고 있다.

> 모든 사람은 인종, 피부색, 성, 언어, 종교, 정치적 또는 기타의 견해, 민족적 또는 사회적 출신, 재산, 출생 또는 기타의 신분과 같은 어떠한 종류의 차별이 없이, 이 선언에 규정된 모든 권리와 자유를 향유할 자격이 있다.

이 조항에 따르면, 모든 사람은 인종, 성별, 종교, 출신, 재산, 출생 등과 같은 어떠한 이유로도 차별받지 않고 인권을 누릴 권리가 있다. 「세계인권선언」은 유엔 총회에서 조약이 아닌 결의문으로 채택되었으므로 법적 구속력이 없다는 견해도 있다. 하지만 국제인권법

---

122 도덕경 제51장.

에서 이 선언이 가지는 의미와 규범력을 고려할 때 모든 국가는 이 조항을 준수하고 모든 사람의 인권을 보장하기 위해 노력해야 할 의무가 있다.

차별금지조항을 떠나 노자는 천지만물과 사람이 가진 자연스런 본래의 모습을 지켜야 한다는 입장이다. 모든 존재는 현재의 모습 그대로 고유하고 아름답다. 그러니 일부러 무엇을 꾸미거나 인위적으로 가공할 필요가 없이 자신의 모습 그대로를 바라보고 존중해야 한다. 현실에서 일어나는 차별도 마찬가지다. 뚱뚱하다, 야위었다, 말랐다, 잘생겼다, 못생겼다와 같은 신체적 외모에 관한 차별은 노자의 도에 비추어 보면 모두 쓸데없는 짓에 지나지 않는다. 자연의 지극한 도와 덕은 땅과 어머니의 속성을 닮아 있기 때문이다.

4. 도와 덕은 땅과 어머니의 속성을 닮았다

도는 만물을 낳고, 덕은 만물을 기른다. 만물을 낳고 기른다는 측면에서 도와 덕은 땅과 어머니의 속성을 닮았다. 노자의 도는 강하고 딱딱하고 굳어 있고 죽은 '수컷'보다는 약하고 부드럽게 세상을 품는 '암컷'이다. 노자는 도가 가진 이러한 성질을 '검을 현(玄)'과 '암컷 빈(牝)', 즉 '현빈'이라고 부른다.

노자는 "최상의 선은 물과 같다"며 이를 상선약수라 하였다. 이 물의 속성에 부합하는 것이 바로 땅과 모성이다. 땅은 생명의 원천이며, 모성은 생명을 낳고 키우는 것이다. 땅은 또한 풍요와 번영의 상징이며, 모성은 사랑과 보살핌의 상징이다.

땅과 모성은 남성(수컷)보다는 여성(암컷)과 연관된다. 땅은 여성의 몸과 생식력을, 모성은 여성의 사랑과 보살핌을 상징한다. 또한 땅과 모성은 자연과 연관된다. 땅은 자연의 일부이며, 모성은 자연의 힘을 상징한다. 따라서 땅과 모성은 생명, 풍요, 번영, 사랑, 보살핌, 자연을 상징한다.

노자는 땅과 모성을 내세워 부권(父權) 중심의 유가를 비판한다. 그 대신 천지만물을 낳고 기르며, 부드럽게 포용하는 모권(母權)을 내세워 여성의 삶을 지배하고 통제함으로써 여성의 권리를 제약하고 침해하는 남성중심주의적인 지배 권력에 저항한다. 이런 면에서 노자 사상은 페미니즘과 많은 공통점을 가지고 있다. 남성중심주의가 자연의 이치에 부합하지 않는다고 보는 노자 사상과 마찬가지로 페미니즘도 이를 비판하고 여성이 남성과 동등한 권리를 누리는 평등한 사회를 만들어야 한다고 주장하기 때문이다.

하지만 '성차별'은 쉽게 사라지지 않고 있는 것이 현실이다. 이러한 문제를 인식하여 1979년 12월 10일 채택된 것이 「여성에 대한 모든 형태의 차별철폐에 관한 협약(여성차별철폐협약)」이다. 이 협약에 따르면, 여성차별은 "정치적, 경제적, 사회적, 문화적, 시민적 또는 기타 분야에서 결혼 여부에 관계없이 남녀동등의 기초 위에서 인권과 기본적 자유를 인식, 향유 또는 행사하는 것을 저해하거나 무효화하는 효과 또는 목적을 가지는 성에 근거한 모든 구별, 배제 또는 제한"을 말한다.[123] 이 협약은 "남성과 여성 사이의 사실상의 평등을

123 「여성차별철폐협약」 제1조.

촉진할 목적으로 당사국이 채택한 잠정적 특별조치"와 "모성보호를 위한 조치"를 제외한 "성에 근거한 모든 구별, 배제 또는 제한"을 여성차별로 본다.

> 도는 만물을 낳지만 소유하려 하지 않고, 돌보지만 대가를 바라지 않고, 자라게 하면서도 지배하려 들지 않는다.[124]

노자는 도의 이러한 본성을 '심오한 덕', 즉 현덕(玄德)이라 하였다. 노자의 이 사상은 남녀평등을 보장하고 여성차별을 금지하는 현대 인권의 가치와 전적으로 부합한다고 할 수 있다.

---

124 도덕경 제51장.

제7장

장자의 덕(德)과 인권

I. 현대 인권에서 장자의 덕(德)이 가지는 의미

장자(莊子)는 중국 전국시대의 사상가(B.C. 365?-B.C. 270?)로 노자(老子)와 함께 도가 사상의 중심인물이다. 하지만 장자에 대해서는 사마천의 『사기(史記)』 노장신한열전(老莊申韓列傳)에 기록된 235자를 제외하면 알려진 공식 기록이 거의 남아 있지 않다. 「열전」에 따르면, 장자는 송나라 몽(蒙) 출신으로 이름은 주(周), 자는 자휴(子休)이다. 그의 생몰연대로 비추어 볼 때 장자는 맹자와 같은 시대에 살았던 것으로 추정된다.

장자가 살았던 전국시대는 전쟁이 끊이지 않았다. 백성들은 전쟁과 부역에 끌려가 싸우거나 노동을 하다가 죽고, 아니면 추위에 떨고 배고픔에 굶주리다 죽었다. 이런 참혹한 현실에 대해 제나라 대부 안자(晏子)는 "지금은 말세다"라며 "공실(公室)의 곳간에는 쌓인 제물이 좀먹고 썩어나는데 늙은이는 얼어 죽고 굶어 죽는 실정"을 개탄하였다.[1] 미래에 대한 아무런 꿈과 희망이 없는 현실에 백성들은 절망하고 좌절했으며 난세를 피하여 안위를 도모하며 숨어들었다. 이에 대해 장자는 "지금은 온 천하가 미혹되었으니 내가 비록 향도한다 한들 어찌할 수 있겠느냐?"며 안타까운 마음을 이렇게 토로한다.[2]

> 불가능한 줄 알면서도 힘쓰는 것 또한 하나의 미혹이다. 그러므

---

1 좌전(左傳) 소공(昭公) 3년(B.C. 539).
2 장자 외편 천지 12:16.

로 포기하고 추구하지 않는 것만 못하다. 그러나 추구하지 않으면 누가 진실로 더불어 걱정할 것인가? 한센인(厲)이 야밤에 아기를 낳으면 황급히 등불을 들고 바라본다. 자기를 닮았을까 두려운 것이다.[3]

한센인은 나균(癩菌)에 감염되어 한센병을 앓고 있는 사람을 말한다. 한때 한센병은 손을 잡아도 다른 사람을 감염시킨다는 잘못된 인식과 정보로 인하여 한센인들은 사람들에게 무시되고 차별을 받았다. 그 전형적인 사례가 일제강점기에 전라남도 고흥군에 있는 소록도에 만든 한센인 강제수용시설이다. 한센인이 겪는 고통은 여기서 그치지 않았다. 사람들은 한센인을 문둥이로 부르며 차별하고 무시하였다.

「보리피리」라는 시로 잘 알려진 한하운은 한센병을 앓았다. 그는 「나는 문둥이가 아니올시다」, 「罰(벌)」, 「버러지」와 같은 제목의 시에서 사람들에게 당하는 차별과 설움을 노래한다. 1955년 시집 『보리피리』를 펴내며 한하운은 자서(自序)에서 이렇게 적고 있다.

천형(天刑)의 문둥이가 되고 보니 지금 내가 바라보는 세계란 오히려 아름답고 한이 많다. 아랑곳없이 다 잊은 듯 산천초목과 인간의 애환이 다시금 아름다워 스스로 나의 통곡이 흐느껴진다.

3 장자 외편 천지 12:16.

정작 한센병을 앓고 있는 한하운은 자신을 '문둥이', 그 병을 '천형'이라 부르고 있다. 그의 시편을 통해 당시 사람들이 한센인에 대해 가지고 있는 편견이 얼마나 심각했는지를 알 수 있다. 한하운이 자신을 지칭하는 용어로 쓰고 있는 '문둥이'는 문학적 수사로 보아야 하고, 더 이상 사용하지 말아야 한다. 이러한 용어는 한센인을 차별하고 그들의 인권을 침해할 수 있다.

요컨대 장자가 한센인을 예로 들고 있는 이유는 당시 백성들의 현실에 대한 분노와 좌절, 그리고 절망이 얼마나 깊었는가를 말하고 싶었기 때문이다. 부모라면 누구나 자식이 태어나면 기뻐하는 것이 인지상정이다. 한센인들은 전쟁이나 부역과 같은 일에 소집되지 않고 면제받는 것이 일반적이다. 하지만 당시 군주들은 몸이 성한 백성과 장애가 있는 백성을 묻지 않고 강제로 전쟁터와 노역으로 끌고 갔다. 오죽하면 한센인마저도 아기를 낳으면 자기를 닮았을까 두려운 마음으로 황급히 등불을 들고 바라봤을까.

약육강식의 논리가 지배하던 현실에서 장자는 고향에서 옻나무 밭을 관리하는 칠원리(漆園吏)라는 말단관직에 잠시 있었을 뿐 평생 자유인으로 살았다. 난세와 말세의 엄중한 현실을 살면서 장자 역시 자신과 가족의 안위를 도모하는 일에 골몰하였을 것이다. 또한 군주를 정점으로 공고하게 구축된 신분제사회에서 직설적인 말과 글로 지배 권력을 비판하는 것은 목숨을 걸어야 하는 위험한 일이었다. 그래서 장자가 선택한 방법이 우화(寓話)다. 그는 이런저런 이야기로 현실을 비꼬고 풍자하는 우언(寓言)으로 무위자연의 사상을 발전시키고, 도에 대한 깊이 있는 철학적 논의를 담고자 했다.

그가 쓴 『장자』는 모두 65,000여 글자로 「내편(內篇)」 7편과 「외편(外篇)」 15편, 「잡편(雜篇)」 11편 등 모두 33편으로 이뤄져 있다. 이 구분은 진(晉)나라 사람인 곽상(郭象)이 정리한 것이다. 『장자』는 장자의 단독저술이 아니라 공동저술이다. 33편 가운데 장자가 쓴 것은 「내편」 7편뿐이고, 「외편」과 「잡편」은 장자를 믿고 따르는 제자나 그의 사상을 따르는 후세의 사람들이 썼다는 것이 통설이다.[4]

노자와 함께 장자는 대표적인 도가(道家)사상가이자 도교에서도 핵심인물이다. 도교에서는 노자를 교주로 받들고 '태상노군(太上老君)'이라 부른다. 당나라에서는 도교를 국교로 지정하였다. 당 고종은 노자에게 '태상현원황제(太上玄元皇帝)'의 봉호를, 현종은 장자에게 '남화진인(南華眞人)'이라는 시호를 내렸다. 이런 연유일까. 유가에서는 '영토와 제위가 없으면서 천하를 다스리는 자'[5]라는 뜻에서 장자를 '소왕(素王)'[6]이라 부르고 있다.

도가는 유가가 가지고 있는 교조적이고 형식적인 규범의 한계를 뛰어넘는 사상이다. 특히 노자와 마찬가지로 장자는 무위자연의 도를 추구함으로써 인간의 자유를 속박하는 일체의 인위적이고 가식적인 사고나 제도를 거부하고 부정한다. 장자의 사상을 한마디로 요약하면, "편견과 차별을 넘어선 절대자유와 평등"이다. 국가라는 체제와 자본과 권력이라는 이념에 얽매여 자유롭지 않은 개인에게는 여전히 장자가 꿈꾸는 몰아일체(沒我一體)의 자유와 사람과 사물을

---

4 김대근, 『도가: 비워서 채우는 삶의 미학』, 살림, 2020, 10쪽.
5 기세춘, 『장자』, 바이북스, 2020(이하, 기세춘, 『장자』), 279쪽, 각주 6).
6 소왕이란 표현은 장자 천도 13:2에 나온다.

차별하지 않는 평등이 필요하다.

II. 덕(德)의 인권적 개념

인간의 절대자유와 평등을 추구하는 장자는 그의 저서 『장자』에서 도(道)와 함께 덕(德)에 대해 말하고 있다. 노자는 『도덕경』에서 "도는 만물을 낳고, 덕은 만물을 기른다"[7]고 말했다. 도가 본체(體)라면, 덕은 그 본체의 실천이자 작용(用)이라는 게 노자의 생각이다.[8] 노자와 마찬가지로 장자도 도와 덕을 체(體)와 용(用)의 관계로 보고 있는데, 그의 저서 『장자』를 중심으로 덕의 개념에 대해 살펴보기로 한다.

1. 덕은 얻는 것이고, 기르는 것이다

『관자(管子)』와 『예기(禮記)』에 따르면, '덕(德)'은 '얻는 것(得)'이다.[9] 만일 그렇다면 덕은 인간의 후천적 노력으로 이룰 수 있는가, 아니면 태어날 때부터(선천적 혹은 생득적으로) 인간의 품성에 깃들어 있는가?[10] 이 두 가지 입장은 인간의 본성론에 대한 논의로 발전한다.

공자는 인간이 마땅히 가야 하는 길이자 목표로 도를 제시하고,

---

7 도덕경 제51장. 道生之 德畜之.
8 조수행, 『도덕경』, 15쪽.
9 『管子』「心術上」·『禮記』「樂記」: "德者 得也."; 『釋名』: "德 得也. 得事宜也."
10 임헌규 III, 154-155쪽.

수양을 통해 자기완성을 이루어야 한다는 점을 강조한다. 하지만 도를 가슴에 품고 있는 것만으로는 그 이상을 이룰 수는 없다. 인간이 자기완성을 이루기 위해서는 현실에서 인간다운 덕을 실천해야 한다. 이를 전덕(全德)이라 하는데, 그 덕의 내용이 바로 인(仁)이다. 요컨대 공자에게 도와 덕의 관계는 도는 덕의 객관화이며, 덕은 도의 주체화라고 할 수 있다. 그리고 인(仁)이란 도가 실현하고자 하는 덕의 내용이다. 공자에게 도와 덕, 그리고 인(仁)은 상호 밀접한 관계를 맺고 있으며, 어느 한 가지라도 결여되어 있으면, 인간다운 인간이 될 수 없다.[11] 『논어』에서 공자가 덕에 대해 언급하고 있는 말을 들면 다음과 같다.

> 군자는 덕을 생각하고, (…) 소인은 이익을 생각한다.[12]

> 나는 덕(德)을 좋아하기를 여색(女色)을 좋아하는 것과 같이 하는 자를 보지 못하였다.[13]

> 하늘이 나에게 덕을 주셨다.[14]

위 말에는 공자가 덕에 대해 구체적으로 어떤 생각을 하고 있는지가 분명하게 드러나 있지 않다. "하늘이 나에게 덕을 부여하셨다"는

---

11 임헌규 III, 160-161쪽.
12 논어 4:11.
13 논어 9:17.
14 논어 7:22.

말에서 알 수 있듯이 공자는 하늘이 자신에게 명령한 '천명'을 깊이 인식하고 있으나 덕의 의미를 분명하게 정의하는 방식을 취하고 있지는 않다. 다만, 공자는 여러 맥락을 통해 다양한 방식으로 덕을 언급하고 있는데, 이 점은 맹자와 순자도 다르지 않다.[15] 분명한 것은, 공자를 비롯한 유가는 덕을 치도의 이념 및 이상적 인격상인 군자와 연관시키고 있다는 점이다.[16] 이를테면, 공자는 "덕을 아는 자가 드물다"[17]고 하면서 심지어 사이비군자인 "향원은 덕의 적이다"[18]라고 신랄하게 비난하였다.

이에 반하여 도가의 경우, 도는 자연 그 자체 혹은 본질이고, 덕은 도가 작용하여 현실에서 어떤 모습으로 발현된 형상이다. 도는 그 뜻이 너무 깊고 오묘하며 구체적인 모습이 없어 인간으로서는 그것을 제대로 볼 수도 없고 알기도 어렵다. 이와 달리 덕은 인간의 의식과 사회질서를 규율하는 도덕윤리 또는 법규범으로 제정되어 적용된다. 도와 덕의 이와 같은 관계를 노자는 "도는 만물을 낳지만 덕은 만물을 기른다"고 했으며, "(덕은) 만물을 키우고(長之) 자라게 하며(育之), 안정시키고(亭之) 편안하게 하며(毒之), 돌보고(養之) 키워 준다(覆之)"[19]고 말했다.

하지만 도와 덕의 관계를 도식화하여 설명한다고 해도 양자는 무위여야 하고, 인간이 인위적으로 개입해서는 아니 된다. 이에 대해

---

15 김형중, "포괄적 '덕' 개념의 형성 과정: 공·맹·순을 중심으로", 범한철학, 제61집, 2011년 여름, 범한철학회, 2쪽.
16 임헌규 III, 152쪽.
17 논어 15:3.
18 논어 17:13.
19 도덕경 제51장.

노자는 "높은 덕은 아무 것도 하지 않으니 아무런 의도함이 없고, 낮은 덕은 억지로 무엇을 하려는 의도가 있다"고 말한다.[20] 마찬가지로 장자도, "대저 제왕의 덕은 천지를 머리로 삼고 도덕을 주인으로 삼고 무위를 상도(常道)로 삼는다"고 하였다. 무위하면 천하를 부리고도 남음이 있고, 유위하면 천하의 부림을 삼기에도 부족하다는 것이다. 그러므로 "고인들은 무위를 귀하게 여겼다"면서 무위하면 만물은 스스로 조화하고 자라며, 천하는 공적을 이룬다고 하였다.[21]

2. 도는 존재요, 덕은 작용이다

노자와 마찬가지로 장자도 도와 덕을 체(體)와 용(用)으로 본다. 도가 존재의 실체(본질)라면, 덕은 존재의 작용이다. 도와 덕 양자의 관계에 대해 장자는 이렇게 말한다.

> 대저 도란 연못처럼 편안하고 호수처럼 맑고 깊지만 팔음(八音)도 그것을 얻지 못하면 소리를 내지 못한다. 그러므로 종과 경쇠는 소리를 가졌지만 치지 않으면 울리지 않는다.[22]

팔음이란 악기를 만드는 재료에 따라 나눈, 아악(雅樂)에 쓰는 여덟 가지 악기 또는 그 각각의 소리를 말한다. 여덟 악기의 재료는 금

---

20 도덕경 제38장.
21 장자 천도 13:4.
22 장자 천지 12:3.

(金), 석(石), 사(絲), 죽(竹), 포(匏), 토(土), 혁(革), 목(木) 따위이다. 팔음과 같은 아무리 훌륭한 악기라도 치지 않으면 소리가 울리지 않는 것과 마찬가지로 도는 덕을 통하지 않고는 현실에서 작용할 수 없다. 아무리 사람의 내면이 덕으로 충만해 있다고 할지라도 '사물이 그것을 채색했기 때문'에 그 마음이 나타난다. 따라서 사람의 내면에 덕이 가득 차 있다는 사실은 형상을 통해 겉으로 드러날 수밖에 없는 것이다. 이에 대해 장자는 말한다.

> 형체는 도가 아니면 태어나지 못하고, 생명은 덕이 아니면 발현되지 못한다. 그러므로 형체를 보존하고 생명을 다하고 덕을 세우고 도를 밝히는 것이 성덕(盛德)이 아닐까?[23]

장자가 보기에 덕은 외형·외모·편견·차별과 같은 형상(형체)을 규정하고, 덕이 높으면 형상에 얽매이지 않는다. 이처럼 형상이 없는 도가 사람의 행위로써 형상화된다는 뜻에서 관중은 덕을 '도(道)의 집'이라고 하였다.[24]

3. 덕은 화평을 이루는 수양이다

『장자』 덕충부편에는 노나라 애공과 공자가 문답하는 내용이 나온다. "무엇을 일러 덕이 드러나지 않는다고 합니까?"란 애공의 물

---

23 장자 천지 12:3.
24 조수행, 『도덕경』, 108쪽.

음에 공자는 이렇게 답한다.

> 수평기(水平器)는 물이 정지하여 바른 것입니다. 이처럼 진실로 법으로 삼을 수 있으려면 안으로 보전하고 밖으로 흔들리지 않아야 합니다. 덕이란 화평을 이루는 수양입니다.[25]

공자의 입을 빌리고 있지만 실은 장자는 그를 자신의 대변인으로 내세우고 있다. 장자가 마치 공자가 말한 것처럼 한 이유는 여러 가지가 있을 수 있다. 장자가 활동하던 전국시대 당시 이미 유가의 영향력이 상당했다. 장자는 공자를 내세움으로써 자신이 주장하는 사상의 권위를 확보할 수 있었다. 또한 말단 공무원에 불과한 장자의 신분으로서는 절대권력자인 군주에게 직설적 화법으로 말하는 것은 목숨을 걸어야 하는 일이었다. 이는 장자가 공자를 비롯하여 다른 인물을 내세워 소위 '카더라'식 화법을 구사할 수밖에 없는 현실적 이유이기도 했다. 공자를 믿고 따르는 유가들은 장자의 화법에 상당히 당황했을 것임이 분명하다. 스승 공자가 이렇게 말했다고 하니 장자의 말에 딴지를 걸기도 애매모호했을 것이다. 이런 면에서 보면 장자는 아주 영리하고 영악하며, 심지어 천연덕스럽기까지 하다. 장자는 공자뿐 아니라 사회에서 가장 차별받고 무시당한다고 생각되는 장애인들을 내세운다. 그 한 가지 예를 들면, 위나라에 사는 추인 애태타(哀駘它)이다.

---

25 장자 덕충부 5:5.

애태타는 아주 못생기고 흉한 외모를 가진 인물이다. 애공은 공자에게 그에 대해 이렇게 평가한다.

> 사내들이 그와 함께하면 사모하여 떠날 줄 모르고, 여인들이 그를 보면 부모에게 떼를 쓰길 '남의 처가 되느니 차라리 그의 첩이 되겠다'고 하고, 수십 명의 여인들이 줄을 잇는다고 합니다. 그가 무엇을 창도했다는 말을 들어본 적이 없고, 다만 항상 화락(和樂)하게 한다는 것뿐입니다.[26]

어디 그뿐인가. 심지어 그는 "남을 죽음에서 구한 일도 없고, 녹이 많아 사람들의 배를 채워 줄 가망도 없으며, 도리어 추하여 천하를 놀라게 할 뿐"이다. 그가 하는 일은 "화락할 뿐 어떤 주장도 없고, 지혜도 드러나지 않는데도 남자고 여자고 간에 그 앞에 모여"드니 상식적으로는 이해되지 않는 일이다.[27] 애공은 애태타에게 남과 다른 비범한 점이 있을 것 같아 그를 만나 보고는 사람됨에 마음이 끌린다. 애공은 그에게 재상 자리를 맡기기까지 하였으나 얼마 안 가서 애태타는 떠나고 만다. 애공은 공자에게 "그는 어떤 사람입니까?"라고 묻는다.

공자는 죽은 어미의 젖을 빨고 있는 새끼돼지를 본 경험을 예로 들어 이렇게 말한다.

---

26 장자 덕충부 5:4.
27 장자 덕충부 5:4.

새끼들이 어미를 사랑한 것은 육체가 아니라 그 육체를 부렸던 덕을 사랑한 것입니다.

이와 같이 애태타는 비록 몸은 추하고 볼품없어도 사람들은 그가 가진 내면의 덕을 사랑했다는 것이다. 그는 말도 없이 신뢰를 받고 아무런 공도 없이 사랑을 받았으며, 남이 나라를 주면서도 받지 않을까 걱정할 정도의 뛰어난 인물이다. 공자는 "그는 반드시 온전한 재능을 가졌으면서도 그 덕을 드러내지 않는 자"라며 '덕이 온전한 사람(全德之人)'이라고 평가하였다.[28]

애태타의 사례를 통해 알 수 있듯이 덕은 형상 전체를 통해 겉으로 드러나지만 형상(혹은 外物)에 구애되지 않는다. 애태타는 '비정상적'인 몸을 가지고 태어났지만 내면에 덕이 충만하다. 그런 그에게 정상과 비정상적인 몸으로 구분하고 차별하는 세상의 기준은 아무런 의미도 없다. 덕으로 가득 찬 그의 내면은 화평하여 조화를 이루고 있으므로 만물과 조응하는 경지에 이르렀다. "만물은 모두 같다"는 만물제동(萬物齊同)이라는 도의 관점에서 보면, 타고난 신체가 온전한가 아닌가는 중요치 않다. 장애인 혹은 비장애인가보다는 서로를 차별 없이 바라보고, 화합하여 조화로운 관계를 맺고 있는가 여부가 중요하다.[29]

---

28 장자 덕충부 5:4.
29 출처: https://m.blog.naver.com/bhjang3/220011115561 (방문일: 2023. 11. 21.)

III. 덕(德)의 인권이론적 근거

1. 무위자연

감히 죽음을 묻습니다.

계로(季路)의 질문에 공자가 대답했다.

삶을 모른다면 어찌 죽음을 알겠는가?[30]

공자의 이 말은 마치 삶과 죽음은 같지 않고 다르다는 뜻으로 받아들여질 수 있다. 흔히 불가(佛家)에서는 삶과 죽음은 같다는 의미에서 생사일여(生死一如)라고 한다. 이와는 달리 공자는 삶을 중시하고 죽음을 가벼이 여겼을까. 공자도 삶과 죽음은 같다고 생각했다. 하지만 배움의 순서에는 앞뒤가 있듯이 공자는 제자들에게 삶과 죽음을 성찰하는 순서를 가르친 것이라고 보아야 한다. 다만 어떻게 해석하든 공자의 관심은 죽음보다는 삶에 있었고, 죽음에 대해 언급하는 것을 꺼렸다.[31] 삶을 중시한 공자는 죽음을 위한 제례(祭禮)마저도 현실의 예법에 부합해야 한다고 생각했다. 유가에게는 삶과 죽음이 그 본질에서 같다고 해도 양자를 대하는 방식에는 철저하게 순서

---

30 논어 선진 11:11.

31 신순정, "자연과 생명공학-장자의 자연주의 사생관을 중심으로", 동양철학연구, 제91권, 2017. 8., 203쪽.

와 서열이 매겨져 있다고 봐야 한다.

유가와 달리 노장에게는 삶과 죽음은 다르지 않고 무위자연의 당연한 현상으로 인식된다. 장자는 "도는 자연을 본받는다"는 도법자연(道法自然)과 무작위(無作爲) 또는 자연이연(自然而然)을 받아들여 삶과 죽음을 자연 그대로 놓아두어 저절로 그러하게 만들도록 해야 한다고 본다. 인간은 "자연 만물을 도울 뿐 간여하지 않아야 한다"[32]는 것이다. 장자의 이 사상은 '자연과 내가 하나가 되는 경지'인 몰아일체(沒我一體)이자 '만물은 모두 같다'는 만물제동(萬物齊同)이다.

장자는 무위자연을 바탕으로 외물(外物)에 휘둘리지 말고 만물을 차별하지 않고 똑같은 존재로 보아야 한다는 확고한 사상을 가지고 있다. 그러므로 그에게 중요한 것은 지금 이 순간을 살아가는 존재의 내면에 덕이 차고 넘치는 화락이며, 모든 존재가 자연의 본성과 조화를 이루는 화평이다. 이에 대해 장자는, "천하에 시비는 정할 수 없다"면서도 "지극한 안락은 몸을 살리는 것이며, 오직 무위에서만 있을 수 있"으며,[33] "만물은 끊임없이 번식하되 모두 무위를 따라 증식"되는 것이라고 말한다.[34]

무위자연에 따라 삶과 죽음을 받아들이는 장자에게는 아내의 죽음마저도 "춘하추동 사계절이 운행하는 것과 같을 뿐"이다.[35] 모든 존재에게 "생명은 임시로 빌린 것"에 지나지 않는다.[36] 그러니 삶이

32 도덕경 제64장.
33 장자 지락 18:2.
34 장자 지락 18:3.
35 장자 지락 18:4.
36 장자 지락 18:5.

죽음과 다르지 않고, 죽음이 삶과 다르지 않다. 해골의 입을 빌려 장자는 이렇게 말한다.

> 주검에게는 위로는 군주가 없고, 아래로는 신하가 없으며, 사시사철의 수고로운 일도 없이 천지를 따라 세월을 보내고 있으니 비록 왕의 즐거움도 이보다 더할 수는 없을 것이오.[37]

여행을 하다가 우연히 해골을 발견하고는, "해골은 과연 근심할까? 나는 과연 즐거운 것일까?"[38]라고 한 열자(列子)의 말도 같은 뜻이다. 결국 만물은 자연의 본성에 따라 순환의 법칙으로 나와서 다시 무위의 순환법칙으로 들어가는 것이다.[39]

2. 물아일체(物我一體)

무위자연은 '자연과 나는 하나'라는 물아일체로 연결된다. 장자는 물(物)과 나(我)의 대립이 사라져 버린 사유의 상태, 즉 자연과 내가 하나가 되는 경지를 도(道)로 본다. 장자는 현상계의 모든 사물 사건을 물(物)로 본다.[40] 따라서 자연만물이 곧 물(物)이다.[41]

---

37 장자 지락 18:6.
38 장자 지락 18:8.
39 장자 지락 18:8.
40 이강수, "장자의 철학정신", 철학연구, 제19권, 1996. 12., 6쪽. 이강수는 '물' 개념의 외연을 아주 넓게 본다. 그의 견해에 따르면, 자연계의 일체 현상과 사회의 일체 사건은 말할 것도 없고, 심지어 갖가지 심리현상조차도 '물' 개념 속에 포함된다.
41 노상우, "장자사상의 일원론적 세계관에서 본 현대 교육학적 함의", 교육종합연구, 제16권 1호, 2018. 3., 교육종합연구원, 132쪽.

나와 자연만물은 서로 대립하고 갈등하고 다투는 관계가 아니다. 오히려 양자는 서로 조화되어 화합·융화되는 관계이다. 물아일체의 상태에서 사물(자연만물)의 현상과 본질을 바라보면, 나와 사물을 구분하고 구별하는 인식에서 벗어나 절대 평등의 마음을 가지게 된다. 이 점에서 물아일체는 소극적·염세적·부정적 인식이 아니라 오히려 적극적·전향적·긍정적인 관념이다. 장자는 돈과 재산이나 권세와 같은 외물에 갇혀 무위자연의 도를 깨닫지 못하고 있는 사람들을 개탄하며 이렇게 말한다.

> 세력과 외물을 좇는 자들은 변란을 즐기고 때를 만나야 소용되므로 무위자연할 수 없다. 이들은 세상 형편에 따르며 순종할 뿐 변화에 물(物)처럼 자정(自定)하지 못하는 자들이다. 육체와 성정을 쫓기게 하여 만물에 골몰하게 하면서 종신토록 돌아올 줄 모르니 슬픈 일이다![42]

> 오늘날 세속의 군자들은 몸을 위한다면서 생명을 버리고 외물을 좇고 있으니 어찌 슬픈 일이 아닌가?[43]

이처럼 장자는 사람들이 절대적인 자유의지를 잃어버리고 자신을 구속하고 속박하는 일체의 관념이나 제도에 얽매여 외물에 의존하며 살아가고 있는 세태를 개탄한다. 장자가 보기에 도의 관점에서

---

42 장자 서무귀 24:5.
43 장자 양왕 28:5.

보면 만물은 차이가 있어도 차별이 없고, 저마다 나름의 가치가 있다. 도의 관점으로 만물을 대하면, 만물은 귀천의 차별이 없다. 다만 관념의 차이에 따라 만물을 차별화하는 것뿐이다.[44] 장자의 이 관념이 여실히 드러나 있는 사례가 호접몽(胡蝶夢) 또는 호접지몽(胡蝶之夢)이다.

> 어느 날 장주(莊周)는 꿈에 나비가 되었다. 훨훨 나는 나비가 된 것이 기뻤고 흔쾌히 스스로 나비라고 생각했으며 자기가 장주라는 것은 알지 못했다. 그러나 금방 깨어나자 틀림없이 다시 장주였다. 장주가 꿈에 나비가 되었는지 나비가 꿈에 장주가 되었는지 알 수가 없다.[45]

꿈속에서 장자는 나비가 되어 훨훨 날아다니며 즐겁게 놀았다. 심지어 그는 자신이 나비라고 생각했으며, 자신이 장자라는 사실도 알지 못했다. 꿈에서 깨어난 후에야 자신이 장자라는 것을 알았지만 정작 꿈속에서는 '장주가 나비가 되었는지 나비가 장주가 되었는지' 알 수 없었다. 이 꿈을 통해 그는 나비라는 사물과 장주라는 '나'는 하나, 즉 물아일체라는 사실을 깨닫는다. 그러니 나와 나비를 구별하는 것이 의미 없듯이 꿈과 현실을 나누는 것 자체가 헛된 일이다. 물론 장자도 '나와 나비'가 가진 존재의 독자성 내지 고유성을 부정

---

44 노상우, "장자사상의 일원론적 세계관에서 본 현대 교육학적 함의", 교육종합연구, 제16권 1호, 2018. 3., 교육종합연구원, 132쪽.

45 장자 제물론 2:17.

하는 것은 아니다. 이에 대해 장자도 "그러나 장주와 나비는 반드시 분별이 있는 것이다"라고 말한다. 다만, 양자의 분별(차이)를 인정한다고 할지라도 언제든 장주가 나비가 되고, 나비가 장주가 될 수 있다. 이와 같이 되는 상태를 장자는 '사물의 탈바꿈', 즉 물화(物化)라고 불렀다.[46]

따라서 물화란 나와 나 이외의 것을 구별하고 차별 짓는 고정관념을 깨어 버리고 모든 만물(자연)과 조화를 이루어 나가는 것을 말한다. 마치 나비가 딱딱한 고치를 찢어 버리고 비로소 화려한 날개를 가진 존재로 태어나듯이 물화란 우화(羽化)요 변화이자 새 생명의 탄생이며 창조다. 만일 나와 우리가 딱딱한 고정관념의 틀에 갇혀 변화를 거부하고 새롭게 태어나기를 부정한다면 도의 본성에 역행하는 것이다.

그렇다면 사람들이 외물에 휘둘리거나 미혹에 빠지지 않고 물화하기 위해서는 어떻게 해야 할 것인가? 장자는 성인과 마찬가지로 "반드시 그 지향하는 목표와 행위의 수단을 살"펴야 한다고 강조한다.[47] 장자가 말하는 바와 같이 분별이나 편견에 빠지지 않고 사고와 판단의 균형을 이루기 위해서는 세상만물이 모두 하나라는 평등사상을 가져야 한다.

---

46 장자 제물론 2:17.

47 장자 양왕 28:5. 장자의 이 주장은 현대법학에서 말하는 비례의 원칙 또는 과잉금지의 원칙과 그 뜻이 통한다. 이 원칙은 국민의 기본권을 제한하는 법이 헌법적으로 인정을 받으려면 목적의 정당성, 수단의 적합성, 침해의 최소성, 법익의 균형성 이 4가지 요건을 모두 갖춰야 한다는 헌법상의 원칙을 말한다. 이에 대해 대한민국 헌법 제37조 제2항은 "국민의 모든 자유와 권리는 국가안전보장·질서유지 또는 공공복리를 위하여 필요한 경우에 한하여 법률로써 제한할 수 있으며, 제한하는 경우에도 자유와 권리의 본질적인 내용을 침해할 수 없다"고 명시적으로 규정하고 있다.

3. 제물론(齊物論): 만물제동(萬物齊同)

무위자연과 물아일체에 바탕을 둔 장자의 도는 “만물은 모두 같다”는 ‘만물제동’ 혹은 “만물은 모두 하나다”라는 ‘만물개일(萬物皆一)’[48]로 귀결된다. 장자는 도의 관점에서 보면, 인간 세상의 옳고 그름(是非), 착함과 악함(善惡), 아름다움과 추함(美醜), 크고 작음(大小), 재화와 복록(禍福), 가난함과 부유함(貧富), 나와 남(自他) 등을 구별하여 차별하는 수많은 가치 관념과 판단기준이 무의미하다고 보았다. 이 관점에서 장자는 인간세상의 모든 대립과 차별을 거부하는 만물제동을 주장하였는데, 이를 제물론(齊物論)이라 한다. 인간사유와 현실세계의 차별적 구별과 대립을 뛰어넘어 인간존재와 사물이 다르지 않고 하나임을 주창한 제물론은 장자 사상의 핵심이라고 할 수 있다.

장자는 현실세계에서 야기되는 모든 갈등과 대립하고 반목하는 원인을 인간의 인위와 작위 때문이라고 본다. 만일 인간이 어떠한 작위와 인위가 없는 무위의 경지에서 자연과 합일한다면 나(개인)와 관계를 맺고 있는 모든 존재는 조화 속에서 살아갈 수 있을 것이다. 이 관점에서 장자는 나와 나 이외의 모든 존재를 서로 차별하지 않고 동등하게 대우함으로써 대립을 해소하고 자유롭게 살아가는 세상을 꿈꾸었다. 만물제동은 곧 이도관지(以道觀之)인 셈이다.

---

48 장자 덕충부 5:1.

사물의 내면과 외면 어디에서 귀천이 갈리게 되며, 어디에서 대소가 갈리게 됩니까?

하백(河伯)의 물음에 북해약(北海若)은 이렇게 말했다.

도의 입장에서 보면 사물에는 귀천이 없다. 물건의 입장에서 보면 자기는 귀하고 상대는 천하다. 세속의 눈으로 보면 귀천은 능력 차이 때문이 아니다. 차별의 관점에서 볼 때는 조금 크니까 큰 것이라면 만물은 크지 않은 것이 없고, 조금 작으니까 작은 것이라면 만물은 작지 않은 것이 없을 것이다. 하늘과 땅을 쌀 한 톨이라 할 수도 있음을 알고, 터럭 한 올을 큰 산이라 할 수도 있음을 안다면, 차별의 이치가 분명하게 드러날 것이다.[49]

요컨대 편견이나 차별에 사로잡힌 채 자기중심적인 관점이 아니라 도의 입장에서 천지만물의 본질을 보라는 말이다. "도의 입장에서 보면 사물에는 귀천이 없다(以道觀之 物無貴賤)"는 장자의 견해는 현대 인권의 평등원칙과 전적으로 부합한다. 장자는 천지만물을 하나(萬物齊一)로 보지 않고 온갖 편견과 고정관념의 시각으로 차별적으로 보는 사람들의 잘못된 인식을 깨트릴 목적으로 거대한 물고기 '곤(鯤)'과 그것이 변하여 새가 된 '붕(鵬)'의 이야기로 『장자』의 서두를 연다.

49 장자 추수 17:5.

북해에 한 물고기가 있는데 이름을 곤이라 한다. 곤은 그 크기가 몇 천 리인지 알 수 없다. 이것이 변하여 새가 되는데, 그 이름을 붕이라 한다.[50]

곤은 그 크기가 몇 천 리인지도 알 수 없는 큰 물고기이고, 붕은 등 넓이가 몇 천 리인지 알 수 없고, 힘차게 날아오르면 그 날개가 하늘을 덮은 구름과 같은 큰 새(大鵬)다. 북해에 살고 있는 곤이 변하여 새가 된 대붕은 한 번 날면 하루에 구만 리를 난다. 이에 반하여 곤과 붕을 바라보는 '조(蜩: 매미)'와 '구(鳩: 비둘기)'는 결심하고 한 번 날면 느릅나무와 빗살나무까지 갈 수 있을 뿐이다. 하지만 그마저도 가끔 이르지 못하여 땅에 곤두박질할 때가 있는 작은 몸집을 가지고 있다. 매미와 비둘기는 곤과 붕에게 묻는다.

무엇 때문에 구만 리 창공을 날아 남쪽으로 간단 말인가?[51]

장자는 거대한 몸집을 가진 곤·붕을 작고 보잘것없는 몸집을 가진 조·구와 대비시켜 사물의 크고 작음(大小)에 집착하는 인간의 상대적 사고관념이 가진 문제점을 비판한다. 장자는 말한다.

작은 지혜는 큰 지혜를 미치지 못하고, 어린아이는 어른의 지혜

---

50 장자 소요유 1:1.
51 장자 소요유 1:2.

를 미치지 못한다. 어떻게 그런 줄 아는가?[52]

스스로 던진 질문에 장자는 답한다.

아침에 돋아나는 버섯은 그믐과 초하루를 모르고, 매미는 봄과 가을을 모른다. 이것들은 사는 기간이 짧기 때문이다.[53]

자문자답에서 장자는 기간, 즉 세월의 길고 짧음(長短)을 예로 들어 상대적 관념에 사로잡힌 인간의 우매함을 깨우치고 있다. 이어서 장자는 '명령(冥靈)'과 '큰 참죽나무(大椿)'를 비교하여 이렇게 말한다.

초나라 남쪽에 명령이란 나무가 있는데 오백 년을 봄으로 삼고 오백 년을 가을로 삼는다고 한다. 먼 옛날에는 큰 참죽나무가 있었다는데 이것은 팔천 년을 봄으로 삼고 팔천 년을 가을로 삼는다고 한다. 그런데 팔백 년을 산 팽조(彭祖)는 지금껏 최장수라고 소문나서 사람마다 그와 같이 되기를 바라니 슬픈 일이 아닌가? 탕(湯) 임금이 현신 극(棘)에게 물은 것도 이러한 분별이었다.[54]

인간의 수명은 통상 백 년을 넘지 못한다. 그에 비하면 팽조는 팔백 년을 살았으니 장수를 한 셈이다. 그런 팽조도 아직 젊은데도 죽

52 장자 소요유 1:2.
53 장자 소요유 1:2.
54 장자 소요유 1:2.

는다며 탄식했다고 한다. 하지만 팔백 년을 산 팽조는 명령과 참죽나무에 비하면 오래 산 것도 아니다. 상(商)나라(=은나라) 탕왕은 팽조가 이토록 오래 살 수 있는 비법이 궁금했던 모양이다. 어진 신하 극에게 팽조의 양생법을 알아 오라고 했으니 말이다. 장자의 눈에는 인간이 가진 이런 분별심이 부질없고 한심할 뿐이다.

이런 사례를 통해 장자가 제물론편에서 말하고자 하는 바는 무엇일까. 이에 대해서는 두 가지 입장이 대립하고 있다. 첫째, 『장자』의 제물론은 장자를 상대주의자 혹은 회의주의자로 간주하였을 때 보다 정합적으로 해석될 수 있다.[55] 둘째, 제물론은 상대주의나 회의주의 혹은 불가지론에 그 근본적 목적을 두지 않았으며, 여느 사상가들과 같이 담론을 정립시키는 것에 있지도 않다. 장자가 말하는 제물론의 요지는 모든 담론을 정립시키는 인간의 판단 능력을 의문시하는 작업을 통해 담론의 정립 자체를 무효화시키는 데 있다.[56]

위 입장 중에서 어느 편에 서든 제물론편에서 장자는 자타, 시비, 선악, 미추 등과 같은 상호 대립하고 차별하는 주관적이고 상대적 고정관념에서 벗어나 모든 사물은 동등하다는 만물제동의 평등사상으로 이행해야 한다고 주장한다. 나 자신이 알고 경험하고 판단하는 것이 옳다는 편협을 극복하고 인간과 사물이 평등한 유기체적 관계에 있다는 것이 제물론이 던지는 핵심적인 메시지라고 할 수 있다.

---

55 Chad Hansen, "A Tao of Tao in Chuang-Tzu," *Experimental Essay on Chuang-tzu* (Asian Studies at HawaII, No.29), ed. by Victor H. Mair (Honolulu: University of HawaII Press, 1983): 50-51.

56 서희정, "『장자』「제물론」에서의 두 가지 자아 '오(吾)'와 '아(我)' 연구", 유교사상문화연구, 제86집, 2021. 12., 172쪽.

Ⅳ. 덕(德)의 인권적 실천 주체

1. 성인(聖人)

성인은 무위자연의 도를 체득하여 물아일체의 경지에 이른 사람을 말한다. 성인을 신인(神人), 천인(天人), 지인(至人), 진인(眞人) 등 다양한 용어로 부르고 있지만 모두 장자가 지향하는 이상적 인간상이다.

장자는 인간과 자연, 즉 천지만물이 대립하기보다는 서로 조화로운 관계를 유지해야 한다고 본다. 무위자연은 물아일체이며, 만물제동이다. 도는 천지만물이 가지고 있는 본성(본질=體)이고, 덕은 도가 개별 사물에 체현되어 작용한다(用). 도와 덕이 하나가 되는 상태가 바로 무위자연이다. 인간이 도의 관점에서 개별 사물이 작용하는 본질을 꿰뚫어 보는 상태를 장자는 이도관지(以道觀之)라고 불렀다. 성인이란 도의 관점에서 천지만물이 잘나고 못나다는 우열이 있지 않고 평등하다는 진리를 깨달은 사람이다.

> 도의 입장에서 보면 사물에는 귀천이 없다.[57]

북해약의 말을 빌려 장자는 사물에는 귀하고 천함이 없고, 귀천은 능력의 차이 때문이 아니라는 확고한 입장을 천명한다. 도를 오늘날의 시각에서 해석하면, 장자의 이 주장은 모든 사람은 자유롭고 평

---

57 장자 추수 17:5.

등한 존재로 태어났으며, 존엄성을 보장받으면서 행복을 추구할 권리를 가진다는 인권의 보편적 이념에 전적으로 부합한다.

도가 혹은 노장사상은 지나치게 염세적·처세적이며, 불로장수 내지는 양생에 몰입하는 경향이 있다는 비판을 받고 있다. 확실히 노자의 경우, 개인의 안위를 도모하고, 자신의 생존을 위해 현실과 일정한 거리를 두고 자연에서 유유자적하라는 처세보민(處世保民)의 경향이 있다. 하지만 성인을 내세우면서도 노자는 후왕을 통해 백성을 다스리는 현실정치에 대한 미련을 온전히 떨쳐 버리지 못하고 있다. 성인과 후왕의 사례에서 알 수 있듯이 노자는 정치권력에 대해 양가적 입장을 가지고 있다. 그가 지향하는 이상적 인간인 성인은 정치권력에 직접 나서지 않고 한걸음 물러나 있지만 후왕은 현실정치의 지배자이자 통치자로 군림한다. 하지만 장자는 크게 두 가지 관점에서 노자와 다르다. 장자는 정치권력과 일정한 거리를 두면서도 이를 강하게 부정하고, 그가 제시하는 이상적 인물은 노자보다는 훨씬 주체적이고 독립적이라는 점에서 둘의 사상은 차이점이 있다.

첫째, 요(堯)임금이 천하를 물려주려 하자 허유(許由)는 "그대가 천하를 다스려 이미 천하는 잘 다스려지고 있는데, 내가 그대를 대신한다면 나에게 이름을 취하란 말이오?"라며 단호하게 거절한다. 허유는 "이름이란 실질의 안내자일 뿐"이라며, 허명(껍데기)에 불과한 안내자 되기를 거부한다. 허유가 말한다.

> 그만 돌아가시오, 군주여! 나는 천하를 다스릴 마음이 없소. 요리

사가 요리를 잘 못한다고 시동과 축관이 요리사를 대신할 수는 없지 않소?[58]

시동(尸童)은 제사를 지낼 때 신위(神位) 대신으로 앉히던 어린아이를, 축관(祝官)은 종묘·사직·문묘 등 제사를 지낼 때 축문을 읽는 벼슬아치를 말한다. 허유는 자신은 시축(尸祝)으로, 요임금은 요리사로 비유하고 있다. 요임금의 제안을 거절하는 허유의 말과 태도는 조금도 주눅들지 않고 당당하고 의연하다. 요임금을 대하는 허유의 사례를 통해, 장자는 원칙적으로 정치권력에 대해 강한 거부감을 가지고 있으며, 이에 직접 관여하기를 원하지 않음을 알 수 있다. 또한 장자는 사람과 천지만물은 고유의 자리가 있으니 도의 원리에 맞게 각자의 능력에 따라 자신에게 부여된 역할을 다하면 된다고 생각한다. 여기에서 벗어나 서로 간여하고 간섭하면 결국 대립하게 될 것이니 천지만물의 조화로운 관계는 유지될 수 없다는 것이다.

둘째, 노자에 비하여 장자의 이상적 인물상은 성인에 한정되지 않고, 신인, 천인, 지인, 진인 등 다양한 인물상이 제시되고 있다. 또한 성인의 성격도 전인적 혹은 전지적 인물에서 보다 주체적 성격을 가진 '개인'의 개념으로 바뀌고 있다. 성인 개념의 변화는 노자와 장자가 바라보는 도(道)의 성격의 차이에서 비롯된다. 안동림의 분석에 따르면, 노자는 도를 천지만물의 근원으로서 정적실재(靜的實在)로 본다. 그러나 장자는 시시각각 변하는 유전(流轉) 그 자체, 즉 '변

---

58 장사 소요유 1:4.

화(變化)'로 인식한다. 노자는 '도'를 '태고의 근원에 복귀한다'고 생각하고, 장자는 '현재 있는 그대로 화(化)에 탄다(乘)'고 보고 있는 것이다.[59] 이처럼 '변(變)'과 '화(化)'는 장자가 말하는 '도'를 이해하기 위한 핵심 주제어다.

장자는 "외적 사태들에 따라 심리적 변동을 일으키거나 자기를 상실해서는 안 된다"는 뜻에서 '변' 개념을 사용하고 있다. 덕충부편에는 발꿈치가 잘린 올자(兀者)인 왕태(王駘)라는 사람에 대해 상계(常季)와 공자가 나누는 대화가 나온다. 왕태는 신체장애인임에도 불구하고 그를 따르는 제자들이 공자와 맞먹을 정도였다. 상계가 "그런 사람(왕태)의 마음 씀이 남다른 점이 무엇인가요?"라고 묻자 공자가 말했다.

> 사생(死生)은 역시 큰 것이다. 그러나 그것 때문에 변하지 않으며, 비록 천지가 뒤집혀도 그로 인해 마음을 잃지 않는다. 살핌에 거짓이 없으니 사물 때문에 변하지 않으며, 천명인 자연에 따라 변화하지만 그 근본을 지킨다.[60]

삶과 죽음이 중차대한 문제라 할지라도 그 때문에 변(變)하지 않고, 천명인 자연에 따라 바뀌지만(命物而化) 그 근본은 지켜야 한다(而守其宗也)는 것이다. 이 말에서 장자의 도는 '변'에서 '화'로 옮겨 가고

---

59 이에 대해서는 다음 문헌을 주로 참고하였음. 안동림, 『장자』, 현암사(이하, 안동림, 『장자』), 1988.

60 장자 덕충부 5:1.

있음을 알 수 있다. 즉, 장자에게 '변'은 외물에 의해 주어지는 운명처럼 수용할 수밖에 없는 상황이지만, '화'는 개인의 의지로 충분히 지킬 수 있는 혹은 지켜야 하는 근본개념으로 인식되고 있다.[61]

노자와 장자는 공히 무위자연을 사상의 기본철학으로 삼고 있다. 하지만 양자의 입장에는 본질적인 차이가 있다. 무위를 논할 때 노자가 주로 외물을 대상으로 삼은 반면, 장자는 내심의 문제로 파고든다. 즉, 노자가 정적실재에 의거하여 지족(知足)과 지지(知止)를 내세워 처세보민에 대해 관심을 둔 반면, 장자는 보다 적극적으로 '변'을 수용하고 '화'를 강조한다. 양자의 입장 차이는 노장이 꿈꾸는 이상적 인물상에도 영향을 미친다. 노자의 성인이 정적인 상태에 머물러 있다면, 장자의 성인은 망생(忘生)과 망신(忘身)을 내세워 신인, 천인, 지인, 진인으로 '변화'한다. 노자의 사상이 현실세계의 성공을 바라는 처세적 경향이 강한 데 비해, 장자는 인간 사회 일체의 속박에서 벗어나 절대자유의 정신을 찾고 자연과 하나가 되는 경지를 꿈꿨다고 할 수 있다.[62]

2. 백성(民)

『장자』에 등장하는 백성은 꼽추, 난쟁이, 추남 등 외모가 추하거나 장애인들이다. 그들은 모두 '정상적이지 않은 모습'을 하고 있음

61 김경희, "장자의 변화론-'변(變)'과 '화(化)'의 차이를 중심으로", 철학연구, 제75집, 2006. 11., 184-185쪽.

62 안동림, 『장자』, 20쪽.

에도 제후나 군자, 그리고 사람들은 그들을 좋아하고, 사랑하며, 그리워한다. 장자는 유가가 지향하는 군자를 반대한다. 군자는 군주의 지시나 명령에 복종하고, 출세를 꿈꾸는 사람들이다. 그와 달리 장자의 관심사는 군자가 아니다. 장자는 철저히 민중들의 사회로 내려간다. 비록 그들은 전쟁에 끌려가 죽고, 군주들의 전횡과 수탈로 헐벗고 굶주려 사는 형편과 몰골이 말이 아니지만 장자는 그런 백성을 '지인'이나 '진인' 등 도인으로 등장시키고는 성인의 반열에 올린다. 『장자』 덕충부편의 처음에 나오는 왕태가 그 전형적인 사례이다. 왕태는 노나라 사람으로 발꿈치가 잘린 장애인이다. 상계(常季)가 "이 사람은 누구입니까?"라고 묻자 공자가 답했다.

> 그분은 성인이다. 나는 줄곧 뒤처져 아직 찾아뵙지 못하고 있을 뿐이다. 나는 장차 스승으로 삼으려 한다.[63]

장자는 공자의 입을 빌려 인의예지를 숭상하고 신분에 따른 상하위계질서를 중시하며, 장애를 가진 '비천한 자들'을 무시하고 차별하는 인식을 가진 유가를 비판한다. 장자는 왕태의 다음 사례로 신도가(申徒嘉)와 자산(子産)을 등장시킨다.

신도가는 왕태와 마찬가지로 발꿈치가 잘린 장애인이다. 그는 정나라 자산과 함께 스승 백혼무인(伯昏无人)에게 배웠다. 자산은 집정관인 자신을 보고도 일어나 예를 갖추지 않은 신도가를 힐난하며 이

---

63 장자 덕충부 5:1.

렇게 말했다.

> 그대는 이미 그 꼴인데도 오히려 요임금처럼 착함을 다투다니! 벌을 받아 병신이 된 자네의 덕을 생각한다면 반성해도 부족할 것이네.[64]

자산은 토지제도와 세제의 개혁을 단행하였으며, 법령을 정비하는 등 정치적 역량을 발휘한 정나라 대부이자 재상이었다. 공자는 그런 자산을, "군자의 도가 네 가지 있으니, 몸가짐이 공손하며, 윗사람을 섬김에 공경하며, 백성을 기름이 은혜로우며, 백성을 부림에 의로웠다"[65]고 평가하고 있다. 또한 공자는 자산은 인품이 "은혜로운 사람"이며,[66] "사람들이 자산이 어질지 않다고 말하더라도, 나는 그것을 믿지 않을 것이다"[67]라고 말할 정도로 그에게 무한신뢰를 보이고 있다. 심지어 『공자가어』에서는 자산이 죽었다는 소식을 전해 들은 공자가 "자산은 옛사람의 인애(仁愛)를 실천하였으니 현세에는 찾아보기 힘들다"며 눈물을 흘렸다고 적고 있다. 이처럼 자산은 군자가 갖춰야 할 네 가지 도를 가진 사람으로 유가가 지향하는 인물이다. 하지만 장자가 보기에 자산은 무위자연의 도와 덕을 갖추지 못하고 사회적 지위의 높고 낮음과 장애의 유무에 따라 차별하는 사

64 장자 덕충부 5:2.
65 논어 공야장 5:15.
66 논어 헌문 14:10-1.
67 『춘추좌씨전』 양공 31년 12월조/유향, 『신서(新序)』 권4/『공자가어』 정론해(正論解)

람에 지나지 않는다.[68] 그런 자산에 대해 신도가가 일침을 날린다.

> 내가 선생님을 따라 배운 지 십구 년이지만 일찍이 내가 올자임을 느껴 본 적이 없다. 지금까지 그대와 나는 육체의 내면에서 교유해 왔는데, 그대는 나를 육체의 외면에서 찾고 있으니 역시 잘못이 아닌가?[69]

이 외에도 장자는 발뒤꿈치가 잘린 올자 숙산무지(叔山无趾)와 외모가 아주 못생긴 추인 애태타(哀駘它), 그리고 절름발이·꼽추·언청이와 같은 장애인을 등장시킨다. 이 가운데 애태타는 '천하가 놀랄 만큼 추했으나' "사내들이 그와 함께하면 사모하여 떠날 줄 모르고, 여인들이 그를 보면 부모에게 떼를 쓰길 '남의 처가 되느니 차라리 그의 첩이 되겠다'고 하고, 수십 명의 여인들이 줄을 잇는다"[70]고 할 정도의 인물이다. 애태타가 이토록 사람들의 칭송을 받고 그를 믿고 따르며 그리워하는 이유는 단 하나, 그는 '다만 (사람들을) 항상 화락(和樂)하게 한다는 것뿐'이다. 그는 화락할 뿐 어떤 주장도 없고, 지혜도 드러나지 않는데도 남자고 여자고 간에 그 앞에 모여드니 신기할 따름이다. 그런 그를 신뢰한 노나라 애공(哀公)은 애태타에게 재상자리를 맡기고 국정을 수행토록 하지만 얼마 지나지 않아 그는 떠나가 버린다. 애공은 공자에게 "그는 어떤 사람입니까?" 묻는다. 그 물음

68 김윤경, "『장자』의 '몸', '장애', 그리고 자유-『장자』「덕충부」를 중심으로-", 한국철학논집, 제71집, 2021. 11., 한국철학사연구회, 162쪽.
69 장자 덕충부 5:2.
70 장자 덕충부 5:4.

에 공자는 애태타를 덕의 화신이라며 이렇게 평가한다.

> 지금 애태타는 말도 없이 신뢰를 받고 아무런 공도 없이 사랑을 받았으며, 남의 나라를 주면서도 받지 않을까 걱정할 정도라 하니 그는 반드시 온전한 재능을 가졌으면서도 그 덕을 드러내지 않는 자일 것입니다.[71]

위에 나오는 인물은 대부분 장애인이거나 일반적인 외모 기준에 훨씬 미치지 못한다. 장자가 이런 인물을 내세우는 이유는 무엇일까?

노장은 무위자연을 내세우며 사람들에게 '자연으로 돌아가라!'고 주문한다. 당시는 잦은 전쟁과 수탈로 삶에 대한 희망을 잃어버리고 백성들은 절망에 빠져 있는 형국이었다. 미래가 없는 백성들이 선택할 수 있는 방법은 자연으로 숨는 은둔으로 거대권력에 소극적으로 저항하는 것뿐이었다. 전쟁에 끌려갈 위험이 없는 한센인마저 야밤에 아기를 낳으면 황급히 등불을 들고 바라보며 자기를 닮았을까 두려워하는 야만과 폭압의 시대였다.[72] 노담의 제자 백구(栢矩)가 천하 유람을 하는데 제나라 여기저기 형벌로 죽은 시체가 널브러져 있었다. 그가 하늘을 우러러 곡하며 말했다.

> 오! 그대여! 천하에는 피살자가 많은데 그대가 먼저 당했구려! 말끝마다 도둑질하지 말라, 살인하지 말라 말하지만 영욕으로 핍박

---

71 장자 덕충부 5:4.
72 장자 천지 12:16.

하여 이런 병통이 나타났고 재화가 한곳으로 꼬이니 이런 쟁투가 나타났다. 지금은 사람을 몰아세워 병들게 하고 사람을 모아 싸우게 하고 사람의 몸을 곤궁하게 하여 한시도 쉬게 못하게 하니 이런 지경에 이르지 않을 수 있겠는가?

옛 군주와 대인들은 이득은 민(民)에게 달려 있으며 손실은 자기에게 달려 있다고 말했고, 바른 것은 민에게 달려 있으며 굽은 것은 자기에게 달려 있다고 말했다. 그러므로 한 사람이라도 몸을 상하면 물러나 스스로를 꾸짖었다.

그러나 오늘날은 그렇지 않다.

재물을 위해 숨기고 알지 못한 자를 어리석다 하고, 어려운 일을 시키고 감내하지 못하면 죄를 주고, 무거운 임무를 맡기고 다하지 못하면 벌을 주고, 먼 길을 가게 하고 이르지 못하면 죽인다.

그러므로 부득이 민중은 지혜와 힘을 다해 꾀로 죄를 모면하려 한다. 해만 뜨면 거짓이 다반사니 사민(四民)이 어찌 꾀를 쓰지 않을 수 있겠는가!

무릇 힘이 부치면 꾀를 쓰고, 지혜가 부족하면 속이고, 재물이 부족하면 도둑질을 하는 것이다. 도둑이 횡행하는 것은 누구에게 책임을 물어야 옳은가?[73]

백구는 울부짖으며 참혹한 현실을 성토한다. 백성들이 꾀를 쓰고 속이고 도둑질할 수밖에 없는 잘못은 누구에게 있는가? 바로 위정

73 장자 칙양 25:7.

자에게 책임이 있다.

『장자』에 등장하는 왕태, 신도가, 숙산무지는 모두 발뒤꿈치가 잘린 올자(兀者)들이다. 고대 중국에는 묵형(墨刑),[74] 의형(劓刑),[75] 월형(刖刑),[76] 궁형(宮刑),[77] 대벽(大辟)[78]의 다섯 가지 형벌(五刑)이 있었다. 올자들은 국법이 정하는 죄를 지어 발뒤꿈치가 잘리는 형벌인 월형을 받았을 것이다. 하지만 백구는 백성들이 죄를 지을 수밖에 없는 환경을 만들고, 그 원인을 제거하지 못한 잘못이 모두 정치를 책임지는 군주에게 있다며 강하게 성토한다.

V. 덕(德)의 인권적 실천방법

1. 도추(道樞): 편견 없이 바라보기

장자는 시비를 떠난 마음으로 천지만물을 바라볼 것을 요구한다. 하지만 사람마다 내면에 이미 형성되어 있는 고정된 마음 혹은 어떤 것을 이루려는 마음이 있는데, 장자는 이를 성심(成心)이라 불렀다. 장자는 말한다.

---

74 먹글씨로 죄명을 신체에 새기는 문신형.
75 코를 베어 내는 절단형.
76 발뒤꿈치를 잘라 내는 절단형.
77 남자의 생식기를 잘라 내는 거세형.
78 참수형·요참형·거열형 등 사형.

마음이 지향하는 바를 따라 스승을 삼는다면, 누군들 스승이 없을 것인가?[79]

'마음이 지향하는 바'가 성심이다. 자신이 옳고 그르다고 하는 시비 판단에 따라 사람의 마음은 흔들리고 헤맨다. 그런 마음이 변화하는 모습을 유심히 지켜보고 스승을 삼는다면 굳이 밖에서 애써 스승을 찾을 필요가 없다는 것이다. 여기서 성심은 개인이 가지고 있는 생각이나 의견을 뜻하는 사견(私見)이나 어떤 사실에 대해 한쪽으로 치우치거나 굳어 있는 마음을 뜻하는 편견이나 고정관념을 말한다. 한마디로 성심이란 온전한 마음이 아니고 치우친 마음이다. 장자는 성심이 시비의 원천이라고 보았다.[80]

이처럼 장자는 성심을 부정적으로 보았다. 그것은 성심이 세상을 왜곡하고 고통을 가져오기 때문이다. 장자는 성심을 초월하여 무심(無心)의 상태를 추구했다. 무심은 어떤 것을 이루려는 마음이 없는 상태를 말한다. 장자는 무심의 상태에서만 진정한 자유와 행복을 얻을 수 있다고 보았다. 따라서 장자는 인간세상에서 시비로 인해 일어나는 대립과 갈등을 해결하려면 성심을 스승으로 삼아 관찰하고 주시해야 한다고 본다. 시비로 인해 일어나는 문제를 해결하고 무심을 유지하기 위해서는 어떻게 해야 할까? 장자는 이명(以明)을 바탕으로 인시(因是)·도추(道樞)·환중(環中)을 거쳐 양행(兩行)해야 한다고

79 장자 제물론 2:3.
80 황영신, 『장자철학에 드러난 자유로운 삶에 대한 연구』, 석사학위논문, 한국교원대학교 교육대학원, 2012. 2., 78쪽.

주장한다.

인시란 사물을 바라보는 상대적 관점을 말한다. 장자는 사물은 "이것이 아닌 것이 없고, 저것이 아닌 것이 없다"고 본다. 그래서 "저것은 이것에서 나오고, 이것은 저것에 의지한다"고 말하는 것이다. 삶과 죽음, 가능과 불가능, 옳고 그름은 모두 사물을 상대적인 관점에서 바라보는 관점에서 생긴다. 이에 대해 장자는 말한다.

> 옳음을 좇아 그름이 따르고, 그름을 좇아 옳음이 따른다(因是因非, 因非因是).[81]

하지만 옳고 그름에 따른 시비 분별하는 마음은 옳은가? 이에 대해 장자는 "과연 저것과 이것의 차이가 있는 것인가?"라며 의문을 제기하고는 단호하게 말한다.

> 저것과 이것을 패거리 짓지 않아야 한다. 그것이 바로 '도(道)의 추뉴(樞紐)', 즉 '도추'라고 한다.[82]

추(樞)는 북극성이나 문의 지도리를 말하는데, 사물의 핵심이나 핵심적 추동장치로 중심축이다. 그리고 뉴(紐)는 기계를 작동시키는 버튼이다. 무위자연의 도의 상태에 머물러 있기 위해서는 마음의 중심축을 작동시키는 버튼이 필요한데, 이것이 바로 도추다. 만일 추뉴

---

81 장자 제물론 2:5.
82 장자 제물론 2:5.

(도추)가 마음이란 고리의 중심에 자리 잡고 있으면(環中) 응변이 무궁무진하다.[83]

이와 같이 옳고 그름과 같은 시비의 따른 대립이 있다고 해도(因是) 이것과 저것을 분별하지 않고(道樞) 마음의 중심을 다잡으면(環中) 차별은 사라지고 자연과 조화를 이루며 살아갈 수 있다는 게 장자의 기본 생각이다. 그러므로 적어도 "상대가 그른 것은 옳고 상대가 옳은 것은 그르다고 하려면" '자연의 명증함', 즉 '이명'을 따라야 한다고 말한다. "옳다고 하는 것도 하나같이 끝이 없고, 그르다는 것도 하나같이 끝이 없"으니 결국 '자연에 비추어 보는 것'밖에 달리 방법이 없다. 그것이 바로 '이명'이다.[84] 그리고 이명과 함께 시비를 극복하기 위한 또 하나의 방법이 있으니 바로 양행이다.

2. 양행(兩行): 둘 다 옳고 둘 다 틀렸다는 상대주의적 관점에서 벗어나기

양행은 "인간이라면 부득이하게 속할 수밖에 없는 인간의 길과 도를 향한 하늘의 길을 '동시에 걷는다'"는 뜻이다.[85] 인간의 길이 현실의 길·세속의 길·도시의 길이라면, 하늘의 길은 도의 길·이상의 길·자연의 길이다. 장자가 꿈꾸는 이상적 인물인 진인도 양행을 벗어날 수 없다. 이에 대해 장자는 말한다.

---

83 장자 제물론 2:5.
84 장자 제물론 2:5.
85 박민철, "양행(兩行), 두 길로 가는 진인", 생명연구, 제50집, 서강대학교 생명문화연구소, 2018. 11., 25쪽.

그러므로 좋아하는 것도 한결같고, 좋아하지 않는 것도 한결같다. 일치되는 것도 한결같고, 일치되지 않는 것도 한결같다. 일치되는 것은 자연과 더불어 무리가 되는 것이요, 일치되지 않는 것은 사람과 더불어 무리가 되는 것이다. 자연과 사람이 서로를 이기려 하지 않아야만 이를 일러 진인이라 한다.[86]

따라서 진인은 인간의 길과 하늘의 길을 동시에 걷는 사람, 즉 양행하는 사람이다. 현대문명의 발달과 그에 따른 자연의 과도한 침해에 따른 기후위기는 사람과 자연이 서로 조화하지 못하고 서로를 이기려 하기 때문이다. 만일 사람과 자연이 서로 이기려 하지 않고 돕고 화합한다면 양자는 평화롭게 공존할 수 있을 것이다. 장자는 "진인이 있고 그 후에야 진지(眞知)가 있을 수 있다"고 말한다. 이 말은 천지만물을 아끼고 사랑하는 품성을 갖춘 연후에야 참된 지식을 얻을 수 있다는 뜻이니 현실의 이익을 추구하고 이해에 민감한 현대인이 새겨들어야 한다. 장자는 조삼모사(朝三暮四)를 예로 들어 양행을 설명한다.

원숭이 주인이 아침 먹이로 알밤을 주면서 아침에 세 개 저녁에 네 개를 주겠다고 말했다. 그러자 원숭이들은 모두 성을 냈다. 이에 주인은 아침에 네 개 저녁에 세 개를 주겠다고 말했다. 원숭이들은 모두 좋다고 했다. 명(名)도 실(實)도 덜어 낸 것이 없는데 좋

86 장자 대종사 6:3.

아하고 싫어하는 마음을 만들어 낸 것이니 이것은 기호(嗜好) 때문이다. 그러므로 성인은 시비를 화합하여 하늘과 자연균형에 머물게 한다. 이것을 양행, 즉 양시론(兩是論)이라 한다.[87]

장자가 지적하듯이 원숭이들에게는 알밤을 아침에 세 개 저녁에 네 개(조삼모사)를 먹든 아침에 네 개 저녁에 세 개(조사모삼)를 먹든 전혀 차이가 없다. 흔히 이 고사는 인간이 가진 어리석음을 풍자하거나 이해타산에 휘둘리는 이기심을 설명하는 사례로 인용되곤 한다. 이 사례에서 원숭이들은 조삼모사 혹은 조사모삼의 하나가 옳다는 시비판단하는 마음에 얽매여 있다. '이것이 옳다'는 '저것은 옳지 않다(틀렸다)'는 상대주의적인 판단을 전제하고 있다. 하지만 장자는 조삼모사와 조사모삼의 어느 방법을 선택하든 둘 다 옳다는 양시(兩是)의 편에 서면서도 둘 다를 부정하는 양비(兩非)도 긍정하는 입장에 서 있다.[88]

따라서 장자가 말하는 양행이란 대립하는 두 입장을 모두 바라보고, 두 입장을 조화시켜 수용하는 것이다. 대부분의 인간은 전체를 보지 못하고 어느 한쪽만 바라보고 시비 분별하는 마음에 빠진다. 누구나 자신의 논리가 있으므로 이를 인정하고 수용하자는 것이 양행이다. 따라서 양행하는 사람인 성인은 '이것은 옳고, 저것은 틀렸다'는 시비의 관념을 떠난 경지에 있다. 그에게는 명분과 실리에 따

87 장자 제물론 2:7.

88 류성태, "장자 제물론편에 나타난 인식론", 범한철학, 제27집, 2002 겨울, 범한철학회논문집, 103쪽.

라 무엇을 좋아하고 싫어하는 마음이 없다. 성인은 이와 같은 시비를 화합하여 '하늘의 자연균형', 즉 어느 한쪽에 치우침이 없이 균형의 상태인 '천균(天鈞)'에 머물게 한다. 성인은 인위로 무엇을 다듬으려 하지 않고 자연대로 맡겨 두는[89] '양행'의 실천자라고 할 수 있다. 조삼모사의 고사를 통해 장자가 말하려는 것은 무엇인가? 명분과 실리에 사로잡혀 좋아하고 싫어하는 시비에 사로잡히지 말고 자연과 조화하는 삶을 살라는 것이다.

3. 좌망(坐忘)·심재(心齋)·허정(虛靜): 욕망에 휘둘리지 말고 사려 깊게 사고하고 행동하기

자연과 조화롭게 사는 또 하나의 삶의 방식으로 장자는 좌망과 심재, 그리고 허정을 제안한다. 좌망은 조용히 앉아서 우리를 구속하는 일체의 것들을 잊어버리고 얽매이지 않는 것이고, 심재란 마음을 비워 깨끗이 하는 것을 말한다.[90] 좌망과 심재의 마음 상태에 이르면 아무것도 생각하지 아니하고 사물에 마음이 움직이지 아니하는 상태인 허정을 유지할 수 있다.

장자는 유가들이 지향하는 군자를 반대한다. 군자는 군주와 명예를 따르는 사람인 반면, 지인 혹은 도인은 자연의 도를 따르는 사람이다. 출세와 권력은 지인이 취할 것이 아니며, 지인은 세속에서 신선처럼 살되 민중과 더불어 사는 사람이다. 이때 도인에게 필요한

---

89 장자 제물론 2:8.
90 기세춘, 『장자』, 53쪽.

덕목이 바로 좌망과 심재다. 도인은 이런 마음의 상태를 유지하여 허정의 수준에 이른 사람이다. 기세춘이 "장자에게 도인은 세상을 버린 은둔자가 아니라 '세속의 자유인', 즉 마음을 비운 자연인을 말한다"고 평가하는 이유이다.[91]

먼저, 좌망은 공자와 안회의 대화에 나온다. 안회가 공자에게 "저는 진전이 있었습니다"라며 '인의와 예악을 잊었다'고 말한다. 하지만 공자는 '잘했다'면서도 아직 '미진하다'는 이유로 안회의 진전을 인정하지 않는다. 하지만 얼마 후 안회가 찾아와 하는 말에 공자는 깜짝 놀란다.

안회: 진전이 있었습니다.
공자: 무슨 진전인가?
안회: 저는 좌망에 들었습니다.
공자: (움찔하며) 좌망이란 무엇인가?
안회: 육신을 벗어나 총명을 물리치고 형체를 떠나 지혜를 버리고 위대한 도와 하나가 됨을 일러 좌망이라 합니다.
공자: 도와 하나가 되면 호오(好惡)가 없고 조화하면 상집(常執)이 없으리니 과연 진실로 어질도다! 나도 네 뒤를 따르고 싶다.[92]

장자는 안회와 공자를 등장시켜 둘이 나눈 가공의 이야기를 만들어 냈다. 둘의 대화를 통해 장자는 인의와 예악과 같은 형식주의를

91 기세춘, 『장자』, 53쪽.
92 장자 대종사 6:12.

중시하고 그에 얽매여 진정한 깨달음(도)을 얻지 못하고 있는 유가들을 비판한다. 장자가 보기에 유가는 육신과 총명, 형체와 지혜를 버리지 못하고 작은 지식에 집착하여 참된 지식(眞知)에 이르지 못하고 있다. 그런 유가들에게 장자는 안회의 입을 빌려 작은 지식을 버리고 막힘없는 큰 깨달음(통철)으로 대동의 상태인 좌망으로 나아가라고 주문한다.

다음, 심재도 안회와 공자의 대화에 나온다. 안회가 "저로서는 더 진척이 없습니다. 어찌하면 되겠습니까?"라며 공자에게 묻자 "재계하라(齋)"고 답한다. 안회가 "저는 가난하여 술과 매운 채소를 못 먹은 지가 수개월째입니다. 이 정도면 재계한 것이 되겠지요?"라고 대답하자 공자는 "이것은 제사 때의 재계이지 마음의 재계는 아니다"고 말한다. 이에 안회가 "감히 마음의 재계에 대해 묻습니다"라고 묻자 공자가 이렇게 설명한다.

> 너의 뜻을 전일하게 하라. 귀로 듣지 말고 마음으로 들으라. 마음으로 듣지 말고 정기(精氣)로 들으라. 듣는 것은 귀에 그치고 마음은 징험(徵驗)에 그친다. 정기라는 것은 비어 있어 사물을 모사(模寫)한다. 오직 도는 빈 곳에 머무는 것이니 비우는 것이 마음의 재계다.[93]

여기서 '마음의 재계'가 바로 '심재'이다. 심재는 제물론편 첫머리

93 장자 인간세 4:5.

에서 남곽자기(南郭子綦)가 말한 "나는 나를 잊었다" 혹은 "나는 내 몸을 잃었다"는 '오상아(吾喪我)'를 연상케 한다.[94] '오상아'를 통해 남곽자기가 얻은 깨달음은 '나'라는 존재 혹은 몸에 얽매이지 않고 원융무애의 도를 말한다. 남곽자기는 그가 깨달은 경지에 대해 이렇게 말한다.

> 수많은 숨소리는 다 같지 않으니 각자 자기 소리를 내게 한다. 모두 자기 소리를 낸다면 성내는 자는 그 누구일까?

그가 말하듯이 '오상아'를 통해 '빈 곳에 머무는 도'를 깨달아 마음을 비우는 '심재'는 결국 '각자 자기 소리'를 내는 상태를 말한다. 각자 내는 '자기 소리'는 결국 모두 '자기 소리'를 내는 것이니 심재란 개인이 자신의 삶의 주체로서 의사표현의 자유를 행사하는 것을 의미한다. 만일 이 자유가 보장되지 않으면, 사람들은 자신의 생각과 의견을 자유롭게 표현할 수 없고, 서로의 생각을 공유하고 토론할 수 없기 때문이다.

마지막으로, 심재는 허정으로 이어진다. 안회가 말한다. "제가 아직 가르침을 받지 못했을 때는 제 자신을 실(實)하게 했습니다. 마음의 재계에 대해 가르침을 받고 따르니 비로소 제가 있지 않게 되었습니다. 가히 허(虛)라고 할 수 있겠지요?"[95] 안회는 '마음의 재계', 즉 심재에 대해 배우고 나니 그 이전에 배운 지식은 온통 '무엇을 가득

---

94 장자 제물론 2:1.
95 장자 인간세 4:5.

채우려고(實)' 했을 뿐이라고 고백한다. 심재를 배우고 나니 비로소 마음을 비워(虛) 큰 깨달음에 이를 수 있었다는 것이다. 이에 대해 장자는 말한다.

> 한가하면 허(虛)하고, 허하면 실(實)하고, 실하면 서로 화락한다. 허하면 고요(靜)하고, 고요하면 동(動)하고, 동하면 얻는다.[96]

따라서 장자는 "내 한 마음이 고요하면 천하를 지배하며, 귀신이 재앙을 내리지 않고 혼백이 피로하지 않으니 내 한 마음이 안정되면 만물이 복종한다"고 말한다. 그리고는 허정의 효용성에 대해 이렇게 강조한다.

> 허정으로써 말하고 천지를 따르고 만물을 통하는 것, 이를 일러 천락(天樂)이라 말하는 것이다. 천락자는 성인의 마음으로 천하를 기르는 것이다.[97]

이를 통해 장자가 얻은 깨달음은 무엇일까? "대저 허정(虛靜), 염담(恬淡), 적막(寂漠), 무위(無爲)는 천지의 화평이요, 도덕의 지극함"이라는 것이다.[98] 서로 무한경쟁하며 '실'을 추구하며 살아가는 현대인은 "그러므로 제왕이신 성인은 한가할 뿐이다"라는 장자의 말에 귀 기

96 장자 천도 13:2.
97 장자 천도 13:3.
98 장자 천도 13:2.

울여야 한다.

4. 무용지용(無用之用): 쓸모없음의 쓸모 있음

무용지용이란 언뜻 보기에 쓸모없는 사물이나 사람(無用之物)이 오히려 큰 구실을 한다는 뜻이다. 『장자』에는 무용지용, 즉 '쓸모없음의 쓸모 있음'에 관한 여러 사례가 소개되어 있다. 무용지용에 대해 가장 잘 알려져 있는 사례는 초나라 광인 접여(接輿)가 공자에게 한 말이다. 접여는 "봉(鳳)이여! 봉이여! 어쩌다가 이처럼 덕이 쇠락했는가? 오는 세상은 기다리지 말고 가는 세상은 좇지 말라!"며 14년에 걸쳐 천하주유를 하고 있는 공자의 무모하고 어리석음을 비판한다. 그리고는 그 말의 말미에서 접여는 공자에게 무용지용할 것을 권고하며 이렇게 말한다.

> 산(山) 나무는 스스로 적을 부르고, 등잔불은 스스로 몸을 태운다. 계피는 먹을 수 있으므로 베이고, 옻은 쓸 수 있으므로 쪼개진다. 사람들은 모두 유용한 것을 쓸 줄 알지만 무용한 것을 쓸 줄은 모르는구나![99]

공자는 군주가 자신의 '유용'한 능력을 알아주기를 바라며 끊임없이 쓸모 있음을 증명하려 애썼다. 장자가 보기에 공자의 그런 행동

99 장자 인간세 4:13.

은 마치 산(山) 나무·등잔불·계피·옻과 같이 어리석은 일에 지나지 않았다. 사람들은 '유용한 것'만 쓸 줄 알고 '무용한 것'은 쓸 줄 모른다. 만일 그 '유용성'이 다하면 사람들은 뒤도 돌아보지 않고 사람이든 사물이든 버리고 만다. 접여는 말한다. 그러니 공자여! 어리석은 짓 그만하고 '쓸모없음의 쓸모 있음', 즉 '무용지용'의 도를 깨달아라!

무용지용의 두 번째 사례는 혜자(惠子)와 장자가 대화를 나누는 대목이다. 혜자가 장자에게 "그대 말은 쓸모가 없다"고 직격탄을 날린다. 그의 날선 비판에 발끈한 장자가 "그대가 무용(無用)을 안다니 비로소 유용(有用)을 더불어 말할 수 있네"라며 반격을 가한다.

> 대저 지구는 넓고 크다고 하지 않을 수 없지만 사람이 사용하는 것은 발자국을 용납할 정도뿐이네. 그렇다고 쓰지 않는 발자국 주변의 땅을 황천까지 굴착해 버리면 사람들이 오히려 유용하다 하겠는가?

이 말에 혜자가 "무용하다고 하겠지"라고 대답하자 장자가 즉각 반박했다. "그런즉 무용한 것도 유용한 것이 분명하다네."[100]

무용지용의 세 번째 사례는 장자가 산길을 가다가 가지와 잎이 무성한 나무를 보고 말한 대목이다. 장자가 보기에 충분히 재목으로 쓰일 수 있음에도 벌목꾼도 그 나무 옆에 머물기만 할 뿐 베지

---

100 장자 외물 20:8.

않았다. 그 까닭을 물으니 쓸모가 없기 때문이라고 했다. 그 말을 듣고 장자가 말했다. "이 나무는 재목이 못 되어 천수를 다할 수 있구나!"[101]

우리 속담에 "굽은 나무가 선산을 지킨다"는 말이 있다. 선산(先山)은 조상의 무덤이 있는 산이다. 다른 말로 선묘(先墓), 선영(先塋)이라고도 한다. 조상을 모신 무덤이니 그 둘레에 곧고 우람한 나무를 심기 마련이다. 하지만 자손이 빈곤해지면 건축이나 가구의 재료로 쓸 수 있는 재목(材木)부터 모조리 팔아 버리기 십상이다. 마지막에 남는 나무는 값어치가 없는 굽고 볼품없는 것들이다. 그러니 결국 쓸모없어 보이던 굽은 나무가 쓸모 있는 곧은 나무를 대신하여 조상의 묘를 지키게 된다.

이처럼 무용지용은 세상에서 소외되고 차별받으며 묵묵히 자신의 자리를 지키고 있는 사물이나 사람에게 위로와 위안을 줄 수 있지만 현실에서 이를 적용하는 것은 여간 어렵지 않다. 당시의 사람들도 무용지용을 역설하는 장자를 시험하고 싶었던 모양이다. 그런데 위 세 번째 사례에 뒤이어 이런 내용이 나온다.

산에서 내려온 장자는 친구의 집에서 묵게 되었다. 친구는 장자를 대접할 요량으로 종에게 거위를 잡아 삶으라고 명한다. 종이 물었다.

한 놈은 잘 울고, 한 놈은 잘 울지 못하는데 어느 놈을 잡을까요?

---

101 장자 산목 20:1.

주인이 답했다.

> 울지 못하는 놈을 잡아라!

이튿날 제자가 장자에게 물었다.

> 어제는 산속의 나무가 재주가 없었기에 죽지 않고 천수를 다할 수 있었다고 말했으나 오늘은 주인집 거위가 재주가 없었기에 손님 음식상에 올려져 죽었습니다. 선생은 도대체 어찌 처신하라는 것입니까?

제자의 날선 질문에 장자는 이렇게 말한다.

> 나는 재주 있는 것과 없는 것 중간에 처신할까?

장자는 특유의 너스레를 떨며 명확하게 대답하지 못한다. 그리고는 "슬프다. 제자들아! 기억해 두어라! 오직 도와 덕만이 구제할 수 있다"는 말로 퉁 치며 넘어간다.[102] 예나 지금이나 현실의 삶에서 '오직 도와 덕'은 어떤 효용성이 있을까. '쓸모없음의 쓸모 있음'일까, 아니면 '쓸모 있음의 쓸모없음'일까.

---

102 장자 산목 20:1.

VI. 덕(德)에 바탕을 둔 인권국가: 지덕지세(至德之世)

『장자』에는 무하유지향(無何有之鄕),[103] 지덕지세(至德之世),[104] 건덕지국(建德之國),[105] 제향(帝鄕), 태평(太平)[106]과 같이 이상향을 표현하는 다양한 용어들이 등장한다. 이 가운데 앞의 세 가지를 '도가적 아르카디아(the Taoist Arcadia)', 뒤의 두 가지를 '도가적 유토피아(the Taoist Utopia)'로 나누기도 한다.[107]

1. 도가적 아르카디아

아르카디아는 유럽인들이 꿈꾸는 이상향이다. 이곳에서 사람들은 명예와 권력, 탐욕과 욕정과 같은 세속의 욕망에서 벗어나 자연의 섭리와 환경에 순응하며 산다. 아르카디아의 실제 모델은 그리스 펠레폰네소스주에 있는 작은 지역이다. 유럽의 여러 문학작품과 회화 등에서 묘사됨으로써 아르카디아는 '목가적 이상향'을 뜻하는 일반명사가 되었다.[108] 노자와 마찬가지로 장자는 폭압적인 현실을 떠나 전쟁 없이 평화롭게 자연에서 살아가는 삶을 꿈꾼다. 『장자』에 나오는 무하유지향, 지덕지세, 건덕지국은 아르카디아형 이상사회를 일

---

103 장자 응제왕 7:2.
104 장자 마제 9:2.
105 장자 산목 20:3.
106 장자 천지 12:6.
107 김시천, "아르카디아(Arkadia)에서 유토피아(Utopia)로-『壯者』의 이상 사회론과 그 정치사상적 함의", 동서철학연구, 제23호, 한국동서철학회, 79쪽.
108 유럽지명사전: 그리스-아르카디아(Arcadia).

컫는 말이다.

천근(天根)이 길을 가다 무명인을 만나 천하를 다스리는 도리를 물었다. 그가 말했다. "그만둬라! 너는 어리석은 사람이구나. 어찌 불쾌한 것을 묻느냐?"며 발끈 화를 낸다. 그리고는 말한다.

> 방금 나는 조물주와 짝꿍이 되어 놀았지만 그것도 싫증 나면 또 심원의 새를 타고 육극의 밖으로 나가 아무것도 없는 마을에 노닐다가 무덤의 들에 머물려 하거늘 너는 어찌하여 천하를 다스리는 일로 내 마음을 움직이려 하느냐?[109]

그가 말하는 '아무것도 없는 마을'이 곧 '무하유지향'이다. 이곳에서는 '천하를 다스리는 것'과 같은 정치와 권력은 부정된다. 자연과 더불어 유유자적하는 은둔자 혹은 은자의 삶이 이상적으로 간주된다. 따라서 '무하유지향'에 사는 사람들은 유가와 같이 애써 지식을 추구하고 인의예법에 얽매일 필요도 없다. 장자의 이런 사고는 '건덕지국'에서도 여실히 드러난다.

시남자(市南子)가 노나라 제후를 만나 "남월에 한 고을이 있는데 이름을 건덕(建德)이라 합니다"라며 자신이 보고 들은 건덕지국이란 이상향에 대해 설명한다.

> 건덕의 백성은 어리석고 순박하며 사심이 없고 욕심이 적었으며,

---

109 장자 응제왕 7:2.

경작할 줄은 알지만 사유(私有)할 줄은 모르며, 남에게 주는 것은 알지만 보답을 구하지 않고, 의에 따르는 것도 모르고 예에 순종하는 것도 모릅니다. 제멋대로 함부로 해도 결국은 대도(大道)로 나아갑니다. 살아서는 즐겁고 죽으면 장사 지냅니다.[110]

그러면서 그는 제후에게 "원컨대 군주께서도 나라를 버리고 세속을 털어 버리고 무위자연의 대도와 더불어 서로 손잡고 나아가시기 바랍니다"라고 제안한다. 하지만 절대권력자가 제후의 자리를 버리고 건덕지국의 백성으로 살아가는 결단을 내리는 것은 낙타가 바늘귀를 통과하는 것보다 어려운 일이다. 시남자의 말에 늙은 제후가 말했다.

그 길은 멀고 험하며 강산이 가로막혔는데 나에게 배도 수레도 없이 가라고 하니 어쩌란 말인가?[111]

결국 장자는 천하가 이렇게 혼란하고 백성의 목숨이 위태로운 현실은 모두 '천하를 다스리는 자의 잘못'이라는 점을 지적하고 있다. 천하를 제대로 다스리기 위해 위정자는 '민중에게는 자연의 변하지 않는 성품이 있다'는 사실을 믿어야 한다.[112] 백성들은 바라는 게 그리 많지 않다. 이에 대해 장자는 말한다.

---

110 장자 산목 20:3.
111 장자 산목 20:3.
112 장자 마제 9:2.

베를 짜서 입고 밭을 갈아 먹으니 이것을 '대동(大同)사회의 덕'이 라고 말한다.[113]

대동사회에서는 "하나같이 평등하고 집단에 묶이지 않으니" 백성들은 '자연의 해방(天放)' 상태에 있다. 장자는 이런 사회를 '덕이 지극한 세상', 즉 '지덕지세'라고 불렀다.

덕이 지극했던 세상에서는 거동이 편안했고 생활이 순박하고 한결같았다. 그 당시에는 산에는 길이 없었고 못에는 배와 다리도 없었고 만물이 무리 지어 살듯이 사람들은 마을들을 '공동체(屬)'로 결집하여 살았고, 금수는 무리를 이루고 초목은 잘 자랐다. 그러므로 금수에 굴레를 씌워 같이 놀 수 있었고 때까치 둥지에 올라가 엿볼 수도 있었다.[114]

장자가 그리는 지덕지세는 오늘날 현대인이 누리는 문명사회가 아니라 원시공산사회라고 할 수 있다. 백성들은 재산을 사유(私有)할 필요도 없었고 다함께 일하고 생산된 농작물이나 물품은 나누어 살면 그만이다. 또한 이와 같은 세상에서는 신분의 차별이 없는 평등사회였다. 장자는 말한다.

덕이 지극한 세상에서는 금수와 더불어 살았고 가족처럼 만물

113 장자 마제 9:2.
114 장자 마제 9:2.

과 어울려 벗이 되었으니 어찌 군자와 소인의 차별을 알겠는가? 똑같이 무지했으니 그 덕을 잃지 않았고, 똑같이 무욕했으니 소박하다고 말하며 소박했으므로 백성의 성품은 덕성스러웠을 것이다.[115]

하지만 장자가 꿈꾸는 이상사회라 할지라도 인간이 함께 모여 사는 현실에서 욕망을 완전히 거세하고 정치가 행해지지 않아도 질서를 유지하기란 사실상 불가능하다고 봐야 한다. 이상과 현실의 간극을 어떻게 매울 것인가의 문제는 장자도 피할 수 없었을 것이다. 그래서 장자는 '목가적 이상향'인 아르카디아를 보완하는 유토피아형 이상사회로 제향과 태평을 제안한다.

2. 도가적 유토피아

아르카디아와 달리 유토피아는 현실 정치가 지향해야 할 이념에 따라 현실의 문제를 지적·비판하고, 또한 군주에 의한 정치 개혁을 기대하고 정치적 가치를 추구하는 사회형태이다.[116] 그 전형적인 모델이 토마스 모어의 저서 『유토피아』에 나오는 이상사회다. 현실정치가 부정되는 아르카디아와 달리 유토피아는 정치권력의 행사를 인정한다. 이 사회는 법제도는 최소화되는 반면, 최대한의 도덕규범

115 장자 마제 9:2.
116 김시천, "아르카디아(Arkadia)에서 유토피아(Utopia)로-『莊者』의 이상 사회론과 그 정치사상적 함의", 동서철학연구, 제23호, 한국동서철학회, 79쪽.

에 기반한 윤리사회라고 할 수 있다.

화(華)의 국경지기 봉인(封人)이 요임금에게 오래 살고, 부자가 되고, 아들을 많이 낳으라고 축원한다. 하지만 요임금은 그의 제안을 모두 "사양합니다"라며 거절한다. 봉인이 말했다.

> 사람들은 장수와 다남을 누구나 바라는데 당신만이 바라지 않으니 무슨 까닭입니까?

이에 요임금이 답했다.

> 아들이 많으면 걱정이 많고, 재물이 많으면 일이 많고, 장수하면 욕됨이 많기 마련입니다. 이 세 가지는 덕을 기르는 방법이 아니므로 거절했습니다.

그러자 봉인이 말했다.

> 처음에 저는 당신이 성인인 줄 알았는데 이제 알고 보니 군자 정도일 뿐이군요. 하늘이 만민을 낳을 때는 반드시 직분을 줍니다. 아들이 많으면 각각 직분이 주어질 터인데 무슨 걱정이 있겠습니까? 부유해지면 남들에게 나누어 주면 되니 무슨 일이 있겠습니까? 대저 성인은 메추라기처럼 거처하고 새 새끼처럼 먹고 새처럼 날아다니니 종적이 없습니다. 천년을 살다가 싫으면 세상을 떠나 선경으로 올라가 저 흰 구름을 타고 하늘고향(帝鄕)에 이를

것입니다. 세 가지 걱정도 닥치지 못할 것이며 몸에 재앙도 없을 것입니다. 그런즉 어찌 욕됨이 있겠습니까?[117]

요임금과 봉인의 대화를 읽어 보면 군주와 백성(至人)이라는 서로의 입장이 뒤바뀌어 있다. 겉으로 보기에는 봉인이 요임금에게 현실의 삶을 살다가 종국에 이르러 '하늘고향'인 제향(帝鄕)으로 떠나면 될 것이니 무슨 걱정이 많냐고 질책하고 있다. 하지만 현실정치의 최고 권력자인 요임금이 오히려 덕이 지극한 도인처럼 말하고, 세상에서 백성으로 살면서도 지인의 경지에 이른 봉인은 현실 정치에 대해 해박한 지식을 가지고 있다. 봉인의 말을 듣고 요임금이 "청컨대 묻고자 합니다"라며 그를 따라가 좀 더 구체적인 대답을 듣고 싶어 한다. "물러가라!" 이 말을 남기고 황급히 떠나는 봉인을 어떻게 이해해야 할까? 어쩌면 장자는 봉인을 통해 '다스림의 지극함'을 일컫는 '태평'을 말하고 싶었는지도 모른다.

그런데 '태평'은 장자가 꿈꾸는 위에서 살펴본 이상사회와는 완전히 다른 모습이다. 장자는 대도(大道)에 밝은 자는 [자연→도덕→인의(仁義)→분수(分守)]의 순서로 도리를 밝혀야 한다고 말한다. 분수란 각자의 입장에 따라 지켜야 할 한계를 정하는 것 또는 직분(職分)을 뜻한다.[118] 다시 말하여 분수란 상하존귀와 같은 신분에 따라 사람은 각기 해야 할 일이 있다는 것이다. 그리고 만일 분수가 지켜지면 어떻게 해야 하는가? 다음은 형(刑)과 명(名)을 일치시키고, 형과

117 장자 천지 12:6.
118 안동림, 『장자』, 354쪽.

명이 밝아지면 재목에 따라 임무를 준다. 이렇게 하여 관리 임용이 밝아지면 미루어 살피고(原省), 미루어 살핌이 밝아지면 시비를 가리고, 시비가 밝아지면, 그다음은 상벌을 시행한다. 따라서 상벌은 현실 정치에서 대도를 밝히는 마지막 조치인 셈이다. 엄정한 상벌이 시행되면, 현(賢)과 우(愚)의 자리가 마땅하고 귀천의 지위가 정해지고 현자와 불초자의 실정에 맞게 된다. 이와 같은 순서를 거치면 "반드시 능력은 분별되고 반드시 그 명칭에 따르게 된다"고 장자는 보고 있다.[119]

장자의 이 말을 듣고 있으면 마치 정명(正名)을 강조하는 유가나 형명법술(刑名法術)을 강조하는 한비자의 모습을 보는 듯하다. 비록 자연과 도덕 다음으로 인의를 자리매김하고 있지만 분수와 형명, 상벌을 대도를 시행하기 위한 주요 수단이자 절차로 삼고 있는 장자의 모습은 여간 낯설지 않다. 게다가 태평에 대한 장자의 아래 글을 읽으면, 마치 유가 혹은 법가들이 한 말이 아닌가란 착각을 불러일으킨다.

> 이것(위에서 말한 대도를 시행하는 순서)으로 위를 섬기고, 이것으로 아래를 기르고, 이것으로 사물을 다스리고, 이것으로 몸을 닦으면, 앎도 꾀도 필요 없고 반드시 자연으로 돌아간다. 이것을 일러 태평이라 하고, 다스림의 지극함이라 한다.[120]

---

119 장자 천도 13:6.
120 장자 천도 13:6.

장자는 무슨 이유로 다분히 현실정치에 바탕을 둔 태평을 '이상사회'의 하나로 제안했을까? 무위자연의 도가 실현되는 이상적인 세상을 꿈꾸면서도 장자는 유가나 법가 사상이 가지는 현실적인 유용성을 인정하지 않을 수 없었을까? 아니면 법가들이 내세우는 형명법술의 시행으로 군주들이 강권(强權)정치의 유혹에 빠질 수 있는 위험성을 염두에 두었기 때문일까? 장자는 태평사회를 제안하면서도 자신의 주장이 유가나 법가에 의해 이용될지도 모른다는 우려를 하지 않을 수 없었을 것이다. 자신이 주장하는 태평 정치를 실시할 때 위정자들로 하여금 오류에 빠지지 말라며 장자는 이렇게 경고한다.

> 도를 거꾸로 말하고 도를 순서 없이 함부로 말하는 자는 남의 다스림을 받을 사람이니 어찌 남을 다스릴 수 있겠는가? 갑자기 형명법술과 상벌을 말하는 자는 다스림의 수단은 알지만 다스림의 도는 모르는 자들이니 천하에 고용될 수는 있으나 천하를 운용하기에는 부족하다. 이런 사람을 일러 변사(辯士)라 하며 한 부분에 편벽된 사람이다.[121]

장자의 이 말은 오늘날의 위정자들에게도 딱 들어맞는다. 정치의 원리나 정의에 대해 잘 알지 못하고, 남의 다스림을 받아야 할 자들이 남을 다스리려 하니 사회가 혼란할 수밖에 없다. 또한 법치를 앞세워 형명법술과 상벌로 민중을 겁주고 억압하니 독재자와 다름없

121 장자 천도 13:6.

다. 변설(辯舌)로 사람을 홀리고, 편벽된 사고에 빠져 진실을 외면하고 역사를 왜곡하니 나라가 하루도 조용할 날이 없다. 이 모든 것이 천하에 고용되어 다스림을 받아야 할 자가 천하를 운용하여 다스리는 자가 된 때문이다.

Ⅶ. 장자의 덕(德)에 대한 현대 인권적 평가

장자는 노자의 사상을 계승하여 도가(道家) 사상을 발전시켰다. 장자는 우주와 만물의 근본을 도라고 보았으며, 노자의 무위자연사상을 심화시켰다.

장자의 사상은 크게 두 가지로 나눌 수 있다. 첫째, 자연주의적 사상이다. 장자는 우주와 만물은 모두 도에 의해 생성되고 변화한다고 보았다. 도가 자연의 본질 혹은 실체로서 존재의 본래 모습이라면, 덕은 존재의 작용이다. 즉, 존재는 도에 의해 태어나지만 덕에 의해 발현된다는 것이다. 둘째, 무위자연 사상이다. 장자에게 삶과 죽음은 다르지 않고, 무위자연의 이치를 따른다. 장자는 "도는 자연을 따른다"는 도법자연(道法自然)에 의거하여 만물을 차별하지 않고 평등한 존재로 보았다. 장자의 이 사상은 '자연과 내가 하나가 되는 경지'인 몰아일체(沒我一體)이자 '만물은 모두 같다'는 만물제동(萬物齊同)으로 연결된다. 따라서 만물의 형상에 따라 서로를 차별하고 구분하는 인식과 행태는 도와 덕에 부합하지 않는다.

장자의 사상은 중국의 지배층에게는 환영받지 못했으나 백성들에게는 큰 호응을 얻었다. 엄격한 신분제에 묶여 지배층의 수탈과 억압을 받고 있던 피지배계층인 백성들에게 장자의 사상은 현실의 고단한 삶에 큰 위안과 희망을 주었다. 장자는 의도적으로 이야기의 중심인물로 꼽추, 난쟁이, 추남 등 외모가 추하거나 장애인인 인물들을 등장시킨다. 이들은 백성들 중에서도 가장 무시당하고 차별받는 집단이다. 이들을 통해 장자는 신체의 부자유에 얽매이지 않는 정신적 자유의 가치가 더욱 소중하다는 사실을 강조한다.

춘추전국시대 제자백가 가운데 장자만큼 인간의 자유와 평등을 강조한 사상가는 없다. 장자의 이러한 사상은 모든 사람은 자유롭고 평등한 존재로서 인간의 존엄성을 보장받으면서 행복하게 살 권리가 있다는 현대 인권의 기본 이념과 전적으로 부합한다. 이를테면, 장자는 천지만물(자연)과 인간은 하나이고 평등하며, 인간은 자연의 섭리에 따라 살아야 한다고 주장했다. 장자의 이러한 관념은 현대 인권의 가치인 생명권과 환경권의 관점에서 여러 의미를 도출할 수 있다. 또한 그는 인간이 욕망을 버리고 자유롭게 살 것을 강조했는데, 이는 자유권과 평등권을 보장하는 데 도움이 될 수 있다. 따라서 장자의 사상을 바탕으로 현대 인권의 가치를 어떻게 실현할 수 있을까에 대해 살펴보기로 한다.

1. 도와 덕을 바탕으로 인간의 절대자유와 평등을 추구한다

장자는 인간을 구속하고 속박하는 유무형적 억압 기제로부터 자유롭고자 하였다. 노자와 마찬가지로 장자도 도와 덕을 체(體)와 용

(用)의 관계로 보고 있다. 도가 본질이라면 덕은 그 본질의 실천이자 작용이다. 이 관념을 현대 인권에 적용하면, 인간의 자유와 평등은 도이고, 이를 현실에서 실천하는 것은 덕이라고 할 수 있다.

인권에서 자유와 평등은 새의 양 날개와 같다. 만일 어느 한쪽이라도 침해를 받으면 인권이라는 새는 중심을 잃고 추락하고 만다. 자유는 자신의 생각과 행동을 선택할 수 있는 능력이고, 평등은 모든 사람이 차별 없이 존중받고 대우받는 상태를 말한다. 자유와 평등은 서로 밀접하게 연관되어 있어 자유가 없으면 평등을, 평등이 없으면 자유를 누릴 수 없다.

예를 들어, 사람이 자신의 생각과 행동을 선택할 자유가 없다면, 어떤 특정한 생각이나 행동을 가진 사람들이 차별을 받을 수 있다. 그러므로 평등을 달성하기 위해서는 자유가 보장되어야 한다. 반대로, 모든 사람이 차별 없이 존중받고 대우받는 평등이 없다면, 어떤 특정한 생각이나 행동을 가진 사람들은 자신의 생각과 행동을 선택할 자유를 누릴 수 없다. 자유를 달성하기 위해서는 평등이 보장되어야 하는 것이다. 이처럼 자유와 평등은 서로 밀접하게 연관되어 있어 인권이 보장되기 위해서는 자유는 평등을, 평등은 자유를 보장해야 한다.

자유와 평등의 관계와 마찬가지로 도와 덕도 서로 긴밀한 관련을 맺고 있다. 노자의 "도는 만물을 낳고, 덕은 만물을 기른다"[122]는 말은 도와 덕의 관계를 정확하게 표현하고 있다. 만일 도가 만물을 낳

122 도덕경 제51장. 道生之 德畜之.

았다고 해도 덕이 기르지 못하면 만물은 존재할 수 없다. 반대로 덕이 제아무리 만물을 기르고 싶어도 도가 만물을 낳지 못하면 동일한 일이 발생한다. 그러므로 도는 덕을 의지하고, 덕은 도를 의지하는 상호보완적인 역할을 해야만 인간은 자유와 평등을 누릴 수 있다.

2. 삶과 죽음은 하나이며, '지금 여기(Now & Here)'의 현전(現前)이 중요하다

장자는 생(生)과 사(死)가 하나라고 생각했다. 그에게 죽음은 새로운 삶의 시작일 뿐이다. 『장자』 대종사편에서 자사(子祀), 자여(子輿), 자려(子犁), 자래(子來) 네 사람이 말한다.

> 누가 무위를 머리로 삼아 삶을 등골로 삼고, 죽음을 꼬리로 생각할까? 누가 생사존망이 한 몸인 것을 알까? 나는 그런 자와 벗이 되고 싶다.[123]

장자는 이들의 말을 인용하면서 살아서 존재하는 것과 죽어서 없어지는 것을 뜻하는 생사존망이 한 몸(生死存亡之一體)이라고 말한다. 그에게는 나의 삶이 좋다고 하는 것처럼 나의 죽음도 좋다.[124] 삶과 죽음은 한 몸이고, 둘이 다르지 않고 하나(生死一如)이므로 삶을 즐거워하거나 죽음을 싫어할 필요가 없다. 또한 태어남을 좋아하지도 않

123 장자 대종사 6:8.
124 장자 대종사 6:4.

고, 죽음을 거부하지도 않는다.[125] 생과 사는 자연의 일부이고, 자연의 법칙에 따라 홀연히 가고 홀연히 올 뿐이다.[126] 이처럼 장자는 생과 사를 자연의 일부로 받아들이고, 생사를 두려워하지 않았다.

장자의 생사관은 춘추전국시대의 현실을 반영하고 있다. 전쟁과 살육으로 백성들은 삶과 죽음의 경계를 살아야 했다. 내일이 없는 오늘을 사는 백성들에게 꿈과 희망은 사치였고, 현실은 깊은 절망과 불안으로 점철되어 있었다. 하지만 이런 극한상황에서도 장자는 인간의 자유를 꿈꾸고, 비전을 제시했다. 그런 현실에서 삶과 죽음은 하나이고, 자연의 변화에 따른 것이라는 장자의 주장은 상당히 설득력이 있었을 것이다. 비록 현실의 삶은 자유가 없는 고통에 속박되어 있지만 마음의 도를 저버리지 않으면 누구나 진인(眞人)이 될 수 있다는 것이다. 그러니 질곡에 빠진 현실의 삶을 지나치게 고통스럽게 받아들이거나 죽음에 대한 막연한 두려움도 가질 필요가 없다. 무위자연의 도에 온 몸과 마음을 맡기고 내가 살아 숨쉬고 있는 바로 '지금-여기'에 충실하라는 것이다. 삶과 죽음이 하나이듯 천지만물은 귀천의 차별이 없고 평등할 수밖에 없기 때문이다.

3. 만물은 귀천의 차별이 없고, 평등하다

도의 관점으로 만물을 대하면, 만물은 귀천의 차별이 없다. 다만

---

125 장자 대종사 6:1.
126 장자 대종사 6:1.

관념의 차이에 따라 만물을 차별화하는 것뿐이다.[127] 장자는 만물은 차이가 있어도 차별은 없다고 보았다.

차이는 사람이 태어날 때부터 가지고 있는 고유한 특성을 말한다. 예를 들어, 사람은 인종, 민족, 성별, 종교, 장애, 성적 지향 등에 따라 차이를 가지고 있다. 이러한 차이는 사람을 서로 다른 가치관이나 정체성을 가진 존재로 만든다. 하지만 사람이 가진 차이는 모두가 존중받아야 할 가치가 있다는 것을 의미한다.

반면, 차별은 자신과 다르다는 이유로 특정 집단의 사람들을 불평등하게 대우하는 것을 말한다. 차별은 인종차별, 성차별, 장애차별, 성소수자 차별 등 다양한 형태로 나타날 수 있다. 차별은 인권침해의 한 형태이며, 모든 형태의 차별을 반대해야 한다.

이처럼 차이를 인정하고 존중하는 것은 인권을 보호하는 데 필수적인 반면, 차별은 인권을 침해하는 행위이다. 그러므로 차이는 인정하되 차별은 금지해야 한다. 모든 사람은 평등하기 때문이다. 이를 장자의 언어로 말하면, "만물은 모두 같다(萬物齊同)." 장자에게 만물은 근본적으로 하나이며, 차별이나 구별은 존재하지 않는다. 만물은 서로 연결되어 있으며, 서로 영향을 미치고 있기 때문이다. 만일 우리가 서로를 차별하거나 서로를 우월하게 여긴다면, 세상은 분열과 갈등으로 불화하게 될 것이다. 그러나 만물이 서로 같다고 생각하면, 우리는 서로를 이해하고 화합할 수 있다.

장자의 만물제동은 "모든 사람은 … 서로 형제애의 정신으로 대해

---

127 노상우, "장자사상의 일원론적 세계관에서 본 현대 교육학적 함의", 교육종합연구, 제16권 1호, 2018. 3., 교육종합연구원, 132쪽.

야 한다"는 「세계인권선언」 제1조와 연결하여 이해해도 좋다. 여기서 말하는 형제애는 모든 사람이 서로 동등하게 대하고, 서로 존중해야 한다는 것을 의미한다. 예를 들어, 인종차별, 성차별, 장애차별 등은 모두 형제애 정신을 위배하는 행위이다. 형제애는 인권의 기본 정신이며, 인권을 보호하기 위해서는 형제애를 실천해야 한다. 형제애가 있다면, 사람들은 서로를 존중하고 협력할 수 있다. 형제애는 인권 보호뿐만 아니라 평화로운 사회를 만드는 데 필수적인 정신이라고 할 수 있다.

4. 쓸모없는 사물이나 사람이 오히려 큰 구실을 한다

장자가 바라보는 인간이란 거의 모두가 형벌받은 불구자이고 태어나면서부터 신체장애자이며 추한 자, 가난한 자, 학대받는 자이다.[128] 숙산무지(叔山无趾)는 발뒤꿈치가 잘린 올자이며, 애태타(哀駘它)는 얼굴이 아주 못생긴 추인이다. 이 외에도 장자는 절름발이·꼽추·언청이와 같은 신체장애인을 등장시킨다. 그가 의도적으로 이러한 사람들을 등장시킨 이유는 무엇일까? 안동림은 이렇게 설명한다.

> 그는 세상의 현자(賢者)들이 설정하는 갖가지 가치 체계에 대하여 그 편견에 의심을 품고 그들의 독단성에 이렇게 반문한다. 인간이 진흙 속의 미꾸라지보다 가치 있다는 근거는 대체 무엇인가, 미

128 안동림, 『장자』, 15쪽.

(美)는 어째서 가치 있고 추(醜)는 어째서 몰가치한가, 라고.[129]

일반적으로 우리는 외모가 잘 생기고 능력 있는 사람을 '유용(有用)', 즉 쓸모 있다고 생각한다. 장자가 보기에 이런 사고에 사로잡힌 사람이 다름 아닌 공자라고 보았다. 장자는 천하주유를 하며 끊임없이 자신의 능력을 증명하고 군주들이 불러주기만을 바라는 공자의 행위를 무모하고 어리석다고 비판한다. '유용성'이 다하면 사람들은 사람이든 사물이든 버리고 만다. 이에 대해 장자는 사람들로 하여금 쓸모 있기를 바라기보다는 오히려 무용지용(無用之用)하라고 권한다. 언뜻 보기에 쓸모없는 사물이나 사람(無用之物)이 오히려 큰 구실을 한다는 것이다. 장자의 이 관념은 도는 큰 것이 아니라 작은 것을 소중히 여긴다는 노자의 생각과 일맥상통한다.

장자는 신체장애인이 여전히 가치 있는 인간임을 보여 주고 싶었다. 오늘날과 마찬가지로 당시 신체장애인은 종종 불완전하거나 열등한 존재로 여겨졌다. 그러나 장자는 신체장애인이 다른 인간과 동등한 존엄성과 가치를 지닌 존재임을 강조했다.

또한 장자는 신체장애인이 삶의 본질을 이해하는 데 도움이 될 수 있다고 믿었다. 신체장애인을 통해 개인이 자신의 한계를 인식함으로써 세상을 더 깊이 이해할 수 있고, 그들의 고통과 역경을 통해 인생의 진정한 의미를 찾을 수 있을 뿐만 아니라 사람들에게 희망을 줄 수 있다는 것이다.

---

129 안동림, 『장자』, 15쪽.

이처럼 장자는 신체장애인을 통해 인간의 존엄성과 가치, 삶의 본질, 희망의 메시지를 전달하고자 하였다. '쓸모없음의 쓸모 있음'이라는 무용지용의 사상을 통해 장자는 인간은 누구나 자유롭고 평등하며, 신체장애를 이유로 사람을 차별하고 구분하는 것은 자연의 이법에 부합하지 않는다는 사실을 강조하고 있다.

제 8 장

한비자의 법치(法治)와 인권

I. 현대 인권에서 한비자의 법치가 가지는 의미

전국시대 말기 강력한 법치주의를 주장한 사람이 있었는데, 바로 한비(韓非, B.C. 280?-B.C. 233?)다. 그는 『한비자(韓非子)』를 저술한 정치 철학자이자 사상가이다. 한비는 한(韓)나라의 공자(公子) 가운데 한 명으로 순자(荀子)의 문인에게 배웠다고 한다. 형명(刑名)과 법술(法術)을 익혀 중앙집권적 제국 체제를 이끈 법가(法家) 이론의 집대성자로 평가받고 있다. 그의 이름도 원래는 공자와 맹자 등과 같이 한자(韓子)라 불러야 하나 당나라 한유(韓愈)를 '한자(韓子)'라 불렀으므로 혼동을 피하기 위하여 한비가 쓴 책이름을 따라 '한비자(韓非子)'로 부르고 있다.

법가는 도덕보다도 법을 중하게 여겨 형벌을 엄하게 하는 것이 나라를 다스리는 기본이라고 주장하였다. 법가에는 크게 5대 분파가 있는데, 관자(管子), 상앙(商鞅), 신불해(申不害), 신도(愼到), 한비자 등이 대표적 학자라고 할 수 있다.

법가의 5대 분파

분파	핵심 주장	주창자
상실파(尙實派)	부강(富强) 도모, 실업 장려, 무용(武勇) 권장	이회(李悝), 관중
상법파(尙法派)	신상필벌, 엄격한 법치, 연좌법 등에 의거한 통치	상앙
상술파(尙術派)	술(術)을 사용한 군주의 통치	신불해
상세파(尙勢派)	위세를 사용하고 법을 최대한 활용한 군주의 통치	신도
대성파(大成派)	법과 술을 중시하고 세와 리(利)를 채찍과 당근처럼 써서 절대 권위 행사	한비자

전국시대에 법가가 등장한 배경은 무엇일까? 이 시기는 진(秦)·조

(趙)·위(魏)·한(韓)·제(齊)·연(燕)·초(楚)와 같은 전국칠웅(战国七雄)이 패권을 다투었다. 이 혼란은 진시황이 중국을 통일할 때까지 이어져 '오로지 힘이 정의'라는 관념이 현실을 지배하였다. 이 시기에는 인의(仁義)를 내세워 개인의 내면 성찰과 수양을 강조하고, 왕도정치를 추구하는 유가와 같은 공리허담(空理虛談)은 전쟁으로 피폐해진 현실에 실질적 도움이 되지 못하였다. 인의도덕과 예교가 무너진 상태에서 군주의 강력한 통치력이 행사되지 않고는 평화를 가져오지 못한다는 인식 아래 강력한 법과 법치만이 난국을 다스릴 수 있는 유일한 정치수단으로 간주되었다. 이러한 현실에서 법가는 성문법을 빈틈없이 제정하고 사사로움 없이 적용함으로써 만인의 평등을 추구하여 낭비요소를 없애며, 효율성의 극대화를 지향해야 한다며 중법사상(重法思想)을 주장했다. 상앙이 말한 "형벌로써 형벌을 없앨 수 있다"는 이형거형(以刑去刑)이란 말에 법가가 지향하는 법치사상이 잘 드러나 있다.

한비자는 전제군주에 의한 무단정치를 옹호하였으며, 법과 법치를 바탕으로 군주에 의한 강력한 중앙집권적 통치체제 구축을 위한 사상을 제시하였다. 한비자는 인의의 정치로는 부국강병을 이룰 수 없다고 보고, 엄형주의(嚴刑主義)에 기반한 강력한 법치주의를 통치와 지배 수단으로 활용해야 한다고 주장하였다. 그의 사상을 바탕으로 진시황은 중국을 통일하는 데 성공하였으나 진나라는 건국 15년 만에 멸망하고 말았다. 그로 인하여 한비자의 법치사상에 대한 비판이 제기되었다. 그의 사상은 춘추전국시대와 같은 난세를 다스리고 평정하는 방법으로는 적합하지만 평화로운 시대를 다스리는 통치방법으로는 적합하지 않다는 것이다.

유교를 통치이념의 기반으로 건국한 조선은 성리학 중심의 유교국가였으나 지배와 통치를 위한 실질적인 이념은 법가사상을 따랐다. 이를 내유외법(內儒外法)이라 한다. 예를 들면, 공식적으로는 천리(天理)·성(性)·인(仁)·예(禮)·덕(德)과 같은 성리학의 가치이념을 내세웠으나 실제적으로는 백성의 통제방법으로 상앙이 만든 오가작통법을 적용하고, 『경국대전』을 비롯한 성문법을 제정하여 시행함으로써 엄형주의에 따른 법치를 국가통치의 실질적 수단으로 삼았다. 조선왕조와 선비들은 가슴에는 인의도덕을 품었으나 현실정치에서는 신상필벌에 의거한 법가의 사상을 적용하였다고 할 수 있다.

하지만 '성리학의 나라' 조선은 공식적으로 법가를 표명한 적이 없다. 유가의 대표적 경서인 사서삼경에 대해서는 다양한 저서가 발간되었으나 『한비자』 주석서는 한 권도 발간되지 않았다는 사실이 이를 반증하고 있다. 왕도정치를 표방한 조선도 현실정치를 하는 데 있어서는 강력한 법치를 내세우는 법가사상이 필요했을 것이다. 하지만 비록 법을 통해 국가를 통치하고 왕권을 강화하는 데 법가사상이 도움이 된다고 할지라도 공맹이 지향하는 유가사상과 충돌하는 내용이 적지 않다. 또한 강력한 법과 법치를 통한 왕권의 강화는 군신공치(君臣共治)의 근간을 위협할 뿐 아니라 백성의 자유를 지나치게 제한함으로써 신분제의 근간을 뒤흔들 우려도 있었다. 이러한 고민의 결과로 채택한 것이 성리학을 정치의 기본이념으로 삼되 실질적인 통치와 지배는 법가의 법치에 의거하는'내유외법'인 셈이다.

그런데 조선시대의 임금과 관료들의 고민이 오늘날 완전히 사라졌다고 할 수 있을까. 민주주의에서 법과 법치는 사회의 안정성을 유지하기 위한 기본원칙일 뿐 아니라 개인의 기본적 권리를 보장하기 위한 핵심제도이기도 하다. 아래에서는 한비자의 법치사상이 현대 인권 분야에서 가지는 의미와 한계에 대해 살펴보기로 한다.

II. 법술세에 의거한 법치의 인권적 개념과 의미

1. 서설

어떤 사람이 물었다.

> 신불해와 공손앙의 두 학파 주장 가운데 어느 쪽이 나라에 더 긴요합니까?[1]

이에 한비자가 대답했다.

> (…) 군주에게 술이 없으면 윗자리에 앉은 채 이목이 가리게 되고, 신하에게 법이 없으면 아래에서 어지러워진다. 이는 하나도 없어서는 안 되는 것으로 모두 제왕이 갖춰야 할 도구이다.[2]

한비자는 상앙의 법과 신불해의 술에 대해 이렇게 긍정적으로 평

1 한비자 정법 43:1.
2 한비자 정법 43:2.

가한다. 하지만 그의 결론은, "신불해의 술은 아직 미진하고, 상앙의 법 역시 아직 완비되지 못했다"[3]는 것이다. 그러면서 그는 나라는 다스리는 법도인 치도(治道)는, "사람들이 쉽게 행하여 싫어하는 형벌에 걸리지 않도록 하는 것"[4]과 "사람이 쉽게 피해 갈 수 있는 것을 피하도록 하고, 범하기 어려운 중죄에 걸리지 않도록 하는 것"[5]이라고 강조하였다. 한비자는 상앙의 법(法)과 신불해의 술(術)에 신도의 세(勢)를 더한 법술세(法術勢)를 바탕으로 자신이 지향하는 법과 법치이론을 수립하였다.

현대 인권적 관점에서 바라보면, 한비자의 법가사상은 비인간적이고 반인권적 내용을 담고 있어 제대로 된 평가를 내릴 가치조차 없다. 하지만 모든 사상은 그 시대를 살고 있는 사람들의 가치이념과 현실 환경의 영향을 받을 수밖에 없다. 하물며 그 사상이 오랜 세월동안 사라지지 않고 오늘날에도 회자되고 있는 현실에서 인권적 시각에서 재해석함으로써 그 문제점을 극복하는 노력이 필요하다고 본다. 아래에서는 법술세가 가지는 의미에 대해 인권적 개념 중심으로 살펴본다.

2. 상앙의 법(法)의 개념과 의미

한비자는 기본적으로 상앙(商鞅, 본명 공손앙(公孫鞅), B.C. 390-B.C. 338)

---

3 한비자 정법 43:7.
4 한비자 내저설 상 30:25.
5 한비자 내저설 상 30:28.

의 법(法)에 의거한 엄중한 법집행이 필요하다고 보고 있다. 상앙이 말하는 법은 백성(民)을 통제하고 억압하는 수단이자 통치의 객관성을 보장하는 기본 장치인 성문법을 지칭한다. 상앙은, 모든 성문법은 언제나 공개적으로 선포되고 엄격하게 준수되어야 한다고 하면서 무차별적인 성문법의 적용과 준수 및 극단적인 법치주의를 강조하였다. 이러한 관점에서 그가 내세우는 대표적인 주장이 "형벌로써 형벌을 없앨 수 있다"는 이형거형(以刑去刑)이다. 한비자는 말한다.

> 형을 집행하면서 경범죄를 중죄로 다스리면 경범죄도 없게 되고, 중죄를 범하는 자도 나오지 않는다. 이를 일컬어 형벌로 형벌을 물리치는 '이형거형'이라고 한다.[6]

상앙은 자신이 내세우는 법을 "옛날 법(古法)을 고쳐 새롭게 시행한다"는 뜻에서 변법(變法)이라고 불렀다. 변법의 주요 내용을 정리하면 다음과 같다.

① 정전제(井田制)를 폐지하고 대대적인 개간을 통한 농업생산량을 증대한다. 이를 위해 토지를 농민에게 수여하는 수전제(授田制)를 실시하여 국가가 세금을 직접 징수한다.
② 귀족과 종실의 분봉제(分封制)와 세습제를 없애고 출신성분을

---

6 한비자 내저설 상 30:29.

가리지 않고 오로지 군공에 의해 직위와 상을 준다. 이를 통하여 포상과 처벌을 명확히 하여 백성의 이익은 오로지 경전(耕田)을 통해서만 가능하도록 한다.

③ 권력이 군주에게 집중되는 행정 제도인 군현제를 도입한다. 31개 현(縣), 향(鄕)과 읍(邑)을 십오편호제(什五編戶制)에 따라 편성한다. 이 제도는 오가작통법(五家作統法)으로 널리 알려져 있는데, 이웃이 모든 책임을 함께 지는 연좌제이다. 즉, 십오연좌제(什五連坐制)를 실시하여 부정을 저지르면 참수보다 무거운 형벌인 허리를 잘라 죽이는 요참(腰斬)에 처한다.

④ 농업생산을 장려하고 공상업을 억제하는 중농경상(重農輕商) 또는 중농억상(重農抑商) 정책을 실시한다. 이를 통하여 모든 백성이 오로지 경전에만 몰두하도록 유도한다.

⑤ 백성들의 전투의지를 높이기 위해 잦은 전쟁을 불사한다. 중농으로 백성을 배부르게 하고 나라의 재정을 튼튼하게 하여 강한 군대를 보유해야 한다. 이를 '농전사상(農戰思想)'이라 한다.

⑥ 통치의 편의를 위해 공포정치를 조성한다.

⑦ 대가족제도를 폐지하고 한 집안에 두 명 이상의 남성이 있는 경우 분가를 의무화하는 분가정책(分家政策)을 실시한다. 이 정책의 도입으로 호구세 증가를 통한 세수 증대와 군역 확보를 도모한다.

⑧ 법가 이외의 유가 등 인의도덕이나 박애 사상을 철저히 배척하고 오로지 법치만을 지고의 가치로 삼는다.

⑨ 통치에 대한 비판과 여론을 봉쇄하기 위하여 시서예악 등 전

적을 전수하지 못하도록 하는 우민화 정책을 실시한다.

⑩ 유세와 언변이 나돌지 못하도록 학자의 여행이나 백성의 이주를 제한하여 사상을 통제한다.

⑪ 길이·부피·무게를 통일하는 도량형(度量衡) 정책을 실시한다.

상앙의 변법이 가지는 특징은 신상필벌(信賞必罰)을 분명히 하는 데 있다. 상앙에게 법이란 상(賞)을 줄 만한 업적이 있는 자에게 반드시 상을 주고, 잘못이나 죄가 있는 자에게는 반드시 벌(罰)을 줌으로써 상벌(賞罰)의 원칙을 분명히 하여 공정(公正)하고 정의로운 법질서를 확립하는 수단이다. 상앙은 법을 위반한 사람을 거열형이나 요참으로 처형하고, 범죄자의 구족(九族)을 모두 벌하는 멸문지화를 단행하였다.

신상필벌에 입각한 엄격한 법을 집행하기 위하여 상앙은 오가작통법(五家作統法) 혹은 오가작통제(五家作統制)에 의거하여 고발과 연좌제를 시행하였다. 오가작통법이란 다섯 가구(五家)를 묶어 하나의 통으로 편성한 전형적인 주민통제법이자 연좌제적 행정제도였다. 그 후 이 방식은 다섯 가구를 하나의 통으로 묶는 데 그치지 않고 5개의 통을 묶어 리(里)로, 3-4개의 리를 묶어 면(面)을 구성하는 식으로 운영되었다. 이 제도를 통해 이웃이 서로 감시하고 고발하도록 하고, 죄를 범하면 벌도 함께 지도록 하였다. 이처럼 변법을 실시하여 상앙은 백성에 대한 감시와 통제를 강화하였다. 한비자는 상앙의 변법에 대해 아래와 같이 상당히 후하게 평가하고 있다.

법은 관청에 명시돼 있는 법령으로 상벌이 백성의 마음에 깊이 새겨져 있어 법을 잘 지켜 따르면 상을 내리고, 간사한 짓으로 이를 어기면 엄벌을 가하는 것을 말한다. 이는 신하가 확실히 익혀 두어야만 한다.[7]

이에 백성들은 쉬지 않고 힘써 일하고, 적을 쫓을 때는 위험에 빠져도 물러나지 않았다. 나라가 부유해지고 군사가 강해진 이유다. 그러나 진나라 군주는 신하의 간사함을 알아내는 술이 없었다. 애써 이룬 부강이 신하들에게 이익으로 돌아간 이유다.[8]

상앙이 이웃을 서로 감시하고 위법행위를 고발하게 하는 강력한 백성통제정책을 실시한 이유는 무엇일까. 진나라 신하들이 법을 무시하고, 자신의 이익만 추구한 까닭에 나라는 어지럽고 군대는 쇠약했으며, 군주의 권세 또한 미미했기 때문이다. 상앙은 진효공에게 법제를 바꾸고 풍속을 교정해 공도(公道)를 밝게 드러낼 것을 적극 권했다. 당시 진나라 백성들은 죄를 지어도 형벌을 피할 수 있고, 공이 없어도 높은 지위에 올라 존경받을 수 있는 예전의 풍속에 젖어 새 법을 가벼이 보고 위법을 저질렀다. 따라서 상앙은 법을 위반한 자에게는 반드시 중벌을 내리고, 그런 자를 고발한 자는 상을 후하게 내려 새 법을 믿게 했다.

그러나 문제가 생겼다. 변법이 제대로 시행되려면 신상필벌에 대한

7 한비자 정법 43:2.
8 한비자 정법 43:5.

믿음이 필요한데, 백성들은 새 법을 믿지 않았다. 상앙은 새 법에 대한 규범력을 확보하기 위해 한 가지 꾀를 냈다. 도성 함양의 남쪽 대문 앞에 세 길 높이의 나무(목패)를 세우고 그 옆에 방을 붙였다.

> 누구든지 이 목패를 북문 앞으로 옮기면 상금으로 금 열 돈을 주겠다.

하지만 백성들은 이를 믿지 않고 아무도 목패를 옮기려 하지 않았다. 상앙은 상금을 다섯 배인 금 50돈으로 올렸다. 어떤 사람이 반신반의하며 목패를 북문 앞으로 옮기자 상앙은 즉시 그에게 상금을 주었다. 그러자 다른 어떤 사람이 목패를 다시 남문 앞으로 옮겼고, 상앙은 그에게 금 50돈의 상금을 주었다. 그 모습을 지켜본 사람들의 입을 통해 나라가 거짓말을 하지 않는다는 소식은 빠르게 퍼졌다.

이 사례에서 알 수 있듯이 상앙은 법을 지킨 사람에게는 상을 주고 지키지 않은 사람은 처벌하였다. 그 결과 간사한 행동이 발을 붙이지 못하는 과정에서 처벌을 받은 자가 매우 많았다.[9]

그러나 빛이 있으면 그늘이 있는 법이다. 상앙의 변법은 너무 엄격하여 백성의 원성이 높아지고, 새 법의 폐단이 많다는 비난이 빗발쳤다. 진효공은 이에 아랑곳하지 않고 상앙의 변법을 강력히 밀고 나갔다. 효공이 판단하기에 진나라의 부국강병과 패업(覇業)을 신속

---

9 한비자 간겁시신 14:4.

하고 효과적으로 달성하기 위해서는 상앙의 변법이 필요하다고 보았기 때문이다. 진효공의 통치력과 상앙의 변법의 성과에 대해 한비자는 다음과 같이 평가하고 있다.

> 변법의 실시가 가져온 긍정적 효과는, 백성들은 죄를 지으면 반드시 처벌을 받고, 처벌받을 사적인 행동과 이를 범하는 간사한 자가 매우 많다는 것을 알게 되었다는 것이다. 백성들은 마침내 법을 어기지 않게 됐고, 형벌을 가할 일도 없게 됐다. 나라의 기강이 서고, 군사력이 강해졌다. 그 결과 영토도 사방으로 확장할 수 있었고, 군주 또한 존귀해졌다. 죄를 감추는 자에게 내려지는 벌이 엄중하고, 간사한 자를 고발한 포상이 후했던 덕분이다.[10]

한비자의 평가대로 상앙은 재상이 되어 20년간 변법을 시행하여 개혁정치를 펴는 성과를 내었다. 하지만 상앙의 개혁정책을 적극 후원하던 진효공이 죽자 상황이 급변하였다. 변법을 비판하는 반대파에게 탄핵당한 상앙은 반란을 일으켰으나 전투에서 죽는다. 진 혜문왕의 명령으로 그의 시체는 거열형에 처해져 사지가 찢기는 수모를 겪는다. 그가 고안한 거열형에 자신의 몸이 찢기는 죽임을 당했으니 역사의 아이러니가 아닐 수 없다.

이처럼 상앙이 비록 10배의 노력을 기울여 법제를 바로잡고 나라를 부강하게 만들었으나 신하들은 도리어 이를 자신에게 유리하게

---

10 한비자 간겁시신 14:4.

이용했다. 만일 진효공의 치세가 상당 기간 지속되었다면 이야기가 달라졌을지도 모른다. 그의 사후 진나라 군주들은 강대국의 모든 조건을 두루 갖추고도 수십 년이 지나도록 제왕의 대업을 이루지 못하였다. 이에 대해 한비자는, 법치술을 이용해 관원들을 바로잡는 법제가 제대로 정비되지 못한데다 군주도 법치술을 제대로 구사하지 못한 데 따른 재앙이라며 혹평하고 있다.[11]

3. 신불해의 술(術)의 개념과 의미

군주가 아무리 강력한 법을 시행한다고 해도 술(術)이 뒷받침되지 않으면 효과를 발휘하기 어렵다. 군주의 관료 통제술을 제신술(制臣術) 혹은 치신술(治臣術)이라 하는데, 한비자는 신불해(申不害, B.C. 440-B.C. 337)의 술(術)을 적극 수용한다. 술과 법의 관계에 대해 한비자는, "군주에게 술이 없으면 윗자리에 앉은 채 이목이 가리게 되고, 신하에게 법이 없으면 아래에서 어지러워진다. 이는 하나도 없어서는 안 되는 것으로 모두 제왕이 갖춰야 할 도구이다"라고 보고 있다.[12]

한비자는 제신술을 관료제도의 운영 원리로 간주하고, 술의 두 가지 원칙으로 정명책실(正名責實)과 정인무위(靜因無爲)를 제시한다. 전자는 이름을 반듯하게 하고 책임을 뚜렷하게 하는 것을 뜻하고, 후자는 군주는 뭔가를 하고 있다는 것을 신하에게 들켜서는 안 된다는

---

11 한비자 정법 43:5.
12 한비자 정법 43:2.

뜻이다. 한마디로 제신술은 위 두 가지 원칙을 활용하여 군주가 자신의 속마음을 흉중에 깊이 감추어둔 채 수시로 생사여탈권(生死與奪權)을 발휘하여 신하를 꼼짝 못하게 통제하는 기술로 군주의 관료통어술(官僚統御術)이라고 할 수 있다. 한비자가 보기에 술은 군주가 신하의 능력에 따라 관직을 주고, 건의를 토대로 실적을 추궁하고, 신하의 생사여탈권을 쥔 채 그 능력을 시험하는 것이다. 한마디로 군주가 관료의 생살권을 확고히 장악하고 있어야 한다는 게 한비자의 생각이다.[13] 한비자가 제시하는 술의 기본바탕에는 사람의 본성에 대한 불신과 견제하는 심리가 깔려 있다. 그는 말한다.

> 사람들은 옛 법과 이전의 명을 좇는 게 이로우면 그것을 따랐고, 새 법과 나중의 명을 좇는 게 이로우면 그것을 따랐다. 이런 상황에서 신불해가 비록 10배의 노력을 기울여 한소후로 하여금 술치술(術治術)를 쓰게 했지만 간신들은 여전히 궤변을 늘어놓으며 속임수를 썼다.[14]

한비자는 군주가 신하를 다스릴 때 사용해야 하는 7가지 술책과 살펴봐야 할 6가지 기미, 즉 7술6미(7術6微)를 제신술로 제시하였다.[15] 이를 도표로 정리하면 아래와 같다.

---

13 한비자 정법 43:2.
14 한비자 정법 43:4.
15 한비자 내저설 상 30:1.

한비자의 7술6미(7術6微) 제신술

7술(術)	참관(參觀)	많은 증거를 모아 두루 대조함
	필벌(必罰)	반드시 형벌을 내려 위엄을 밝힘
	상예(賞譽)	공을 세우면 반드시 포상해 능력을 다하게 함
	일청(一聽)	신하들의 말을 일일이 듣고 실적을 추궁함
	궤사(詭使)	군주가 명을 내렸을 때 의심하는 신하를 꾸짖음
	협지(俠知)	알면서 모른 척하며 질문함
	도언(倒言)	말을 일부러 뒤집어 반대로 해 보임
6미(微)	권차(權借)	군주의 권력이 신하의 손안에 있음
	이이(利異)	군주와 신하의 이해가 달라 신하들이 외국의 힘을 빌림
	사류(似類)	신하가 유사한 부류에 의탁해 속임
	유반(有反)	이해가 상반됨
	참의(參疑)	신하들의 세력이 서로 비슷해 권력다툼을 벌임
	폐치(廢置)	적국이 대신의 폐출과 등용에 간여함

*한비자(신동준 옮김), 『한비자 상·하』, 인간사랑, 2020(이하, 신동준, 『한비자』)를 바탕으로 필자가 정리함.

또한 한비자는 위의 7술6미를 이용하여 군주는 신하를 다스릴 수 있는 세 가지 치신술(3治)를 능숙하게 사용해야 한다고 조언한다.

한비자의 치신술(3治)

절간(絶姦)	권세로도 변화시킬 수 없는 자가 있으면 제거함
독단(獨斷)	신하들에게 호오(好惡)를 드러내지 않고 일을 처리함
인통(忍痛)	나라를 다스리기 위해 법술을 시행할 때 고통(힘든 상황)을 잘 참아야 함

*신동준, 『한비자』를 바탕으로 필자가 정리함.

술에 대한 한비자의 생각의 요체는 군주는 매사에 희로애락을 감추고 냉철하게 청정무위(淸淨無爲)해야 한다는 것이다. 이것은 마치 청나라 말기 이종오(李宗吾)가 쓴 『후흑학(厚黑學)』을 연상케 한다. 후흑은 두꺼운 얼굴을 뜻하는 '면후(面厚)'와 시커먼 속마음을 뜻하는 '심흑(心黑)'을 줄인 말이다.[16] 이에 상반되는 말이 얼굴이 깨끗하고 마음이 솔직담백함을 뜻하는 박백(薄白)이다. 박백이 인의(仁義)를 지향하는 유가의 도덕적 인물인 군자라면, 후흑은 자신의 본심은 숨긴 채 뻔뻔한 얼굴과 음흉한 마음으로 난세를 다스리고 평정한 패자(霸者)라고 할 수 있다. 이종오는 후흑구국(厚黑救國)의 일념으로 난세를 다스리는 권력자는 물론 그런 시대를 살아가는 개인의 처세술로 후흑학이 필요하다고 본다. 승리의 역사를 만든 인물은 유약한 박백이 아니라 냉혹하고 비인간적인 후흑이라는 게 그가 주장하는 핵심이다. 이 점에서 이종오의 후흑은 한비자의 술치를 계승하고 있다고 할 수 있다.

4. 신도의 세(勢)의 개념과 의미

한비자는 군주의 위세, 즉 권세의 중요성을 강조한 신도(愼到, B.C. 350-B.C. 275)의 세(勢)를 수용하였다. 군주가 권력을 유지할 수 있는 근본 비결은 도덕성이 아니라 존엄한 위세라는 것이다. 신도는 유가의 신치(身治) 또는 인치(人治)에는 두 가지 폐단이 있다고 본다.

첫째, 신치는 일정한 표준이 없이 마음대로 행해지는 폐단이다. 신도는 "군주된 사람이 법을 버리고 신치를 한다면 상을 주고 형벌을 가하는 것이 군주의 마음으로부터 나오게 된다"고 비판한다.[17]

---

16 신동준, 『후흑학』, 위즈덤하우스, 2014(이하, 신동준, 『후흑학』), 10쪽.
17 『신자(愼子)』 군인(君人).

둘째, 신치는 국가의 정치요체가 한 사람의 마음에 달려 있게 만드는 폐단이 있다.[18] 이와 같은 폐단은, "법에 의해 일을 처리하는 것만"으로 없앨 수 있고, 또한 그것이 "국가의 큰 도이다"라고 주장하였다.[19]

이러한 폐단을 없애기 위해 신도는 귀세(貴勢)와 상법귀공론(尙法貴公論)에 입각하여 정치를 해야 한다고 보았다. 귀세란 권력, 법률, 의례, 정책 등에서 권력, 즉 세(勢)를 가장 높은 위치에 두는 것이고, 상법귀공이란 법을 숭상하고 공공의 것을 귀하게 여겨야 한다는 뜻이다. 신도의 주장은 세를 강조하면서도 술과 법을 숭상해야 한다는 것으로 요약할 수 있다. 결국 군주가 통치를 하려면 술과 법만으로는 부족하고 세를 가져야만 가능하다는 것이다. 한비자는 신도의 세(勢)이론을 적극 수용하여 군주가 가지는 권세의 중요성을 아래와 같이 강조한다.

> 하늘을 나는 용은 구름을 타고, 하늘을 오르려는 뱀은 안개 속에 논다. 구름이 걷히고 안개가 개면 용과 뱀은 지렁이나 개미와 다를 바 없이 땅에 떨어지고 만다. 울타리가 구름과 안개를 잃었기 때문이다. 현자가 불초한 자에게 몸을 굽히는 것은 세도가 가볍고 지위가 낮기 때문이고, 불초한 자가 현자를 굴복시키는 것은 세도가 무겁고 지위가 높기 때문이다. 요임금도 신분이 낮은 필부였다면 단 세 사람조차 능히 다스릴 수 없었을 것이다. 하나

---

18 『신자(愼子)』 위덕(威德).
19 『신자(愼子)』 일문(佚文).

라 걸도 천자의 자리에 있었던 덕분에 능히 천하를 어지럽힐 수 있었다. 나는 이로써 권세와 지위는 믿을 수 있어도 재능과 지혜는 부러워할 게 못 된다는 것을 알았다. 무릇 활의 힘은 약한데도 화살이 높이 올라가는 것은 바람의 힘을 탔기 때문이고, 당사자는 불초한데도 그 명이 잘 시행되는 것은 많은 사람의 도움이 있기 때문이다. 요임금이 노비의 지위에 있었다면 아무리 가르치려 해도 백성들 가운데 그 누구도 그의 가르침을 듣지 않았을 것이다. 그가 보위에 올라 남면(南面)한 채 천하를 호령했기에 비로소 명하면 곧바로 행해지고, 금하면 곧바로 그칠 수 있었던 것이다. 이로써 보건대 재능과 지혜로는 일반 백성을 굴복시킬 수 없으나 권세와 지위는 현자까지도 능히 굴복시킬 수 있다.[20]

그렇다면 신도의 세(勢)를 현실 정치에서 활용할 수 있는 방안은 무엇일까? 한비자는 군주가 권세 또는 위세를 이용할 수 있는 경우를 네 가지로 나누어 설명하고 있다.

첫째, 권세(權勢)는 용군(庸君)을 위한 것이다. 요순 및 걸주와 같은 인물은 천 년 만에 한 번 나올 뿐 어깨를 나란히 하고 발꿈치를 좇는 것처럼 잇따라 나오는 게 아니다. 세상에는 통상 중간 수준의 군주가 연이어 나온다. 한비자가 말하고자 하는 권세는 바로 이런 중간 수준의 군주인 용군을 위한 것이다. 용군은 위로는 요순과 같은 성군에 못 미치고, 아래로는 걸주와 같은 폭군에 이르지 않은 군주

---

20 한비자 난세 40:1.

를 지칭한다. 용군이 법을 쥐고 권세에 의지하는 이른바 포법처세(抱法處勢)를 행하면 나라가 잘 다스려진다. 그러나 법을 어기고 권세를 버리는 이른바 배법거세(背法去勢)를 행하면 나라가 어지러워진다.[21]

둘째, 권세는 엄격한 신상필벌을 바탕으로 포법처세를 하기 위한 수단이다. 이에 대해 한비자는 말한다. "무릇 굽은 나무를 바로잡는 도지개와 길이와 부피를 헤아리는 척도를 버리면 설령 해중(奚仲) 같은 명장에게 수레를 만들게 할지라도 바퀴 하나 만들지 못할 것이다. 상으로 장려하고 벌로 억제하지 않으면서 '포법처세' 대신 '배법거세'를 행하면 설령 요순과 같은 성군이 집집마다 찾아다니며 사람들을 설득할지라도 세 집조차 다스리지 못할 것이다."[22]

셋째, 권세는 권병(權柄)을 행사하기 위한 기반이다. 군주는 권력을 행사하는 권한인 권병을 손에 움켜쥐고 권세를 배경으로 삼는다. 그래야 금령을 차질 없이 집행해 신하의 사악한 짓을 제지할 수 있다. 권병은 사람의 생살을 좌우하는 직권이고, 권세는 뭇사람을 제압하는 바탕이다.[23]

넷째, 위세는 군주의 조아(爪牙)이다. 조아란 발톱과 어금니를 말한다. 무릇 말이 무거운 짐을 실어 나르고 수레를 끌면서 먼 길을 갈 수 있는 것은 근력(筋力) 덕분이다. 만승 대국의 군주와 천승 소국의 군주가 천하를 제복(制服)하고 명을 좇지 않는 제후를 토벌할 수 있는 것은 위세 덕분이다. 위세는 군주의 '근력'이다. 지금 대신이 위

---

21 한비자 난세 40:6.
22 한비자 난세 40:6.
23 한비자 팔경 48:1.

엄을 떨치고, 좌우측근이 권세를 멋대로 휘두르는 것은 군주가 힘을 잃었기 때문이다. 힘을 잃고도 나라를 유지한 군주는 1천 명 가운데 단 한 사람도 없다. 범과 표범이 능히 사람을 이기고 백수의 왕으로 군림하는 것은 조아가 있기 때문이다. 이를 호표조아(虎豹爪牙)라 한다. 만일 범과 표범이 조아를 잃으면 사람에게 제압당한다. 위세는 군주의 조아다. 군주가 조아를 잃으면 발톱과 어금니를 잃은 범과 표범의 처지가 되고 만다.[24]

이에 대해 한비자는, 군주가 나라를 다스리는 수단으로 크게 세 가지가 있는데, 첫째 이익, 둘째 위세, 셋째 명분이라고 말한다. 이 세 가지는 서로 긴밀한 관계를 맺고 있다. 무릇 포상을 통해 이익을 안겨 주면 백성의 마음을 얻게 되고, 형벌을 통해 위세를 행사하면 법령을 차질 없이 시행하게 되고, 법률 규정을 통해 명분을 쥐면 상하 모두 이를 기준으로 삼게 된다. 한비자는 말한다.

> 이 세 가지 수단이 아니면 설령 다른 수단이 있을지라도 그리 긴요한 게 아니다.[25]

위정자는 권력을 향해 불나방처럼 몰려드는 사람들을 지배하고 통제하는 수단으로 이 세 가지를 적절하게 활용하고 있으니 한비자의 이 말은 예나 지금이나 그리 틀리지 않는 모양이다.

---

24 한비자 인주 52:1.
25 한비자 궤사 45:1.

III. 법술세에 의거한 법치의 이론적 근거

1. 순자의 성악설

한비자의 법술세는 기본적으로 인간의 본성은 이기적이고 악하므로 선(善)한 행위는 후천적 습득에 의해서만 가능하다고 보는 순자의 성악설을 따른다. 이 학설은 인간은 선천적으로 한없는 욕망을 가지고 있어 그대로 두면 싸움만이 일어나 파멸하기 때문에 예(禮)로써 바로잡아야 한다고 하였다. 순자의 성악설에 따라 한비자는 인간의 일반적 성질은 타산적이고 악에 기우는 것으로 설혹 친한 사이에 애정이 있다 해도 그것은 무력(無力)한 것이므로 정치를 논할 기초가 될 수 없다고 보았다. 한비자는 인간의 본성이 이기적이고 악하다는 점을 설명하면서 아래와 같은 사례를 들고 있다.

[사례 1]

하루는 위나라에 사는 어느 부부가 기도를 할 때 아내가 이렇게 말했다.

"비나이다. 저희가 공짜로 삼베 5백 필을 얻게 해 주십시오!"

남편이 힐난했다.

"어찌 그리 적은가?"

아내가 대답했다.

"그것보다 많으면 당신이 앞으로 첩을 들이겠지요!"[26]

---

26 한비자 내저설 하 31:18.

[사례 2]

수레를 만드는 사람은 수레를 제작하면서 사람이 부귀해지기를 바라고, 관을 만드는 사람은 관을 짜면서 사람이 요절하기를 바란다. 이는 수레를 만드는 사람이 어질고, 관을 짜는 사람이 악하기 때문이 아니라 사람이 부유해지지 않으면 수레가 팔리지 않고, 사람이 죽지 않으면 관을 팔 수 없기 때문이다. 관을 짜는 사람이 마음속으로 사람을 증오해서 그런 게 아니라 사람이 죽어야 이익을 볼 수 있기에 그런 것이다.[27]

[사례 3]

부모가 자식을 대할 때 아들을 낳으면 서로 축하하고, 딸을 낳으면 죽여 버린다. 다 같이 부모의 품안에서 나왔는데 아들이면 축하하고, 딸이면 죽이는 것은 훗날의 편의를 생각하고 먼 장래의 이익을 헤아린 결과이다. 부모와 자식 사이조차 이처럼 이해타산을 계산하는 마음이 작용한다. 하물며 군신관계처럼 혈연의 애정도 없는 경우이겠는가?[28]

[사례 1]과 [사례 2]는 현실에서 흔히 일어나는 일이고, 공리주의적 관점에서 충분히 이해할 수 있다. 하지만 [사례 3]의 부모가 아들을 낳으면 축하하고, 딸을 낳으면 죽여 버린다는 설명은 현대인의 인식과 인권의 관점에서는 도저히 용납할 수 없다. 시대를 떠나 법

27 한비자 비내 17:2.
28 한비자 육반 46:1.

과 법치를 맹목적이고 기계적으로 이해하고 적용할 때 일어날 수 있는 극단적 사례라고 할 수 있다.

이처럼 성악설은 사람의 본성은 선천적으로 착하나 나쁜 환경이나 물욕(物慾)으로 악하게 된다는 성선설과 전적으로 대비되는 학설이다. 성선설의 근거로 맹자는 사람의 본성에서 우러나오는 네 가지 마음이 있다는 사단(四端)을 주장하였다. 맹자가 말하는 사단이란, 인(仁)에서 우러나오는 측은지심, 의(義)에서 우러나오는 수오지심, 예(禮)에서 우러나오는 사양지심, 지(智)에서 우러나오는 시비지심을 이른다.

이처럼 순자의 성악설과 맹자의 성선설은 사람의 본성을 전적으로 상반되게 보고 있다. 전자는 법가의 패도정치, 후자는 유가의 왕도정치의 이론적 논거로 원용되었다. 한편 노자를 비롯한 도가는 무위사상을 바탕으로 무위지치(無爲之治)를 주장하였다. 이는 성인의 덕이 지극히 커서 아무 일을 하지 않아도 천하가 저절로 잘 다스려진다는 도치(道治)로 이어졌다. 한비자는 법치를 행함에 일체의 사사로움이 없다는 무사법치(無私法治)를 주장하였으며, 이는 노자의 도치(道治)와 그 맥락이 닿아 있다. 사마천은 『사기』에서 도치를 최상의 통치라고 평가하였다.

2. 유가(儒家)와 묵가(墨家)에 대한 비판

한비자는 인의에 바탕을 두고 인간사회를 파악하는 것은 공론(空論)에 불과하다며 유가의 덕치를 부정하고, 법치를 강하게 주장한다.

현명한 사람을 숭상하는 것은 좋은데 그것을 정치규범으로 할 수는 없다. 법적 판단능력을 갖추지 않은 사람은 우연적 요소가 너무 강하고 위험하기 때문에 현명한 사람보다는 능력 있는 사람을 써야 한다는 것이다. 이 관점에서 한비자는 유가의 허례허식과 묵가의 지나친 검약을 아래와 같이 신랄하게 비판한다.

> 묵가는 장례를 지낼 때 사자에게 겨울에는 겨울옷, 여름에는 여름옷 수의를 입힌다. 또 오동나무로 만든 두께 3촌의 관을 쓰고 상복은 3달만 입는다. 세상의 군주들은 이런 검소한 박장(薄葬)을 칭송하며 이들을 예우한다. 유가는 이와 달리 가산을 탕진하며 성대한 후장(厚葬)을 치른다. 3년 동안 상복을 입는 탓에 몸이 수척해져 지팡이에 의지해야만 한다. 세상의 군주들은 효성이 지극하다며 이들을 예우한다. 무릇 묵가의 검소한 행보가 옳다면 유가의 사치를 반대해야 하고, 유가의 효성이 옳다면 묵가의 박정(薄情)을 반대해야 한다. 효성과 박정, 사치와 검소의 상반된 얘기가 모두 유가와 묵가의 주장 속에 있다. 그런데도 군주는 이들을 모두 예우하고 있다.[29]

한비자는 간사한 거짓을 일삼으며 사사로운 이익이나 챙기는 무익한 6개 부류의 선비가 있는데, 세인들은 오히려 이들을 칭송한다고 한탄한다. 이들이 바로 유가와 묵가를 믿고 따르는 선비들이다.

---

29 한비자 현학 50:2.

이들과는 정반대로 열심히 농사짓고 나라가 위기에 처했을 때 전쟁터에 나가 싸우는 유익한 6개 부류의 백성이 있으나 세인들은 오히려 이들을 폄하한다. 한비자는 옳고 그름이 뒤바뀌었다며 이를 '육반(六反)'이라 불렀다.[30]

육반(六反)

6개 부류의 선비			6개 부류의 백성		
고사(高士)	죽음을 두려워하고 위난을 피하려는 자들로 전쟁터에서 적에게 항복하거나 도망치는 자	세인들은 '삶을 귀하게 여기는 자'로 칭송	맹민(盲民)	위험한 곳으로 나아가 나라와 군주를 위해 목숨을 바치는 결의를 위해 죽음을 택한 자들	세인들은 '계책이 없는 무모한 자'로 폄하
학사(學士)	선왕의 도를 들먹이며 자신의 학설을 세우며, 법을 어기는 자	세인들은 '학문을 연마하는 자'로 칭송	누민(陋民)	식견이 적고 명령에 잘 따르는 법을 온전히 지키는 자들	세인들은 '덜 깨친 무지렁이'로 폄하
현사(賢士)	아무 일도 하지 않은 채 놀면서 잘 먹고 살며, 다른 사람의 먹을 것을 빼앗는 자	세인들은 '재능이 뛰어난 자'로 칭송	과민(寡民)	힘써 경작해 먹고 살며 재부를 창출해 내는 자	세인들은 '능력이 부족한 자'로 폄하
모사(謀士)	왜곡된 이론으로 큰 지식을 드러내며 거짓으로 사람을 속이는 자	세인들은 '말 잘하고 재치 있는 자'로 칭송	우민(愚民)	선량하며 온후하고 순박하며 성실한 자	세인들은 '우직하고 유치한 자'로 폄하
투사(鬪士)	허리에 칼을 차고 다니면서 사람을 치거나 죽이는 흉포한 모험을 하는 자	세인들은 '강직하고 용맹한 자'로 칭송	겁민(怯民)	명령을 존중하고 맡은 일에 신중하며 군주를 존중할 줄 아는 자	세인들은 '담이 작고 겁이 많은 자'로 폄하
의사(義士)	도적을 살려 주고 간특한 자를 숨겨 주어 사형에 처해야 할 자	세인들은 '의거를 보호하며 변호하는 자'로 칭송	참민(讒民)	도적을 꺾고 간사한 행동을 막으며 군주의 법령을 지키는 자	세인들은 '군주에게 아첨하고 남을 헐뜯는 자'로 폄하

*신동준, 『한비자』를 바탕으로 필자가 정리함.

법가는 기본적으로 농업생산을 장려하고 공상업을 억제하는 중농경상(重農輕商)을 국가산업정책의 근간으로 삼으며, 유가와 묵가 및

30 한비자 육반 46:1.

상공인에 대해서는 아주 비판적인 견해를 가지고 있다. 한비자도 동일한 시각을 가지고 있으며, 특히 학자, 유세객, 협객, 정객 및 상공인과 같은 다섯 가지 부류는 나라의 기둥을 좀먹는 두충과 같은 존재라며 '다섯 마리 좀벌레'라는 뜻에서 '오두(五蠹)'라 부르고는 이들에 대해 노골적인 적개심을 드러내고 있다. 이들에 대해 한비자는 말한다.

> 이 다섯 가지 두충과 같은 자들을 제거하지 않고 경전(耕戰)에 뛰어난 경재지사(耿介之士)를 양성하지 않으면, 패망하는 나라와 복멸(覆滅)하는 조정이 나타날지라도 하등 이상할 게 없다.[31]

오두(다섯 마리 좀벌레) 같은 부류

학자	선왕의 도를 칭송하며 입만 열면 인의를 떠벌리고, 용모나 복장을 융성하게 하고는 입으로 변설을 꾸며 대고, 당대의 법을 의심케 만들어 군주의 마음을 흔들어 놓는 부류
유세객	거짓을 늘어놓고, 외국의 힘을 빌려 사적인 욕심을 채우며, 나라의 이익 따위는 돌보지 않는 부류
협객	무리를 모아 절의를 내세우며 자신의 이름을 드러내고, 중앙 관청에서 금지하는 법령을 예사로 범하는 부류
정객	권문에 줄을 대고는 뇌물을 바치며, 요로에 있는 관원을 이용하여 전쟁터로 나가 목숨 바쳐 애쓰는 일을 면하는 부류
상공인	조악한 기물을 그럴듯하게 보이도록 만들고, 값이 쌀 때 물건을 쌓아 두었다가 값이 오를 때 팔아 폭리를 취함으로써 사실상 농부에게 돌아갈 이익을 탈취하는 부류

*신동준, 『한비자』를 바탕으로 필자가 정리함.

육반의 유가와 묵가의 선비들과 다섯 마리 좀벌레 같은 부류가 끼치는 사회적 병폐와 해악을 해결하는 유일한 방법은 무엇일까. 법으로 다스리는 법치다. 한비자는 말한다.

31 한비자 오두 49:18.

법으로 다스리는 길은 처음에는 고달프나 나중에는 크게 이롭고, 인의로 다스리는 길은 처음에는 이로우나 나중에는 크게 궁색해진다.

만일 성인이라면 어떤 선택을 할까. 한비자는 법과 인의의 경중을 잘 헤아려 이로움이 큰 쪽을 택한다고 보고 있다. 성인은 법치 아래서 어려운 상황을 견디는 쪽을 택하는 까닭에 서로 깊이 동정하며 아낌없이 베푸는 인의의 길을 버린다는 것이다. 이를 두고 유자들은 '형벌을 가볍게 하라'고 입을 모아 비판한다. 유자들의 이러한 태도에 대해 한비자는 "나라를 어지럽게 하고 끝내 패망으로 이끄는 술책"이라며 맹공을 퍼붓는다.[32]

이형거형으로 대표되는 엄벌주의에 의거한 강력한 법치를 주장하고, 유자들이 가지는 가치관념을 비판하면서 한비자는 유가의 스승 공자와 노애공(魯哀公)의 사례를 든다.

한비자가 보기에 백성은 본래 권세에 복종하지만 의로움을 품고 따르는 사람은 적다. 이를테면, 공자는 천하의 성인으로 수행을 한 후 도를 밝히며 천하를 돌아다녔다. 천하 사람들은 그가 말한 인(仁)을 좋아하고, 그 의(義)를 칭찬했지만 복종한 자는 소수에 지나지 않았다. 그 이유는 무엇일까. 대개 인(仁)을 귀하게 여기는 자가 적고, 의(義)를 실행하기가 어려웠던 탓이다. 이런 이유로 한비자는 말한다.

---

32 한비자 육반 46:4.

천하는 매우 크지만 그의 제자는 70명뿐이었고, 인의를 실천한 사람은 공자 한 사람뿐이었다.[33]

공자와 달리 노애공은 보잘것없는 군주였다. 하지만 남면(南面)하여 군주로 즉위해 나라를 다스리자 백성들 가운데 감히 신하가 되지 않으려는 자가 없었다. 그 이유는 다름 아닌 군주가 가진 권세에 있다. 한비자가 보기에 백성은 실로 권세에 복종하고, 권세는 실로 사람을 복종시킨다. 공자가 신하가 되고, 노애공이 군주가 된 이유다. 공자는 노애공의 의(義)에 감복한 게 아니라 그의 권세에 복종한 것이다.[34]

이 두 인물을 비교하면서 한비자는, "만일 의를 기준으로 했다면 공자는 노애공에게 복종하지 않았을 것이다. 권세에 의지했기에 노애공도 공자를 신하로 삼을 수 있었다"고 주장한다. 그러면서 한비자는, "지금 학자들은 군주를 설득하면서 반드시 권세를 잘 운용하라는 말은 하지 않고, '인의를 힘써 행하면 능히 왕도를 펼 수 있다'고 주장한다. 이는 군주에게 반드시 공자 못지않은 인물이 되고, 백성들에게 모두 공자의 제자가 될 것을 요구한 것이다. 이는 결코 이뤄질 수 없는 도리이다"라는 날선 비판을 한다. 따라서 한비자에게 "천하 사람들 모두 부모에게 효도하고, 형과 어른을 공경하고, 군주에게 충성하고, 남편에게 복종하는" 효제충순(孝悌忠順)의 도리[35]는 천하의 변하지 않는 상도(常道)이다. 상도를 버리고 현능한 자들을

33 한비자 오두 49:6.
34 한비자 오두 49:6.
35 한비자 충효 51:1.

숭상하면 나라는 이내 어지러워지고, 법도를 버리고 지혜로운 자들을 임용하면 군주는 위태로워진다는 것이다.[36]

> 신하로서 요순을 현명하다고 칭송하지 않고, 탕무가 폭군을 토벌했다며 기리지 않고, 열사의 높은 절개를 말하지 않고, 힘을 다해 법을 지키고, 마음을 다해 군주를 섬기는 것이 바로 충신이다.[37]

법을 숭상할 뿐 현능을 숭상하지 않는다(尙法而不尙賢).[38] 이 말을 들어 한비자는 힘을 다해 법을 지키는 것이 곧 충신의 도리라며 법치가 효제충순을 강조하는 유가의 입장과 다르지 않음을 역설하고 있다.

IV. 한비자가 바라보는 법의 성질

> 법은 명확히 드러날수록 좋고, 술은 겉으로 드러나지 않을수록 좋다(法莫如顯 術不慾見).[39]

> 나라는 언제까지나 늘 강할 수도 없고, 언제까지나 늘 허약할 수도 없다. 법을 받드는 자가 강하면 나라도 강해지고, 약하면 나라 또한 약해진다.[40]

---

36 한비자 충효 51:2.
37 한비자 충효 51:5.
38 한비자 충효 51:2.
39 한비자 난삼 38:16.
40 한비자 유도 6:1.

위에 인용한 문장에는 법에 대한 한비자의 기본 인식이 여실히 드러나 있다. 약육강식의 정글법칙이 지배하던 전국시대는 난세 중의 난세였다. 군주는 법을 밖으로 드러내고, 술은 안으로 감추고 숨겨야 했다. 즉, 법은 문서로 엮어 관부에 비치해 두었다가 백성에게 널리 알려야 하고, 술은 오직 군주의 마음속에 간직해 두고 여러 증거와 대조해 가며 은밀히 신하들을 통제하는 방편으로 사용해야 했다. 군주는 법술세를 함께 사용하되 현실정치에서 공(公)과 사(私)의 영역을 엄격히 분리해야 하는데, 이를 공사지변(公私之辨)이라 한다. 한마디로 군주는 권세를 바탕으로 법과 술을 적절히 활용하여 자신의 권위를 유지하고 통치하는 능력이 있어야 했다. 이처럼 한비자의 법술세에 의거한 법과 법치는 평화 시보다 특히 난세에 위력을 발휘할 수 있다. 『한비자』가 '난세 리더십의 성전'으로 불리는 이유다. 그렇다면 한비자가 바라보는 법은 어떤 성질을 가지고 있을까.

1. 법은 인의변지(仁義辯智)와 예(禮)를 대체하는 것이며, 사(私)적인 것이 아니라 공(公)적인 것이다

이 관점에서 한비자는 예치(禮治)에 대하여 법치(法治)를 주장하였다. "서언왕은 인의를 행했지만 서나라는 망했고, 자공은 언변과 지모가 있었지만 노나라는 영토가 깎이고 말았다"며 한비자는 "무릇 인의, 언변, 지모는 나라를 지탱해 주는 수단이 못 된다"고 단언한다. 만일 서나라와 노나라가 각각 서언왕의 인의와 자공의 지모를 버리고, 만승의 대국인 초나라와 제나라를 상대할 수 있을 정도로

힘을 길렀다면 두 대국의 야욕도 이내 펼칠 길이 없었을 것이라는 게 한비자의 생각이다.[41]

따라서 법치가 바로 서고 부강한 나라를 만들기 위해 군주는 '법에 근거하지 않는 행위를 금지'해야 한다. 이것이 바로 군도(君道)다. 또한 군주는 반드시 공사의 구분을 명확히 하고, 법제를 분명히 해 사사로운 온정을 물리쳐야 한다. 이것이 군주의 공의(公義)다. 군도와 공의는 오로지 군주만 행사할 수 있다. 이에 반하여 신하가 사적인 행보로 붕우들에게 믿음을 얻고, 상을 내려 권장하며, 벌을 주어 금지하는 등의 권한은 행사할 수 없다. 이것은 신하들의 사사로운 사의(私義)이므로 엄격히 금지해야 한다. 만일 신하들이 사사로운 의리를 행하면 나라는 곧 어지럽게 되고, 공적인 의리를 행하면 잘 다스려진다. 공과 사의 구분을 엄히 해야 하는 이유다.[42]

한비자는 군주의 공사(公私) 구분과 법집행은 엄정해야 한다는 점을 누누이 강조한다. 『한비자』「경문(經文) 2」 치강(治强)에서, "잘 다스려지고 강성해지는 것은 법이 제대로 행해지는 데서 비롯되고, 나라가 약해지고 어지러워지는 것은 법을 사사로이 행한 데서 비롯된다"며 "군주가 이를 명확히 알면 상벌을 바르게 시행하고, 아랫사람에게 함부로 인애(仁愛)의 마음을 갖지 않을 것"이라고 분명하게 밝히고 있다. 그러므로 군주는 "작위와 봉록은 공에 따라 얻고, 형벌은 죄에 따라 받는다"는 신상필벌의 기준을 명확히 세울 것을 강조한다. 신하가 이를 분명히 알면 반드시 온 힘을 다해 공을 세우고, 군주

41 한비자 오두 49:4.
42 한비자 칙사 19:6.

에게 사사로운 충성을 하지 않을 것이라는 것이다. 한비자가 말한다.

> 군주가 평소 무자비할 정도로 법의 집행에 철저하고, 신하가 평소 불충할 정도로 공을 세우는 데 철저하면 군주는 가히 천하통일의 대업을 이룰 수 있다.[43]

춘추전국시대라는 혼란한 현실에서 한비자의 이 말을 듣고 귀가 솔깃하지 않을 군주가 어디 있겠는가. 한비자는 군주들에게 법과 법치를 앞세워 신상필벌이라는 잣대로 절대 권력을 행사할 수 있는 이론적·현실적 기반을 제공해 주었다.

2. 법은 사람의 행위에 대한 도량형적 측정과 평가의 수단이다

법은 상벌의 기준으로 군주에게 공적에 따라 사람의 행위를 평가하는 절대권한을 부여한다. 군주는 이 권한을 이용하여 상벌을 보상과 제재(신상필벌)의 수단으로 활용한다. 이 점에서 법은 상벌양정(賞罰量定)의 기준이다.

한비자가 바라보기에 군주가 백성을 사랑하고, 반대로 사랑하지 않는 것을 판단하는 잣대는 두 가지밖에 없다. 형벌을 무겁게 하고 포상을 남발하지 않는 것이 백성을 사랑하는 길이요, 정반대로 포상을 남발하고 형벌을 가볍게 하는 것은 백성을 사랑하지 않는 길이

---

43 한비자 외저설 우하 35:2.

다. 만일 이 기준을 명확하게 정하고 시행하면 백성은 상을 받기 위해 목숨마저 바친다는 것이다.[44]

이처럼 군주가 백성에게 형벌을 가하는 이유는 무엇일까. 그것은 군주가 백성을 미워하기 때문이 아니라 오히려 형벌을 가하는 것이 백성을 사랑하는 근본이기 때문이다. 또한 성인은 백성을 다스리면서 백성의 근본이익을 고려하는 까닭에 백성의 욕망에 따르지 않고, 백성의 이익을 앞세울 뿐이라는 게 한비자의 주장이다.[45]

일찍이 상앙은, "형벌로써 형벌을 없애면 나라가 잘 다스려질 것이요, 형벌로써 더 많은 형벌이 생기도록 하면 나라가 혼란스러워질 것이다(以刑去刑 國治 以刑致刑 國亂)"[46]라며 법치의 기본원칙으로 이형거형과 이형치형을 제안하였다. 이형거형이란 가벼운 죄에 대해서도 중형을 내림으로써 백성들이 형벌을 무서워하여 쉽게 죄를 짓지 않을 것이므로 형벌을 쓰지 않으려는 목적에 부합한다고 보는 견해이다. 또한 이형치형이란 무거운 죄에 대해 가벼운 형벌을 내림으로써 백성들이 형벌을 무서워하지 않아 쉽게 죄를 짓게 되므로 형벌을 써서 도리어 형벌을 내릴 일이 자꾸 생겨나게 해야 한다는 견해이다.[47] 이 견해에 따라 상앙은 이형거형과 이형치형에 따른 엄한 형벌을 부과해야 할 필요성에 대해 이렇게 말한다.

> 그러므로 '형벌을 집행할 때에 가벼운 죄를 중형에 처하면 형벌

44 한비자 칙령 53:4.
45 한비자 심도 54:1.
46 상군서 거강 4:8.
47 상앙(임동석 역주), 앞의 책, 147-148쪽.

도 제거되고 일도 성취시킬 수 있어 나라는 강해진다. 무거운 죄를 중형에 처하고 가벼운 죄를 가벼운 형에 처하면 형벌을 내려야 할 일은 늘 나타나고 일도 생겨나서 나라는 약해지고 만다'라고 하는 것이다.

형벌은 힘을 생기게 하고, 힘이 생기면 강해지며, 강해지면 위엄이 생기고, 위엄은 은혜를 생기게 하며, 은혜는 힘에서 생겨난다. 힘 있는 자를 거용함으로써 용감하게 전쟁을 치르게 되고, 전쟁을 함으로써 지혜와 계략을 이루게 되는 것이다.[48]

하지만 상벌양정이 제대로 시행되기 위해서는 먼저 형벌과 포상의 한계를 명확히 정해야 한다. 한비자도 이 점을 인식하여 명확한 한계의 존재 유무는 나라의 흥망성쇠의 직접적인 원인이라며 이렇게 말한다.

나라를 다스리는 군주치고 법률을 제정하지 않는 자는 없다. 그럼에도 존속하는 나라가 있는가 하면 망하는 나라도 있다. 망하는 나라는 바로 군주가 상벌을 행하면서 그 한계를 명확히 하지

48 『상군서』 제사편(第四篇) 거강(去彊) 4:8. 한비자는 상앙의 입장을 전격적으로 수용하고 있다. "중형을 시행할 때는 백성에게 응당 해서는 안 될 일을 명확히 알리고, 중대한 법제를 시행할 때는 백성에게 응당 해야만 하는 일을 주지시켜야 한다. 그래야만 군주에게 이롭다. 형벌을 시행하면서 가벼운 죄를 무겁게 처벌하면 가벼운 죄를 범하는 자도 없게 될 뿐만 아니라 중범죄를 범하는 경우 또한 없게 된다. 이를 일컬어 형벌을 무겁게 하여 형벌 자체를 제거하는 '이형거형(以刑去刑)'이라고 한다. 정반대로 죄가 무거운데도 형벌을 가볍게 하면 형벌이 가벼운 까닭에 범죄가 꼬리를 물고 일어나게 된다. 이를 일컬어 형벌을 가볍게 하여 형벌 자체를 더욱 극성케 만드는 '이형치형(以刑致刑)'이라고 한다. 이런 나라는 반드시 영토가 깎이고 쇠약해진다." 한비자 칙령 53:4.

않았기 때문이다.

만일 군주가 형벌과 포상의 한계를 정하면서 그 한계를 명확히 정하고 단일한 잣대를 쓰면 백성들이 법도를 존중하고, 크게 두려운 나머지 감히 금령을 어길 엄두를 내지 못하고, 법에 저촉되지 않기를 기원하며 감히 과분한 포상을 기대하지 않는다. 이 상태가 되면 굳이 상벌을 시행하지 않아도 백성들이 열심히 일한다는 것이다.[49]

3. 법은 분명하고 엄정해야 한다

> 엄격한 형벌은 법령을 철저히 수행케 하고, 백성들을 징계하는 게 목적이다.[50]

이 말에서 알 수 있듯이 한비자는 법은 백성이 행하기 쉽고 분명해야 하며, 또한 엄정해야 한다는 견해를 가지고 있다. 이에 관한 한비자의 법사상을 대표하는 유명한 말이 "법은 귀한 사람이라고 하여

---

49 한비자 제분 55:2. 군주가 형벌로 나라를 다스리고, 포상으로 병사를 고취하며, 두터운 녹봉과 후대로 치술(治術)을 구사하여 얻는 구체적 효과에 대해 한비자는 이렇게 말한다. "순찰하며 도시 안의 위법행위를 적발해 내면 탈법적인 간사한 매매행위가 사라진다. 사치품이 늘어나면 말업(末業)인 상공업에 종사하는 사람이 많아지고, 본업인 농업에 종사하는 농임이 게을러져 농토가 황폐해진다. 그러면 나라는 반드시 영토가 깎이고 쇠약해진다. 군주는 양식이 풍족한 백성에게 남아도는 식량을 헌납해 관작을 얻도록 해야 한다. 자신들의 노력을 관작을 얻게 되면, 농민이 게으름을 피우지 않게 된다. 3촌에 불과한 짧은 대롱일지라도 밑이 없으면 아무리 물을 부어도 차지 않는다. 군주가 백성에게 관작을 수여하여 녹봉으로 이롭게 하면서 공적을 기준으로 하지 않으면 밑 빠진 관에 물을 붓는 것과 같다." 한비자 칙령 53:2.

50 한비자 유도 6:5.

아첨하지 않고, 먹줄은 모양에 따라 구부려 사용하지 않는다"는 '법불아귀 승불요곡(法不阿貴 繩不撓曲)'이다. 한비자는 말한다.

> 먹줄이 곧아야 굽은 나무도 곧게 자를 수 있고, 수준기가 평평해야 고르지 못한 표면도 평평히 깎을 수 있고, 저울로 무게를 가려야 균형을 잡을 수 있고, 되와 말을 사용해야 많으면 덜고 적으면 보탤 수 있다. 법에 따라 나라를 다스리면 손을 들었다 내리는 것처럼 쉬울 것이다.
> 법은 귀한 사람이라고 하여 아첨하지 않고, 먹줄은 모양에 따라 구부려 사용하지 않는다. 법의 제재를 가하면 지혜로운 사람도 논쟁하지 못하고, 용맹한 자도 감히 다투지 못한다. 대신일지라도 잘못을 저지르면 형벌을 피할 수 없고, 선행을 칭송하여 상을 내릴 때 서민이라고 해서 제외되는 일이 없다. 그리해야 윗자리에 있는 자의 잘못을 바로잡고 아랫사람의 사악함을 문책할 수 있다.[51]

법불아귀 승불요곡이란 말은 법 앞에 모든 사람은 평등하므로 법을 집행할 때 사람의 신분이나 지위에 따라 차별함이 없이 마치 자

---

51 한비자 유도 6:5. 한비자는 법을 제정하고 시행하는 최종적인 권력은 군주에게 있다는 점을 잊지 않는다. "죄를 지은 자를 가두고 석방하는 과정에서 군주는 반드시 법도를 직접 장악하고 있어야 한다. 형벌이 지나치게 중하면 감경하고, 지나치게 가벼우면 가중한다. 더하고 깎는 것에 일정한 법도가 있어야 한다. 그래야 신하가 무리를 지어 간사한 짓을 꾀하거나 군주를 속이는 일이 없게 된다. 형벌을 감경할 때는 마치 달이 기우는 것처럼 점진적으로 내리고, 가중할 때도 마치 불을 지펴 물체를 달구는 것처럼 점진적으로 올린다. 법령을 간략히 하면서 처벌을 신중히 한다. 다만 처벌을 할 때는 반드시 철저해야 한다." 한비자 양각 8:9.

를 대어 먹줄을 긋듯이 공평무사해야 한다는 뜻이다. 만일 군주가 법술과 형벌을 엄하고 공정하게 시행하면 아무리 범 같은 신하일지라도 스스로 겁을 먹고 온순해질 수밖에 없다. 한비자는, 이처럼 법술과 형벌이 바르게 시행되면 범도 사람으로 변해 본연의 모습을 찾게 된다고 말한다.[52]

한비자가 말하는 법치는 엄히 시행되어야 한다는 엄형주의(嚴刑主義) 내지는 엄벌주의(嚴罰主義)다. 법이 "곧바로 5리 범위 내에서 엄히 시행될 수 있으면 왕자(王者)의 칭송을 들을 수 있고, 9리 범위 내에서 엄히 시행될 수 있으면 강자(强者)가 될 수 있다"는 것이다. 만일 지척대며 엄형의 시행을 늦추는 나라는 영토가 깎이고 쇠약해진다.[53]

약육강식이 횡행하던 난세에서 한비자의 제안만큼 군주의 마음을 끄는 부국강병책이 있었을까. 한비자는 엄형과 중벌은 백성이 두려워하고, 싫어하는 것이니 나라가 편안해지고 난폭한 일이 일어나지 않도록 방지하기 위해서는 강력한 법치를 시행하는 것 외에 다른 방법은 없다고 군주에게 강력하게 주문한다. 그리고는 자신의 할 일은 다했다는 듯 이 말로 방점을 찍는다.

> 나는 이로써 인의나 은혜로운 사람 등은 치국에 부족하고, 엄형과 중벌만이 치국의 방략으로 쓸 수 있음을 밝힐 수 있다.[54]

---

52 한비자 양각 8:7.
53 한비자 칙령 53:1.
54 한비자 간겁시신 14:7.

이 말에서 알 수 있듯이 한비자야말로 '피도 눈물도 인정도 없는' 냉혈한 법률가의 전형이요, 강고한 법과 법치의 화신이라고 할 수 있다.

4. 법은 피치자에게 공개를 그 형식적 요건으로 한 제정법이다

법 또는 법률이란 국가의 강제력을 수반하는 사회 규범이다. 국가 및 공공기관이 제정한 법률, 명령, 규칙, 조례 따위로 통상 이를 법령이라고 한다. 법령을 한마디로 개념 정의하기란 쉽지 않다. 하지만 법령은 기본적으로 국가적·사회적 배경을 바탕으로 주권자 또는 법령을 제정할 권한이 있는 자가 그 국가 또는 사회와 그 구성원에 대해 해당 법령의 준수를 강제하고, 스스로도 그러한 규범을 지킬 것을 전제로 일정한 목적 아래 구성한 성문(成文)의 규범체계라고 정의할 수 있다.[55]

국가와 공공기관이 법령을 제정할 때는 고려해야 할 헌법 원칙이 있다. 비례의 원칙(과잉금지의 원칙), 평등의 원칙, 신뢰보호의 원칙(소급입법금지의 원칙), 적법절차의 원칙, 과소보장금지의 원칙은 실체적 내용에 관한 헌법 원칙이고, 명확성의 원칙, 포괄위임금지의 원칙, 의회유보의 원칙, 죄형법정주의, 조세법률주의는 형식에 관한 헌법 원칙이라 한다. 이 가운데 한비자는 법령의 형식에 관한 명확성의 원칙을 강조하고 있다.

명확성의 원칙이란 법령은 행정과 사법(司法)에 의한 법 적용의 기

55 https://www.lawmaking.go.kr/lmKnlg/jdgStd/info?astSeq=1&astClsCd=CF0101 (방문일: 2023. 11. 14.)

준이 되므로, 명확한 용어 등으로 분명하게 규정하는 것을 말한다. 이 원칙은 규율 내용의 성격이나 기본권 제한의 정도에 따라 다른 기준이 적용된다. 특히 형사법, 조세법, 침익적(侵益的)[56] 성격의 법령 및 표현의 자유를 제한하는 법령을 입안·심사할 때에는 보다 엄격한 기준이 적용된다.[57] 이 원칙은 삼권분립과 법치주의를 근간으로 하는 현대 민주주의에서 개인의 기본권을 보장하기 위해 반드시 요구되는 것이다.

한비자는 기본적으로 '법규는 간략하고 명확해야 한다'는 관념을 가지고 있다. 명확성의 원칙이란 관점에서 바라보면, 한비자의 법치는 시대를 거슬러 상당히 앞선 법률가라고 할 수 있다. 당시 대부분의 백성들이 대부분 글을 읽고 이해하지 못하고 있는 현실에서 한비자는 법규가 간략하고 명확해야 백성들의 다툼이 간소해지고 쉽게 해결된다고 보고 있다. 따라서 군주는 법률을 제정할 때 해당 사안을 상세히 규정해야 하고,[58] 문서로 엮어 관부에 비치해 두었다가 백성에게 널리 알려야 한다.[59]

하지만 한비자가 보기에 군주에게 큰일은 '법(法)이 아니고 술(術)'이다. 법은 명확히 드러날수록 좋지만 술은 겉으로 드러나지 않을수록 좋다.[60] 겉으로 드러내고 보다 분명해야 하는 법과는 달리 술은

56 침익이란 의무를 부과하거나 권리·이익을 침해하거나 제한하는 등 국민에게 불이익을 주는 행위를 말한다.

57 https://www.lawmaking.go.kr/lmKnlg/jdgStd/info?astSeq=2205&astClsCd=CF0101 (방문일: 2023. 11. 14.)

58 한비자 팔설 47:8.

59 한비자 난삼 38:16.

60 한비자 난삼 38:16.

오직 군주의 마음속에 간직해 두고 모든 증거와 대조해 가며 은밀히 신하들을 통제하는 수단이기 때문이다.[61] 따라서 명군은 법을 포고할 때 나라 안에서 비천한 노복까지 모두 들어 모르는 자가 없게 한다. 이는 전당 안의 사람만 들을 수 있는 게 아니다. 하지만 술을 구사할 때는 이와는 완전히 다르다. 술은 친애하는 측근이나 가까이서 섬기는 신하는 물론 방안의 사람조차 들을 수 없게 한다. 이 관점에서 한비자는, '방안에서 말할 때는 방안의 모든 사람이 알아듣게 하고, 전당 안에서 말할 때는 전당 안의 모든 사람이 알아듣게 한다'고 말한 관중을 신랄하게 비판한다. 한비자에게 관중의 이 말은 "법술을 터득한 사람의 말이 아닌" 까닭이다.[62]

V. 법술세에 의거한 법치의 반인권적 실천 주체

1. 군주

한비자가 제시하는 이상적인 군주상은 무소불위의 권력과 권능을 가진 패왕(霸王)이다. 한비자가 엄격한 법과 법치를 통해 군주가 절대 권력을 가질 필요성이 있음을 강조하는 이유도 엄벌주의를 바탕으로 군권을 강화(君權强化)함으로써 패왕의 기초를 다지기 위함이다.

패왕이란 패도(霸道)와 왕도(王道)를 아울러 이르는 말이다. 패도가 인

61 한비자 난삼 38:16.
62 한비자 난삼 38:16.

의(仁義)를 가볍게 여기고 무력이나 권모술수로써 공리(功利)만을 꾀하는 것이라면, 왕도는 인의를 근본으로 천하를 다스리는 도리로써 임금이 마땅히 지켜야 할 도리를 말한다. 특히 왕도는 유가에서 이상으로 삼고 있는 정치사상이다. 한비자는 유가만큼 왕도에 비중을 두고 있지 않으며, 기본적으로 패도를 통치와 지배의 근본으로 삼고 있다.

따라서 한비자에게 "패왕은 군주가 얻을 수 있는 가장 큰 이익이다." 군주가 이처럼 큰 이익을 가슴에 품고 정사를 펼치면 관원은 능력을 다해 일하고, 상벌 또는 사사로움이 없고, 백성들 역시 목숨을 바쳐 일하게 된다는 것이다. 또한 죽을 각오로 온 힘을 다해 싸우고 일하면 공을 세울 수 있고, 작록도 자연스럽게 이르게 된다. 작록이 이르면 부귀영달의 목표가 마침내 이뤄지는 셈이니 군주와 신하, 그리고 백성들 모두에게 이익이라고 강조한다.[63]

한비자의 법치가 종국적으로 지향하는 바는 군주, 그중에서 패왕이다. 그가 그토록 강조하는 신상필벌과 엄벌주의는 모두 군권을 강화함으로써 패왕의 강력한 통치 지배가 가능하도록 하는 데 있다. 이 점에서 보면 한비자의 사상은 제왕학(帝王學)이라고 할 수 있고, 법과 법치는 제왕이 가지고 있는 절대 권력을 행사하기 위한 수단에 지나지 않는다. 한비자의 이런 생각은 군주가 가지는 네 가지 미덕(四美)에서 잘 드러나 있다.

> 만물 가운데 군주의 몸보다 더 귀한 게 없고, 군주의 자리보다 더

63 한비자 육반 46:2.

> 존엄한 게 없고, 군주의 권세보다 더 중한 게 없고, 군주의 세력 보다 더 성한 게 없다.[64]

군주와 신하는 상하 수직적인 절대 명령과 복종의 관계에 있다. 그래서 명군은 신하를 길들일 때 하나같이 법으로 통제하고, 미리 대비해 바로잡아 나간다.[65] 군주는 신하가 지은 죽을죄를 용서하거나, 형벌을 경감시키는 일이 없다. 만일 군주가 그리하면 군주의 권세가 삭감되고, 사직도 위태로워지고, 국가권력 또한 신하 쪽으로 기울게 되기 때문이다. 또한 대신의 녹봉이 아무리 클지라도 성시(城市)에서 세금을 거두지 못하게 하고, 무리가 아무리 많아도 나라의 군사를 사사롭게 가신처럼 부리지 못하게 하는 일도 군주의 몫이다.[66]

그렇다면 군주에게 절대복종의 대가로 신하가 얻을 수 있는 이익은 무엇인가. 그것은 바로 부귀이다. 한비자는 말한다.

> 부귀는 신하가 얻을 수 있는 가장 큰 이익이다. 신하가 이처럼 큰 이익을 가슴에 품고 업무에 임하면 위험을 무릅쓰고 일하다가 죽음에 이를지라도 원망하지 않게 된다.

이처럼 군주와 신하의 관계를 매개하고 유지하는 유일무이한 수단은 이익이다. 부귀라는 상호간의 이익만 보장된다면, 군주는 신하들

---

64 한비자 애신 4:1.
65 한비자 육반 46:2.
66 한비자 애신 4:2.

에게 인애를, 신하는 군주에게 충성을 다한다. 이 조건만 충족되면, 한비자는 "가히 패왕의 대업을 이룰 수 있다"고 보고 있다. 패왕 혹은 폭군에 의한 패도를 인정한다는 점에서 한비자의 폭군인용론(暴君認容論)은 맹자의 폭군방벌론(暴君放伐論)과 상반된 입장을 보이고 있다.[67]

2. 백성

한비자가 말하는 법은 일차적으로는 백성을 그 적용대상으로 보고, 그 법으로 다스리는 강력한 법치를 강조하고 있다. 이에 대해 한비자는 말한다.

> 원래 형벌을 무겁게 하는 것은 단순히 죄인을 처벌하려는 게 아니다. 명군의 법률은 단지 사람의 행위를 판단하는 준칙일 뿐이다. (…) '간악한 죄를 범한 한 사람을 중하게 처벌해 나라 안의 모든 악을 그치게 한다. 이것이 곧 형벌을 가하는 근본목적이다'라고 말하는 이유다.[68]

한비자의 이 말에는 법을 잘 지키고 법치에 순응하는 선량한 백성은 아무런 걱정할 필요가 없다는 뜻이 담겨 있다. 엄격한 법의 적용은 '간악한 죄를 범한' 범죄자이고, 그로 인해 중벌을 받는 자는 도적과도 같다. 오히려 도적을 보고 두려워하는 사람들은 양민이다. 엄

67 신동준, 『후흑학』, 33-34쪽.
68 한비자 육반 46:2.

벌주의를 시행하는 목적은 죄를 지은 자를 처벌하고, 선량한 백성을 보호하기 위함이다. 이런 이유로 한비자는 반문한다.

> 나라를 잘 다스리고자 하는 사람이 어찌 중형의 시행을 두려워하겠는가?[69]

하지만 강력한 법의 적용과 법치는 그 자체만으로는 효용성이 떨어진다. 법과 법치는 신상필벌과 결합되어 시행될 때 비로소 몇 배의 효과를 발휘한다. 이에 대해 한비자는 말한다.

> 법은 일을 규제하기 위한 수단이고, 일은 공적을 드러내기 위한 수단이다. 법은 제정할 때 어려움이 뒤따르기도 하지만 일의 성과가 크면 전체적인 이익을 헤아려 법을 제정하게 된다. 사실 어떤 일이든 성사시키기 위해서는 폐해도 뒤따르지만 성과가 크면 전체적인 이익을 헤아려 일을 추진하기 마련이다. 아무런 폐해가 뒤따르지 않는 공적은 이 세상에 존재한 적이 없다.[70]

일의 성과에 따른 전체적인 이익을 헤아린다는 말은 곧 상과 벌을 공정하고 엄중하게 실시해야 한다는 것을 일컫는다. 만일 공이 있는 자에게는 상을 주지 않고 반대로 죄가 있는 사람에게는 벌이 아니라 상을 준다면 공정성을 확보할 수 없다. 이 관점에서 한비자는, "무릇

---

69 한비자 육반 46:2.
70 한비자 팔설 47:5.

상벌의 확립은 선행을 권하고 악행을 금하기 위한 것"[71]이라는 점을 분명히 하고 있다. 따라서 군주는 상을 후하고 확실하게 주어서 백성들로 하여금 이롭게 여기도록 만들고, 벌은 엄중하게 집행해 백성들로 하여금 두렵게 여기도록 만들어야 한다. 이와 같이 신상필벌을 시행할 때 객관적이고 공정한 기준이 되는 것이 법이다. 그러므로 법은 늘 견고하게 하여 백성들이 이를 숙지토록 만든 것이 가장 좋은 방법이다. 군주는 상을 내릴 때 멋대로 기준을 바꾸거나 형벌을 집행할 때 함부로 용서해서는 안 된다. 명예로써 그 상을 빛나게 하고, 커다란 비난으로 그 벌을 부끄럽게 하면 현·불초를 막론하고 모두 그 힘을 다하게 된다.[72]

3. 신하(관리)

한비자가 말하는 법의 적용대상은 일차적으로는 백성이지만 이차적으로는 관리(官吏)이다. 이 점은 제나라 왕과 문자(文子)의 대화에 잘 드러나 있다. 제나라 왕이 문자에게 물었다.

> 나라는 어떻게 다스려야 하오?

문자가 대답했다.

> 무릇 상벌은 예리한 무기와 같습니다. 군주는 이를 굳게 장악해

71 한비자 육반 46:4.
72 한비자 오두 49:7.

> 남에게 내보이면 안 됩니다. 신하들의 행동은 사슴과 같이 오직 풀이 있는 곳으로만 나아갑니다.[73]

위 대화에서 알 수 있듯이 통치와 지배의 관점에서 법은, 군주·관리-백성, 군주-관리의 2중 구조를 띠고 있다. 이 구조는 법이 일정해야 하는 이유이기도 하다. 하지만 한비자가 역설하는 군주의 통치술은 일반 백성이 아니라 본질적으로 대신을 비롯한 군신들을 대상으로 하고 있다. 이에 대해 한비자가 말한다.

> 상고시대로부터 전해져 오는 말과 『춘추』의 기록을 살펴보면, 법을 어기고 군주를 배반하여 중대한 죄를 범하는 일은 일찍이 높은 직위와 강력한 권세를 지닌 대신들에게서 나오지 않은 적이 없다. 그런데도 법령의 적용범위나 형벌의 심판에 의해 처벌을 받은 대상은 늘 세도가 없고 가난한 자들이었다. 백성들이 절망하고 울분을 호소할 길이 없게 되는 이유다.[74]

한비자의 생각에 군주는 법으로 대신들을 통제하고 제어해야 한다. 그래야 대신들이 법을 어기지 않고 백성들을 괴롭히지 않는다. 만일 군주가 법을 밝혀 대신들의 권세를 제압하지 못하면 백성들로부터 신뢰를 받을 길이 없다.[75] 그러므로 군주가 이런 문제들을 해결

---

73 한비자 내저설 상 30:37.
74 한비자 비내 17:3.
75 한비자 남면 18:1.

하고, 종국적으로 기댈 수 있는 최선의 방법은 '법을 밝히는 것', 즉 법치를 확립하는 것이다. 한비자는 법에 정통하고, 그 법을 집행하는 관료에 대해서는 아래와 같이 무한 신뢰를 보인다.

> 법에 정통한 인재는 반드시 굳건하고 강직하다. 굳건하고 강직하지 않으면 간사한 자들을 바로잡을 수 없다.[76]

> 법을 밝히는 자는 강하고, 법을 소홀히 하는 자는 약하다.[77]

한비자는 말한다. "가장 고명한 치국 방법은 오로지 법술에 기대고, 공허한 학문을 배운 자들의 지혜에 기대지 않는 것이다."[78] 이 말에서 보듯이 그는 '공허한 학문'을 한 유가와 묵가의 부류에 대해서는 조금의 기대도 없다. 그에게 '치술에 정통한 인재와 법에 정통한 인재'는 믿을 수 있지만 중인(重人)은 늘 감시와 통제의 대상이다. 중인이란 군주의 명에 따라 일을 추진하지 않고, 법에 근거해 직무를 수행하지 않는 신하를 일컫는다. 보다 구체적으로 말하면, 중인은 명을 무시하며 멋대로 일을 처리하고, 법을 어기면서 자신의 이익을 추구함으로써 나라 재정을 빼돌려 자기 집안을 이롭게 하면서 군주를 자신이 원하는 바대로 조종하는 부류이다.[79]

중인의 간계를 꿰뚫어 보려면 군주는 '치술과 법에 정통한 인재'를

---

76 한비자 고분 11:1.
77 한비자 칙사 19:5.
78 한비자 제분 55:4.
79 한비자 고분 11:1.

중용해야 한다. 군주의 신임을 얻어 치술에 정통한 인재가 중용되면, 중인들의 음모가 이내 드러날 수밖에 없다. 또한 법에 정통한 인재는 강직하므로 군주의 신임을 얻어 그들이 중용되면, 중인들의 간사한 행동은 이내 바로잡힐 것이다. 마찬가지로 치술과 법에 정통한 인재가 중용되면 지위가 높고 권세 있는 자들도 법을 어길 경우 가차 없이 제거될 것이다. 치술과 법에 정통한 인재는 중요한 요직에 있는 실권자와 양립할 수 없는 원수 관계이다.[80] 따라서 군주와 신하의 관계는 수직적·종속적이므로 신하는 군주의 명령에 절대 복종하고 순응해야 한다. 절대군권(絶對君權)을 가진 전제군주를 상정하고 있는 한비자에게 군신공치(君臣共治)와 귀민경군(貴民輕君)을 지향한 공자와 맹자의 군주상은 설 자리가 없다. 진시황이 중국을 통일하는 과정에서 한비자의 법치사상을 활용한 사례를 보더라도 당시 군주들에게 그의 주장은 상당히 설득력이 있었다고 보아야 한다.

VI. 법술세에 의거한 법치의 반인권적 실천방법

1. 권형(權衡)

권형은 저울추(權)와 저울대(衡)라는 뜻으로 저울을 이르는 말이다. 저울로 사물의 경중을 재는 척도나 기준으로 삼으니 권형은 곧 공정

80 한비자 고분 11:1.

과 형평을 일컫는다. 정의의 여신 '디케'가 눈을 가리고 있는 것은 법은 모든 사람에게 평등하므로 저울로 무게를 재고 칼로 엄정하게 단죄를 해야 한다는 것을 상징한다. 정의의 여신상이 표상하는 바와 같이 한비자가 말하는 권형이란 법치를 위한 강력한 수단이다. 법률은 저울과 같아야 한다며 한비자는 이렇게 말한다.

> 거울을 맑은 상태로 유지해야 미추를 비교할 수 있고, 저울은 흔들림 없이 정확한 상태를 유지해야 경중을 잴 수 있다. 거울을 흔들면 투명해질 수 없고, 저울을 흔들면 바르게 잴 수 없다. 이는 법률을 말한 것이다.[81]

정치란 마치 목수가 나무를 자를 때 먹줄을 좇는 것과 같이 "엄격히 법률기준에 따라 일을 하는 것"이다. 목수는 나무를 자를 때 임의로 먹줄 위치를 옮기지 않는다. 법도 마찬가지다. 법도 목수가 먹줄을 치는 것 이상으로 엄하게 단속하지도 않고, 그 이하로 가볍게 다루지도 않아야 한다.[82] 이미 정해진 법리를 지켜 천지자연의 도를 따르면, 사람의 화복은 도리와 법도에 따라 정해지게 된다.[83] 한비자는 말한다.

> 그래서 선왕은 도를 만물의 원칙, 법을 근본으로 삼았다. 근본을

81 한비자 칙사 19:5.
82 한비자 대체 29:1.
83 한비자 대체 29:1.

잘 다스리면 명성이 높아지고, 근본을 어지럽히면 명성이 사라진다. 지혜와 능력이 사물을 밝게 통찰할 정도에 이를 경우 도에 합당하면 시행하고, 그렇지 못하면 시행하지 않는다. 지혜와 능력이 한쪽으로만 치우쳐 있으면 사람들에게 전할 수 없다. 도와 법에 의존하면 모든 게 완전하지만 지혜와 능력만으로 다스리면 실패할 확률이 높다.[84]

따라서 한비자에게 법의 공정성을 확보하고 법치를 제대로 시행하는 가장 완전한 방법은 무엇일까. "저울에 달아 형평을 알고, 그림쇠를 이용해 원을 아는 것"이다.[85]

2. 형명(刑名)

권형(저울)이 범죄의 유무를 재고 판단하는 척도나 기준이라면, 형명은 그에 상응하는 상벌을 내리는 것을 말한다. 형(刑/形)은 사물의 실상, 명(名)은 사물의 이름(명칭)이다. 즉, 형명은 사물의 겉과 속, 명목과 실제, 명분과 실리이다. 그에 따라 상벌과 공죄(功罪)를 따져(刑名) 상벌을 내린다(參同). 이를 형명참동(刑名參同)이라 한다. 이처럼 형명에 따라 그 명칭과 실상이 부합하는지 여부를 따지는 이론을 명실론(名實論)이라 한다. 한비자의 법치는 법으로써 나라를 다스리는 방법과 기술을 뜻하는 형명법술(刑名法術)이라고 할 수 있다.

---

84 한비자 칙사 19:5.

85 한비자 칙사 19:5.

한비자의 형명참동은 신상필벌이라는 엄형주의를 그 바탕에 두고 있다. 이에 대해 한비자는 말한다.

> 따라서 실로 공이 있으면 설령 소원하고 낮은 지위의 사람일지라도 반드시 상을 주고, 실로 잘못이 있으면 비록 가깝고 총애하는 자일지라도 반드시 벌을 내려야 한다. 소원하고 낮은 지위의 사람일지라도 상을 주고, 가깝고 총애하는 자일지라도 벌을 내리면 소원하고 낮은 지위의 사람일지라도 게으름을 피우지 않을 것이고, 가깝고 총애하는 자일지라도 교만하게 굴지 않을 것이다.[86]

그러니 군주는 법과 원칙을 세웠으면 그 방침을 바꾸지 않고, 실제의 성과인 형(形)이 명목인 명(名)과 일치하는지 여부를 살피고,[87] 명목과 성과의 형명(形名) 두 가지를 대조하면서 끝까지 초지를 관철해야 한다.[88] 군주가 신하들 간의 간사한 행위를 미연에 막는 것도,[89] 천지자연의 규율을 좇아 치평(治平)의 대권을 잃지 않고 성명(聖明)한 군주가 될 수 있는 것도 모두 형명참동에 의해 신상필벌을 행하는 데 있다.[90] 이처럼 형명참동을 제대로 행하면 군주는 아무 일을 하지 않아도 신하의 모든 실정을 파악하고, 통치를 할 수 있다. 형명

---

86 한비자 주도 5:3.
87 한비자 이병 7:2.
88 한비자 양각 8:1.
89 한비자 이병 7:2.
90 한비자 양각 8:4.

참동을 자유자재로 이용하는 군주는 "현명하지 않으면서도 현자의 스승이 되고, 지혜롭지 못하면서도 지자(知者)의 우두머리가 된다." 이런 상태가 되면, 신하는 직무에 힘쓰고, 군주는 공업을 이루니 이를 일러 '명군의 상도(常道)'라 한다.[91]

한비자의 형명은 공자의 정명(正名)과 그 맥락이 닿아 있다. 정명은 삼강과 오륜은 사람이 늘 지켜야 하는 도리를 일컫는 것으로, 공자가 말한 군군신신부부자자(君君臣臣父父子子)와 같은 뜻이다. 『논어』 안연편에서 제(齊)나라 군주 경공(景公)이 정치에 대해 묻자 공자는 "군군신신부부자자"라 대답한다. 이 말은, "임금은 임금답고, 신하는 신하답고, 아비는 아비답고, 자식은 자식다워야 한다"는 뜻이다. 한마디로 개별 인간에게는 각자에 어울리는 사명과 역할이 있으므로 그에 충실함으로써 국가와 사회질서를 바로잡을 수 있다는 말이다.

공자의 정명과 한비자의 형명은 기본적으로 주나라 종법의 남성 중심의 적장자 승계원칙에 바탕을 두고 있다. 이 원칙에 따르면, 가족과 사회, 나아가 국가의 모든 권력은 군주를 중심으로 수직적인 서열로 구조화되어 통치될 수밖에 없다. 임금과 신하, 부모와 자식의 관계가 수평적으로 재편되고, 각자 제구실을 하는 것이 무엇인가에 대한 논의가 없는 현실에서 개인 간 관계는 차별적이고 불평등한 상태를 극복하기에는 한계가 있다.

---

91 한비자 주도 5:1.

VII. 법치에 바탕을 둔 반(反)인권국가: 지안지세(至安之世)를 지향하는 전제국가

한비자도 유가나 도가와 마찬가지로 군주가 나라를 다스리는 기본 원칙으로 '도(道)'를 강조한다. 도(道)는 우주의 자연 규율로, 크게 공평하며 사사로운 좋고 싫어함(好惡)의 감정이 없다. 군주가 지향해야 하는 대체(大體)도 마찬가지다. 대체란 사물의 관건·요점·강령이라는 뜻이다. 군주는 대체를 지킴으로써 '정해진 법리를 지키고 자연 법칙에 따라' 좋고 싫음을 내세우지 않으며 하늘의 이치를 거스르지 않아야 한다. 이 관점에서 보면, '도(道)=대체'로서 그가 말하는 도(道)는 '군주가 나라를 다스리는 기본원칙'이고, 대체란 '도에 따라서 법을 온전하게 실행하는 것(因道全法)'이다.[92]

하지만 엄격한 법치주의자인 한비자는 나라를 다스리는 기본이 신상필벌에 의거한 형명법술에 있다는 자신의 원칙에서 한걸음도 벗어나지 않는다. 그에게 도(道)는 법치를 실행하기 위한 보조수단에 지나지 않는다. 한비자의 관심은 "법술에 기대어 어지러움을 다스리고, 상벌에 기대어 옳고 그름을 판단한다"는 법치에 집중되어 있다. 법치의 중요성을 주장하며 한비자는 말한다.

> 나라가 어지러울 때는 법술에 따라 다스리고, 시비의 구별은 상벌로 하고, 사물의 경중은 저울의 기준에 따른다.[93]

92 동양고전종합DB(http://db.cyberseodang.or.kr)『韓非子集解』第二十九 大體篇.
93 한비자 대체 29:1.

이처럼 한비자는 나라를 다스릴 때 엄격히 법률기준에 따라야 하며, 그 일은 마치 목수가 나무를 자를 때 먹줄을 좇는 것같이 해야 한다고 말한다.

> (목수는) 임의로 먹줄을 밖으로 옮기지도 않고, 멋대로 먹줄을 안으로 옮기지도 않는다. 법 이상으로 엄하게 단속하지도 않고, 법 이하로 가볍게 다루지도 않는다. 이미 정해진 법리를 지켜 천지자연의 도를 따르면 사람의 화복은 도리와 법도에 따라 정해지게 된다. 이는 군주가 아끼거나 미워하는 데서 나오는 게 아니다. 영욕도 그 책임이 자신에게 있는 것이지 남에게 있는 게 아니다.[94]

한비자는 당시의 정치가 혼란스럽고 민중은 도탄에 빠져 허덕이는 원인이 천지자연의 도(道)가 사라지고 법이 공정하지 못한 데 있다고 보았다. 그러면서 그는 법치에 바탕을 둔 나름의 이상국가로 '지안지세'를 제시하였다.

지안지세란 '지극히 안정된 세상' 혹은 '지극히 태평한 세상'을 뜻한다. 한비자는 말한다.

> 지극히 태평한 세상에서 법은 아침 이슬처럼 만물을 촉촉이 적셔준다. 백성은 순박함을 잃지 않고, 마음으로 남과 원한을 맺지 않고, 입에서는 번거로운 말을 하지 않는다. 전쟁 따위가 일어날 일

94 한비자 대체 29:1.

이 없으므로 수레와 말이 먼 길을 달려 지치는 일이 없고, 군대의 깃발이 전쟁터에서 어지럽게 나부낄 일이 없고, 수많은 백성이 적의 침입으로 인해 목숨을 잃는 일도 없고, 뛰어난 용사들이 깃발 아래에서 싸우다가 목숨을 잃을 일도 없다. 전공을 세운 호걸들의 이름을 서책에 적어 두지 않고, 그 공적을 청동기인 반우(盤盂)에 새겨 넣을 일도 없다. 연대기의 목찰(木札)은 쓸 것이 없어 텅 비어 있다. 그래서 말하기를, '통치의 간략(簡略)보다 더 큰 이익을 주는 것은 없고, 민생의 안녕보다 더 오래 가는 복은 없다'고 하는 것이다.[95]

한비자가 말하는 지안지세는, ① 백성은 순박함을 잃지 않고, ② 마음으로 남과 원한을 맺지 않고, ③ 입에서는 번거로운 말을 하지 않는 사회다. 또한 무엇보다 이 사회에서는 ④ 전쟁 따위가 일어날 일이 없다. 결론적으로 지안지세의 통치는 복잡하지 않고 간략하다. '통치의 간략(簡略)보다 더 큰 이익을 주는 것은 없고, 민생의 안녕보다 더 오래 가는 복은 없다'는 것이 한비자가 생각하는 이상사회의 본질이다.

하지만 한비자 사상의 바탕에는 법과 법치가 깔려 있다. 자연의 이치(道)에 따라 대체를 잡고 통치를 하는 대원칙은 법에 의거해야 한다는 것이다. "법은 아침 이슬처럼 만물을 촉촉이 적셔" 주기 때문이다. 이 말에서 알 수 있듯이 한비자에게 법은 생명수 혹은 감로수

95 한비자 대체 29:1.

와 같은 아침 이슬이다(法如朝露). 그런데 한비자가 말하는 법은 동해보복법(同害報復法)으로도 불리는 '탈리오 법칙(lex talionis)'이라는 데 문제가 있다. 이 법칙은 '피해자가 입은 피해와 같은 정도의 손해를 가해자에게 가하는 보복의 법칙'이다. 흔히 '눈에는 눈, 이에는 이'라는 말과 같이 기계적·사적 보복을 전제로 한다. 한비자로 대표되는 법가의 '법'도 마찬가지다. "사람을 살해한 자는 사형에 처하고, 사람을 상해하거나 남의 물건을 훔친 자는 처벌한다." 이 말처럼 법가의 '법'은 현대적 의미의 '법'이 아니라 '성문법령'을 기계적으로 적용한다. 법가의 '법과 법치'에는 "모든 사람은 법 앞에 평등하다"는 현대법의 원칙이 설 자리는 없다.

한비자는 인간을 이기적 존재로 본다. 이로 인하여 한비자의 사상에는 백성의 이익과 고통에 대한 진지한 고려와 성찰이 결여되어 있고, 오히려 백성을 배제함으로써 우민화를 초래하는 결과를 낳았다. 그에게 백성은 피치자로서 통치와 지배의 대상일 뿐이다. 한비자가 꿈꾸는 세상은 '군주의, 군주에 의한, 군주를 위한 나라'이고, 그의 사상은 전제군주의 통치와 지배 강화를 위한 강력한 정치적 수단이다. 결국 한비자가 주장하는 법과 법치는 법을 일원화(一元化)하는 데 있다. 법의 일원화를 통하여 군주는 피치자인 백성의 사상을 통제하고 절대 군권을 확립함으로써 부강부국(富强富國)을 실현하고자 한다. 이에 대해 한비자는 말한다.

> 법령이 바뀌면 이해관계가 바뀌고, 이해관계가 바뀌면 백성이 힘써야 할 일도 바뀐다. 힘써야 할 일이 바뀌는 것을 두고 업종이

바뀐다는 뜻의 변업(變業)이라고 한다. 이런 이치에 근거해 보면 사람들을 쓰면서 자주 일을 바꾸면 성공할 확률이 낮다. 큰 물건을 보관했다가 자주 자리를 옮기면 손상되는 부분이 많고, 작은 생선을 익히면서 자주 뒤집으면 윤기를 잃게 되고, 큰 나라를 다스리면서 자주 법을 바꾸면 백성들이 괴로워한다.

도를 터득한 군주는 고요함을 귀중하게 여기고, 법을 자주 바꾸는 일을 하지 않는다. 『도덕경』의 제60장에서 '큰 나라를 다스리는 것은 마치 작은 생선을 익히는 것과 같다'고 말한 이유다.[96]

법은 한 번 제정하여 시행했으면 자주 바꾸지 말고 일관되게 적용하라는 것이다. 한비자의 통치술의 핵심에 대해 왕충(王充)은 이렇게 요약하여 설명한다.

한비의 통치술은 법을 밝히고 공을 숭상하는 소위 명법상공(明法尙功)이 요체이다. 현명하지만 나라에 이익이 없으면 포상하지 말고, 현명하지 못할지라도 다스림에 해를 끼치지 않으면 처벌하지 말아야 한다는 것이다. 공을 따져서 상을 후하게 주고 형벌을 사용하는 것이 매우 엄격하다.[97]

왕충의 말대로 만일 한비자가 "세를 중시(貴勢)하면서도 독단에 빠지지 않았으며, 법을 숭상(尙法)하면서도 가혹한 데 이르지 않았고,

96 한비자 해로 20:20.
97 왕충, 『논형(論衡)』「비한(非韓)」.

술에 맡기(任術)면서도 음모를 중시하지 않았다”[98]면 얼마가 좋을까. 한비자는, 무릇 나라가 잘 다스려지는 이유는 “기본적으로 형벌에 의존하기 때문”이라는 생각이 워낙 강하였고, “지금 사사롭게 인의를 행하는 사람이 존중받고 있다”며 유가를 신랄하게 비판하였다.[99] 사직의 존립과 나라를 안정시키기 위해서는 강력한 힘이 필요하다며 한비자는 말한다.

> 상대 국가와 비슷한 힘을 가진 나라의 통치자는 상대편이 자기 나라의 도의(道意)를 떠받든다고 해도 상대 국가를 굴복시켜 신하로 삼기 힘들다. 그러나 속국의 제후라면 비록 종주국의 통치자가 하는 일에 반대한다 해도 반드시 공물을 가지고 들어오게 할 수 있다. 이처럼 이쪽의 힘이 강하면 사람들은 이쪽으로 굽혀 들어오고, 이쪽의 힘이 약하면 이쪽에서 저쪽으로 사람을 보내 굽히게 된다. 그래서 현명한 통치자는 힘을 키우기 위해 노력하는 것이다.[100]

한마디로 한비자가 꿈꾸는 지안지세는 부국강병을 기반으로 태평성대를 누리는 나라라고 할 수 있다. 한비자의 나라는 결국 병영국가로서 빅브라더가 지배하는 세상이다. 겉으로는 법과 법치를 내세우고 있지만 한비자의 나라는 패도에 바탕을 둔 전제국가로서 공포

---

98 https://sootax.co.kr/4214 (방문일: 2023. 11. 21.)
99 한비자 궤사 45:5.
100 한비자 현학 50:7.

정치가 일상화된 전제주의국가이다. 이런 국가에서는 전제군주가 행사하는 무소불위의 권력을 견제할 수 있는 제도적 장치나 세력이 형성될 수 없다. 그러니 무능한 군주나 폭군이 나오면 개인의 인권은 말살되어 형극의 고통 속에서 백성은 각자도생의 길을 택하게 된다.

한비자의 법과 법치사상을 받아들인 진시황제는 중국을 통일하는 대업을 이루지만 진(秦)나라의 통치는 15년이란 짧은 기간에 그치고 만다. 진나라를 폐하고 한(漢)나라를 세운 고조 유방(劉邦)은 진나라의 가혹한 법을 폐지하고 법을 세 조목으로 줄인 약법삼장(約法三章)을 시행한다. 이 법은, "사람을 살해한 자는 사형에 처하고, 사람을 상해하거나 남의 물건을 훔친 자는 죄값을 받는다"는 내용으로 지극히 간단하였다. 그 이후 중국은 물론 조선왕조에 이르기까지 "겉으로는 유가를 표방하지만 안으로는 법가에 의지하여 통치한다"는 외유내법(外儒內法)을 통치의 기본으로 삼았다. 결국 최상의 통치는 인의에 기반한 인정(仁政) 혹은 덕치(德治)와 술, 세, 법에 기반한 법치를 어떻게 조화시킬 것인가에 달려 있다고 할 수 있다.

Ⅷ. 한비자의 법치에 대한 현대 인권적 평가

법치주의는 근대 입헌국가의 정치원리로서 개인의 의사를 대표하는 의회에서 만든 법률에 따르지 아니하고는 나라나 권력자가 개인의 자유나 권리를 제한하거나 의무를 지울 수 없다는 사상을 말한다. 법치주의는 공포되고 명확하게 규정된 법에 의해 국가권력을 제한·통제함으로써 자의적인 지배를 배격하는 것을 핵심으로 한다. 이를 위하여 법치주의는 몇 가지 원칙을 두고 있다. 이를테면, 법 앞에 만인이 평등하다는 원칙, 법은 명확하고 예측가능해야 한다는 원칙, 법은 누구에게나 동일하게 적용되어야 한다는 원칙, 법은 정당한 절차에 따라 제정되고 집행되어야 한다는 원칙 등이다. 만일 법치주의가 제대로 작동하지 않으면, 개인의 자유와 권리가 침해되고, 국가권력이 자의적으로 행사될 수 있다. 이 관점에서 법치주의는 개인의 자유와 권리를 보호하고, 국가권력을 견제·통제하는 데 중요한 역할을 하고 있다.

하지만 법치주의도 여러 문제점을 안고 있다. 첫째, 사회구조가 세분화되고 과학기술문명이 발달하면서 이를 규율하기 위한 법은 그 내용이 복잡할 뿐 아니라 개수도 늘어나고 있어 개인이 관련 법을 이해하기 어려워 법을 지키는 것이 쉽지 않다. 둘째, 아무리 시대의 추세를 반영하여 법을 제정한다고 할지라도 법이 현실의 변화에 따라 적절하게 적용되지 않을 수도 있다. 셋째, 국가권력의 자의적인 행사를 막기 위한 장치가 충분하지 않을 수 있다는 점도 법치주의가 가진 한계다. 국가권력의 자의적 행사는 여러 형태로 나타날 수 있다. 법을 위반하여 국가권력을 행사하거나 법을 제대로 집행하지 않을 수도 있으며, 법을 자의적으로 해석하여 국가권력을 행사할 수도 있다. 결국 법치주의를 실현하기 위해서는 개인의 법에 대한 이해와 법을 준수하려는 의지도 필요하지만 개인이 국가권력을 견제하고 감시하는 민주적 통제가 행사되어야 한다. 그 통제의 방식에는 여러 가지가 있겠지만 입법부·사법부·행정부 간의 삼권분립이 이뤄져야 하며, 언론의 자유를 비롯한 개인의 기본권 보장을 위한 법적 장치가 마련되어야 한다.

이처럼 법치주의는 민주주의와 인권의 토대이지만 현실에서 법치주의를 제대로 운용하기란 여간 까다로운 제도가 아니다. 또한 법치주의를 내세워 국가권력의 자의적 행사로 개인의 기본적 인권이 침해되는 경우, 이를 민주적으로 통제하는 것이 생각만큼 쉽지 않기도 하다. 법치주의는 국가권력자와 개인 서로가 자신의 권력 혹은 권리를 지키는 창과 방패의 역할을 하는 '모순'을 내포하고 있다. 오늘날에도 법치주의를 제대로 시행하는 것은 많은 노력이 필요한데, 춘추전국시대 법가의 사상에서 법치주의의 원형을 찾을 수 있다.

법가의 법치주의는 사람의 본성을 악하다고 생각하여 덕치주의를 배격하고 법률로써 백성을 다스려야 한다는 사상이다. 법가를 대표하는 한비자는 상앙·신불해·신도가 주장한 법술세(法術勢)에 의거하여 국가통치의 기본 이론으로 법치주의를 주장하였다. 한비자는 법치주의를 통해 정치사회적 혼란을 극복하고 강력한 국가를 세우고자 했다.

한비자의 법치주의는 엄형주의 혹은 엄벌주의에 의거하고 있어 오늘날 그대로 수용하기에는 문제가 적지 않다. 아래에서는 현대 인권의 관점에서 그가 주장하는 법치주의를 비판적으로 검토하기로 한다.

1. 한비자의 법치는 '법의 지배(rule of law)'가 아니라 '법에 의한 지배(rule by law)'이다

법치주의는 법이 국가와 사회의 모든 구성원을 규율하고, 국가 권력은 법에 따라 행사되어야 한다는 원칙을 말한다. 법은 법치주의의 기초가 되는 것으로, 법치주의가 제대로 기능하기 위해서는 법이 공정하고 정의로워야 한다. 또한 법은 모든 국민에게 평등하게 적용되어야 하고, 누구도 법 위에 군림해서는 안 된다. 그러므로 법과 법치는 인간사회나 국가체제를 유지하는 데 필요불가결한 수단이다.

법치주의는 영미법상 법의 지배(rule of law)를 말한다. 문제는 법치주의와 법의 지배가 자꾸 형식적 제도 내지는 수단으로 이용되는 경향이 심화되고 있다는 사실이다. 정치권력자들은 법적 안정성을 이유로 법치주의를 내세워 법의 지배가 아니라 *rule by law*, 즉 '법에 의한 지배' 체제를 구축함으로써 국가 공권력 행사의 법적 정당성을 확보하려고 한다. 이러한 경향은 법치주의가 위협받고 있는 주된 이유이다.[101]

법의 지배와 법에 의한 지배는 본질적인 면에서 차이가 있다. 첫째, 법의 지배는 법이 모든 사람에게 동일하게 적용되는 것을 강조한다. 반면, 법에 의한 지배는 권력이 있는 자가 법을 통해 자신의 권력을 유지하고 행사하는 것을 말한다. 둘째, 법의 지배는 민주주의 사회의 기본 원칙이다. 반면, 법에 의한 지배는 권력자의 자의적

---

101 이에 대해서는, 채형복, 『나는 태양 때문에 그를 죽였다』, 50쪽.

인 통치를 정당화하는 수단으로 사용될 수 있다. 따라서 모든 사람이 법 앞에서 평등하고, 누구나 법에 의해 보호받을 수 있는 사회를 만들기 위해서는 법에 의한 지배가 아니라 법의 지배가 필요하다. 법의 지배를 확립하기 위해서는 법이 모든 사람에게 동일하게 적용되고, 권력이 있는 자가 법을 자의적으로 사용하지 못하도록 제도적 장치를 마련하는 것이 중요하다.

법치주의에 관한 기본 원칙에서 바라보면, 한비자의 법치는 법의 지배가 아니라 법에 의한 지배이다. 그에게 법과 법치는 군주의 절대정치권력 확보를 위한 것이며, 신하와 백성을 지배하고 통치하기 위한 수단이다. 군주는 법을 소유하고, 법 위에 군림하여 법치를 적용하여 무소불위의 권력을 행사한다. 오늘날 민주주의 사회에서 확립된 법치주의의 일반원칙에 따르면, 법은 모든 사람에게 동일하게 적용되고, 아무도 법 위에 군림할 수 없다. 하지만 한비자의 법치주의는 권력이 있는 자가 법을 통해 자신의 권력을 유지하고 행사하는 것이 정당화된다. 또한 한비자는 절대권력자의 자의적인 통치를 정당화하는 수단으로 법에 의한 지배로 법치주의를 사용하는 것을 적극 지지한다.

2. 한비자의 법치는 전제군주를 위한 것이다

한비자는 패왕(霸王)을 이상적인 군주로 본다. 패왕이란 패도(霸道)와 왕도(王道)를 아울러 이르는 말이다. 패왕은 법과 법치를 통해 확립한 무소불위의 권력과 권능을 바탕으로 절대 권력을 행사한다. 어떤 생각으로 어떤 정치를 펴는가에 따라 패왕은 왕도를 실현하는 왕자(王者) 혹은 패도를 실현하는 패자(霸者)가 될 수도 있다. 하지만 한비자가 꿈꾸는 사회는 종국적으로는 패자에 의한 전제주의 혹은 전체주의로 독재체제이다. 이 체제에서는 군주가 모든 권력을 장악하고 백성의 자유와 권리를 제한한다. 군주는 폭력과 공포를 사용하여 모든 영역에서 백성의 삶을 통제하고 기본적 자유와 권리를 제한한다.

한비자는 패왕이 되기 위해서는 법치주의를 실현해야 한다고 보았다. 그가 법치주의를 확립하기 위하여 신상필벌과 엄벌주의를 강조하는 이유도, 패왕이 강력한 통치 지배를 구축함으로써 사회의 안정성을 확보하기 위함이다.

춘추전국시대의 혼란한 정치상황을 고려해 볼 때 패왕을 옹립하고 강력한 법과 법치를 시행해야 한다는 한비자의 주장은 어느 정도 이해할 수 있다. 실제 한비자의 법과 법치사상은 진시황의 통치에 큰 영향을 미쳤다. 진시황은 한비자의 사상을 바탕으로 중국을 통일하고 강력한 제국을 건설할 수 있었다.

하지만 현대 민주주의 사회에서 한비자의 사상을 그대로 수용할 수는 없다. 그가 말하는 패왕은 독재자이며, 법에 의한 지배를 통한 법치주의는 백성의 자유와 권리를 억압하는 수단으로 활용될 수 있기 때문이다. 패왕으로서 진시황은 중국통일이라는 대업을 이루었지만 진나라는 15년이란 짧은 기간 존속하고 결국 멸망하고 말았다. 비단 진나라의 사례뿐만 아니라 인류의 역사를 통하여 드러난 분명한 사실이 있다. 독재자는 인민의 이익을 위해 일하지 않고 그들의 기본적 자유와 권리를 제한하고 억압함으로써 결국 인민을 위험에 빠뜨리고 만다는 것이다. 법을 어기는 사람을 엄하게 처벌하는 데 중점을 두고 있는 한비자의 법치사상은 오히려 법의 공정성을 해치고, 법을 집행하는 사람들의 권력 남용으로 법의 엄정한 집행을 저해하는 결과를 낳았다고 할 수 있다.

3. 한비자의 법치는 엄벌주의 혹은 엄형주의이다

한비자는 법을 통해 사회를 질서 있게 유지하고 범죄를 예방하는 것이 중요하다고 생각했다. 따라서 그는 엄격한 형벌을 통해 범죄를 처벌해야 한다고 주장했다. 한비자의 엄벌주의 혹은 엄형주의는 법은 가볍게 사용해서는 안 되며, 범죄는 엄격하게 처벌해야 한다는 것으로 요약할 수 있다.

한비자는 엄벌주의를 바탕으로 강력한 법치주의를 확립함으로써 절대군주에 의한 통치와 지배수단으로 활용하였다. 또한 그의 엄벌주의는 상벌과 공죄(功罪)를 따져(刑名) 상벌을 내린다(參同)는 형명참동(刑名參同)과 직접적인 관련을 맺고 있다. 즉, 엄벌주의와 형명참동은 한비자가 주장하는 법치주의의 두 축을 이루고 있다. 형명참동에 의해 신분의 높고 낮음을 떠나 공이 있으면 상을 주고, 잘못이 있으면 반드시 벌을 내리면, 군주는 절대적인 지배 권력을 확립하고 손쉽게 통치를 할 수 있다는 것이다.

한비자의 엄벌주의는 매우 혁신적인 생각이었지만 당시에도 많은 논란을 불러일으켰다. 하지만 그의 엄벌주의는 오늘날에도 여전히 많은 영향을 미치고 있고, 실제 많은 국가에서 범죄를 예방하기 위해 엄격한 형벌을 사용하고 있다. 엄벌주의가 필요하다는 입장에 따르면, 엄격한 형벌은 범죄를 예방함으로써 사회 질서를 유지하고, 범죄자의 재범을 방지하는 데 도움이 된다는 것이다.

그러나 엄벌주의는 범죄를 저지른 사람들에게 지나치게 가혹한 형벌을 가하는 제도로서 인권 침해의 우려가 상당히 높다. 또한 엄격한 형벌이 범죄를 예방하거나 범죄율을 낮추는 데 효과적이지 않으며, 범죄자를 사회에서 고립시킬 뿐 아니라 범죄의 근본 원인을 해결할 수 없다는 비판도 적지 않다.

이처럼 한비자의 엄벌주의는 오늘날에도 여전히 논란이 되고 있는 주제이다. 엄벌주의를 범죄 예방의 중요한 수단으로 사용하려면 인권 침해의 가능성과 사회 통합을 고려하여 적절하게 적용해야 한다.

4. 형벌로써 형벌을 없애면 범죄가 사라질까?

"형벌로써 형벌을 없앨 수 있다"는 이형거형은 순자로부터 비롯된 것으로 그 연원이 오래되었다. 순자는 인치(人治) 중심의 통치지배구조로는 사회안정을 유지하는 데 한계가 있다고 보고, 법치(法治) 중심의 제도에 기반한 통치구조로 전환해야 한다고 주장하였다. 하지만 순자는 법치의 중요성을 강조하면서도 법의 남용 가능성을 우려하면서 법치보다는 의치(義治)가 우선되어야 한다고 보았다.

순자의 법치사상을 보다 적극적으로 수용한 것은 법가였다. 상앙은 신상필벌에 의거한 엄격한 법치를 통해 강력한 법질서를 확립해야 한다고 보았다. 그가 주장한 “형벌로써 형벌을 없앨 수 있다”는 이형거형에는 그가 지향하는 법치주의가 잘 드러나 있다. 한비자는 상앙의 사상을 받아들여 형벌을 엄하게 집행하여 범죄를 예방함으로써 결국 형벌을 없앨 수 있다고 주장했다. 형벌을 엄히 집행하면 범죄가 줄어들고, 범죄가 줄어들면 형벌을 줄일 수 있다는 것이다.

한비자의 이형거형은 오늘날에도 여전히 유효한 사상일까? 이를 지지하는 입장에서는 범죄 예방은 사회 안정을 유지하는 데 중요한 요소이며, 형벌을 엄히 집행함으로써 범죄를 예방할 수 있다고 본다. 하지만 형벌로써 형벌을 없앤다고 하여 범죄가 사라지지 않는다. 형벌은 범죄를 저지르는 것을 막는 데 도움이 되지만, 범죄를 완전히 없애는 것은 불가능하기 때문이다.

범죄를 저지르는 원인은 다양하며, 형벌만으로는 이러한 원인을 해결할 수 없다. 실제 범죄를 일으키는 원인에는 가난(빈곤), 실업, 교육 부족, 가족해체, 사회불평등, 약물 중독, 정신 질환 등 여러 가지가 있다. 사회가 가지고 있는 구조적인 문제에서 파생되는 이러한 원인을 해결하지 않으면 형벌을 없애더라도 범죄는 여전히 발생할 수밖에 없다. 따라서 엄한 형벌을 가하는 대신 범죄를 저지르는 원인을 해결하는 것이 무엇보다 중요하다. 가난 등 범죄를 일으키는 원인을 해결하면 범죄의 발생률을 현저하게 줄일 수 있기 때문이다. 또한, 범죄 발생을 줄이기 위해서는 범죄를 저지른 사람을 재교육하고 사회에 복귀할 수 있도록 지원하는 등 예방조치가 필요하다.

물론 이형거형은 범죄에 대한 경각심을 일깨우고 법질서를 확립함으로써 사회질서의 필요성을 환기시키는 데에는 기여한 바가 적지 않다. 하지만 이형거형에 의거한 엄벌주의 혹은 엄형주의는 장점보다는 단점이 훨씬 많은 제도이다. 특히 이형거형은 범죄자의 인권을 침해할 가능성이 높고, 사람들에게 심리적 위해를 가함으로써 사회를 불안하게 만드는 부정적 효과가 크다. 마찬가지로 가혹한 형벌은 범죄의 예방효과는 낮은 반면, 범죄자와 그 가족을 지나치게 고통스럽게 할 우려가 있다. 따라서 이형거형에 의거한 형벌을 집행할 때는 항시 인권침해의 가능성을 고려해야 한다. 이를 위해서는 형벌을 엄히 집행할 때는 범죄를 예방할 수 있다는 사실을 객관적으로 입증할 수 있어야 하며, 반드시 인권침해를 방지할 수 있는 조치를 마련해야 한다. 사형제를 유지한다고 하여 범죄는 사라지지 않는다. 무조건 엄한 형벌로 범죄를 다스리기보다는 형벌에 대한 처벌은 필요최소한에 그침으로써 범죄예방과 인권의 보장이라는 두 마리 토끼를 잡을 수 있는 대안을 모색해야 할 것이다.

참고문헌

[인권유학 일반]

김경일, 『공자가 죽어야 나라가 산다』, 바다출판사, 2001.
김세정 외 5인 공저, 『우리 시대, 새로운 유학을 사유하다』, 충남대학교출판문화원, 2020.
김승호, 『공자의 마지막 공부: 운명을 넘어선다는 것』, 다산초당, 2020.
김지수, 『선진 법사상사』, 전남대학교출판문화원, 2014.
루쉰(이욱연 옮김), 『광인일기』, 문학동네, 2014.
송약신(한상덕 역주), 『여논어』, 신아사, 2011.
신동준, 『덕치 인치 법치』, 예문서원, 2003.
신동준, 『후흑학』, 위즈덤하우스, 2011.
신정근, 『인권 유학』, 성균관대학교출판부, 2017.
오구라 기조(이신철 옮김), 『조선사상사』, 길, 2021.
유덕선 역해, 『예기요약』, 홍문관, 2019.
육가(임동석 역주), 『신어』, 동서문화사, 2012.
이상익, 『인권과 인륜』, 심산문화, 2015.
임건순, 『제자백가, 인간을 말하다』, 서해문집, 2019.
장융, 『대륙의 딸 상·하』, 까치, 2006.
한성구, 『원시유교』, 살림출판사, 2020.

[인권]

구정우, 『인권도 차별이 되나요?』, 북스톤, 2019.
국가인권위원회 기획, 『천차만별』, 국가인권위원회, 2011.
김도균, 『한국사회에서 정의란 무엇인가』, 아카넷, 2020.
데버러 헬먼(김대근 옮김), 『차별이란 무엇인가』, 서해문집, 2016.
민주사회를 위한 변호사모임 여성인권위원회, 『세상을 바꾼 성평등 판결』, 푸른사상, 2020.
리아 레빈(이병재·서현수 옮김), 『인권: 인간의 권리에 관한 118가지 질문에 답하다』, 북스코프, 2012.
박홍규, 『불편한 인권: 사상으로 읽는 인권의 역사』, 푸른들녘, 2019.
벨 훅스(이경아 옮김), 『모두를 위한 페미니즘』, 문학동네, 2017.
성공회대 인권평화연구소 엮음, 『동아시아 인권의 새로운 탐색』, 삼인, 2002.
앤드류 클램펌(이지원 옮김), 『인권』, 교유서가, 2019.
오승진, 『인권법 강의』, 진원사, 2021.
이준일, 『인권법』, 홍문사, 2021.
이준일, 『차별금지법』, 고려대학교출판부, 2007.

인권법교재발간위원회 편저, 『인권법』, 아카넷, 2006.
정경환, 『인권과 정의』, 이경, 2013.
조효제·박은홍 엮음, 『동아시아의 인권』, 아르케, 2008.
카렐 바삭(박홍규 옮김), 『인권론』, 실천문학사, 1986.
프라기야 아가왈(이재경 옮김), 『편견의 이유』, 반니, 2020.
프레데릭 마이어(임호일 옮김), 『편견: 인류의 재앙』, 소명출판, 2016.
채형복, 『국제인권법』, 높이깊이, 2020.
최승철, 『차별금지법의 이해』, 한울아카데미, 2011.
Gary W. Wood(한혜림 옮김), 『젠더』, 돌배나무, 2020.

[논어]

기세춘, 『논어강의』, 바이북스, 2010.
김기창, 『새롭게 만나는 공자: 결기(仁), 윤리(禮), 배움(學)에 대한 다른 해석』, 이음, 2021.
김용옥, 『논어학글역주』, 통나무, 2008.
리링(김갑수 옮김), 『집 잃은 개: 논어 읽기, 새로운 시선의 출현 1·2』, 글항아리, 2012.
리링(황종원 옮김), 『논어, 세 번 찢다: 계보·사상·통념을 모두 해체함』, 글항아리, 2011.
마이클 슈만(김태성 옮김), 『공자가 만든 세상』, 지식의날개, 2016.
박성규, 『대역 논어집주: 주자와 제자들의 토론』, 소나무, 2011.
박영규, 『다시, 논어』, 한빛비즈, 2017.
배병삼, 『논어, 사람의 길을 열다』, 사계절, 2003.
성백효, 『논어집주』, 한국인문고전연구소, 2017.
안핑 친(김기협 옮김), 『공자 평전』, 돌베개, 2010.
야스토미 아유무(고운기 옮김), 『위험한 논어』, 현암사, 2014.
오구라 기조(조양렬 옮김), 『새로 읽는 논어』, 교유서가, 2016.
오규 소라이(이기동 외 3인 옮김), 『논어징 1-3』, 소명출판, 2010.
이권효, 『논어 신편』, 신론사, 2017.
이토 진사이(최경열 옮김), 『논어 고의』, 그린비, 2016.
이한우, 『논어로 논어를 풀다』, 해냄, 2012.
임헌규, 『3대 주석과 함께 읽는 논어 Ⅰ·Ⅱ·Ⅲ』, 모시는사람들, 2020.
이현지 외 4인 공저, 『논어와 탈현대』, 살림터, 2020.
정재걸 외 5인 공저, 『공자 혁명』, 글항아리, 2015.
조기빈, 『反논어』, 예문서원, 1996.
진현종, 『논어: 사람 속에서 찾은 사람의 길』, 풀빛, 2008.
황태연, 『공자, 잠든 유럽을 깨우다』, 김영사, 2015.

[맹자]

김용옥, 『맹자: 사람의 길 상·하』, 통나무, 2012.
맹자(김선희 풀어씀), 『맹자: 선한 본선을 향한 특별한 열정』, 풀빛, 2006.
맹자(나준식 옮김), 『맹자』, 새희망, 2016.

맹자(우재호 옮김), 『맹자』, 을유문화사, 2007.
맹자(이을호 역), 『한글맹자』, 현암학술문화연구소, 2012.
임종진, 『무엇이 의로움인가』, 글항아리, 2015.
쿵로이슌(이장희 역), 『맨얼굴의 맹자』, 동과서, 2017.

[순자]
순자(김학주 옮김), 『순자』, 을유문화사, 2020(15쇄).
순자(최영갑 풀어씀), 『순자: 인간의 악한 본성과 그 해결의 길』, 풀빛, 2011.
순황(왕선겸 집해, 송기채 역주), 『순자집해 1-7』, 전통문화연구회, 2019.
임건순, 『순자, 절름발이 자라가 천리를 간다』, 시대의창, 2015.

[묵자]
김학주, 『신완역 묵자 상·하』, 명문당, 2003.
묵자(박영하 풀어씀), 『묵자: 사랑, 그리고 평화를 향한 참지식인의 길』, 풀빛, 2006.
묵자(최환 옮김), 『묵자』, 을유문화사, 2019.
묵적(박재범 옮김), 『묵자』, 홍익출판사, 1999.
묵적(이문구 옮김), 『묵자 1·2』, 도서출판 길, 2012.
박문현, 『묵자: 사랑과 평화의 철학』, 살림, 2013.
박문현, 『묵자 읽기』, 세창미디어, 2014.
임건순, 『묵자-공자를 딛고 일어선 천민 사상사』, 시대의창, 2015.
기세춘, 『묵자』, 바이북스, 2021.

[노자]
기세춘, 『노자강의』, 바이북스, 2013.
김영, 『생태 위기 시대에 노자 읽기』, 청아출판사, 2022.
김용옥, 『노자와 21세기 상·하』, EBS, 2000.
김충열, 『김충열 교수의 노자강의』, 예문서원, 2004.
노자(조수형 풀어씀), 『도덕경』, 풀빛, 2013.
모리야 히로시(장선연 옮김), 『한 권으로 끝내는 노자의 인간학』, 청어람, 2005.
박이문, 『노장 사상: 철학적 해석』, 문학과지성사, 2004.
야오간밍, 『노자강의』, 김영사, 2010.
이강수, 『노장사상과 더불어 현대사회에서 살아가기』, 세창출판사, 2020.
정세근, 『노장철학과 현대사상』, 예문서원, 2018.
진고응(최진석 옮김), 『노장신론: 노자·장자 철학의 새로운 이해』, 소나무, 1997.
최재목, 『노자』, 을유문화사, 2006.

[장자]
기세춘, 『장자』, 바이북스, 2020.
김대근, 『도가: 비워서 채우는 삶의 미학』, 살림, 2020.
안동림, 『장자-다시 읽는 원전 장자』, 현암사, 1993.

장자(김창환 옮김), 『장자: 내편』, 을유문화사, 2010.
장자(김창환 옮김), 『장자: 외편』, 을유문화사, 2010.
장자(김창환 옮김), 『장자: 잡편』, 을유문화사, 2012.
장자(조수형 풀어씀), 『장자: 자연 속에서 찾은 자유의 세계』, 풀빛, 2005.
전호근, 『장자강의: 혼돈의 시대에 장자를 읽다』, 동녘, 2015.

[한비자]
상앙(임동석 역주), 『상군서』, 동서문화사, 2015.
성백효, 『손자병법 오자병법』, 전통문화연구회, 2016.
손무(이인호 평역), 『손자병법』, 학술편수관, 2014.
임건순, 『힌비자, 법과 정치의 필연성에 대하여』, 시대의창, 2020.
한비(임동석 역주), 『한비자 1-5』, 동서문화사, 2013.
한비자(마현준 풀어씀), 『한비자: 권력의 칼날 위에 선 군주를 위한 제왕학』, 풀빛, 2010.
한비자(박건영·이원규 평역), 『한비자 1·2』, 청아출판사, 2016.
한비자(신동준 옮김), 『한비자 상·하』, 인간사랑, 2020.

찾아보기

ㅇ